普通高等院校财务管理、会计学专业精品系列教材

U0571602

现代企业内部控制学

（第2版）

主　编　闻佳凤　仲怀公

副主编　郜进兴　陈新环
　　　　郑　唯　刘　舒

北京理工大学出版社
BEIJING INSTITUTE OF TECHNOLOGY PRESS

内 容 简 介

内部控制是内部强化管理及适应外部激烈竞争的需要而产生和发展的，是现代企业管理的一种重要方法和手段。现代企业的内部控制是"横到边、纵到底"的全过程、全员、全方位的控制。

本书按照世界公认的 COSO 报告内容，以及我国财政部等部委联合发布的《企业内部控制基本规范》的思路，以内部控制的五大要素为主线，贯穿国际、国内一流企业的通用做法，结合企业主要业务控制流程，"以风险管理为导向，以制度为基础，以流程为纽带，以系统为抓手"将控制流程嵌入具体的业务中；同时明确业务目标、揭示业务风险、提出业务控制措施，用实践优化流程，让流程规范企业管理。其中相关控制活动对应的案例、政策指引等丰富了本书的内涵，进一步激发了读者的学习兴趣和热情。

本书注重内部控制理论与内部控制实务相结合，将内部控制理论转化为成果运用在现代企业中。读者可参照本书从公司管理层面到控制活动的主要业务流程（十大业务流程），应用于企业的运营管理，助力于企业内部控制体系的构建与实施，建立起全方位的风险防范"防火墙"，为企业的"内部自我诊断"健康稳健地运行提供了一套保驾护航的"家规家法"，以进一步提升企业的竞争能力。

图书在版编目（CIP）数据

现代企业内部控制学／闻佳凤，仲怀公主编. —2

版. -- 北京：北京理工大学出版社，2022.10（2023.7 重印）

ISBN 978-7-5763-1775-6

Ⅰ.①现… Ⅱ.①闻… ②仲… Ⅲ.①企业内部管理

Ⅳ.①F272.3

中国版本图书馆 CIP 数据核字（2022）第 195921 号

出版发行／北京理工大学出版社有限责任公司

社　　　址／北京市海淀区中关村南大街 5 号

邮　　　编／100081

电　　　话／（010）68914775（总编室）

　　　　　　（010）82562903（教材售后服务热线）

　　　　　　（010）68944723（其他图书服务热线）

网　　　址／http：//www.bitpress.com.cn

经　　　销／全国各地新华书店

印　　　刷／三河市天利华印刷装订有限公司

开　　　本／787 毫米×1092 毫米　1/16

印　　　张／19　　　　　　　　　　　　　　　　　　　　　　责任编辑／王晓莉

字　　　数／449 千字　　　　　　　　　　　　　　　　　　文案编辑／王晓莉

版　　　次／2022 年 10 月第 2 版　2023 年 7 月第 3 次印刷　责任校对／刘亚男

定　　　价／54.00 元　　　　　　　　　　　　　　　　　　责任印制／李志强

前言

　　内部控制一直是企业管理的热门话题，国内外资本市场企业造假舞弊丑闻屡屡发生，不仅严重地打击了投资者的信心、损害了企业的信誉，也充分暴露了上市公司及大中型企业在内部控制方面存在的严重问题。然而，企业内部控制也是随着社会和市场的发展而发展的，从 2002 年美国颁布实施了《萨班斯–奥克斯利法案》，旨在进一步全面提高所有在美上市公司（含注册地在美国境外的上市公司）的治理水准，强化上市公司的内部控制，规范财务和信息披露的程序和行为，防止或减少虚假不实和欺诈行为的发生，为企业建立了长效经营防御机制。2004 年，美国反虚假财会报告委员会下属的发起人委员会（简称 COSO）发布了《企业风险管理——整合框架》，进一步推动了内部控制的研究与发展。

　　2008 年，中华人民共和国财政部（简称财政部）、中国证券监督管理委员会（简称证监会）、中华人民共和国审计署（简称审计署）、中国银行业监督管理委员会（简称银监会）、中国保险监督管理委员会（简称保监会）联合发布了《企业内部控制基本规范》（简称《基本规范》），开启了中国境内企业的内部控制模式，并要求自 2009 年 7 月 1 日起在上市公司范围内施行，鼓励非上市的大中型企业执行（时至今日，我国大中小企业基本实施了企业内部控制）。《基本规范》参考了 COSO 的报告，借鉴国际惯例设定了内部控制的五大要素：内部环境、风险评估、控制活动、信息与沟通、内部监督。《基本规范》坚持立足我国国情，确立了我国企业建立和实施内部控制的基础框架，并取得了重大突破。

　　2013 年美国反虚假财务报告委员会对内部控制的定义、目标、要素以及 17 项总体原则等进行更新、拓展、优化；2017 年，美国反虚假财务报告委员会发布了更新版的《企业风险管理——与战略和绩效整合》（也译为《企业风险管理框架》），要求直接从企业治理和管理的角度提出将风险管理内容嵌入其中，为风险管理工作的真正融入、治理与管理打下了基础。

　　内部控制是现代企业对经济活动进行科学管理而普遍采用的一种自我修正、自我完善、持续永动的控制机制，是反舞弊的有力武器。内部控制贯穿于企业经营活动的各个方面，只要存在企业经营活动和经营管理，就需要有一定的内部控制与之相适应。现代企业的内部控制是"全过程的管理、全员的控制"，是"横到边、纵到底"的全方位控制。财政部、国务院国有资产监督管理委员会（简称国资委）等相关部委先后发文，要求企业开展"以风险管理为导向，以制度为基础，以流程为纽带，以系统为抓手""强内控、防风险、促合规"

的内部控制体系建设，切实发挥内部控制对全面风险防范的重要作用。由此将我国内部控制理论发展及内部控制的实践提升到了一个新的高度。

为了更好地培养本科院校应用型人才，较好地汲取新时代中国企业的精华，各高校应从教育入手，以教材为源头，积极塑造有知识、有能力的新时代学生，为社会输入操守与能力并重的实用性人才。

南京审计大学金审学院在教学方面，注重理论与实践相结合，以能力建设为核心，遵循人才成长规律，立足社会前沿，创新培养机制，严格科学管理。基于上述背景，我们为学习这门学科的学生提供了一本"理论与实践并重"，同时体现"以目标为重心、以风险为导向、以制度为基础、以流程为纽带"的现代企业内部控制体系构建与实施的应用操作教程，可使学生在未来的实践中运用所学知识解决实际问题。在此教材中，我们采用国际、国内一流企业内部控制体系构建的基本做法及相关实际案例丰富了教材的内涵，希望造就懂得业务、善于思考、了解国内外规矩、具有良好视野、综合素质高的实用性人才，并以此回馈社会，贡献力量！

编　者

内部控制是人类社会生产力发展到一定阶段的产物，是人类智慧的结晶。随着社会生产力的不断发展、企业规模的扩大，企业必须对生产经营活动进行科学的计划和组织，使人力、财力及物力得到合理配置和有效利用，以保证经营目标的实现。因此，内部控制是企业为了实现经营目标，保证生产经营活动高效率地进行，保护财产物资的安全完整，确保财务会计信息准确可靠，而对企业内部各种经济业务活动采取的一系列相互制约和协调的方法、措施与程序的关键环节和重要举措。

企业内部控制的建立、健全能够进一步规范经营管理行为，防范风险，为促进各项管理制度的建立健全、提高管理水平、保障实现发展战略、遵循外部监管要求等提供了有效的保证。同时，内部控制也是现代企业防范风险、制约舞弊、查漏补缺的防火墙，是不可缺少的利器。

企业实施内部控制也是对各个职能部门和人员进行合理的分工、协调、监督、考核及进一步优化企业的管理方法。通过内部控制所规定的各种程序和手段，可以将企业内部各个职能部门和人员执行管理部门的方针政策、计划定额及其他内部管理制度的情况反馈给企业管理部门，及时发现和纠正所出现的偏差，保证各项生产经营活动高效、有序地进行，从而全面提高经济效益，实现各项预期目标。

近年来，我国理论界对内部控制问题进行了长时间的研究。但从整体上看，研究多数局限于内部控制的理论构建方面，人们对内部控制在企业运营的实际操作部分还有待进一步丰富。此外，虽然我国政府部门陆续颁布了一系列关于企业内部控制的基本规范及相关指引等制度要求，但是主要对企业内部控制大的路径方面进行了要求。从这一方面看，《现代企业内部控制学》一书的出版，较好地丰富了现代企业内部控制中相关实务的具体操作部分。

《现代企业内部控制学》一书显示了作者深厚的理论功底和充分扎实的企业实务功夫。这与作者一直关注在理论积累和实际运行这两方面的长期研究是分不开的。正是这样的努力，使我们看到了作者对理论与实践关系及内部控制实施中具体操作分析的有条不紊、丝丝入扣。本书对现实中主要风险的关系把握比较全面，而对理论与现实的矛盾分析与概括展示了规范研究与实证研究相结合的生命力。同时本书也向读者展示了一本"以目标为重心、以风险为导向、以制度为基础、以流程为纽带"的现代企业内部控制通道手册，这将更有利于读者理解，并使读者在未来的实践中运用所学知识解决实际问题。

该书紧扣《基本规范》及相关制度的脉搏，恰当地涉猎了现代企业内部控制实施中的关键流程，为有效地防范风险及企业健康运行提供了保驾护航的具体方法。通览全书，不难看出这样一些特点：

第一，结构合理。全书在阐述内部控制五大原理的基础上，着重围绕内部控制活动的实践操作业务流程进行探析，随后又进行案例实证探讨，对现代企业内部控制进行了完整的架构。

第二，可操作性强。全书研习的内容涉及内部控制目标、主体等的分析，既涉及 10 个关键流程在企业经营管理中的运用，也涉及内部控制的再控制，即内部控制在企业内部检查评价的参考评价标准、内部控制评价程序与方法等，尤其是如何进行风险评估与防范等问题在实际工作中的具体操作，通过"风险管理参考工作表"的模式，更加有利于企业内部控制的构建与实施，并具有较强的指导作用。

第三，此书的一个亮点就是结合企业的实际，将反舞弊在控制环境中的运用通过专门章节进行研究。作者深知：反舞弊必须从源头抓起，从内部环境整治，发挥大监督的作用。因此，较好地切入了我国现代企业的管理特点，具有较好的效果和可操作性。

2001 年以来，国际上相继曝光的安然和世界通信等多家大公司财务造假丑闻，促使了《萨班斯-奥克斯利法案》的出台。2008 年，财政部等五部委联合发布《基本规范》及相关制度，要求企业提高经营管理水平和风险防范能力，促进企业可持续发展，结合实际建立与实施内部控制。随着内部控制在我国企业的广泛建立与实施，逐渐形成了全员控制、全过程控制的态势，并发挥着越来越重要的作用。希望本书作者持续不断地发展和丰富企业内部控制，为我国内部控制的建设添砖加瓦。

中国会计学会会长　　金莲淑

本书按照世界公认的 COSO 报告内部控制五大要素，以及我国财政部等部委联合发布的《企业内部控制基本规范》的思路，结合国内国外一流企业近年来内部控制的实施情况，向读者展示了内部控制理论与内部控制实务并重，以及内部控制理论转化为成果在新时期现代企业的具体运用。

本书内容设计如下。

第一章，内部控制的基本原理。向读者展示了内部控制学的沿革过程及不断发展的渊源，形成了五大要素；向读者清晰地展示了其发展形成的思想、理念与方法，奠定了内部控制学的基础。

第二章，企业内部控制环境。控制环境是内部控制五大要素的基础。这一章分析讨论的结论为：内部环境直接影响着企业内部控制的贯彻与执行，同时为其他要素提供规则和结构。在第二章中，还根据新时期企业的特点加入"反舞弊"一节，进一步强化纪检监察等大监督在反舞弊中的重要作用。

第三章，企业风险评估。内部控制主要是控制风险的发生，提高企业经营的安全性。通过本章的学习，读者可以了解和掌握风险识别及评估的方法，结合相关工作表单和相关案例，知道在实践中这项工作从哪里入手并如何开展。

第四章，企业控制活动。结合国际、国内一流企业的通常做法，将控制活动流程化，在具体业务中嵌入流程，用业务优化流程，让流程规范管理。本书内部控制涉及了 10 个主要业务的关键流程，通过"以流程为纽带"的具体学习与认知，读者可以掌握相关业务的目标、主要潜在风险及风险控制要求，为在实践中使用铺垫了一个良好的认知基础。

第五章，企业信息与沟通。企业经营中内部和外部信息与沟通，都是现代企业运营中重要的方法；同时，信息与沟通和其他控制要素有着千丝万缕的联系。信息的传递与有效沟通为企业管理层相关决策提供了依据。

第六章，企业内部监督。内部监督对内部控制的有效运行，以及内部控制的不断完善起着重要的作用，是内部控制得以实施和优化的有效保证。

本书的特色有以下几方面。

（1）学习工具。本书的目的就是帮助读者学习现代企业内部控制学。通过对内部控制五大要素的解读，结合主要业务关键流程向读者说明如何把这些方法运用到未来的实践中，当学习完本书时，读者应该能掌握本书中涉及的关键流程，并举一反三，在工作中加以利用。

（2）案例研究。控制理论只有在运用于解释实际案例与相关政策时，才是有用的，并且才能激发学习的兴趣与热情。因此，本书包含了所提出理论的大量案例研究。本书在部分相关案例后做了进一步延伸，即"案例拓展研习"，为读者更好地发现问题、分析原因、化解问题、规避风险提供了一个"抛砖引玉"的参考和启发。

（3）学习检验。在每个主要部分之后，都向读者提供一个"即问即答"模块，以加深对已学内容的理解。

（4）内容总结。各章学习结束后，每章末尾都归纳出简单的内容总结，提示读者刚刚学过的重要内容，同时在后面的学习中，内容总结也可以为复习提供一个有效的途径。

（5）制度指引。本书在每章末尾都给出了相应的参考制度的方向指引，便于在未来实践中，使读者以较专业的状态进入工作，确保企业的遵循制度有效贯彻，如国家层面的法律法规、企业层面的管理制度等。

（6）复习题。本书在每章末尾都安排了该章主要内容的复习题，读者可以利用这些复习题来考核自己的理解程度，并为测试做准备。

（7）思考与应用。完成每章的学习后，本书以实际情况为依据，在每章末尾给予了读者几个思考与应用的问题，以拓展学习思路及学习兴趣，让这门学科更加有趣。

编　者

目　录

第一章

内部控制的基本原理

本章着重讨论内部控制的一些基本理论问题，具体涉及内部控制的产生与发展、内部控制的概念与作用、内部控制的分类与内容、内部控制的功能与局限、内部控制的原理与方法、内部控制的原则与前提。

第一节　内部控制的产生与发展

一、内部控制的产生

内部控制是为内部强化管理及适应外部激烈竞争的需要而产生和发展的。内部控制的最初源头是内部牵制。现代内部控制思想产生于 18 世纪产业革命以后，是企业规模扩大和资本大众化的结果。18 世纪末，美国铁路公司率先对遍及各方的客货运输业务采用内部稽核制度，由于效果显著，被各大企业纷纷仿效。20 世纪初，随着股份公司规模的扩大，所有权与经营权的进一步分离，为了查错纠弊的需要，在西方一些企业中逐步出现了能组织、调节、制约和监督生产经营活动的方法，因而出现了简单的内部控制制度。

20 世纪 30 年代，世界性的经济大危机迫使许多企业普遍加强对生产经营活动的控制，企业内部牵制制度得到了进一步的发展，内部牵制的范围超越了会计及财务范围，延伸到了企业所有部门及整个业务活动。在内部控制内容日益丰富的同时，人们对内部控制的认识也得到了极大的提高：内部控制是由于组织本身及其管理部门的需要而存在的，是一切管理工作的基础。内部控制帮助管理部门尽可能地实现业务活动有条不紊地进行，保证组织目标得到合理实现；内部控制对于企业同样需要，且伴随企业规模的扩大、工作的复杂而越来越有必要开展。

内部控制实践的完善促进了内部控制理论的发展。1929 年，美国注册会计师协会（AICPA）和美国联邦储备委员会修订发布了《财务会计报表的验证》，这是最早涉及内部控制的专业文献。最早定义内部控制概念的则是 1936 年发布的《独立公共会计师对会计报表的审查》，该文献认为：内部控制是"为了保护公司现金和其他资产的安全、检查账簿记录准确性而在公司内部采用的各种手段和方法"。1963 年，美国审计程序委员会在其发布的《审计程序第 23 号文件》中进一步将内部控制划分为会计控制与内部管理控制。

近代内部控制不仅在美国得到了迅速发展，也被其他一些发达国家重视并迅速推广应用。英国注册会计师协会在 1961 年提出了完整的内部控制概念。加拿大、澳大利亚的一些学者对内部控制理论问题也进行了深入探讨。日本企业界则认为，随着企业破产逐渐成为社会问题，对企业内部管理方面的审查也应当严格起来，即使企业在经营效果上达到了考核标准，但从内部管理角度来看，需要彻底加以评价的方面也还有很多，应当把加强内部控制作为改善企业素质的重要措施来看待。

我国在周朝曾出现"一毫财赋之出入，数人耳目之通焉"的记载。1990 年后，我国开始在理论上广泛研究内部控制。同时，我国政府也加大内部控制建设的推动力度：1996 年中国注册会计师协会发布《独立审计具体准则第 9 号——内部控制与审计风险》；1997 年中国人民银行颁布《加强金融机构内部控制的指导原则》；1999 年证监会发布上市公司完善内部控制的规定；1999 年第九届全国人民代表大会常务委员会第十二次会议修订并通过了《中华人民共和国会计法》（简称《会计法》），提出建立内部会计监督制度的要求；2001年财政部颁布了一系列的会计控制规范；2002 年中国人民银行发布《商业银行内部控制指引》；2002 年证监会发布《证券投资基金管理公司内部控制指导意见》；2006 年国资委发布了《中央企业全面风险管理指引》；2008 年财政部等五部委联合颁发《企业内部控制基本规范》；2010 年财政部等五部委又联合发布《企业内部控制配套指引》（包括应用指引、评价指引和审计指引）；2010 年财政部发布《企业内部控制规范讲解》；2012 年财政部发布《行政事业单位内部控制规范（试行）》，国资委发布《关于加快构建中央企业内部控制体系有关事项的通知》；2015 年财政部颁发《关于全面推进行政事业单位内部控制建设的指导意见》；2017 年财政部颁发《小企业内部控制规范（试行）》。

由上可知，内部控制制度是人类社会生产力发展到一定阶段的产物。随着社会生产力的不断发展、企业规模的扩大，企业一方面必须对生产经营活动进行科学的计划和组织，使人力、财力及物力得到合理配置和有效利用；另一方面必须加强对生产经营活动的控制和调节，明确企业内部各个部门的职责和权限，使企业生产经营活动有序地进行。为此，企业就需要制定能够保证实现上述管理目标的业务控制方法、措施和程序。

二、内部控制的发展

内部控制是一个动态的发展过程，这一发展过程有多种归纳方法。有的将其分为萌芽期、发展期及成熟期（三个阶段）。有的将其分为内部牵制、内部控制制度、内部控制结构及内部控制整体框架（四个阶段）。有的将其分为内部牵制、内部会计控制与内部管理控制、内部控制结构、内部控制整体框架及风险管理整合框架阶段（五个阶段）。本书采用五个阶段分类法。

（一）内部牵制阶段

内部牵制早在古罗马时代就已经出现，当时对会计账簿实施"双人记账制"，即某笔经济业务发生后，由两名记账人员同时在各自的账簿上加以登记，然后定期核对双方的账簿记录，以检查有无记账差错或舞弊行为，进而达到控制财物收支的目的。内部牵制的内容主要包括以下几个方面。

1. 体制牵制

体制牵制指通过组织规划与结构设计，把各项业务活动按照其作业环节划分后，交由不同的部门或人员，实行分工负责，相互制约，如将会计与出纳人员相互分离进行制约等。

2. 簿记牵制

簿记牵制指在账簿组织方面，利用复式记账原理和账簿之间的钩稽关系，做到互相制约，如原始凭证与记账凭证之间的核对等。

3. 实物牵制

实物牵制指由两个或两个以上人员共同掌管必要的实物工具，共同操作完成一定程序，如同时由两名人员共同掌管保险柜钥匙等。

4. 机械牵制

机械牵制指利用既定的标准或业务处理程序对各个部门、岗位或人员进行控制。例如，对会计凭证处理程序和处理路线做出规定，将单、证、账、表记录系统连接起来，使其对单位各项经济业务活动的全部过程做出及时、完整、准确的反映。同时，把各个职能部门连成一个相互制约、相互监督的有机整体，相互牵制。

内部牵制以查错防弊为目的，以职务分离和账目核对为手法，以钱、账、物等会计事项为主要控制对象。《柯氏会计辞典》将其特点归纳为"以任何个人或部门不能单独控制任何一项或一部分业务权利的方式进行组织上的责任分工，每项业务通过正常发挥其他个人或部门的功能进行交叉检查或交叉控制"，即任何个人或部门不能够单独拥有一项业务的所有权力。一项或一部分业务必须经过至少两个人或两个部门来完成，在其间进行责任分工，就可以在很大程度上减少无意识地出现差错和有意识地营私舞弊行为发生的可能性。

内部牵制的这些设想是合理的，内部牵制机制确实有效地减少了错误和舞弊行为，因此在现代内部会计控制理论中，内部牵制仍然占有相当重要的地位，成为有关组织机构控制及职务分离控制的基础。

（二）内部会计控制与内部管理控制阶段

1949年，美国审计程序委员会下属的内部控制专门委员会发表了题为《内部控制——协调系统诸要素及其对管理部门和注册会计师的重要性》的专题报告。该报告认为："内部控制是企业所制定的旨在保护资产、保证会计资料可靠性和准确性、提高经营效率、推动管理部门所制定的各项政策得以贯彻执行的组织计划和相互配套的各种方法及措施。"

这一定义在当时被普遍认为是对内部控制这一重要概念的重大贡献。但该报告定义的内部控制概念内容十分宽泛，尤其是加重了审计人员的职责。对此，该委员会又将内部控制划分为会计控制和管理控制两大类。前者由组织计划及与保护资产和保证财务资料可靠性有关的程序和记录构成；后者包括但不限于组织计划及与管理部门授权办理经济业务的决策过程有关的程序及其记录。这一划分方法称为内部控制的"制度二分法"。

（三）内部控制结构阶段

美国注册会计师协会（AICPA）的文献界定了会计控制概念，而公司经理们在实践中运用着管理控制概念。为了协调这一矛盾，1988年4月，AICPA发布了《审计准则公告第55号》，首次以"内部控制结构"一词取代"内部控制"一词，该公告的颁布可以视为内部控制理论研究的一个新的突破性成果。以"财务报表审计对内部控制结构的考虑"为主题的《审计准则公告第 55 号》指出，"企业的内部控制结构包括为合理保证企业特定目标的实现而建立的各种政策和程序"，并且明确了内部控制结构由以下内容构成。

1. 控制环境

控制环境指对建立、加强或削弱特定政策和程序效率发生影响的各种因素。具体内容包括：管理者的思想和经营作风；企业组织结构；董事会及其所属委员会，特别是审计委员会发挥的职能；确定职权和责任的方法；管理者监控和检查工作时所用的控制方法，包括经营计划、预算、预测、利润计划、责任会计和内部审计；人事工作方针及其执行、影响本企业业务的各种外部关系。

2. 会计制度

会计制度规定各项经济业务的鉴定、分析、归类、登记和编报的方法，明确各项资产和负债的经营管理责任。健全的会计系统应当有助于这些目标的实现：鉴定和登记一切合法的经济业务；对各项经济业务进行分类，作为编制财务报表的依据；将各项经济业务按照适当的货币价值计价，以便列入财务报表；确定经济业务发生的日期，以便按照会计期间进行记录；在财务报表中恰当地表述经济业务并对有关内容进行揭示。

3. 控制流程

控制流程指管理层制订的用以保证达到一定目的的方针和程序。具体内容包括：经济业务和经济活动的批准权限；明确各人员的职责分工，防止对正常业务错弊隐藏行为的发生。

上述内部控制结构概念正式将内部控制环境纳入内部控制的范畴，同时不再区分会计控制和管理控制。这些改变反映了 20 世纪 70 年代后期以来内部控制实务操作和理论研究的新动向。

根据我国《独立审计具体准则第 9 号——内部控制与审计风险》的规定，内部控制包括控制环境、会计系统和控制流程三个方面。准则中将会计制度改为了会计系统。

（四）内部控制整体框架阶段

1992 版：

1992 年，COSO 在进行专门研究后提出《内部控制——整体架构》这一专题报告（又称 COSO 报告）。该报告经过两年的修改，到了 1994 年，COSO 提出此报告的修改篇，扩大了内部控制的涵盖范围，增加了与保障资产安全有关的控制，得到了美国审计署的认可。与此同时，AICPA 则全面接受 COSO 报告的内容，于 1995 年发布了《审计准则公告第 78 号》，并自 1997 年 1 月起取代了《审计准则公告第 55 号》。

COSO 报告指出，内部控制是一个过程，受企业董事会、管理层和其他员工的影响，旨在保证财会报告的可靠性、经营的效果和效率及对现行法规的遵循。内部控制整体架构主要由控制环境、风险评估、控制活动、信息与沟通及监控五种要素构成。

1. 控制环境

控制环境主要指企业内部文化、价值、组织结构、管理理念和风格等。塑造企业文化并影响企业员工的控制意识，是所有其他内部控制组成要素的基础。控制环境要素包括：员工的诚实性和道德价值观，如有无描述可接受的商业行为、利益冲突及道德行为标准的行为准则；员工的胜任能力，如员工是否能够胜任质量管理要求；董事会或审计委员会，如董事会是否独立于管理层；管理哲学和经营方式，如管理层对人为操纵或错误记录的态度；组织结构，如信息是否到达合适的管理阶层；授予权利和责任的方式，如关键部门经理的职责是否有明确规定；人力资源政策和实施，如是否具有关于雇用、培训、提升和奖励员工的政策等。

2. 风险评估

风险评估就是分析和辨认实现有关目标可能发生的风险，并采取相关的应对措施加以控制。风险评估包括风险识别和风险分析。风险识别包括对外部因素（如宏观政策、技术发展、竞争、经济变化）和内部因素（如员工素质、公司活动性质、信息系统处理）的特点进行检查。风险分析涉及估计风险的重大程度、评价风险发生的可能性、考虑如何管理风险等。

现代企业的风险主要来源于：经营环境的变化；聘用新的人员；采取新的或改良的信息系统；新技术的应用；新行业、产品或经营活动的开发；企业改组；海外经营；新会计方法的应用等。

3. 控制活动

控制活动是企业为保证目标的实现，以及管理阶层指令得以执行，对确认的风险及关键点采取必要的控制措施，以确保企业风险最小化的政策及程序，如核准、授权、验证、调节、复核营业绩效、保障资产安全及职务分工等。控制活动主要包括以下六种。

（1）业绩评价。业绩评价即管理阶层记录经营活动，如将市场的扩展、生产过程改良及成本控制的结果，与预算、预测、前期及竞争者的绩效相比较，以衡量目标达到的程度和监督计划如新产品开发、合资经营及融资行为的执行情况。

（2）直接部门管理。直接部门管理指负责某一部门的经理人员复核自己所负责部门的业绩报告，检查本部门业务活动的情况，以便辨认趋势。

（3）信息处理。对信息系统的控制活动可以分为两类。一类是一般控制，它帮助管理阶层确保系统持续、适当地运转。一般控制包括对资料中心运作的控制、对系统软件的控制、对存取安全的控制、对应用系统的发展及维护的控制。另一类是应用控制，它包括应用软件中的电算化步骤及相关的人工程序。应用控制包括输入控制、输出控制。

（4）实体控制。实体控制主要指保护设备、存货、证券、现金和其他资产的实体安全，定期盘点并与控制记录显示的金额相比较。

（5）绩效指标的比较。绩效指标的比较即把不同的几套数据资料，如经营数据与财务数据相互比较，分析指标之间的关系，然后再进行调查与纠正。

（6）分工。分工即将责任划分，将不相容的职务分派给不同的员工，以降低错误或不当行为的风险。

4. 信息与沟通

信息与沟通指为了使管理者与员工能够执行其职责，企业各部门间以及员工之间相互交流与沟通信息。企业必须识别、捕捉、交流外部和内部信息。外部信息包括市场份额、法规要求和客户投诉等信息。内部信息包括会计制度、管理层建立的记录和报告经济业务和事项以及维护资产、负债和业主权益的方法和记录等。

一般而言，信息包括确认所有有效业务的方法和记录；序时详细记录业务以便归类，提供财会报告；采用恰当的货币价值来计量业务；确定各项业务的发生时期，以保证业务记录于合理的会计期间，在财会报告中恰当地披露业务，在企业内将相关资讯进行有效传递。

沟通包括使员工了解其职责，保持对财会报告的控制。沟通具体包括使员工了解在会计制度中自己的工作如何与他人相联系，如何对上级报告例外情况。沟通的方式有政策手册、财会报告手册、备查簿及口头交流或管理示例等。

5. 监控

监控是由适当的人员评估内部控制的设计和运作情况的过程。监督活动由持续监督、个别评估所组成，以确保企业内部控制能够持续有效地运作。

持续的监督活动在运营过程中发生，它包括例行的管理和监督活动及其他员工为履行其职务所采取的行动。

尽管持续监督程序可以有效地评价内部控制体系，但企业有时需要组织例外评估以直接监视控制系统，这种做法可以评估持续性监督程序。评估的范围和频率视风险的大小及控制的重要性决定。

内部控制的缺失应当由下往上报告，某些缺失应当报告给高层管理阶层及董事会。

20世纪末，随着企业外部竞争的加剧和企业内部管理的强化，在公司治理活动的推动下，内部控制系统评价也由传统的审计人员检查单据、实施符合性测试程序为导向，转为在审计人员指引下，由管理部门和员工共同研讨，提出最佳改进措施的内部控制自我评估。内部控制自我评估体现了内部控制系统评价的崭新观念，是内部控制系统评价方法的新突破。

内部控制自我评估指企业管理层和员工在专题讨论中，共同对企业内部为实现目标、控制风险而进行的关于内部控制系统有效性和恰当性的自我评估。国际内部审计师协会在1996年的研究报告中总结了内部控制自我评估的三个基本特征：关注业务过程和控制成效；由管理部门和职员共同进行；用结构化的方法开展自我评估。

内部控制自我评估的实施同时要求员工和内部审计、财务会计、人力资源等部门与管理层一道承担对内部控制评估的责任。他们定期或不定期地对内部控制体系进行检查评估，并提出改进意见，以保证内部控制能够随环境的变化而不断改进。这就使以往由内部审计对内部控制的有效性进行验证发展到全新的阶段，即通过设计、规划和运行内部自我评估程序，由组织整体对管理控制和治理负责。

上述五种成分内容广泛，相互关联。控制环境是其他控制成分的基础，如果控制环境漏洞百出，企业内部控制就不可能有效；规划控制活动时必须对企业可能面临的风险有所了解；控制政策和程序必须在组织内部有效地沟通；内部控制的设计和执行必须受到有效的监控；审计人员在审计财会报告时，应该对内部控制的有关成分给予充分考虑。

2013版：

2013年，COSO发布了《内部控制——整体架构》（2013版）。自COSO发布1992版的整体框架以来，其商业环境已变得大为不同，新生产技术和复杂组织结构的不断涌现，以及愈加严格的监管要求，促使企业在满足旧框架运营、合规、财务报告内控目标的基础上，越来越关注公司治理和风险管理，越来越重视非财务报告的内部控制。

此外，近年来由于内部控制失效而发生的一系列舞弊事件以及金融危机的破坏性影响，也进一步要求加强和完善内部控制标准。以上这些因素都推动了COSO对已颁布20年之久的原框架作出相应更新，以帮助企业能够高效率地制定内部控制系统，实现重要的业务目标并持续优化企业绩效；适应日益复杂和不断变化的商业环境，将风险降至可接受的水平并提高决策信息的可靠性。

2013 版的 COSO 在内部控制的定义、内部控制五要素等方面与 1992 版的 COSO 在核心上基本保持了一致。为了顺应全球化背景下企业运营及业务环境的变化，呼应利益相关者对企业治理的不断增长的需求，在定义、要素和目标等方面进行了更新和拓展。这些优化旨在为管理层提供具体的指引，协助其设计、实施和执行内部控制，以及评估和优化内部控制发挥有效的作用。新版内部控制还有一个显著的变化，就是在五要素的基础上提炼出了 17 项总体原则，将内部控制的五要素和 17 项总体原则组合起来就构成了内部控制的标准，适用于所有的企业和组织。在 17 项总体原则中，每一项总体原则又由代表其重要特征的多个关注点所支持，每个关注点都与 17 个原则中的某个原则相对应，而每一项原则也都与五要素中的某个要素相对应，使内部控制体系的评价更加有据可循。

2013 版的 COSO 对内部控制的定义、目标、要素以及 17 项总体原则等更新、拓展、优化如下。

1. 优化了内部控制的定义

内部控制是由企业董事会管理层和全体员工实施的旨在为实现控制目标提供合理保证的过程。内部控制是一个动态和整合的过程，是一个持续不断的过程，受组织的董事会、管理层和其他员工的影响，旨在为运营、报告和遵循目标相关的实现提供合理的保证。

新版内部控制的定义进一步强调了如下几个方面的内容。

（1）内部控制旨在实现企业管理的各项目标。这些相互独立但又互有重叠的目标主要包括运营目标、报告目标、合规目标。

（2）内部控制是一个持续不断的优化、整合过程。此过程包括持续的任务和活动，是达到目的手段，而非目的的本身。

（3）内部控制由各层级的人员来实施。企业（或组织）中各层级人员的执行力将对内部控制的实施产生重要的影响，如政策制度、流程手册、系统和表单等。

（4）内部控制为各项管理提供合理的保证。内部控制向企业（或组织）的高级管理层和董事会（或决策者）提供合理的保证，但不是绝对的保证。

（5）内部控制应与企业（或组织）的结构相适应。在管理中内部控制可以根据具体情况和特点灵活运用于整个企业和组织或下属单位、分部、业务单元及业务流程中。

2. 提供了目标

（1）运营目标：组织运营的效果和效率包括运营和财务绩效目标、资产安全不受损失。

（2）报告目标：内外部的财务和非财务报告的可靠性、及时性、透明度，以及监管者、公认的标准制定机构和相关政策所要求的其他方面。

（3）合规目标：遵守对企业或组织适用的法律法规及规章。

3. 进一步优化了五个关联要素

1）控制环境

控制环境是一套标准、流程和结构，能够为内部控制的实施提供基础。董事会和高级管理层为内部控制的重要性（包括期待的行为准则）提供高层基调。组织各个层级的管理活动强化了这种期望。控制环境包括组织正直和道德的价值观，促进董事会行使公司治理的监控职责的机制，吸引、开发和保留人才的机制；严格的绩效衡量、激励和汇报机制以保证绩效实现。控制环境会对整个内部控制体系产生全面影响。

2）风险评估

每个组织都面临着来自内外部的各类风险。风险是潜在事件发生并对组织实现其目标产生负面影响的可能性。风险评估包括根据组织要实现的目标，动态和反复地识别和评估风险的过程。将全组织范围的影响目标实现的风险与已经建立的风险容忍度一同考量后，通过风险评估为决定风险如何进行管理打下基础。风险评估的先决条件是组织各个层级的目标的确立。管理层要结合运营、报告和合规的三大类目标，明确相应的具体目标，以便识别和分析相关的风险。管理层也要考虑这些目标对于组织的可持续性。风险评估还要求管理层考虑可能导致内控失效的外部环境和内部商业模式的可能变化。

3）控制活动

控制活动是通过制度和流程所确立的行动，旨在降低风险、确保管理层目标和方针得以实现。在组织的各个层级、业务的各个环节、信息技术等环境中都应实施控制活动。从控制活动的性质上看，可以是预防性的也可以是检查性的；应覆盖一系列的手工和自动控制；包括授权和批准、核查、对账和业务绩效评估等。不相容职责分离也是典型的应选择和执行的控制活动。如果不相容职责对主体来说难以实施，管理层应选择和执行替代性的控制活动。

4）信息与沟通

信息对于主题履行内部控制责任以促进目标实现而言是非常必要的。管理层从内外部获得或生成和使用高质量的信息、相关的信息，以支持内部控制的持续运转。沟通是一个持续和不断重复地提供、分享和获得必要的信息的过程。内部沟通是一种手段，使得信息能够在整个组织上纵向和横向传递，能够帮助员工接受来自高管层清晰的信息，以保证控制的职责必须认真实施。外部沟通是双重的：一是将外部的相关信息传入组织内部，二是向外部提供信息以回应相关方的要求和期望。

5）监督活动

监督活动是以持续的评估、独立的评估或者是两者的组合，确认内部控制的五个要素，以及每个要素下的原则是否有效实施并发挥作用。持续评估应被嵌入主体不同层级的业务流程中，以提供及时的信息。独立的评估应定期开展，其范围和频率因风险评估结果、持续评估的有效性及管理层的其他考虑而有所不同。主体应依据监管机构标准制定机构，或管理层和董事会所设定的标准，对各种发现进行评估，必要时应当向管理层和董事会报告各项缺陷和问题。

4. 确立了与五个要素对应的相关原则

1）控制环境

（1）企业（或组织）对正直和道德等价值观做出承诺。一是高管要树立诚信的道德价值观并传递给整个公司；二是制定明确的员工守则；三是评价员工是否遵守守则，对违规情况及时进行处理。

（2）董事会独立于管理层，并对内部控制的推进与成效加以监控。一是明确了董事会与管理层各自的权责；二是董事会独立于管理层，并具有胜任能力和独立性；三是董事会对内部控制的有效性进行监督。

（3）管理层围绕其目标，在治理层的监督下，建立和健全组织架构、汇报路径、合理的授权与对应的责任等机制。一是健全了组织架构，明确汇报路径；二是合理的授权，并承担对应的责任；三是不过度授权，不相容职责有效分离。

（4）制定完善的政策。一是制定了相关的政策与制度；二是关注员工的胜任能力，并持续改进；三是不断吸引、发展、保留人才；四是制定了岗位继任计划。

（5）根据企业的管理目标，使员工各自担负起内部控制的相关责任。一是通过组织、权限及责任分工明确每名员工的责任；二是制定了绩效衡量以及激励惩处机制；三是在企业内部形成遵规守纪的规则。

2）风险评估

（1）企业（或组织）做出清晰的目标设定（包括经营目标、报告目标及合规目标等），以便识别和评估与其目标相关的风险。

（2）对影响其目标实现的风险进行全范围的识别和分析，并以此为基础来决定风险应如何进行管理。一是有适当的管理层参与整个过程；二是风险评估过程包括如总部、各部门、业务单位、事业部、下属子公司等全部实体；三是考虑内部及外部的风险因素；四是评估风险的重要性；五是制定风险应对策略。

（3）在风险评估过程中，考虑潜在的舞弊行为。一是考虑舞弊发生的各种可能性；二是评估舞弊的动机和压力；三是评估舞弊的机会大小；四是评估对舞弊的态度及自我合理化倾向。

（4）识别和评估对内部控制体系可能造成较大影响的改变。一是评估外部环境变化带来的影响；二是评估经营模式变化带来的影响；三是评估管理层变化带来的影响。

3）控制活动

（1）企业（或组织）选择并开展控制活动，将风险对其目标实现的影响降到可接受水平。一是控制活动要与风险评估结果相适应；二是确定与控制活动相关的管理流程；三是在选择和实施控制活动时考虑企业特有因素；四是采取不同类型的控制活动降低风险；五是确保不相容职责分离。

（2）对信息系统或（信息）技术，企业要选择或制定政策并开展一般控制以支持其目标的实现。一是信息系统与流程的相互嵌入并对其实施有效控制；二是建立相关基础架构的控制活动；三是建立相关的信息安全管理控制活动；四是建立相关的信息系统购买、开发、运行维护控制活动。

（3）通过合理的政策制度和保证这些政策制度切实执行的流程程序来实施控制活动。一是建立相关的政策和程序来落实控制活动；二是建立政策和程序执行的责任和义务机制；三是使用有胜任能力的员工来执行控制活动；四是注意控制活动执行的及时性；五是定期维护并更新政策及程序。

4）信息与沟通

（1）企业（或组织）获取或生成并使用相关有质量（有效）的信息来支持内部控制发挥作用。一是识别各环节的信息需求；二是建立内部、外部数据获取渠道；三是将相关数据处理成有用的信息；四是确保信息处理过程有效；五是衡量信息获取的成本与收益。

（2）在企业内部要沟通传递的内容包括内部控制的目标和责任等，信息要以支持内部控制发挥作用。一是将内部控制的相关信息与每个员工进行沟通；二是将内部控制的相关信息与董事会进行沟通；三是建立独立的应急性的沟通渠道；四是选择合适的沟通方式。

（3）企业与外部相关方就影响内部控制发挥作用的事宜进行沟通。一是与外部利益相关者进行沟通；二是在内部信息传递渠道上增加外部的接入端口；三是提供独立的应急的沟通渠道；四是选择合适的沟通方式。

5）监督活动

（1）企业（或组织）选择、推动并实施持续（或）独立的评估，以确认内部控制的要素是存在且正常运转的。一是考虑持续和专项评价的方案；二是在选择持续和专项评价时考虑企业管理活动的变化程度；三是选用具有相关知识的人进行评价；四是持续性评价与管理流程相融合；五是定期开展独立的评价保证客观性以及根据风险大小调整评价的频率。

（2）在相应的时间范围内，评价内部控制的缺陷，并视情况与应采取正确行动的相关方（如高级管理层、董事会等）沟通。一是管理层或董事会成员等高层应评估内部控制的评价结果；二是将内部控制缺陷与负责整改的相关管理层沟通；三是将内部控制缺陷与高级管理人员及董事会沟通；四是对整改活动进行监控。

五个控制要素共同运行，发挥整合的作用。"共同运行"是指所有的五个控制要素共同将影响目标实现的风险降低到可接受水平。控制要素不应被割裂地看待，而应被视为一个整体。这17项原则直接从控制要素中提炼，每个企业或组织可以直接应用这些原则来实施内部控制，增强了控制要素的可操作性。这些原则都可以应用于运营、报告、合规三类目标。

2008年我国颁布的《企业内部控制基本规范》以COSO整体架构为蓝本，同时吸收了COSO-ERM风险管理的理念，结合我国国情进行了前瞻性的要求和指导。因此，《内部控制——整体架构》（2013版）与我国2008年颁布的《企业内部控制基本规范》是相吻合的。

2019年10月，国务院国有资产监督委员会（简称"国资委"）印发"关于加强中央企业内部控制体系建设与监督工作的实施意见"（简称"实施意见"），要求企业防范化解重大风险和推动高质量发展的决策部署，充分发挥内部控制体系对企业强基固本的作用。

内部控制体系是指为合理保证企业（单位）经营活动的效益性、财务报告的可靠性和法律法规的遵循性，而自行检查、制约和调整内部业务活动的自律系统。为了进一步提升企业防范化解重大风险能力，加快培育具有全球竞争力的世界一流企业，该"实施意见"要求企业从5个方面16项具体要求入手建立健全企业内部控制体系。

一是建立健全内控体系，进一步提升管控效能。具体包括：①优化内部控制体系；②强化上级组织对内部控制的管控；③完善各层级管理制度；④健全监督评价体系。

二是强化内部控制体系执行力，提高重大风险防控能力。具体包括：①加强重点领域日常监控；②加强重要岗位授权管理和权力制衡；③健全重大风险防控机制。

三是加强信息化管控，强化内部控制体系的刚性约束。具体包括：提升内部控制体系的信息化水平。

四是加大企业监督评价力度，促进内部控制体系持续优化。具体包括：①实施企业的自我评价；②加强上级对企业的监督评价；③强化社会或外部审计监督；④充分运用监督评价结果。

五是加强出资人监督，全面提升内部控制体系的有效性。具体包括：①建立出资人监督检查工作机制；②充分发挥企业内部监督力量；③强化内部控制整改落实工作；④加大责任追究力度。

（五）风险管理整合框架阶段

2004 版：

2004 年 9 月，COSO 发布了《企业风险管理——整合框架》这一研究成果。企业风险管理使管理者能在充满风险的环境中更加有效地经营。COSO 在认识到有对企业风险管理概念性指南的需要后，成立专门委员会，发起了建立一个概念性的、适当的风险管理框架计划，旨在为企业建立或评判风险管理过程的项目提供完整的原则、能用的术语和实务操作指南。

风险管理是企业董事会、管理层和其他员工共同参与的一个过程，应用于企业的战略制定以及企业各部门的各项经营活动，用于确认可能影响企业的潜在事项，并在其风险偏好范围内管理风险，对企业目标的实现提供合理的保证。

风险管理强调的是从企业的董事会、管理层和其他员工，整个企业共同参与的一个动态过程。

风险管理不是一个事件或环境，而是一系列渗透到企业各项活动的行为。这些行为遍布和内含于管理部门经营业务的方式中，应用于整个企业的每一层面和单元。风险管理要考虑组织所有层次上的活动，其中包括战略规划和资源配置的企业层次活动，营销和人力资源的经营单元活动，生产和新顾客信用评估的经营过程等。企业风险管理还应用于特殊项目和新开发项目，这些项目可能在实体的组织结构或机构图示中还没有指定位置。

企业风险管理应从一个企业的总体来认识。企业风险管理框架包括四类目标和八个要素。它们渗透于企业管理的整个过程之中，是企业目标实现的保证。四类目标分别是战略目标、经营目标、报告目标和合法性目标。八个要素分别为以下内容。

1. 内部环境

内部环境是企业内部影响企业经营管理要素的集合，是其他所有风险管理要素的基础。内部环境影响企业战略和目标的制定、业务活动的组织和风险识别、评估和执行等。内部环境包括企业风险管理哲学、风险偏好和风险文化、董事会监管、员工的道德价值和能力、管理哲学和经营风格、管理部门分配权力和责任、组织和引导员工的方式等。

2. 目标制定

目标制定是企业风险管理的起点。管理者必须根据企业确定的任务或预期，制定企业各个层面的目标以实现自身的发展。风险管理将企业的任务或预期、企业目标和企业风险偏好进行了有效结合。

3. 事项识别

由于企业目标的实现存在诸多不确定性，管理者应对影响企业成功实现战略、达到目标的潜在事件进行识别。具有潜在负面影响的事件代表了风险，要求管理层对其进行评价并做出反应。而具有潜在积极影响的事件可能抵消负面影响，代表了机会，管理者应将机会引入战略和目标设定过程。在识别这些潜在事项时应从整个企业层面加以思考，充分考虑企业的各种外部和内部因素。

4. 风险评估

管理者应从风险发生的可能性和影响两个方面对风险进行评估。风险发生的可能性是指某一特定事项发生的可能性；影响则是指事项的发生将会带来的影响。

5. 风险反应

在对风险进行相应的评估后，管理者应制定不同的风险反应方案，并在风险容忍度和成本效益原则的前提下，考虑每个方案如何影响事项发生的可能性和事项对企业的影响，并设计和执行风险反应方案。有效的风险管理，要求管理者选择一个可以使企业风险发生的可能性和影响都落在风险容忍度范围之内的风险反应方案。

6. 控制活动

控制活动是为确保管理层的风险应对措施能被执行而采取的政策和程序。控制活动在整个企业的各个部分、各个层面及各个职能上发生，包括一系列的活动，如批准、授权、审核、调整、经营业绩评价、资产安全及职责分离。

7. 信息和沟通

为保证企业各职能的有效执行，必须对来自企业内部和外部的相关信息以一定的格式和时间间隔进行收集、确认和传递，使信息在企业内外进行沟通。这些沟通包括企业内部自上而下、自下而上或纵向和横向的沟通，以及与企业外部相关方面的有效沟通和交换，如企业与客户的沟通、企业与供应商的沟通、企业与行政管理部门和股东的沟通等。

8. 监控

监控是评估风险管理要素的内容和运行以及一段时期执行质量的过程。企业可以通过两种方式对风险管理进行监控，即持续监控和个别评估。两者都用来保证企业的风险管理在企业内部各管理层和各部门得到持续执行。

2017版：

2017年9月，美国反虚假财务报告委员会（COSO）更新版《企业风险管理框架》（也译为《企业风险管理——与战略和绩效整合》）正式发布，其对风险的认识为：风险是事项发生并影响战略和商业目标实现的可能性。风险源于公司外部和内部，是对目标的实现可能会产生积极的变化或者负面的影响，而负面的影响被称为风险。

2017版《企业风险管理框架》直接从企业治理和管理的角度将风险管理内容嵌入其中，为风险管理工作的真正融入治理与管理打下了基础。新版《企业风险管理框架》更新和优化的主要内容如下：

1. 全面风险管理的论述更新

（1）全面风险管理是公司全方位的风险管理。全面风险管理是在首席风险官或者董事会下设的风险管理委员会集中与系统的管理风险，从公司整体出发进行全面综合的考虑，这样做的好处是可以确定公司可以承受的风险能力，从而减缓风险。

（2）全面风险管理是公司能力和实践的体现。全面风险管理是公司覆盖风险识别、风险评估、风险控制等各个环节的一种管理能力，是一个动态性、持续化的阶段。全面风险管理并非仅仅是单一的事项，而是从战略制定和执行层面关注风险。参与公司日常经营管理活动，应从公司面临的外部宏观环境和内部环境进行综合分析，从公司的薄弱环节考虑问题，加强公司管理风险的能力。

（3）全面风险管理是公司全员参与的风险管理。公司由管理风险的风险管理委员会制定全面风险管理策略，公司的各位员工参与其中，对由其个人负责的具体风险负有责任，把各自领域所负责的风险降低到公司可承受的风险程度。全员风险管理对员工提出较高的要求，要求各个员工对风险政策、风险管理体系都有统一的认识，从而确保公司能以统一的、整体的形象面对风险。

（4）全面风险管理是实时的风险管理。全面风险管理实时监控事前、事中、事后，强调的是预防风险，使得可以在风险发生之前就开始预防风险，而非只能被动地承受风险的发生。公司都有自身目标、使命，从而在制定公司战略阶段，要充分考虑公司不同的风险，因而要求公司在事前制定战略目标时就把风险作为重点，充分考虑风险；事中通过风险识别、评估来保证行之有效的风险应对措施；事后则通过追踪风险应对措施，持续不断地反馈风险应对措施。

（5）全面风险管理是考虑成本的风险管理。全面风险管理是在考虑风险防控成本的基础上进行的风险管理，是根据风险发生的可能性及风险影响范围，结合公司对风险的偏好及公司自身的风险容忍度，选择不同的风险应对措施。全面风险管理并非将所有风险都等同对待，而是根据不同风险，考虑风险防控成本，并结合公司自身风险能力进行风险管理。

（6）全面风险管理是公司实现价值的过程。公司风险管理应从公司使命、愿景、核心价值出发，积极提升主体的价值和业绩，强调将风险管理嵌入到公司管理业务活动和核心价值链中。基于风险导向的管理理念逐渐兴起，企业管理领域中常见的公司治理、企业文化、战略管理、卓越绩效、危机管理、高效沟通等都可以应用此套框架实现更好的标准化和科学化，因为基于风险的管理理念将成为主流并渗透到企业管理的各个方面。

2. 全面风险管理要素的优化

2017 版的《企业风险管理框架》五要素和对应的二十条原则如下。

1）治理与文化

公司治理决定公司的基调，强化并确立风险管理的监督职责；公司文化则事关道德价值，是具有责任感的公司行为准则，是公司整体对风险的理解。该要素主要由五个原则支撑，包括董事会执行风险监督、建立运营机构 \ 定义所崇尚的文化 \ 展示对核心价值观的承诺 \ 吸引及开发和保留有胜任能力的个体。

风险治理和文化组成了企业风险管理（Enterprise Risk Management，ERM）所有其他部分的基础。风险治理定下主体的基本基调，加强 ERM 的重要性并确立 ERM 的监管责任的分配；文化则是主体的价值观、行为准则和对风险的理解。

（1）董事会执行风险监督——董事会对战略进行监督，执行治理责任，支持管理实现战略和业务目标。

（2）建立运营机构——组织应在追求战略和业务目标的方面上建立运营机构。

（3）定义崇尚的文化——组织应定义期望的行为来描述所崇尚的文化。

（4）展示对核心价值观的承诺——组织表现出对核心价值观的承诺。

（5）吸引发展和保留有胜任能力的个体——组织应致力于建立符合战略和业务目标的人力资本。

2）战略与目标设定

公司风险管理、战略以及业务目标设定共同作用于战略制定过程。风险偏好的建立应该与战略保持一致；业务目标将战略付诸实践，同时作为识别、评估和应对风险的基础。该要素由四个具体原则支撑，包括分析业务环境、定义风险偏好、评估替代策略、制定业务目标。

（1）分析业务环境——组织考虑业务环境对风险状况的潜在影响。

（2）定义风险偏好——组织在创造、维护和实现价值的背景下定义风险偏好。

（3）评估替代策略——组织评估替代策略，并对其潜在影响进行风险预测。

（4）制定业务目标——组织在确定协调和支持战略的各个层次的业务目标的同时应考虑风险。

3）绩效（或风险管理执行）

公司需要识别并评估可能影响其实现战略和业务目标的风险，结合企业的风险偏好，对风险按照其严重程度排分优先次序，选择风险应对的方法并对绩效进行监控以做出调整。企业还应该对追求战略和业务目标时所面临的风险量建立起一个风险组合的观念。这一过程的结果需要向主要风险利益攸关方报告。该要素由五个具体原则支撑，包括识别风险、评估风险的严重程度、风险排序、实施风险响应、建立风险组合观。

（1）识别风险——组织应确定影响战略和业务目标绩效的风险。

（2）评估风险的严重程度——组织评估风险的严重程度。

（3）风险排序——组织将风险优先排序，作为选择风险应对的基础。

（4）实施风险响应——组织识别并选择风险响应措施。

（5）建立风险组合观——组织开发和评估风险组合观。

4）审阅和修订

通过审阅整体风险管理执行情况，公司可以评估风险管理要素在随着时间推移及环境变化的过程中发挥作用的情况，以及需要做出什么完善。该要素由三个具体原则支撑，包括评估实质性变化、评价风险和绩效、企业风险管理持续改进。

（1）评估实质性变化——组织识别和评估可能严重影响战略和业务目标的变更。

（2）评估风险和绩效——组织评价绩效并考虑风险。

（3）企业风险管理持续改进——组织应追求企业风险管理的不断完善。

5）信息、沟通和报告

公司风险管理需要持续从组织内外部来获取和分享必要的信息。该要素由三个具体原则支撑，包括利用信息系统、沟通风险信息、风险与文化和绩效报告。

（1）利用信息系统——组织利用信息技术系统来支持企业风险管理。

（2）沟通风险信息——组织使用沟通渠道来支持企业风险管理。

（3）风险与文化和绩效报告——组织在内部各个层次进行风险、文化和绩效的报告。

3. 进一步明确了风险治理和文化的重要性

新框架的第一大要素——治理与文化，为企业风险管理的其他四大要素提供了基础，并且体现于决策过程中。从风险的视角治理公司和建设文化是确保企业风险管理行之有效的强大基石。

1）履行董事会风险监督职能

风险治理和文化源自公司董事会的影响和监督。董事会必须担负起风险监督的职责，并具备提供有关监督所需的技能、经验和业务知识。当董事会大多由独立人员组成时，便可对执行管理层和整个公司起到有效的监督和制衡作用。

2）建立治理和运营模式

一个公司的战略执行，体现于管理层为实现公司目标而对日常经营活动的组织和执行中。由于运营模式一般包含法务和管理架构以及相应的报告路径，因此如何管理和治理该模式可能会触及一些新的和不同的风险或复杂情况，进而影响公司执行战略、管理风险及实现目标。

3）定义理想的公司行为

COSO 对理想公司行为的界定基于公司的核心风险价值观及态度。不论公司认为自己是风险厌恶型、风险中立型或风险激进型，COSO 都建议他们培养一种风险意识文化。这种文化的特点包括：英明果断的领导力，当仁不让的管理风格，对行动和行动结果认真负责的态度，决策过程中对风险的明确考量，以及积极开放的风险对话。这些特征确保风险可以被纳入日常业务中。

4）恪守诚信和职业道德

值得注意的是，COSO 关注的是贯彻于整个公司的基调。虽然高层基调由管理层和董事会的运营风格及个人行为所决定，但他们的基调必须渗透至公司各个层面。这意味着中层基调必须与高层保持一致，唯有如此，基层基调才能够反应理想的核心价值及风险态度。横跨整个公司的基调应是无界的，也就是说，公司人员及其业务合作伙伴都必须积极响应管理层和董事会设定的预期。因此，必须建立和评价有关行为准则，任何偏离这些准则的行为都必须予以及时处理。对于如何建立恰当的基调，坦诚地沟通有关风险及风险承担情况是至关重要的。

5）实施问责

公司各级人员都必须对公司风险管理负责。公司自身首先必须担负起提供适当的公司风险管理准则和指引的重任。这种问责制应始于董事会和 CEO，并通过适当的绩效预期、激励和奖励机制从上到下渗透至整个公司。董事会和 CEO 必须时刻保持警惕，确保公司内部的压力不会造成不负责任或违法行为。针对这一点，COSO 表示可能导致发生上述行为的过大压力往往来自以下几个方面：不切实际的绩效目标，不同利益相关方相互冲突的业务目标，以及短期财务绩效奖励与长期利益相关方预期（如公司的可持续性目标）脱节。这种压力既可能来自公司内部（如公司不合时宜的绩效奖励或战略变更），也可能来自公司外部（如影响销售业绩的客户需求发生了变化或一项颠覆性的改变影响了公司的运营模式）。

6）吸引、发展和留任优秀人才

最后，还要认识到根据公司目标积累人力资本和人才的重要性。管理层必须界定执行战略所必需的知识、技能和经验；制定适当的绩效预期；吸引、发展和留任合适的人员及战略合作伙伴；安排好继任计划。

对于内部控制和风险管理的关系，COSO 前任主席指出：COSO 未来可能会发布的其他文件都不会超越《内部控制——整合框架》的重要性；与《企业风险管理——整合框架》（ERM 框架）之间旨在相互补充，而非相互取代。

从我国内部控制理论和实践经验看，内部控制的构建应从内部控制体系的建设入手，主要就是控制（降低、规避）风险的发生；而风险管理的抓手从企业内部控制开始。大部分专家还是比较认可这种关系界定的。

即问即答：

内部控制经历了几个发展阶段？

第二节　内部控制的概念与作用

一、内部控制的概念

内部控制是一个逐步形成的概念。1949年，美国审计程序委员会下属的内部控制专门委员会发表了题为《内部控制、协调系统诸要素及其对管理部门和注册会计师的重要性》的专题报告，首次对内部控制下了定义，其定义为："内部控制是企业为保护资产，检查会计数据的正确性和可靠性，提高经营效益，促进贯彻执行既定的管理政策，而在内部所采取的组织规划和一系列相互协调的方法和措施。"1988年，AICPA《审计准则公告第55号》以"内部控制结构"代替"内部控制"，并提出内部控制三要素，即控制环境、会计制度和控制流程。1992年，COSO在其发布的报告中又提出"内部控制成分"的概念，并将该概念分为控制环境、风险评估、控制活动、信息与沟通、监控五种要素。2013年，COSO在其发布新版的报告中，对内部控制的概念再次进行了精确和优化。

事实上，内部控制制度的不同使用者，如经营管理部门、内外部审计人员和立法人员等，对内部控制具有不同的观点、期望和目标。上述内部控制的一些定义基本上是基于审计立场。从企业管理角度看，内部控制应着眼于如何完善公司治理结构、改善企业管理混乱局面等方面。所谓内部控制，是由企业董事会管理层和全体员工实施的，旨在为实现控制目标提供合理保证的过程。即企业各层级为了实现运营、报告、合规目标，合理保证企业生产经营管理合法合规且高效率地进行，保护各项资产的安全、完整，确保财务报告及相关信息真实、准确、可靠，提高经营效率和效果，促进企业实现发展战略，而对企业内部各项经济业务活动采取持续不断的一系列相互制约和协调的方法、程序与措施的过程。

理解内部控制概念应注意以下几点。

（一）内部控制主体

内部控制主体指内部控制制度的设计与执行单位。从宏观上讲，国家统一的内部控制制度应由国家有关主管部门会同相关部门联合设计。在此前提下，各单位应当根据统一的内部控制制度，设置具体的内部控制制度并加以执行。尽管内部控制的概念最早是由审计部门提出的，但企业内部控制的真正主体是企业高层及相关管理部门而不是审计部门，因为内部控制制度实质上是一种内部管理制度，是由管理部门主导实施的。审计人员设计内部控制制度仅仅是为了避免职业风险。

当然，由于内部控制涉及企业方方面面的内容，因此，内部控制制度的设立与实施还需要会计、内部审计、人力资源等相关部门与人员的广泛参与。

（二）内部控制客体

内部控制客体指内部控制作用的对象。内部控制属于企业管理范畴，所控制的对象无疑在企业内部。现代企业管理的特点之一就是对各种经营管理活动进行全面控制，以保证经营管理活动正确、合理、合法。因此，对企业整体考察，内部控制作用的对象应该是企业内部的各种经营管理活动，主要包括人、财、物、信息等方面。内部控制不是针对某个事件或某种状况的单一活动，而是遍布经营管理过程的一连串行动，是企业经营管理过程的一个组成部分。内部控制与企业经营管理过程相互交织，为企业经营管理活动而存在。

（三）内部控制目标

内部控制目标是企业管理部门通过控制所要达到的目的，是内部控制潜在作用的表现。现代企业的内部控制目标涉及企业的各个方面，成为公司控制权结构的具体体现。我国财政部等部门联合颁布的《企业内部控制基本规范》明确指出，内部控制的目标是合理保证企业经营管理合法合规，保证资产安全、财务报告及相关信息真实、完整，提高经营效率和效果，促进企业实现发展战略。

根据内部控制概念可知，企业实施内部控制主要是为了达到这样一些目标。一是合理保证企业经营管理合法合规。这是企业内部为适应外部法规的强制性而提出的目标，也是企业有效经营的基础，只有遵规守纪，企业创造的财富才是合法的。二是保证企业资产的安全、完整。这是内部控制的主要目标之一。三是保证财务报告及相关信息的真实、完整。这是内部控制的最初目标也是最重要的目标。当然，为了实现企业的经营目标，其他经营管理活动方面信息的准确性与可靠性也是内部控制所要考虑的因素。四是提高经营效率和效果。这是企业的高级经营目标，在企业目标体系中占有支配地位，只有实现资本保值增值、维护股东利益，企业才能更好地实现终极目标。五是促进企业实现发展战略。这是内部控制的最高目标，也是终极目标。企业战略是与企业目标相关联且支持其实现的基础，是管理者为实现企业价值最大化而针对环境做出的一种反应和选择。

从上述内部控制目标的内容来看，COSO报告提到的内部控制目标是：财会报告的可靠性、经营的效率/效果以及法律法规的遵循性。我国的《企业内部控制基本规范》增加了资产安全和促进企业实现发展战略。资产安全对于董事会而言，是法人财产权得以实现的基本保障。在我国特有的股权结构下，资产安全目标突出了对国有资产保值增值的考虑。同时将战略目标作为企业终极目标，一方面鼓励企业将内部控制建设推向更高的水平；另一方面，由于战略的制定源于股东会，对战略目标的把握体现了对投资者利益的重视。

另外，《企业内部控制基本规范》中的战略目标不同于风险管理整合框架中的战略目标。在风险管理整合框架中，风险管理不仅应用于战略的制定，还服务于战略。而《企业内部控制基本规范》中的战略目标具体指内部控制应用在经营层面，促进战略的实现。

（四）内部控制手段

内部控制手段指为实现内部控制目标而采取的各种具有控制功能的方法、程序和措施。在企业内部，只要是以职责分工为基础所设计的控制手段，即对经济业务活动进行制约和协调的各种方法和措施，都属于内部控制。例如，企业内部普遍实行的部门与岗位责任制、钱账物分管制以及各种计划、业务处理规程和各种核对与审批制度等，都是具体的内部控制手段。以职责分工为基础设计的控制手段是内部控制的一大特点，也是内部控制区别其他控制的一个重要标志。

（五）内部控制重点

内部控制重点指内部控制制度需要重点加以控制的方面。内部控制从内容方面看，应重点加强对财务等相关方面的控制，因为企业各方面的经济业务最终都将通过财务会计来反映。内部控制应从会计环节入手，逐渐向其他管理环节延伸。从手段方面看，内部控制要重点设计合理有效的组织机构和职务分工控制，实施岗位责任分明的标准化业务处理程序，加强稽核控制等。从性质方面看，内部控制可以分为合法性控制与合理性控制。针对资产流失、信息失真等现象，内部控制应以合法性控制为主，并且以会计的合法性控制为主。当然，随着法制建设的不断完善，合法性控制将逐步降到次要地位，而逐渐向合理性控制倾斜。从人员方面看，内部控制应将重点放在单位高层人员行为的控制上。从实际情况看，员工或基层甚至中层管理者造成的损失远比高层管理者造成的损失要小。从具体业务看，内部控制应重点突出各项业务的基本控制环节、程序和相关岗位的基本职责权限，建立起最基本的内部控制标准。

（六）内部控制特性

内部控制是为了达到某个或某些目标而实施相关措施的过程，是一种动态的过程，是使企业经营管理活动按既定目标前进的过程。它本身是一种手段而不是一种目的。内部控制不是一项制度或一个机械的规定，它要随着时间的推移和其他内外部环境等因素的变化不断修订、完善，以确保控制活动的有效性。内部控制是一个发现问题、解决问题、再发现问题、再解决问题的循环往复过程。因此内部控制是全过程的控制，是全员的控制。

二、内部控制的作用

英国著名历史学家阿诺德·汤因比说："一个国家乃至一个民族，其衰亡是从内部开始的，外部力量不过是其衰亡前的最后一击。"

企业存亡何尝不是如此。企业经营失败、会计信息失真及不守法经营在很大程度上可以归结为企业内部控制的缺失或失效。内部控制的重要作用主要体现在以下几个方面。

（一）保证国家方针政策与法规制度的贯彻执行

贯彻国家的方针政策与法规制度是企业的一项法定义务，而健全有效的内部控制制度则是保证这一任务圆满完成的重要手段。通过内部控制所形成的相互协调与相互制约机制能够及时地反映、检查、揭示和纠正经营管理中的违法违规行为，从而有效地保证党和国家的方针政策与法规制度在企业内部较好地贯彻执行。

（二）保证企业经营目标的顺利实现

健全的内部控制制度能够对企业内部的各个职能部门和人员进行合理的分工、协调、监督、检查与考核。通过内部控制所规定的各种程序和手段，可以将企业内部各个职能部门和人员执行管理部门的方针政策、计划定额以及其他内部管理制度的情况反馈给企业管理部门，及时发现和纠正所出现的偏差，保证各项生产经营活动高效、有序地进行，从而全面提高经济效益，实现各项预期目标。

（三）保证财务会计信息的质量

财务会计工作涉及企业生产经营的各个方面，企业决策和日常管理所需要的信息绝大多数来自财务会计信息系统。准确可靠的财务会计信息是企业评价过去、控制现在及把握未来的重要条件，也是国家有关部门制定宏观经济政策的依据。内部控制制度通过制定和执行恰当的业务控制程序，科学、合理地划分职责范围，建立相互协调、相互制约的机制，可以使会计活动得到有效控制，避免发生差错，从而保证财务会计信息的质量。保证会计数据的正确性是内部控制最重要的作用。

（四）保证财产物资的安全完整

内部控制制度通过采取严格的控制措施，尤其是不相容职务的分离，使授权人与执行人、执行人与记账人，以及保管、出纳与会计人员，总账与明细账记录人员得以分开，形成一种内部相互牵制的关系。同时，限制接近财产和内部定期盘点核对等制度，使财产的收、付、存、用得到严密控制，从而有效地防止和减少财产物资的损失浪费及贪污舞弊等问题。

（五）便于审计工作的开展

对内部控制制度的评价，有助于审计人员确定合理的审计程序，提高审计效率；有助于审计人员确定审计程序的实施程度，即确定审计的审查方法、抽查重点及审计范围等。此外，健全的内部控制制度还可以保证审计测试的质量。在审计测试中，无论是符合性测试还是实质性测试，都存在抽样误差。如果被审计单位的内部控制制度健全，则抽出的样本代表性强，审计风险减小；反之，则抽样测试所得出的审计结论可能存在较大的审计风险。

即问即答：

内部控制的目标是什么？

第三节　内部控制的客体及要素

一、内部控制的客体

内部控制的客体也就是内部控制措施所作用的对象，企业只有较好地对受控的客体进行全过程的控制，才能实现内部控制目标。一般认为内部控制的客体主要是人、资产、信息及其在经营过程中所形成的一系列组合关系与形式。内部控制的对象非常广泛，涵盖企业经营涉及的所有人员、资产及经营过程中的相关环节。因而，一切可能与内部控制的目标发生背离的风险点都可以作为内部控制的对象。在企业的管理中，内部控制的客体主要包括以下三个方面。

（一）企业员工及组织行为

人是企业价值的创造者，人员控制是其他控制的基础，人员的素质和胜任能力等决定着其他控制的有效程度。人员控制通过挑选和聘任员工、培训、职位设计、权责分派、绩效考核等，以达到企业内部控制目标。组织行为是指组织的个体、群体或组织本身从组织的角度对内部和外部环境所做出的反应。组织行为控制就是统筹与协调组织各部门间、各部门成员间的工作并进行考核，从而实现企业目标的过程。组织行为控制是内部控制的核心，直接影响组织运行的效率和效果。对于组织行为的控制可采用制衡机制、监督机制等手段。

（二）企业资产

资产是指由企业过去经营交易或各项事项形成的，由企业拥有或控制的，预期会给企业带来经济利益的资源。在经营活动中，资产是企业获利的最重要的本钱，主要包括资金及流动资产、固定资产、有形资产、无形资产、不动产等。资产的安全直接影响企业的竞争力，通过控制中的恰当授权、明确岗位责任，可以有效地保证资产的安全和完整，提高资产的使用效果和效率。

（三）企业内外部信息

现代企业的发展离不开信息的沟通与交流，信息是企业生存发展及利益取得的重要条件。企业在经营管理中应当收集内外部信息，进行归纳、整理、分析，为企业决策层提供参考依据。信息既可以作为一种控制手段，也可以作为控制对象。当企业借助管理信息系统，通过信息的传递与反馈，实现对经营活动的控制时，信息是作为一种控制的方法和手段使用的；然而，信息系统本身也存在风险和薄弱环节，也需要对其进行控制，此时的信息系统不再是内部控制的手段，而成为内部控制的对象。

二、内部控制的要素

纵观内部控制的发展史可以看到，内部控制的发展过程实际上也是内部控制不断丰富和完善的过程。我国财政部等部门联合发布的《企业内部控制基本规范》提出，企业建立与实施有效的内部控制应当包括内部环境、风险评估、控制活动、信息与沟通、内部监督五大要素。

（一）内部环境

内部环境是企业实施内部控制的基础，一般包括企业治理结构、机构设置及权责分配、内部审计、人力资源政策、企业文化、反舞弊防线等方面，具体包括以下内容。

（1）企业治理结构如董事会、监事会、管理层的分工制衡及其在内部控制中的职责权限，审计委员会职能的发挥等。

（2）企业内部机构设置及权责分配尽管没有统一模式，但所采用的组织结构应当有利于提升管理效率，并保证信息通畅、流通。

（3）企业内部审计机制包括内部审计机构设置、人员配备、工作开展及其独立性的保证等。

（4）企业人力资源政策如关键岗位员工的强制休假制度和定期岗位轮换制度，对掌握国家秘密或重要商业秘密的员工离岗限制性规定等。

（5）企业文化包括单位整体的风险意识和风险管理理念，董事会、经理层的诚信和道德价值观，单位全体员工的法制观念等。一般而言，董事会及单位负责人在塑造良好的内部环境中发挥着关键作用。

（6）反舞弊防线对企业开展经营活动、应对多变的经营环境和各种不确定因素具有重要意义。企业因其行业、规模、地域、市场、经营模式、发展阶段不同，面对的风险也不尽相同，因此，舞弊有可能在任何企业发生，给企业带来损失。除了"高层管理理念、内部过程控制、内部审计、外部审计"等监督机制，反舞弊防线的设立为企业健康安全的运行筑起了一道强震慑力的防线，更是我国社会经济发展新常态下的必要手段。

（二）风险评估

风险评估是企业及时识别、系统分析经营活动中与实现内部控制目标相关的风险，合理确定风险应对策略的重要方法。风险评估主要包括目标设定、风险识别、风险分析、风险应对四个环节。企业应当首先确定生产、销售、财务等业务的相关目标；然后建立风险管理机制，了解在经营管理中来自内部与外部的各种风险。在充分识别各种潜在风险因素后，企业首先对固有风险（固有风险是指不采取任何防范措施而可能造成损失的风险）进行分析评估；然后重点分析、评估剩余风险（剩余风险是指采取应对措施之后仍可能造成损失的风险）；企业管理层在分析、评估相关风险的成本效益之后，要制定相应的策略、采取恰当的措施降低风险的发生概率，或者使风险处于企业可承受的范围内。

（三）控制活动

控制活动是指企业根据风险评估结果，采取相应的控制措施，将风险控制在可承受范围内。在企业经营管理中，控制活动主要通过具体业务流程来控制经济业务事项的风险，将不相容职务分离控制、授权审批控制等通过业务流程嵌入生产经营活动中，使内部控制与企业经营管理相融合。企业常用的关键业务控制流程主要有全面预算管理控制、货币资金业务控制、采购业务控制、存货业务控制、销售业务控制、工程项目控制、固定资产控制、合同管理控制、信息系统管理控制等。

（四）信息与沟通

信息与沟通是指企业及时、准确地收集、传递与内部控制相关的信息，以确保信息在企业内部和外部之间进行有效的沟通，是实施内部控制的重要条件。信息与沟通的主要环节有：确认、计量、记录有效的经济业务；在财务报告中恰当揭示财务状况、经营成果和现金流量；保证管理层与企业内部及外部的顺畅沟通，包括与股东、债权人、监管部门、注册会计师、供应商等的沟通。信息与沟通的方式是灵活多样的，但无论采取哪种方式，都应当保证信息的真实性、及时性和有效性。

（五）内部监督

内部监督是指企业对内部控制的建设与实施情况进行监督检查，评价内部控制的有效性，对于发现的问题及缺陷，及时加以改进，是实施内部控制的重要保证。内部监督包括日常监督和专项监督。企业在内部控制实施中开展的内部监督，也是管理层和员工在经营管理中，共同对企业内部为实现目标、控制风险而进行的对内部控制系统的有效性和恰当性的自我评估。监督情况应当形成书面报告，并在报告中揭示内部控制的问题及缺陷。同时建立内部控制缺陷纠正机制，充分发挥内部监督功能。

上述内部控制的五要素内容广泛，相互关联。控制环境是其他控制成分的基础，决定着其他内部控制要素能否有效运行。企业在实现目标的过程中会受到内外部环境的影响，因此企业需要对影响目标的相关因素进行风险评估，制定出相应的风险应对策略，并予以实施，这就是企业在经营活动中的控制活动，即将控制活动以业务流程的具体形式嵌入生产运营，有效控制风险，规避风险，降低企业的损失。在实施内部控制活动中，离不开承上启下的信息与沟通，其他要素的实施必须以信息与沟通结果为依据，其结果就需要通过信息与沟通来反映，缺少了信息传递与内外部的沟通，内部控制的其他要素就难以保持紧密的联系，就不会形成一个整体的系统体系。内部监督是针对内部控制其他要素自上而下的单项检查，是对内部控制的质量进行评价的过程，通过检查评价，发现内部控制中存在的问题及缺陷，并及时有效地进行整改，促进企业内部控制的不断提升。

即问即答：
COSO 报告和《企业内部控制基本规范》中的内部控制五大要素有哪些？

第四节　内部控制的分类和内容

一、内部控制的分类

企业控制从大的方面看，可以分为外部控制与内部控制两个方面。外部控制是来自企业外部利益相关者的控制。外部控制的目的是维护社会公众、债权人、行业和投资者的利益。《中华人民共和国会计法》（简称《会计法》）第三十三条规定：财政、审计、税务、人民银行、证券监管、保险监管等部门应当依照有关法律、行政法规规定的职责，对有关单位的会计资料实施监督检查。这是从会计角度对企业实施的外部控制。从企业内部控制的不同视角，可以对内部控制进行以下分类。

（一）按照控制要素分类

按照控制要素分类，内部控制可以分为控制环境、风险评估、控制活动、信息与沟通以及监督。

1. 控制环境

控制环境提供企业纪律与架构，塑造企业文化并影响企业员工的控制意识，是所有其他内部控制组成要素的基础。

2. 风险评估

风险评估指对经营活动中可能出现的风险进行识别、鉴定、评价及估计，以便采取相应的措施加以防范。

3. 控制活动

控制活动指为了向实现内部控制目标提供合理保证而制定的各项政策、程序和规定。控制活动出现在企业的各个阶层与各种职能部门，其中包括核准、授权、验证、调节、复核营业绩效、保障资产安全以及职务分工等多种活动。控制活动通常针对关键控制点而制定，企业在制定控制措施时关键在于寻找关键控制点。

4. 信息与沟通

信息是保证控制活动达到预期效果的重要介质。信息与沟通要求企业应当按照某种形式以及在某个时间之内，识别、取得适当的信息，并加以沟通，使员工顺利履行其职责。其中，要特别重视会计信息系统的识别与沟通。

5. 监督

监督活动主要通过内部审计及企业自我评估行为来进行，以便及时发现并解决内部控制中出现的问题。

（二）按照控制内容分类

按照控制内容分类，内部控制可以分为人力资源、财务、会计、生产、营销及审计等控制。

1. 人力资源控制

人力资源控制指通过对人员的录用、调动、考评、晋升、培训、解聘及辞退等措施，保证企业人力资源符合经营管理要求，保证企业目标的实现和利益的维护。

2. 财务控制

财务控制指对企业的财务资源及其利用状态所进行的控制。财务控制的内容主要包括资本结构控制、债权债务控制、财务风险控制、现金控制、存货控制、成本费用控制和利润控制等。财务控制的目的是保证企业经营的安全性、效率性和营利性。财务控制的手段包括编制和执行财务预算等。

3. 会计控制

会计控制指对企业财务会计信息系统生成过程的控制，其目的是保证企业财务会计信息的真实、完整。会计控制的内容主要包括财务会计信息系统的责任人及其责任、会计人员从业资格、会计流程、会计内容、财务会计信息质量标准等。

4. 生产控制

生产控制指对企业产品制造过程的控制，其目的是保证企业生产部门按时、按质、按量地生产出合格的产品，并保证生产的均衡性和配套性。生产控制的内容主要包括生产工艺和流程安排，投产批量决策，人员、设备及物资调度等。

5. 营销控制

营销控制指对企业销售环节员工行为与物流的控制，其目的是保证提供客户所需要的产品，扩大市场份额，获取营业利润。营销控制的内容主要包括客户资源控制、销售渠道控制等。

6. 审计控制

审计控制指对企业的财政财务收支及其他经营管理活动进行控制，其目的是保证被审计单位财政财务收支及其他经营管理活动的合规性、合法性及效益性。审计控制的内容主要包括财政财务审计、财经法纪审计、经济效益审计。审计控制是对其他内部控制措施的再控制。

（三）按照控制时序分类

按照控制时序分类，内部控制可以分为事前控制、事中控制与事后控制。

1. 事前控制

事前控制指在企业生产经营活动开始之前进行的控制，其内容包括检查资源的筹备情况和预测其利用效果两个方面。事前控制的重点在于防止组织中所使用的资源出现不必要的浪费。例如，投入一个组织中的人力资源需要从质和量上预先加以控制，质的方面要保证配置的人员适应组织结构中阐明的任务要求，能够胜任工作岗位；量的方面则不能超出完成任务所需要的人员定额，避免人浮于事。我国公务员资格考试制度即为根据国家机关管理工作的性质确定公务员所必备的素质之后，对从事这项工作的人员所进行的一种事前控制。事前控制由于能够避免预期出现的问题，因而是企业最渴望采取的控制类型。采用事前控制的关键是要在实际问题发生之前就采取控制行动。而要做到这一点，就需要有及时、准确的信息，这在实际活动中往往很难做到。所以在实际管理中，控制人员只能进行后两种类型的控制。

2. 事中控制

事中控制指发生在经营活动过程中的控制。事中控制的重点是现场管理，通过监控实际正在进行的操作，保证目标的实现。事中控制以组织活动的实时信息为基础，对活动进行几乎同步的纠偏调整。事中控制的作用有二，一是可以指导下属员工以正确的方法进行工作。事中控制可以使上级当面解释工作的要领和技巧，纠正下属员工的错误作业方法与过程，从而可以提高下属员工的工作能力。二是可以保证计划与规则的执行。现场检查可以使管理者随时发现下属员工在活动中出现的与计划及规则要求相偏离的现象，从而将经营问题消灭在萌芽状态，或者避免已经产生的经营问题对企业不利影响的扩大。在计划与规则实施过程中，大量的管理控制工作皆属于这种类型。从这一方面看，事中控制是控制工作的基础。

3. 事后控制

事后控制指在一个时期的生产经营活动结束以后，对该时期中产生经营活动的资源利用状况及结果进行的控制。事后控制的特点是通过对已经取得结果的分析来纠正组织将来的行为，是一种立足于历史而对未来进行的连续控制。事后控制是最常用的控制类型。这种控制的优点在于为控制者提供关于计划与规则执行效果的真实信息，主要缺点在于这种控制是在经营过程结束以后进行的，不论其分析如何中肯、结论如何正确，对于已经形成的经营结果毫无帮助。

在实际控制过程中，很少有孤立地使用某一种控制方法的情况，事前控制、事中控制及事后控制三种控制类型多被有机地结合在一起，互为补充。

（四）按照控制性质分类

按照控制性质分类，内部控制可以分为合法性控制与合理性控制。

1. 合法性控制

合法性控制指按照国家法律法规对经济活动进行的控制。例如，对于货币资金和结算业务，国家规定了以现金管理制度为主的结算制度，这即为对企业业务活动进行合法性控制的依据。

2. 合理性控制

合理性控制指按照经济有效的要求对经济活动进行的控制。例如，有关部门设置的计划、比率等指标，即为对企业业务活动进行合理性控制的依据。

实践中人们常常从实际与计划的差异性角度来讨论控制问题，把控制当作保证企业计划与实际作业动态相适应的管理职能，这实际上是一种合理性控制。

企业内部控制制度涉及生产经营的各个环节和各个部门，各个环节和各个部门都可以根据自身的业务特点和工作范围，建立相应的内部控制制度。对内部控制制度不同分类的考察，有助于企业加深对内部控制制度的认识。

二、内部控制的内容

企业内部控制的内容既丰富又广泛，大到其内部的组织结构，小到某一具体的业务事项。此外，各企业由于业务性质、经营规模等不同，内部控制的具体内容也不尽相同。这里仅就内部控制的一般内容进行探讨。

通常而言，为保证组织目标的有效实现，企业在构建与实施内部控制时应注重以下内容。

（一）企业应建立有效的组织规划

组织规划控制指对企业内部的组织机构设置、职务分工的合理性和有效性进行控制。企业组织机构有两个层面：一是法人治理结构，涉及董事会、监事会、经理的设置及相关关系；二是管理部门的设置及其关系。对内部控制而言，组织规划就是如何确定企业管理中集权和分权的组织模式。至于职务分工，主要解决不相容职务的分离问题，以使职务设置合理、有效。

（二）企业内应实施有效的授权批准

授权批准控制指企业对企业内部部门或人员处理经济业务的权限进行控制。有效的内部控制要求经济业务事项的开展必须经过适当的授权。交易授权的目标就是确保业务处理的所有重大交易都真实有效，并与企业目标相符合。授权批准按照重要性，分为一般授权和特殊授权。

（三）企业内相关岗位应明确不相容职务分离

不相容职务指集中于一人办理时发生差错或舞弊的可能性会增加的两项或几项职务。不相容职务分离指对不相容的职务分别由不同部门或人员来办理。不相容职务分离基于这样的设想，即两个或两个以上的部门或人员无意识地犯同样错误的可能性很小，而有意识地合伙舞弊的可能性低于一个部门或人员舞弊的可能性。不相容职务必须分离是任何内部控制的基本原则。

（四）企业应制定有效的业务处理程序

业务处理程序指在业务处理过程中必须遵循的流转环节和处理手续。业务处理程序控制指单位内部在明确岗位责任的基础上，为保证各项经济业务活动能够按照一定的流转过程有效运行而制定的相应控制措施。内部控制标准是进行比较分析和评价内部控制实施情况必不可少的依据，也是衡量企业经营活动的指示器。它既是控制程序实施的基础，又是重要的控制技术。现代企业一般都将每一项业务活动划分为授权、主办、核准、执行、记录和复核环节。这种标准化业务处理程序控制方式可以使各级管理人员按照科学的程序办事，避免工作杂乱无序，从而提高工作效率。业务处理程序控制的内容主要有企业决策程序、材料采购业务处理程序、成本核算程序、商品销售业务处理程序等。

（五）企业应实施全面预算控制

全面预算是企业为达到既定目标而编制的经营、资本、财务等年度收支总体计划，是保证内部控制结构运行质量的监督手段。全面预算控制指对企业的各项经济业务编制详细的预算或计划，并通过授权由有关部门对预算或计划执行情况进行的控制。

（六）企业应建立健全风险管理机制

风险是指在特定的环境条件和一定时期，某一事件产生的实际结果与预期结果之间的差异程度。风险控制指对某一事件实际结果与预期结果差异程度的控制。风险控制的目标是在实现经营获利目标的前提下，使企业风险达到最小。企业在风险机制的建立健全中，要强化自上而下、自下而上，横到边、纵到底，全方位、全覆盖的全员风险管理意识，使风险管理常态化。

（七）企业应实施有效的资产保护

资产保护控制的目标是保证资产的安全、完整，并做到保值、增值以实现企业长远发展的战略目标。资产保护控制可以分为资产价值控制与资产实物控制。只有实施有效的资产保护，才能确保企业内部控制的有效性。

（八）企业应规范文件记录

有效的文件记录是进行组织规划控制及授权批准控制的手段，也是企业保持工作效率，贯彻企业经营管理方针的基础。企业应按照国家及行业的法律法规、企业内部管理的有效制度，结合岗位职责、授权审批权限、业务处理手册等，确保内部控制工作留有痕迹、可查询、可追溯、可复盘。

（九）企业应确保会计事项的受控

会计控制是指对企业财务会计信息的生成过程进行的控制。其目的在于协调有关工作及做到相互控制，保证企业财务会计记录、会计信息真实、完整。在会计事项的控制中，应确保财会人员良好的职业操守和专业能力，按照合规的会计核算流程、会计政策，保证财务会计信息反映及时、完整、准确。

（十）企业应建立实施有效的内部报告管理

内部报告控制指对企业编制的各种内部报告进行的控制。企业应建立内部报告体系，以满足内部管理的时效性和针对性。内部报告体系的建立应体现人员职责明晰、报告形式清晰易懂，考虑内部报告的使用层级，同时要做好相关内部资料的保密工作和快捷有效的传递通道。

（十一）企业应强化人员素质的控制

人员素质控制指采用一定的方法和手段，保证企业各级人员具有与其所承担的工作相适应的素质，从而保证业务活动处理的质量。内部控制中采用的一切措施、方法和程序，最终都由人来执行，人是执行控制制度的真正主体。

人员素质的控制，主要是培养员工的忠诚、正直、勤奋等品格。企业应定期对员工进行全面的培训，以提高人员的素养；同时，结合企业核心价值观、企业文化，让员工由衷地为企业着想、以企业为荣，使企业的美誉度根植于每个员工的心里。

（十二）企业应发挥内部审计在管理中的作用

内部审计控制指对企业经营管理活动中的相关业务事项实施再控制，其目的是保证被审计单位财政收支、财务收支及其他经营管理活动合规、合法。内部审计控制的内容主要包括财政财务审计、财经法纪审计、经济效益审计、内部控制审计等。内部审计既是内部控制体系的一个组成部分，又是内部控制的一种特殊形式，是对其他内部控制措施的再控制。

即问即答：

内部控制的主要内容有哪些？请说出六种类型。

第五节　内部控制的功能与局限

一、内部控制的功能

（一）内部控制的三大功能

控制功能通常指具有的一种侦察、比较和改正的程序。内部控制之所以得到发展并逐渐完善，很大程度上源于人们对其功能认识的不断深化。内部控制具有三大功能，一是防护功能；二是调节功能；三是反馈、检查与考评功能。它们分别在事前、事中和事后对企业内部活动进行控制，形成了一个完整的控制体系。

1. 事前防护功能

事前防护功能指企业各项业务活动在运行前实施的内部控制，以求做到防患于未然，把各种与目标计划的偏差控制在尽可能小的范围之内。企业以过去活动的资料为依据，在事前对业务活动进行分析和推测现行活动可能遇到的困难或差异；分析和推测业务进度计划、指挥监督和各种控制设计是否协调配合；分析和推测其他影响因素，以供最高管理层决策参考。通过对目标计划的事前鉴定与分析，使计划更加正确、可靠，更加有利于制约管理过程中的各种消极因素。

2. 事中调节功能

事中调节功能指企业在已发生的各项业务活动过程中实施的内部控制，通过业务活动的现场管理，来调节实施过程中的控制与预期（目标）的差异。要实现既定的管理目标，仅仅依靠事前的分析与推测还远远不够，在执行过程中会出现许多的问题，因而，还必须通过事中调节来控制标准的执行，衡量差异并采取措施加以平衡，使其执行结果符合标准。通过这样的调节，能够保证管理目标的实现。因此，内部控制具有调节功能。

3. 事后反馈、检查与考评功能（或事后反馈功能）

事后反馈、检查与考评功能指企业在一个时期或一个阶段的业务活动结束以后，对该期间资源利用状况及其结果进行的内部控制。它的特点是通过对已经取得的结果进行分析，以此来优化和纠正组织将来的行为，是一种立足于历史而对未来进行的连续不断的控制。事前防护和事中调节的效果如何，需要通过一系列的信息反馈才能使管理层知晓。其优点在于为控制者提供关于计划、实际与规则执行效果究竟如何的信息；该功能更具有监督的震慑力，对企业查错纠弊具有积极的推动力。

在实施内部控制时，应将上述功能结合使用，贯穿在事前、事中及事后三种控制时序中。

（二）内部控制相适应机制

为保证内部控制功能的有效发挥，必须完善相应的机制。这些机制主要包括以下几种。

1. 建立和完善企业治理结构

企业治理结构是促使内部控制有效运行、保证内部控制功能发挥的前提和基础，是实行内部控制的制度环境；而内部控制在公司治理结构中担当的是内部管理监督系统的角色，是有利于企业管理层实现经营管理目标、完成受托责任的一种手段。

2. 加强信息的传递与沟通

准确、及时并最大限度地获取和运用来自企业内部和外部的相关信息是实现内部控制功能的保证。管理层除了应建立一个开放和畅通的信息传递渠道以外，还必须具有倾听这些信息的强烈愿望，使员工和各个中间管理层相信最高管理层愿意了解他们所反映的情况并愿意加以利用和改进。这样有利于管理层做出正确的决策，及时采取相应的预防或纠正措施。

3. 建立全面预算管理体系

内部控制的目标尽管越来越呈现多元化的趋势，但概括起来不外乎可靠性和效益性两个层次。现代企业要想提高经济效益，实现管理目标，就要实行全面预算体系，科学编制和执行预算，控制有关经营活动合理配置所拥有的经济资源，促使经营管理目标的实现。

4. 提高有关人员的素质

内部控制最终由人来执行。为此，要提高企业管理者和员工的素质，使他们不断扩充相关知识，加强知识积累，促进知识更新，不断提高业务水平，保证内部控制得到有效实施。

二、内部控制的局限性

内部控制为企业经营管理活动遵从计划与规则的要求提供了重要保证。然而，内部控制并非绝对有效，内部控制无论设计与运行得多么完善，都无法消除其本身所固有的局限性。内部控制的局限性主要体现在以下几个方面。

（一）成本效益制约

设置内部控制制度要受成本效益原则的限制。一个内部控制系统所寻求的目标有必要根据制度耗费的成本来决定。一般来说，控制程序的成本不能超过风险或错误可能造成的损失和浪费，否则内部控制措施就不符合经济性，因而没有一种内部控制是完美无缺的。就一个大中型企业而言，由于企业的整个生产和管理环节分工较细，因而设置健全的内部控制制度是值得的；而在一个中小型企业，则很难保证建立与大中型企业同样健全的内部控制制度在经济上是合适的。

（二）串通舞弊

不相容职务的恰当分离可以为避免单独一人从事和隐瞒不合规行为提供一定的保证，但是两名或更多的人员合伙即可逃避这种控制，如出纳人员和会计人员合伙舞弊、财产保管人员和财产核对人员合伙造假等。对此，再好的控制措施也无能为力，也即内部控制可能因为有关人员相互勾结、内外串通而失效。

（三）人为错误

内部控制发挥作用的关键在于执行人员准确的操作，然而人们在执行控制职责时不可能始终正确无误。执行控制人员的生理和心理因素都会影响内部控制系统正常功能的发挥。如果内部控制执行者的情绪和健康状况不佳，执行人员粗心大意、精力分散、身体不适、理解错误、判断失误、曲解指令等，就会造成控制的失效，如对发票金额计算错误未被发现、发货时未索要提货单、签发支票时未审查支付用途等。

（四）管理越权

管理越权一般表现为挪用或者错误陈述。挪用主要指对资产的违规转移和隐瞒。对于低层职员，可以通过文件凭证、限制接近和职责分离等措施来防止；然而高层管理人员一旦越权挪用，则任何内部控制程序都难以防止。错误陈述主要指管理部门或主要管理者弄虚作假、故意错报财务状况和经营成果等。当企业出现政企不分、行政干预，导致公司董事会、监事会等法人治理结构形同虚设，丧失控制职能时，这类错误陈述也就无法防止。长期以来，我国主管部门的行政干预常常导致错误陈述行为的发生，不少企业发生的重大舞弊和财务会计报告失真等情况即由管理越权所造成。

（五）特殊事件

内部控制主要围绕企业正常的生产经营活动，针对经常性的业务和事项进行控制。但是在企业实际经营中，由于内外部环境多变，有时会面临一些意外和偶发事件，而这些业务或事项由于其特殊性和非常规性，没有现成的制度可循，有可能造成企业制度上的盲点。也就是说，内部控制的一个重要局限就是不控制特殊事件。因此，企业在处理特殊事项时，往往更多的是凭借积累的知识和经验。

目前企业对特殊事件的处理，往往会采用应急预案、预警舆情、特事特办等方法来应对。

即问即答：

内部控制存在哪些局限性？

第六节　内部控制的原理与方法

一、内部控制的原理

控制是指凭借某种特定的条件使特定的对象依照控制者的意识而运行的存在方式。根据前人的研究结果可以知道，研究动态系统在变化的环境下如何保持平衡或稳定状态的理论即为控制论。控制论的任务是使系统能够在稳定的运行中实现自己的目标。控制论是在忽略了机器、生物甚至社会的具体构造特性的前提下，研究它们作为控制系统与信息系统的共同规律并对其加以控制的方法。

控制论的主要创立者是美国数学家罗伯特·维纳。维纳于1948年发表的《控制论》一书标志着控制论的正式诞生。维纳把动物和机器这两类表面上毫不相干的东西联系起来，考察它们在行为和功能方面的共同本质和规律，得出了动物和机器都存在共同的控制和通信的结论，并认识到控制和通信都与主体的目的直接相关，都是主体有目的的活动，即通过保持或改变对象系统的某种状态，达到主体的预期目的。因此，研究对象系统的状态变化与主体目的的关系就成为控制论所要解决的核心问题。

控制论不仅适用于技术操作过程，在研究社会经济的过程中也有着广泛的应用。控制论研究的系统是由依靠因果关系连接在一起的因素的集合，元素之间的这种关系叫耦合。社会经济过程也是这样一个耦合系统，控制论对其有着相应的指导作用。根据控制论的原理来设计内部控制制度，分析研究每个具体组织的内部管理过程，研究每个单位如何发挥管理功能，如何对管理过程进行有效的调节和控制，才能够使内部控制取得理想的效果。具体而言，内部控制的建立与实施主要依据以下理论的指导。

（一）自动控制理论

内部控制是在微观单位内部实行的控制，其控制的对象是单位内部的经济活动。任何单位以及单位内部的管理过程不仅与社会经济过程具有同构性，与生物系统、技术系统也同样具有同构性，同样是由依靠因果关系连接在一起的因素集合，而各个元素之间同样存在耦合关系。根据控制论中同构性系统都适用自动控制的原理，在任何单位都可以建立自我检验、自我控制的机制，而且内部控制的理论和方法适用于不同性质的单位以及不同性质的过程。

（二）调节与控制原理

内部控制的根本目的就是要控制单位实现既定的经营管理目标，而目标在实际执行当中由于各种因素的影响，总会出现偏差，要消除偏差，就必须进行调节。控制论原理中的调节方式有三种，分别是排除干扰调节、补偿干扰调节和平衡偏差调节。内部控制的总体调节方式是平衡偏差调节，即采取闭环控制。而在对待很多具体因素的控制上，又应该同时采用补偿干扰调节和排除干扰调节方式，即采用开环控制和预防控制。

1. 闭环控制

闭环控制反映完整的内部控制流程，即先确定目标或标准，然后比较结果、分析差异，再采取平衡偏差的措施，并贯彻到管理过程之中。其中自始至终贯穿着信息的反馈，形成一个封闭的控制环。

2. 开环控制

开环控制与闭环控制的主要区别在于：它并不依靠信息反馈来影响被控制过程，而是采用补偿干扰的方法，即根据系统外的变化来调节系统内的偏差，选择对被控制过程产生影响的因素进行调节，如单位对货币资金的控制即可采取开环控制。假定某单位要保持一定的银行存款数额，财会部门通过对影响存款的各种因素进行预测，月末存款余额达不到预定数额，其差异即为控制信号。为此，通过增加销售、压缩开支、催收欠款等措施，以保证月末存款余额达到预期目标。开环控制能够收到防患于未然的效果，即在干扰因素对被控制过程尚未构成影响的情况下就得到了一定的补偿。

3. 预防控制

预防控制是在被控制过程中设置约束机制，排除干扰，防止影响。如果要防止经济活动过程中的差错，就必须事先对产生差错的可能性和原因加以分析，从中设想出各种方法与措施，并纳入经济工作程序。只要相关人员能够按照规定的程序处理业务，其预知的差错就能够得到防止。

实行预防控制方式，需要预测发生差错的概率及其可能造成的影响，要根据具体差错的特性采取有效的措施。

（三）经济控制方式

单位内部控制需要采用多种经济控制方式，才能够达到控制目标，常用的控制方式有以下几种。

1. 分级控制

企业是一个结构错综复杂的系统，需要对其实施分级控制的办法。分级控制又分为集中控制和分散控制。集中控制指在执行决策阶段，总问题的解决或最后决策由最上一级的子系统做出。分散控制指在执行决策阶段，总问题的解决分别由各个子系统分担，子系统具有较强的独立性，可以自由选择对总系统施加影响的大小。采取分级控制应当把握好集中控制和分散控制的尺度，因为过分集中控制容易造成体制僵滞，缺乏主动性，造成控制的失灵，效率锐减；反之，完全的分散控制中间层次过多，又会影响信息的传递，既会损失信息量，也会使信息失真，同样不利于会计管理。

2. 程序控制

内部控制中采取的程序控制分为两个阶段：一是确定控制目标，编制决定被控制对象行为的程序；二是实施已经确定的程序，以达到控制目标。内部控制的实施建立在一定程序的基础上，能够使各项工作有条不紊地朝着实现企业管理目标的方向前进。程序控制又分为硬性控制与信息反馈控制。硬性控制程序建立在假设外部环境与被控系统的未来行为都具有完全确定性的基础上。这种控制缺乏应变能力，无法应对外部环境变化的干扰。信息反馈控制程序通常建立在外部影响随机性质的假定上，外部影响在一定程度上可以认为是已知的，控制程序根据影响的最大可能值来设计，具有一定的弹性。在执行程序时，控制系统吸收了关于受控系统实际行为的信息，以补充原先控制程序输入的信息。

3. 目标控制

目标控制又称跟踪控制或随动控制，是按照一个预知的信息变量来改变受控制量的一种控制方式。目标控制具有适应环境干扰和受控制对象特性发生变化的能力。实行目标控制时，从外部输入控制系统的不是预先设计时间的控制流程，而是控制目标与控制变量及参数的限制条件。目标控制方式是程序控制的推广，其反馈控制过程与程序控制相同。

4. 自适应控制

自适应控制指工作条件发生不确定的变化时，为了达到预期的最优目标，系统能够修正其原定策略的控制。自适应控制虽然是单独的一种控制方式，但也可以和目标控制合并使用。自适应控制方式下的最高控制是自组织控制，它是指工作条件发生不确定变化时，为了达到预期的最优目标，系统能够改变自身的组织结构，以适应这种变化。

5. 最优控制

最优控制指在给定的约束条件下，寻求一个使给定的系统性能指标为最小或最大的控制。最优控制既要满足给定的约束条件，又要能够使给定的系统性能达到最优。因此，最优控制需要具备三个条件：一是要确定系统的性能指标；二是要给定约束条件；三是要寻求最佳方法。

实行最优控制，一般认为约束条件及性能指标固定不变，事实上这很难办到，所以求得的最优控制实际上并不最优，只能够达到满意或较为满意而已。最优控制一般应用于动态过程的控制。

二、内部控制的方法

方法是完成任务、达到目标的手段。内部控制方法是实现内部控制目标、发挥控制效能的技术手段、措施及程序。内部控制方法多种多样，针对不同的经济业务和不同的控制内容，可以采用不同的控制方法。即使是同样的经济业务，不同的单位、不同的时期，采用的控制方法也不完全相同。在企业管理中，内部控制方法主要有不相容职务分离控制、授权批准控制、会计系统控制、预算控制、资产保护控制、风险控制、内部报告控制、电子信息技术控制等。

（一）不相容职务分离控制

不相容职务是指那些如果由一个人担任，既可能发生错误和舞弊行为，又可能掩盖其错误和弊端行为的职务。在企业的实际运营中，某项业务（主要业务）不能全部集中于一个人或一个部门办理，否则其发生差错或舞弊的可能性将会增加。不相容职务分离控制是指全面系统分析、梳理业务流程中所涉及的不相容职务（岗位、部门），实施相应的分离措施，形成各司其职、各负其责、相互制约的工作机制，即对不相容职务分别由不同的部门或人员来办理，以加强岗位或部门之间的相互制约。

不相容职务必须分离是任何内部控制的基本原则。经济业务活动中应加以分离的不相容职务主要有以下几种。

1. 经济业务处理的分工

经济业务处理的分工指一项经济业务全过程不应由一个人或一个部门单独办理，应分割为若干环节分属不同的岗位或人员办理。其具体业务又可以分为：授权进行某项经济业务和执行该项经济业务的职务相分离；执行某项经济业务和审查该项经济业务的职务相分离；执行某项经济业务和记录该项经济业务的职务相分离；记录某项经济业务与审核该项经济业务的职务相分离。

2. 资产记录与保管的分工

资产记录与保管分工的目的在于保护资产的安全、完整。其具体要求是：保管某项物资和记录该项物资的职务相分离；保管物资与核对该项物资账实是否相符的职务相分离；记录总账与记录明细账的职务相分离；登记日记账与登记总账的职务相分离；贵重物品仓库的钥匙由两名人员分别持有等。

3. 各个职能部门具有相对独立性

各个职能部门具有相对独立性的要求具体表现为：各个职能部门之间是平级关系，而非上下级隶属关系；各个职能部门的工作有明确的分工等。

保证不相容职务分离作用的发挥，需要各个职务分离的人员各司其职。如果担任不相容职务的人员之间相互串通勾结，则不相容职务分离的作用就会消失殆尽。因此，对不相容职务分离的再控制也是企业需要加以考虑的。

（二）授权批准控制

授权批准控制指对相关部门或人员处理经济业务权限的控制。授权审批控制是内部控制的一项重要控制措施。授权审批控制可分为常规授权和特殊授权。

1. 授权批准控制的种类

授权批准按照重要性，分为以下两种。

（1）常规授权。常规授权指对办理一般经济业务的权力等级和批准条件的规定，通常在单位的规章制度中予以明确，企业应在日常经营管理活动中对既定的职责和程序进行授权。这种授权可以使企业内部员工在日常业务处理中按照规定的权限范围和有关职责，自行办理或执行各项业务，如生产部门领用材料、仓库发出商品等。常规授权的时效较长，在授权期限内可重复使用。

（2）特殊授权。特殊授权指对特定经济业务处理的权力等级和批准条件的规定。这种授权通常由管理部门对特定业务活动采取逐个审批的办法来进行。特殊授权的对象往往是一些例外的经济业务，一般难以预料，因而不能事先规定相应的处理措施。因此，发生这样的业务时应当经过有关部门的特殊批准才能进行。特殊授权的时效一般较短。

企业应当少进行或不进行特殊授权事项。企业应当根据经济业务的性质和重要性来确定这两种授权。

2. 授权批准控制的内容

授权批准控制的内容包括四个方面：一是授权批准的范围，授权批准的范围通常包括企业所有的经营活动；二是授权批准的层次，授权批准的层次应当根据经济活动的重要性和金额大小确定不同的授权批准层次，从而保证各管理层有权有责；三是授权批准的责任，应当明确被授权者在履行权力时应对哪些方面负责，避免授权责任不清；四是授权批准的程序，即规定每一类经济业务的审批程序，以便按照程序办理审批，避免越级审批及违规审批现象的发生。

3. 进行授权控制应注意的问题

进行授权控制应注意的问题主要有：一是明确授权目的，授权者必须向被授权者明确所授事项的任务目标及权责范围；二是做到责权利相对应，使被授权者"有职有权、有权有责、有责有利"；三是保持命令的统一性，要求一个下级只能接受一个上级的授权，并仅仅对一个上级负责；四是选择好被授权者，这关系着被授权者能否出色地完成工作；五是注意跟踪管理，即通过检查被授权者的权力使用及工作开展情况，对出现的问题及时加以处理，确保内部控制目标的有效实现。

（三）会计系统控制

会计系统控制要求企业依据《会计法》和《企业会计准则》等会计制度，制定适合本单位的会计制度，明确会计凭证、会计账簿和财务会计报告的处理程序，建立和完善会计档案保管和会计工作交接办法，实行会计人员岗位责任制，充分发挥会计的控制职能。会计系统控制的方法主要有以下几种。

1. 会计凭证控制

会计凭证控制指在填制或取得会计凭证时实施的相应控制措施，包括原始凭证与记账凭证控制。会计凭证控制的内容主要包括以下几个方面。

（1）严格审查。对取得的原始凭证要进行严格的审查，对不符合要求的原始凭证予以退回。

（2）设计科学的凭证格式。凭证格式应当符合规定要求，便于核算与控制。做到内容及项目齐全，能够完整地反映业务活动全貌。

（3）连续编号。对记载经济业务的凭证按照顺序统一编号，确保每项经济业务入账正确、合理及合法。

（4）规定合理的凭证传递程序。各个部门应当按照规定的程序在规定期限内传递流转凭证，确保经济业务得到及时的反映和正确的核算。

（5）明确凭证装订与保管手续。凭证传递完毕，各个部门有关人员应当按照顺序，妥善保管，定期整理归档，按照规定存放保管，以备日后查验。

2. 财会报告控制

财会报告控制指在编报财会报告时实施的相应控制措施，其具体内容包括：一是按照规定的方法与时间编制及报送财会报告；二是编报的会计报表（报告）必须由单位负责人、总会计师以及会计主管人员审阅、签名并盖章；三是报送给各有关部门的会计报表（报告）要装订成册、加盖公章等。

3. 会计分析控制

会计分析控制指会计部门利用财务会计信息及其他信息对计划与规则的执行情况采取的分析、对比和总结等措施，其目的是保证经济业务活动符合计划与规则的要求。会计分析控制的内容主要包括会计分析的主要内容、会计分析的基本要求和组织程序、会计分析的方法和时间、召集形式、参加部门与人员、会计分析报告编写要求等。会计分析控制制度可以使企业掌握计划与指标的完成情况以及对国家财经法律、法规的执行情况，便于改善财务会计工作。

4. 会计复核控制

会计复核控制指对各项经济业务记录采用复查、核对方法进行的控制，其目的是避免发生差错和舞弊，保证财务会计信息的准确与可靠，及时发现并改正会计记录中的错误，做到证、账、表记录相符。

会计复核控制的方法可以分为两种：一是将记录与所记的事物相核实；二是各项记录之间相互复核。

会计复核控制的内容包括以下几个方面：一是凭证之间的复核，如原始凭证之间的复核、原始凭证与记账凭证的复核；二是凭证和账簿之间、账簿和报表之间以及账簿之间的复核；此外，还有总账与明细账之间的复核、会计报表与总账、明细账之间的复核、会计账与实物账之间的复核等。复核凭证时，除按照规定审查凭证的内容外，还应审查印章真伪、款项来源、用途是否符合政策及资金管理规定。复核账簿（卡）时，除按照记账要求和记账规则进行复核外，还应着重复核收发货物、收付款项等情况。

复核是保证会计核算质量和财产安全的一项重要手段。会计复核工作应由具有一定会计专业知识、熟悉业务、责任心强、坚持原则的人员担任。复核人员必须对会计凭证、会计账簿、财务会计报表和所附单据认真审查，逐笔复核，复核过的凭证及账表应加盖名章。未经复核人员复核的，出纳人员不得对外付款，会计人员不得对外签发单据或上报报表。

（四）预算控制

预算控制是指企业对各项经济业务编制详细的预算或计划，并通过授权由有关部门对预算或计划执行情况进行的控制。在预算控制中，所编制的预算必须体现单位的经营管理目标。在执行中企业应当允许经过授权批准对预算加以调整，并应当及时或定期反馈预算执行情况。

预算控制应当抓住的环节：一是预算体系的建立，包括预算项目、标准和程序；二是预算的编制和审定；三是预算指标的下达及相关责任人员或部门的落实；四是预算执行的授权；五是预算执行过程的监控；六是预算差异的分析和调整；七是预算业绩的考核。

（五）资产保护控制

资产保护控制是指企业建立财产日常管理制度和定期清查制度，采取财产记录、实物保护、定期盘点、账实核对等措施，确保企业的财产安全。资产保护控制的目标是保证资产安全、完整，并做到保值增值，以实现企业长远发展的战略目标。资产保护控制可以分为资产价值控制与资产实物控制。对资产的价值控制主要包括：按照资产保值增值要求实施资产保全控制；根据需要，采用相应的折旧方法足额提取固定资产折旧，及时进行固定资产大修理等，保证企业再生产顺利进行。对资产的实物控制指对实物形态包括债权类资产的安全与完整所采取的控制措施。资产实物保护控制的内容主要有以下几点。

1. 接触控制

接触控制指严格限制无关人员对资产的直接接近，只有经过授权批准的人员才能够接触资产。接触控制的内容包括以下几个方面。

（1）限制接近现金。对现金收入的管理应该仅仅局限于指定的出纳人员。同时，出纳人员要与控制现金余额的会计记录人员和登记应收账款的人员相分离。使用现金时，应该通过企业指定负责人员办理签署的办法进行控制。

（2）限制接近其他易变现的资产。例如，对应收票据和有价证券一般都规定必须由两名人员同时接近，以便对其加以保护。

（3）限制接近存货。在批发和制造企业中，对存货的实物保护可以由专职仓库保管人员负责，通过设计分离且封闭的仓库区域，以及在工作时间之内和工作时间之后控制进入厂区等办法来实现。在零售企业则可以通过在营业时间或营业时间后限制接近仓库的方式来实现。另外，对于贵重商品，应当使用带锁的营业柜加以控制等。

2. 定期盘点

定期盘点指定期对实物资产进行盘查、核对，其内容包括以下几个方面。

（1）盘点实物并与会计记录核对一致，保证账实准确一致。

（2）盘点结果与记录差异的调查，资产盘点结果与会计记录差异应当由独立于保管和记录职务的人员进行调查。

（3）确定盘点和比较的频率，对现金要做到逐日清点并与现金总账和现金出纳机的纸带存根核对。而存货则以较低频率地盘点即可达到要求。

3. 记录保护

记录保护指对企业各种文件资料尤其是资产、会计等资料妥善保管，避免记录受损、被盗及被毁。对某些重要资料，如定期财务会计报表应当留有后备记录，以便在遭受意外损失或毁坏时重新恢复。

4. 财产保险

财产保险指通过对资产投保，增加实物受损后的补偿机会，保护实物安全。

5. 财产记录监控

财产记录监控指建立资产档案，对资产增减变动及时记录以及加强财产所有权证的管理等。

6. 信誉考评制度及定期对账制度

信誉考评制度指对客户的财务状况、偿债能力、经济实力及企业信誉等方面进行综合评价，为企业未来的经营业务开展做决策提供依据。定期对账制度是指与已成事实经济业务的客户往来款项定期核对，避免不实账务的发生。

7. 应收账款催收制度

应收账款催收制度指根据应收账款的账龄进行账龄分析，并根据合同建立一系列与工资奖金挂钩的催款措施，尽快缩短收回账款的时间，防止发生坏账。

（六）风险控制

按照企业经营管理分类，企业经营管理中的风险可分为战略风险、财务风险、市场风险、运营风险、法律风险等。在运营管理中具体又可以分为以下几个方面。

（1）筹资风险控制，即对企业财务结构、筹资结构等做出妥当的安排。

（2）投资风险控制，即对各种债权及股权投资进行可行性研究并确定有关的审批权限而加以控制，同时对投资过程中可能出现的负面因素制定应对预案。

（3）信用风险控制，即对企业应收账款制定客户信用评估指标体系，确定信用评估授予标准，规定客户信用审批程序，进行信用实施中的实时跟踪。

（4）合同风险控制，即对企业建立合同起草、审批、签订、履行监督和违约时采取应对措施的控制流程。

（七）内部报告控制

内部报告控制指对企业编制的各种内部报告进行的控制。企业应当建立内部管理报告体系，以满足内部管理的时效性和针对性。内部报告体系的建立应当做到：①反映部门（人员）的经营管理责任，符合"例外"管理要求；②报告形式与内容简明易懂，并要统筹规划，避免重复；③内部报告应当根据管理层次设计报告频率。

企业常用的内部报告主要有：①资金分析报告，包括资金日报、借款还款进度表、货款担保抵押表、银行账户及印鉴管理表、资金调度表等；②经营分析报告；③内部控制（季度、年度）报告；④全面风险管理报告；⑤资产分析报告；⑥投资分析报告；⑦财务分析报告；⑧HSE（健康、安全、环境）、人力资源等与企业运营相关的各类报告。

（八）电子信息技术控制

电子信息技术控制要求运用电子信息技术手段建立健全企业内部控制系统，减少和消除人为操纵因素，确保内部控制的有效实施，同时加强对企业电子信息系统的开发与维护、数据输入与输出、文件储存与保管、网络安全等方面的控制。电子信息技术控制包括以下具体内容。

1. 实现内部控制手段的电子信息化

通过采取电子信息技术来控制单位的经济活动，尽可能地减少和消除人为操纵因素，变人工管理、人工控制为电子计算机和网络管理和控制。

2. 对电子信息系统的控制

对电子信息系统的控制主要包括规划控制、组织控制、系统开发与维护控制、系统安全控制及应用控制。

即问即答：

内部控制的原理有哪些？

第七节　内部控制的原则与前提

一、内部控制的原则

原则通常指观察问题、解决问题的准绳。内部控制的原则指对建立和设计内部控制制度具有指导性的法则和标准。内部控制的原则回答了为实现控制目标应当如何科学地建立和设计内部控制制度的问题。没有正确的原则指导，就不可能设计出科学的内部控制制度。

（一）全面性原则

内部控制应当贯穿决策、执行和监督全过程，覆盖企业及其所属单位的各种业务事项。全面控制原则的含义有两方面：一是全过程控制，即对企业整个经营管理活动过程进行全面控制，其受控的业务事项在企业中应当"横到边、纵到底"，既包括企业管理部门用来授权与指导、购货、生产等经营管理活动的各种方式、方法，也包括核算、审核、分析各种信息及进行报告的程序与步骤等。因此，企业应针对人、财、物、信息等要素及各个业务活动领域，制定全面的控制制度。二是全员控制，即对企业全体员工进行控制，应该覆盖企业董事会、管理层和全体员工。企业每一成员既是施控主体，又是受控客体，应保证每一位员工（从基层执行操作的人员到高层管理人员）都受到相应的控制。

贯彻全面性原则可以保证企业生产经营活动有序进行。全面控制原则是建立内部控制制度的重要基本原则之一，在实际工作中，常常出现仅仅因为一个细节的疏忽而导致企业整个经营活动失败的例子。

（二）重要性原则

内部控制应当在全面控制的基础上，关注重要事项和高风险领域。企业内部控制应当在兼顾全面的基础上突出重点，针对重要业务和事项以及高风险领域、环节等采取更为严格的控制措施，确保不存在重大缺陷。由于企业资源是有限的，在设计内部控制制度时不应平均分配资源，而应该寻找关键控制点，并对关键控制点投入更多的人、财、物等资源。

（三）制衡性原则

内部控制应当在治理结构、机构设置及权责分配、业务流程等方面相互制约、相互监督，同时兼顾企业运营效率。企业在办理经济业务事项时涉及的不相容职务应该严格加以分离，不得由一个人或一个部门包办到底，减少舞弊的可能性。所以制衡原则是建立内部控制制度应当遵循的又一个重要基本原则。

（四）适应性原则

内部控制应当与企业经营规模、业务范围、竞争状况和风险水平等相适应，并随着情况的变化及时加以调整。由于在性质、行业、规模、组织形式和内部管理体制及管理要求等方面往往存在差异，所以各个企业具有不同的特点。因此，企业应当根据各自的实际情况，根据企业中人与人、人与物、部门与部门、领导与职工之间交往的特点，恰当地设置适用的控制措施、手段、程序等，并且随着内外环境的变化及时调整，发挥应有的控制作用，满足管理的需要。

（五）成本效益原则

内部控制应当权衡实施成本与预期效益，以适当的成本实现有效控制。企业的内部控制成本应该低于制度带来的预期收益。在建立和实施内部控制中应树立成本收益观念，避免控制制度的烦琐与复杂。那种不顾企业实际，过分强调所谓的"严密"要求，从而设计出十分庞杂的控制制度做法，不但浪费企业的人力、物力与财力，也会导致职工产生厌烦情绪，不利于调动职工积极性。贯彻这一原则应注意，当一些业务通过不断增加控制点来达到较高的控制程序时，就应当注意考虑采用多少控制点才能够使控制收益减去控制成本的值最大化；而当控制收益难以确定时，则应当考虑在满足既定控制目标的前提下，如何使制度控制的成本最小化。

二、内部控制的基本前提

内部控制原则体现在企业相应的内部控制基础规范中，这些基础规范包括各类信息记录

（如会计、统计、生产运营等）和报告制度，授权、监督、责任考核制度，鉴别责任的依据、标准、计量工具手段和相关制度，部门和岗位设置规范，人员任用、考评、奖惩制度等，是企业内部控制有效实施的基础和前提。

（一）严格人员控制制度

对经营管理人员进行控制是人员素质控制的一种。对企业内部控制体系来说，经营管理人员无疑是最为重要的因素。对经营管理人员的控制是内部控制中的重要组成部分，对其他控制起着基础性作用。真正的内部控制必须在经营管理人员的控制上下功夫。

人员控制的目的在于保证职工的忠诚、正直、勤奋及形成有效的工作能力，从而保证其他控制措施的有效实施。人员控制的内容主要包括：①建立严格的招聘程序，保证应聘人员符合招聘要求；②制定员工工作规范，用以引导、考核员工的行为；③定期对员工进行培训，帮助员工提高业务素质，更好地完成规定的任务；④加强考核和奖惩力度，定期对员工的业绩进行考核，做到奖惩分明；⑤对重要岗位员工建立职业信用保险机制，如签订信用承诺书、由保荐人推荐或办理商业信用保险等；⑥轮换工作岗位，通过轮换工作岗位，可以及时发现错弊情况，并加以纠正。

（二）规范部门及岗位职责

内部控制目标的实现不仅要有完整的控制制度、规范的流程，还必须具有合理的控制部门和适当的岗位设置。规范部门和岗位设置应该实现以下四个目标。

1. 有利于各项业务的履行

控制和效率是矛盾的，不恰当的控制会损害效率，甚至影响企业经济活动的正常开展，违背内部控制的初衷。

2. 有利于日常监督的实施

内部控制促使所设立的部门及其责任人重视各自职责范围内内部控制体系的建立、控制措施的实施，使每个岗位员工忠诚地执行各项制度，履行相应职责，保障了企业对相关业务的日常监督，保障了相应经济利益的实现。

3. 分清职责

内部控制有利于分清每个组织或岗位的责任，明确各自应负的责任。

4. 保证实施全面业务考核

考核业务或职责的分配、作业程序的执行及控制效果，为进一步完善内部控制提供依据。

（三）明确授权、监督及责任考核制度

企业必须为各项业务的内部控制建立相应授权、监督和责任考核制度。授权制度应当分层次制定，同时明确相关业务环节授权的批准规定。例如，采购与付款业务中请购授权，包括提出请购与请购审批的权限，这些权限应当按照一定的标准进行划分，并区分一般授权和特定授权，明确各自的层次、范围和责任。请购审批、采购审批、验收审批、会计记录与付款审批按照一定的程序进行。

对各项业务的监督，特别是对被授予权力的部门或个人进行监督是各项业务内部控制有效的保证，一方面可以促进内部控制制度的有效实施，另一方面也可以对企业现行内部控制

的恰当性和有效性进行分析与评价，为以后修订和改进提供依据。

责任考核制度是授权正确行使的保证。企业必须为每个岗位、每项授权订立明确的责任制度和相应的考核制度，责任制度和考核制度要明确制定各项责任的量化条款考核标准，包括成本费用控制责任和考核标准、质量标准、经济效益和效率标准、合法性和合规性标准等，这样才有利于会计控制制度的有效实施。

（四）健全鉴别责任的依据、标准、计量工具和手段

鉴别责任的依据、标准以及相应的计量工具和手段是企业管理的基础，也是有效落实责任、有效实施内部控制的必要条件。为了对各项具体业务进行控制，企业必须对明确各项业务活动责任的相应依据、标准加以规定，并对计量这些标准或依据的手段和工具加以规范、检测和校正，便于企业明确各个业务内部控制活动中各项控制的责任，促进各项业务内部控制的落实。

（五）强化会计信息记录和报告制度

会计记录和报告一开始就通过货币计量的形式反映经济业务活动情况、界定管理层受托经营责任，不管从会计历史的角度还是会计信息的角度，会计记录和报告所起的作用都不容置疑。但是，对于以权责发生制为基础的会计系统，不同的确认和计量基础所对应的计量报告结果不可比较，所以规范相应的制度和标准尤为重要。同样，规范、可比、完整、真实及可靠的会计记录和报告是企业实施内部控制的基础资料，如果缺乏相应的会计信息记录报告制度，不管是对企业经营管理，还是对企业各项业务会计控制，其后果都不堪设想。所以，进行内部控制，首先要做的工作是建立健全会计信息记录和报告制度。

即问即答：

内部控制的五大原则有哪些？

内部控制管理案例 1

美国安然公司的破产与内部控制的失效

一、安然公司简介

美国安然（Enron）公司（简称安然）成立于 1985 年，其前身是休斯敦天然气公司，在 20 世纪 80 年代末之前的主业是维护和操作横跨北美的天然气与石油输送管网络。随着美国政府在 80 年代后期解除对能源市场的管制，能源期货与期权交易蓬勃兴起。安然于 1992 年创立了"安然资本公司"，拓展其能源零售交易业务，并涉足高科技产业。整个 20 世纪 90 年代的 10 年间，安然从一家主营天然气、石油的传输公司变成一个类似美林、高盛的华尔街公司，旗下事业包括电力、天然气销售、能源和其他商品配销运送，以及提供全球财务和风险管理服务，在全球拥有 3 000 多家子公司，控制着全美 20% 的电能和天然气交易。

在 2001 年宣告破产之前，安然拥有约 21 000 名雇员，是世界上最大的电力、天然气以及电信公司之一，2000 年披露的营业额达 1 010 亿美元。公司连续六年被《财富》杂志评选为"美国最具创新精神的公司"，然而真正使安然在全世界声名大噪的，却是使这个拥有上千亿资产的公司在几周内破产的财务造假丑闻。安然欧洲分公司于 2001 年 11 月 30 日申请

破产，美国本部于两日后同样申请破产保护。公司的留守人员主要进行资产清理、执行破产程序以及应对法律诉讼。

二、破产起因及过程

2001 年年初，一家有着良好声誉的投资机构老板吉姆·切欧斯公开对安然的盈利模式表示了怀疑。他指出，虽然安然的业务看起来很辉煌，但实际上赚不到什么钱，也没有人能够说清安然是怎么赚钱的。据他分析，安然的盈利率在 2000 年时为 5%，到了 2001 年年初就降到 2% 以下，对于投资者来说，投资回报率仅有 7% 左右。

切欧斯还注意到，有些文件涉及了安然背后的合伙公司，这些公司和安然有着说不清的幕后交易。作为安然的首席执行官，斯基林一直在抛出手中的安然股票——而他不断宣称安然的股票会从当时的 70 美元左右升至 126 美元。而且按照美国法律规定，公司董事会成员如果没有离开董事会，就不能抛出手中持有的公司股票。

也许正是这一点引发了人们对安然的怀疑，并开始真正追究安然的盈利情况和现金流向。

到了 2001 年 8 月中旬，人们对安然的疑问越来越多，并最终导致了股价下跌。

2001 年 8 月 9 日，安然股价已经从年初的 80 美元左右跌到了 42 美元。

2001 年 10 月 16 日，安然发表 2001 年第二季度财报，宣布公司亏损总计达到 6.18 亿美元，即每股亏损 1.11 美元。同时首次透露因首席财务官安德鲁·法斯托与合伙公司经营不当，公司股东资产缩水 12 亿美元。

2001 年 10 月 22 日，美国证券交易委员会瞄上安然，要求公司自动提交某些交易的细节内容。并最终于 10 月 31 日开始对安然及其合伙公司进行正式调查。

2001 年 11 月 1 日，安然抵押了公司部分资产，获得 J.P.摩根和所罗门史密斯巴尼的 10 亿美元信贷额度担保，但美林和标准普尔公司仍然再次调低了对安然的评级。

2001 年 11 月 8 日，安然被迫承认做了假账，虚报数字让人瞠目结舌：自 1997 年以来，安然虚报盈利共计近 6 亿美元。

2001 年 11 月 9 日，迪诺基公司宣布准备用 80 亿美元收购安然，并承担 130 亿美元的债务。当天午盘安然股价下挫 0.16 美元。

2001 年 11 月 28 日，标准普尔将安然债务评级调低至"垃圾债券"级。

2001 年 11 月 30 日，安然股价跌至 0.26 美元，市值由峰值时的 800 亿美元跌至 2 亿美元。

2001 年 12 月 2 日，安然正式向破产法院申请破产保护，破产清单中所列资产高达 498 亿美元，成为美国历史上最大的破产企业。当天，安然还向法院提出诉讼，声称迪诺基中止对其合并不合规定，要求赔偿。

三、事件发展

首先遭到质疑的是安然公司的管理层，包括董事会、监事会和公司高级管理人员。他们面临的指控包括疏于职守、虚报账目、误导投资人以及牟取私利等。

在 2001 年 10 月 16 日安然公布第二季度财报以前，安然公司的财务报告是所有投资者都乐于见到的。看看安然过去的财务报告：2000 年第四季度，"公司天然气业务成长翻升 3 倍，公司能源服务公司零售业务翻升 5 倍"；2001 年第一季度，"季营收成长 4 倍，是连续 21 个盈余成长的财季"……在安然，衡量业务成长的单位不是百分比，而是倍数，这让所有投资者都笑逐颜开。到了2001年第二季度，公司突然亏损了，而且亏损额还高达6.18亿美元！

然后，一直隐藏在安然背后的合伙公司开始露出水面。经过调查，这些合伙公司大多被安然高层人员所控制，安然对外的巨额贷款经常被列入这些公司，而不出现在安然的资产负债表上。这样，安然高达130亿美元的巨额债务就不会被投资人所知。

更让投资者气愤的是，显然安然的高层对于公司运营中出现的问题非常了解，但长期以来熟视无睹甚至有意隐瞒。包括首席执行官斯基林在内的许多董事会成员一方面鼓吹股价还将继续上升，一方面却在秘密抛售公司股票。而公司的14名监事会成员中有7名与安然关系特殊，要么正在与安然进行交易，要么供职于安然支持的非营利性机构，对安然的种种劣迹睁一只眼闭一只眼。

四、假账问题

安然假账问题也让其审计公司安达信面临着被诉讼的危险。位列世界第一的会计师事务所安达信作为安然公司财务报告的审计者，既没审计出安然虚报利润，也没发现其巨额债务。2001年6月，安达信曾因审计工作中出现欺诈行为被美国证券交易委员会罚了700万美元。

安然的核心业务就是能源及其相关产品，但在安然，这种买卖被称作"能源交易"。据介绍，该种生意是构建在信用的基础上，也就是能源供应者及消费者以安然为媒介建立合约，承诺在几个月或几年之后履行合约义务。在这种交易中，安然作为"中间人"可以在很短时间内提升业绩。由于这种生意以中间人的信用为基础，一旦安然出现任何丑闻，其信用必将大打折扣，生意马上就有中止的危险。

此外，这种业务模式对于安然的现金流向也有着重大影响。大多数安然的业务是基于"未来市场"的合同，虽然签订的合同收入将计入公司财务报表，但在合同履行之前并不能给安然带来任何现金。合同签订得越多，账面数字和实际现金收入之间的差距就越大。

安然不愿意承认自己是贸易公司，一个重要的理由就是为了抬升股价。作为贸易公司，由于天生面临着交易收入不稳定的风险，很难在股市上得到过高评价。安然鼎盛时期的市值曾达到其盈利的70倍甚至更多。

为了保住其自封的"世界领先公司"地位，安然的业务不断扩张，不仅包括传统的天然气和电力业务，还包括风力、水力、投资、木材、广告等。2000年，宽带业务盛极一时，安然又投资了宽带业务。

如此折腾，安然终于在2001年10月在资产负债平衡表上拉出了高达6.18亿美元的大口子。

五、破产原因

安然的崩溃并不仅仅是因为假账，也不全是高层的腐败，更深层次的原因是急功近利，这使安然在走向成功的同时也预掘了失败之墓。

安然的核心文化就是盈利。在安然，经营者追求的目标就是"高获利、高股价、高成长"。《财富》杂志撰文指出：正是由于安然公司的主管们建立了以盈利增长为核心的文化，经理们才有了很大的动力去涉险，安然追求的目标最后也只剩下一个，那就是盈利。

安然的公司精神就是冒险。安然鼓励的是不惜一切代价追求利润的冒险精神，用高盈利换取高报酬、高奖金、高回扣、高期权。安然甚至把坚持传统做法的人视为保守，很快将其"清理"出去。同时安然内部不断地进行着"大换血"，新人一进门就会获得500万美元的炒作能源期货的资本。

六、事件影响

在安然破产事件中，损失最惨重的无疑是那些投资者，尤其是仍然掌握大量安然股票的普通投资者。按照美国法律，在申请破产保护之后，安然的资产将优先缴纳税款、赔还银行借款、发放员工薪资等，本来就已经不值钱的公司再经这么一折腾，投资人肯定是血本无归。

投资人为挽回损失只有提起诉讼。按照美国法律，股市投资人可以对安达信在财务审计时未尽职责提起诉讼，如果法庭判定指控成立，安达信就不得不为他们的损失做出赔偿。

在此事件中受到影响的还有安然的交易对象和那些大的金融财团。据统计，在安然破产案中，杜克集团损失了1亿美元，米伦特公司损失8 000万美元，迪诺基损失7 500万美元。在财团中，损失比较惨重的是J. P.摩根和花旗集团。仅J. P.摩根对安然的无担保贷款就高达5亿美元，据称花旗集团的损失也差不多与此相当。此外，安然的债主还包括德意志银行、中国银行、招商银行、日本的三家银行等。

另外，安然内部的审计人员也对公司的财务状况提出自己的看法，表示怀疑报表的真实性。这对安然舞弊案件的进程起到了推进的作用。

七、从COSO报告的视角分析安然公司的坍塌

（一）控制环境

1. 企业社会责任观念

在安然事件中，安然的诚信和道德价值观有很大的问题，安然做假账，并且虚报的数字让人瞠目结舌。安然管理层为了自身的利益和荣耀编制了虚假的报表业绩，报表欺骗了投资者、债权人和社会公众，社会责任观念严重缺失。

2. 管理层的理念和经营风险

安然与很多企业有着说不清楚的幕后交易，管理层还虚报账目，制作假账，误导投资者购买其股票，安然的首席执行官却在一直抛售手中股票的同时还不断地鼓吹安然的股票会飙升。安然只是一家能源企业，但为了扩大企业的规模，盲目地向更多自己不擅长的领域扩展，导致了公司的巨额亏损。

3. 审计的独立性

独立性是社会审计的灵魂，离开了独立性，审计质量只能是一种奢谈，审计的鉴证职能也失去了意义。安达信在审计安然时，是否保持独立性，受到美国各界的广泛质疑。从美国国会等部门初步调查所披露的资料和新闻媒体的报道看，安达信对安然的审计至少缺乏形式上的独立性。

4. 企业文化

企业文化是内部控制的重要组成部分，是其他控制政策与程序实施的基石。塑造怎样的企业文化和价值观直接影响着决策者的战略管理。如果说企业文化管理是企业战略管理的最终决定形式，安然的决策层显然是鄙视了企业文化管理的合理性。而且决策层还弄虚作假，败坏自己的企业文化，让整个公司充斥着弄虚作假的氛围。

5. 权限及职权分配

安然中年高管的权限和职权分配界限模糊，上至高层下至普通员工都不断出现越权、滥用权力牟取个人利益的行为，他们对公司运营中出现的问题非常了解，但是为了自己的利益选择熟视无睹，使公司蒙受巨大损失。

（二）风险评估

1. 分散投资、分散经营的风险

安然在经营范围、投资领域、战略发展上定位于"分散化"，成为世界商品市场上推广"分散化"的先锋。安然注重利用多元化的优势，却忽视了多元化分散经营的劣势，进行的不相关多元化不仅没有成为风险的防护伞，反而带来管理成本提高、资金分散、经营风险增大的后果，削弱了企业核心竞争力。

2. 金融创新、债务融资带来的财务风险以及高风险的会计政策

安然从事的能源期货和期权经营风险很大，而其债务比例又很高，使公司总风险膨胀失控。安然共有310亿美元的表内债务和数十亿美元的表外债务，破产的导火线就是30亿美元的到期债务无现金支付和担保。

（三）控制活动

1. 行政人员的高报酬计划

安然只重业绩，只看结果。安然的员工为了自己短期利益不惜铤而走险，从而牺牲公司的长期整体利益。

2. 没有进行严格的实物控制

一直隐藏在安然背后的合伙公司被安然高层人员控制，安然对外的巨额贷款经常被列入这些公司，而不出现在安然的资产负债表上。这样，安然高达130亿美元的巨额债务就不会为投资人所知，而安然的一些高管也从这些合伙公司中牟取私利。

3. 运营分析控制混乱

安然公司的内部财务治理失效，导致了公司内部财务治理的名存实亡。公司虚报利润和掩盖问题，许多员工已经觉察并向总裁提出了质疑。安然的管理层却一直在向员工鼓吹业绩优良，总裁在公司破产前四个月声称公司的增长"前所未有的稳定"，还提出让员工以优惠价购买每股36.88美元的股票。

（四）信息与沟通

1. 未建立信息收集、加工机制

安然的"只能成功"理念，导致企业人员必须保持安然股价持续上升的压力，诱使高级管理者在投资和会计程序方面冒更大的风险。这样做的结果就是虚报收入和隐瞒越来越多的债务。

另外，安然的决策者也未能正确认识市场及其发展，进行错误的决策，向下级员工传达了错误的指示，导致对外投资中的巨大损失。

2. 组织信息传递制度不完善

一项学术调查指出，在安然内，高级主管未能履行一些"领导的沟通职责"，譬如"沟通恰当的价值观念"和"保持问题征兆的公开性"等。在外部信息传递方面，与客户、供应商、股东之间的沟通采取了隐瞒或谎报的方式，安然在对外公布的财务报表上弄虚作假，以此来吸引股东投资，提高股价。

3. 防舞弊机制形同虚设

安然的14名监事会成员中有7名成员与安然关系特殊，要么正在与安然进行交易，要么供职于安然支持的非营利性机构，对安然的种种劣迹采取了默认的态度。监事会名存实亡，不仅没有起到监事的作用，反而起到帮衬的作用，同会计师事务所和监管机构沟通过于密切，共同进行造假。

（五）内部监控

1. 独立董事形同虚设

安然董事会中有15名独立董事、7名审计委员，但都未能对公司的一系列幕后交易、虚报利润等行为做出有效的监督，使得公司高级管理层滥用职权，随意侵犯公司及股东利益。

2. 公司内部多个监督环节存在漏洞

（1）对企业高层违法抛售公司股票，管理层提出的一些具有高风险的交易活动以及公司的经营数据、财务数据都没有进行合理有效的监督。安然在迅速扩张的同时，其内部监督体系运行上的问题为日后埋下了祸根。

（2）没有进行有效的日常监督，疏于对企业内部控制建立和实施情况进行监督检查，没有定期评价内部控制的有效性，不能发现其缺陷并对内部控制进行改进。

（3）对公司利用大量金融衍生工具、期股，首席财务官与合伙公司的重大经营问题，重要决策的制定和大额资金的支付都没有进行合理有效的专项监督，导致公司资产严重缩水。

（4）内部审计人员营私舞弊，对于安然组织内部没有做出独立客观的评价活动，无法协助管理层评估公司风险以及完善公司内部控制。

资料来源：

（1）安然事件分析，https://www.wenkuxiazai.com/doc/7d1f04c3bb4cf7ec4afed031-8.html。

（2）安然事件COSO分析，https://wenku.baidu.com/view/6c05ee213169a4517723a360.html。

（3）从CFO角度分析安然事件，https://wenku.baidu.com/view/4e4171bc250c844769eae009581b6bd97f19bcc5.html。

（4）安然事件的破产原因，https://zhidao.baidu.com/question/1991707322113773267.html。

（5）安然事件的事件发展，https://zhidao.baidu.com/question/1991707322114428787.html。

案例拓展研习：

1. 请结合COSO内部控制五要素方面存在的问题，分析导致安然公司问题产生的原因是什么。

（1）缺失企业社会责任观念。在安然事件中安然的诚信和道德价值观有很大的问题，安然做假账，并且虚报的数字让人瞠目结舌。安然管理层为了自身的利益和荣耀编制了虚假的报表业绩，报表欺骗了投资者、债权人和社会公众，社会责任观念严重缺失。

（2）企业文化管理不到位。企业文化是内部控制的重要组成部分，是其他控制政策与程序实施的基石。塑造怎样的企业文化和价值观，这直接影响着决策者的战略管理。如果说企业文化管理是企业战略管理的最终决定形式，安然的决策层显然是鄙视了企业文化管理的合理性。而且决策层还弄虚作假，败坏自己的企业文化，整个公司充斥着弄虚作假的氛围。

（3）行政人员的高报酬计划导致安然员工只重业绩、只看结果。安然的员工为了自己短期利益不惜铤而走险，从而牺牲公司的长期整体利益。

（4）安然的"只能成功"理念，导致企业人员必须保持安然股价持续上升的压力，诱使高级管理者在投资和会计程序方面冒更大的风险。其结果就是虚报收入和隐瞒越来越多的债务。

（5）监督角色的缺失。安然的14名监事会成员中有7名成员与安然关系特殊，要么正在与安然进行交易，要么供职于安然支持的非营利机构，对安然的种种劣迹采取了默认的态度。监事会名存实亡，不仅没有起到监事的作用，反而起到帮衬的作用，同会计师事务所和监管机构沟通过于密切，共同进行造假。内部审计人员营私舞弊，对于安然公司组织内部没有做出独立客观的评价活动，无法协助管理层评估公司风险以及完善公司内部控制。

2. 对于其存在的问题及原因，请提出相关措施和建议以完善企业的内部控制建设。

（1）企业的治理层和管理层应加强企业文化建设，通过塑造道德诚信等积极的文化氛围来加强对企业员工的价值导向和约束，增强企业和员工的社会责任感，为其他内部控制建设营造一个良好的内部控制环境。转变经营理念，从重视效率与利益转变为关注企业的长期整体利益，重视道德文化建设。

（2）提升企业风险识别、风险分析以及风险应对的能力。对于企业在经营范围、投资领域、战略发展的定位要加强对相关风险的识别、分析与应对。在安然公司注重利用多元化优势的同时加强多元化分散经营带来管理成本提高、资金分散、经营风险的分析与应对。

（3）增强内部控制活动的效率、效果。通过合理制定行政人员的薪酬计划，将员工利益与企业长期整体利益相结合，避免员工为了自己短期利益不惜铤而走险，从而牺牲公司的长期整体利益。加强对关联方交易的识别与披露，加强对高级管理层的控制和约束，通过建立良好的内部财务治理，提升公司内部财务治理水平，最大限度降低虚报利润和掩盖问题等现象的出现。

（4）加强企业的信息与沟通水平，治理层和管理层应该加大对下级员工的价值引导，传递正确的指示，通过"沟通恰当的价值观念"和"保持问题征兆的公开性"等在企业经营管理中发挥以身作则的榜样示范作用。在外部信息传递方面，积极保持与客户、供应商、股东之间的沟通，杜绝以隐瞒或谎报的方式来吸引股东投资的行为。

（5）加强监督力度。充分发挥监事会在治理结构中的监督作用，切实保证监事会成员的独立性，对公司事务进行独立客观的评价，加强对董事会、高级管理层的制约和监督作用，最大限度地维护全体股东的利益。保证内部审计的独立性，充分发挥内部审计部门在监督内部控制有效落实中的作用。建立审计委员会，负责内外审计的沟通，最大限度地保护审计独立性，从内部和外部对企业的生产经营形成监督合力。

内部控制管理案例 2

中航油新加坡公司内部控制案例分析

中国航油集团（新加坡）股份有限公司（简称"中航油新加坡公司"，为中国航空油料集团公司的海外子公司）在高风险的石油衍生品期权交易的过程中蒙受了高达 5.5 亿美元的巨额亏损，成为继巴林银行破产以来最大的投机丑闻。中航油事件的根本原因在于其企业内部控制在执行方面的不完善。2004 年美国 COSO 颁布了新的内部控制框架——《企业风险管理——整合框架》，不仅满足了企业加强内部控制的需求，也促进了企业建立更为全面的风险管理体系。

一、中航油事件简介

（一）中航油公司简介

中国航空油料集团公司（简称中航油）成立于 2002 年 10 月 11 日，是以原中国航空油料总公司为基础组建的国有大型航空运输服务保障企业，是国内最大的集航空油品采购、运输、储存、检测、销售、加注为一体的航油供应商。

中国航空油料集团公司前身——中国航空油料总公司，核心业务包括全国100多个机场的供油设施的建设和加油设备的购置，为中外100多家航空公司的飞机提供加油服务（如航空燃油的采购、运输、储存直至加入飞机油箱等）。

（二）中航油事件经过

在中航油新加坡公司2001年12月6日获批在新加坡交易所上市的时候，该公司的业务中并没有后来引发巨亏风波的期权交易，在上市的"招股说明书"中，中航油新加坡公司的石油贸易包括轻油、重油、原油、石化产品和石油衍生品五个部分，其核心业务是航油采购，衍生品包括纸货互换和期货。

2002年3月，"为了能在国际油价市场上拥有话语权"，中航油新加坡公司开始了期权交易。对期权交易毫无经验的中航油新加坡公司最初只从事背对背期权交易，即只扮演代理商的角色，为买家卖家服务，从中赚取佣金，没有太大风险。自2003年始，中航油新加坡公司开始进行风险更大的投机性期权交易，而此业务仅由公司的两位外籍交易员进行。在2003年第三季度前，由于对国际石油市场价格判断与走势一致，中航油新加坡公司尝到了甜头，于是一场更大的冒险也掀开了序幕。

2003年第四季度，中航油新加坡公司对未来油价走势的错误判断为整个巨亏事件埋下了根源，引来一连串不利的连锁反应。由于错估了石油价格趋势，公司调整了期权交易策略，卖出了买权并买入了卖权，导致期权在2003年第四季度出现120万美元的账面亏损（以市值计价）。2004年第一季度，期权盘位到期，公司开始面临实质性的损失，当时正在与新加坡国家石油公司（SPC）、英国富地、淡马锡等多家外国企业谈合作的中航油新加坡公司顾虑重重，最终选择了在没经过任何商业评估的情况下于2004年1月进行了第一次挪盘，即买回期权以关闭原先盘位，同时出售期限更长、交易量更大的新期权。出售的期权盘位多是在2004年第二季度至2005年第一季度之间到期，但也有一些甚至延伸到2005年第四季度。

根据普华的调查，虽然中航油新加坡公司公布的公告中2004年第一财政季度税前利润为1 900万新元，但它实际上已经亏损了640万新元。

油价还在上涨，2004年6月，由于1月的挪盘，中航油新加坡公司陷入了更大的危机中，面临着更巨额的亏损，似乎已经无路可退的中航油新加坡公司决定进行第二次挪盘。随着油价上升时呈指数级数的扩大，6月挪盘的风险已经远远高于1月的挪盘，关闭原先盘位，出售期限更长、交易量更大的新期权交易成本也大幅增加。此次挪盘出售的大多数新期权都是到2004年下半年或2005年到期。

如果期权对家提供的挪盘信息是正确的，而且公司能够对此进行正确分析和判断，中航油新加坡公司的情况原本可以改善。普华认为那时中航油还有机会。而到了第二季度，中航油新加坡公司的亏损已经扩大到了5 800万新元。

2004年9月，中航油新加坡公司再一次挪盘。与前两次挪盘不同的是，中航油新加坡公司不再与某个期权对家一对一地进行交易，而是同5个期权对家同时交易。这次移盘从8月31日持续到了9月27日。这次挪盘同样成倍扩大了风险，而不断高涨的保证金最终耗尽了公司的现金，也不再有银行愿意为其提供备用信用证，最终导致了财务困境。当中航油新加坡公司公布第三财政季度税前利润为1 130万新元的时候，实际上亏损已达3.146亿新元。

二、中航油事件中的期货背景

中航油新加坡公司原总裁陈久霖在炒石油期货指数时，造成了5.5亿美元的巨额亏损，把套期保值做成了投机，破产也不是意料之外。2003 年年初伊拉克战争爆发，从 2003 年下半年开始，中航油新加坡公司参与石油期货、期权交易，买入并做多石油期权。此时国际油价波动上涨，陈久霖初战告捷，截至 2003 年年底共盈利 580 万美元。尝到了甜头的中航油新加坡公司，加大对期货市场的投资。

2004 年第一季度，伊拉克战争结束，油价涨到 30 美元，陈久霖认为未来石油价格上涨无望，价格将回落至战争前的水平。于是开始卖出期权，做空市场，事实证明这次改变交易的策略是错误的，由于战争因素导致石油减产、供给减少，而世界石油需求量不断扩大，因此油价继续上涨。在期权盘位到期公司将面临亏损的情况下，不愿服输的老总分别在 2004 年 1 月、6 月和 9 月先后进行了三次挪盘，即买回期权以关闭原先盘位，同时出售期限更长、交易量更大的新期权。在杠杆效应的作用下，每次挪盘均成倍扩大了风险，该风险在油价上涨时呈指数级扩大，直至中航油新加坡公司不再有能力支付交易的保证金，最终爆仓，导致了财务困境，全面负债高达数亿美元。

陈久霖卖空期权损益，在于持有空头期权交易策略的投资者判断或者说预测、猜测的原油价格未来变化方向是否与预期一致。如果未来的石油价格呈现熊市，即价格普遍走低，那么该投资便会盈利，这正是中航油新加坡公司所期望的石油价格走势。但是，如果未来的石油价格呈现牛市，即价格普遍上涨，石油的价格走势与投资者的愿望恰恰相反，投资者便要承担损失。而事实上对于中航油新加坡公司而言，这句话不幸言中了。不难看出，中航油新加坡公司所采用的空头看涨期权策略是一个风险很大的投资策略，当石油市场呈现熊市时，空头看涨期权的持有者便盈利，但盈利的数额是有限的，最大盈利数额就是期初卖出。当市场呈现牛市时，投资者的风险是无限的。市场判断失误是难以避免的，陈久霖的主要错误是卖空头寸太大，并且采用了输了加倍的赌徒策略，这种交易既不是期货上典型的套期保值，也不是价差套利，这种做法就像把赌注押在投硬币出现正反面一样，是一种猜测性质的投机行为，风险很大。因此交易者必须对市场行情进行研究分析，不断优化投资方案。中航油新加坡公司最后期权的持仓量都已经超过了企业的交收能力，那为什么还会交易？难道公司内部控制就没有发现？显然，这是不可能的。

三、从内部控制角度分析中航油事件

1992 年，美国 COSO 进行深入研究之后发布了一份关于内部控制的纲领性文件《内部控制——整体框架》。在此基础上，2004 年又颁布了《企业风险管理——整合框架》，提出了内部控制八要素，即内部环境、目标制定、事项识别、风险评估、风险反应、控制活动、信息和沟通以及监控。以下将从这八个角度来分析中航油事件。

（一）内部环境

内部环境包含组织的基调，它为主体内的人员如何认识和对待风险设定了基础，包括风险管理理念和风险容量、诚信和道德价值观以及经营环境。

中航油新加坡公司聘请国际著名的安永会计师事务所制定了国际石油公司通行的风险管理制度，建立了股东会、董事会、管理层、风险管理委员会、内部审计委员会等制衡制度和风险防范制度，还受到新加坡证监会的严格监管。但是深入挖掘，企业的内部环境起了很大的作用。作为创业性的管理层为主导的企业，管理层经常会凭借过去优秀的业绩来主导企业，这样的企业文化、对待风险控制的态度，往往以管理层好恶为宗旨。中航油管理层在期货交易中，根本没有意识到风险，而是相信自己的判断——油价冲高后必然会落。而在事情

败露以后，陈久霖还认为："只要再有一笔钱，就能挺过去，就能翻身。"从首席执行官的独断专行可见企业内部环境之恶劣。而集团公司也过于看重陈久霖过去为集团公司所做的贡献，因此，即使知道陈久霖因场外期货交易发生了严重损失，不仅没有果断采取止损措施，减少亏损，反而通过出售部分股权，进一步融资，再次进行投机，使中航油损失达到了天文数字。所以，极端的风险偏好、畸形的风险文化和畸形的管理结构体现了中航油极为恶劣的内部环境。

（二）目标制定

企业风险管理能确保管理当局采取适当的程序去设定目标，确保所选定的目标支持和切合该主体的使命，并且与它的风险容量相符。

从1997年起，中航油新加坡公司先后进行了两次战略转型，最终定位为以石油实业投资、国际石油贸易和进口航油采购为一体的工贸结合型实体企业。在陈久霖的推动下，中航油新加坡公司从2001年上市就开始涉足石油期货。在取得初步成功之后，中航油新加坡公司管理层在没有向董事会报告并取得批准的情况下，无视国家法律法规，擅自将企业战略目标移位于投机性期货交易。这种目标设立的随意性，以及对目标风险的藐视，最终使企业蒙受巨大损失。

（三）事项识别

一个组织必须识别影响其目标实现的内外部事项，区分表示风险的事项和表示机遇的事项，引导管理层的战略或者目标始终不偏离。

国务院1998年8月发布的《国务院关于进一步整顿和规范期货市场的通知》中明确规定："取得境外期货业务许可证的企业，在境外期货市场只允许进行套期保值，不得进行投机交易。"1999年6月，以国务院令发布的《期货交易管理暂行条例》第四条规定："期货交易必须在期货交易所内进行。禁止不通过期货交易所的场外期货交易。"第四十八条规定："国有企业、国有资产占控股地位或者主导地位的企业进行期货交易，限于从事套期保值业务，并应遵守下列规定：（1）进行期货交易的品种限于其生产经营的产品或者生产所需的原材料；（2）期货交易总量应当与其同期现货交易总量相适应；（3）中国证监会的其他规定。"2001年10月，证监会发布的《国有企业境外期货套期保值业务管理制度指导意见》第二条规定："获得境外期货业务许可证的企业在境外期货市场只能从事套期保值交易，不得进行投机交易。"中航油新加坡公司违规之处有三点：一是做了国家明令禁止的事；二是场外交易；三是超过了现货交易总量。

（四）风险评估

风险评估在于分析和确认内部控制目标实现过程中"不利的不确定因素"，帮助企业确定何处存在风险、怎样进行风险管理，以及需要采取何种措施。

中航油新加坡公司从事的场外石油衍生品交易，具有高杠杆效应、风险大、复杂性强等特点，但由于内部没有合理定价衍生产品，大大低估了所面临的风险，再加上中航油新加坡公司选择的是一对一私下场外交易，整个交易过程密不透风，因此中航油新加坡公司承担的风险要比场内交易大得多。

（五）风险反应

管理当局选择风险应对（回避、承受、降低或者分担风险），采取一系列行动，以便把风险控制在主体的风险容限和风险容量以内。

在油价不断攀升导致潜亏额疯涨的情况下，中航油新加坡公司的管理层连续几次选择延期交割合同，期望油价回跌，交易量也随之增加。一次次"挪盘"把到期日一次次往后推，导致风险和矛盾滚雪球似的加倍扩大，最终达到无法控制的地步。

（六）控制活动

制定和执行政策与程序，以帮助确保风险应对得以有效实施。

中航油新加坡公司曾聘请国际"四大"之一的安永会计师事务所为其编制《风险管理手册》，设有专门的七人风险管理委员会及软件监控系统。实施交易员、风险控制委员会、审计部、总裁、董事会层层上报、交叉控制的制度，规定每名交易员损失20万美元时要向风险控制委员会报告和征求意见；当损失达到35万美元时要向总裁报告和征求意见，在得到总裁同意后才能继续交易；任何导致损失50万美元以上的交易将自动平仓。中航油新加坡公司总共有10位交易员，如果严格按照《风险管理手册》执行，损失的最大限额应是500万美元，但中航油新加坡公司却在衍生品交易市场不断失利，最终亏损额高达5.5亿美元，以致申请破产保护。但在实际风险控制机制中，陈久霖一手遮天，在获悉2004年第一季度出现580万美元的账面亏损后，没有按照风险控制程序进行斩仓止损，而是继续孤注一掷，继续扩大仓位。

（七）信息和沟通

相关的信息可以确保员工履行其职责。有效沟通包括信息在主体中的向下、平行和向上流动。

中航油新加坡公司从事石油期权投机交易历时一年多，从最初的200万桶发展到出事时的5 200万桶，一直未向集团公司报告，集团公司也没有发现。母公司知悉违规活动是在一年以后。可见，中航油新加坡公司和集团公司之间的信息沟通不顺畅，会计信息失真。

（八）监控

对企业风险管理进行全面监控，必要时加以修正，有利于企业减少风险。监控可以通过持续的监督活动、个别评价或者两者结合来完成。

中航油新加坡公司拥有一个由部门领导、风险管理委员会和内部审计部组成的三层"内部控制监督结构"。但其交易员没有遵守风险管理手册规定的交易限额，没有向公司其他人员提醒各种挪盘活动的后果和多种可能性，挪盘未经董事会批准或者向董事会汇报，财务报表中亦未报告亏损；风险控制员没有正确计算公司期权交易的收益，没有准确汇报公司的期权仓位情况和敞口风险；财务部门的首要职责是对交易进行结算，而在2004年5月到2004年11月长达7个月的时间内，中航油新加坡公司共支付了近3.81亿美元由不断新增的损失引发的保证金，甚至动用了董事会和审计委员会明确规定有其他用途的贷款。风险管理委员会在所有重大问题上未履行其职责。在公司开始期权这项新产品交易时，风险管理委员会没有进行任何必要的分析和评估工作；交易开始后，未能对期权交易设置准确的限额，也未能准确报告期权交易；在期权交易挪盘时，未能监督执行相关的交易限额，未能控制公司的超额交易，未指出挪盘增加了公司的风险，也未建议斩仓止损；向审计委员会提供的衍生品交易报告中，实际隐瞒了公司在期权交易中面临的各种问题；未向董事会报告公司的期权交易和损失情况。内部审计部没有定期向审计委员会报告，即使报告也是内容重复，敷衍了事，还营造公司内部控制运行良好的假象。

四、中航油事件的启示

（1）制定严格的操作规程，禁止过度投机，完善内部治理制度，杜绝"越陷越深、无法自拔"。

（2）建立严格的衍生金融工具使用、授权和核准制度。企业使用衍生金融工具应由高级管理部门、董事会或相关的专门委员会如审计委员会、财务委员会授权核准，并进行合法性、合规性检查；衍生金融工具的授权、执行和记录必须严格分工，如由独立于初始交易者的负责人授权批准，由独立于初始交易者的其他人员负责接收来自交易对方对交易的确认凭证；对交易伙伴的信誉进行评估，并采取措施控制交易伙伴的信用风险；建立健全的衍生金融工具保管制度和定期盘点核对制度；建立投机项目的投资限额制度，规定衍生金融工具投资的最高限额，将风险控制在可以接受的程度之内；严格限定衍生金融工具的适用范围，除为了规避实际外贸业务中的不确定风险以外，禁止从事以投机为手段的投资行为。

（3）加大对操作人员的业务培训和职业道德教育，提高他们的职业水平和道德水准。衍生金融工具不断创新，种类众多，业务操作人员必须认真学习和分析各种衍生金融工具的特点、风险，同时加强职业道德教育，避免因业务人员越权违规操作带来巨额的经济损失。

（4）培养期货交易人才。公司的期货交易，必须使用信得过的交易人员，做到核心机密内部人掌握。中航油新加坡公司参与此次交易、掌握交易核心机密的交易员，均是外籍人，来自澳大利亚、日本、韩国等国。像这种核心机密被外籍人士掌握和运作，即使在美国这样的国家也是很少出现的。在美国的高盛、摩根士丹利等公司，掌握核心机密的关键交易员一般是美国人。

（5）实施严格的信息披露制度，加强外部监管，将作为"表外业务"纳入表内披露。中航油新加坡公司从事场外交易历时一年多，从最初的200万桶发展到出事时的5200万桶，一直未向中航油报告，中航油也没有发现。

（6）对经理人的风险偏好进行评估，并做出合理的监管措施。

（7）随着市场经济的深化、金融市场的逐步国际化，衍生金融工具也必将迅速发展。因而，必须完善法规制度，使企业在投资或投机衍生金融产品时有据可依、有章可循，能够对高风险的投机业务实施必要的风险控制，以避免类似中航油事件的再次发生。

五、总结

中航油2004年发生的巨额国有资产亏损事件，使我们了解到，我国企业在进行金融投资活动，尤其是在从事风险较高的金融衍生品投资活动中，与之配套的资金进出监督机制、金融风险控制措施以及自我保护意识等方面都还存在不足之处。但是国际金融投资，尤其是国际金融衍生品投资对于国有资产而言，无论是保值、增值，控制价格风险，还是套现获利，都有积极的作用。通过中航油事件，我们要吸取经验教训：一方面，更加积极、深入地学习并完善金融投资的有关知识与技巧，规范国内金融投资市场，健全相关法律法规制度；另一方面，在实际进行金融投资时应该更加谨慎、更加稳健。对于那些在金融市场中游弋的国际金融大鳄们，更要加倍留意，时刻提防。笔者相信，只要吸取教训，完善相关规章制度，时刻保持警惕，我国企业一定能够在国际金融投资市场中发展得更大、更好。

资料来源：https://wenku.baidu.com/view/5017ab22e53a580216fcfeab.html。

内容总结

本章讨论了内部控制的一些基本理论，涉及了内部控制的产生与发展、内部控制的概念与作用、内部控制的分类与内容、原理、方法、原则等，简要叙述了内部控制发展的五个阶段和内部控制新的发展。内部控制始终是伴随企业管理运营的发展而发展的，并在实践中不断地丰富与完善，促进企业控制体系的不断优化。内部控制制度作为组织内部的一种制度安排，有利于企业合理支配和利用资源、有效应对风险，从而对实现价值创造的终极目标具有不可替代的作用。内部控制制度是企业实现管理现代化、科学化的方法，是防止信息失真的有效途径，是反舞弊的利器。

相关政策制度指引

国家层面

1. 《企业内部控制基本规范》及配套指引。
2. 《关于进一步推进国有企业贯彻落实"三重一大"决策制度的意见》。
3. 国家及各部委相关内部控制的法律法规。
4. 《中央企业全面风险管理指引》。

企业层面

1. 公司章程。
2. 企业权限指引、授权委托等管理办法。
3. 企业内部控制实施手册。

复习题

1. 内部控制的发展经历了哪几个发展阶段？其标志性成果是什么？
2. 如何理解内部控制的概念？
3. 内部控制的作用是什么？
4. 简述内部控制的五大要素。
5. 内部控制按控制时序分为几类？
6. 经济业务中应加以分离的不相容职务有哪些？
7. 财产保护控制的主要内容是什么？
8. 企业构建内部控制应遵循的原则有哪些？

思考与应用

1. 请从内部控制的发展，设想未来的内部控制发展趋势。
2. 企业在构建内部控制中，最应关注的原则是什么？
3. 内部控制这门学科对未来的工作会有影响吗？为什么？

第二章

企业内部控制环境

本章主要讨论企业内部控制的环境。通过学习本章，读者将会对内部控制环境中的治理结构、机构设置及权责分配、内部监督审计、人力资源政策、企业文化等要素有一个较为清晰的认识。

企业应当根据国家有关法律法规和企业章程，建立规范的公司治理结构和议事规则，明确决策、执行、监督等方面的职责权限，形成科学有效的职责分工和制衡机制。通过对内部控制环境中的治理结构、机构设置及权责分配、内部监督审计、人力资源政策、企业文化等要素的构建实施，为企业内部控制环境营造良好的氛围。

内部环境是企业实施内部控制的基础，是建立、加强或削弱特定政策和程序效率发生影响的各种因素。内部环境具体包括管理者的思想和经营作风、企业组织架构、董事会及其所属委员会，特别是监事会等发挥的职能作用，确定职权和责任的方法，管理监控和检查工作时所用的控制方法，如目标、计划、预算、责任、执行、各种外部关系。企业建立实施有效的内部控制应当包括的要素有治理结构、机构设置及权责分配、内部监督审计、人力资源政策、企业文化、反舞弊等。

第一节 企业的组织架构

一、组织架构的含义

组织架构是指企业按照国家有关法律法规，依据股东（大）会或国有资产监督管理机构决议和企业章程，结合企业实际，明确股东（大）会或国有资产监督管理机构、董事会、监事会、经理层和企业内部各层级机构设置、职责权限、人员编制、工作程序和相关要求的制度安排。组织架构的核心是完善公司治理结构、管理体制和运行机制。

组织架构涵盖了治理结构和内部机构两个层次。其中，治理结构即企业治理层面的组织结构，是与外部主体发生各项经济关系的法人所必备的组织基础，可以使企业成为法律上具有独立责任的主体，从而在法律许可的框架下拥有特定权利、履行相应义务，以保障各利益相关方的基本权益。内部机构则是企业内部机构层面的组织架构，是指企业根据业务发展的需要，分别设置不同层次的管理人员及相应的专业人员管理团队，针对各项业务功能行使决策、计划、执行、监督、评价的权利并承担相应的义务，从而为业务顺利开展并实现企业发展战略提供支撑平台。企业应当根据发展战略、业务需要和控制要求，选择适合本企业的内部组织机构类型。

一个现代企业，无论处于新建、重组改制或存续状态，要实现发展战略，都要充分利用组织架构提供的规划、执行、控制和监督活动的框架，构建实施内部控制的载体。企业组织架构的设置直接影响企业的经营成果及控制效果。设置合理的组织结构可以为计划、指导以及控制打下基础，有助于形成良好的内部控制环境。任何企业都应该把建立和健全组织架构放在首位，否则其他方面无从谈起。建立和完善组织架构可以促进企业建立现代企业制度，有助于防范和化解各种风险，并在内部控制制度的建设中起到结构性的支撑作用。

二、企业组织架构控制目标

（1）建立和完善组织架构，明确决策、执行、监督等方面的职责权限，形成科学有效的职责分工和制衡机制，有效防范和化解各种舞弊风险。

企业作为一个系统，其组织架构对企业获得利润、满足社会需求也同样具有重要的作用。因此，组织架构是企业的基本框架，科学、合理、正确的架构从管理的上游形成防范风险的屏障，为企业健康稳定的运行打下了基础，为效益最大化和效率最大化增添了保障。

（2）持续优化治理结构、管理体制和运行机制，促进企业实现发展战略。

企业为了保持组织架构的先进性，就要持续地优化治理结构、管理体制和运行机制，使企业保持良好的竞争态势，及时适应社会发展和市场竞争的需求，促进企业各项目标的实现。

三、企业组织架构主要风险点

企业在组织架构的设计与运行中至少要关注下列主要风险。

（1）治理结构形同虚设，缺乏科学决策、良性运行机制和执行力，可能导致企业经营失败，难以实现发展战略。如内部监督没有实施到位，导致企业违反监管要求，被监管机构处罚等。

（2）内部机构设置不科学，权责分配不合理，可能导致机构重叠、职能交叉或缺失，一旦出现问题就推诿扯皮，运行效率低下，如部门设置不当、不相容岗位设置不当、人员选任不当、没有科学的决策体系等。

四、企业组织架构主要控制点要求

（一）治理结构要求

1. 对企业的要求

企业应根据国家有关法律法规的规定，按照决策机构、执行机构和监督机构相互独立、权责明确、相互制衡的原则，明确公司董事会、总经理办公会和经理层以及公司股东大会、董事会、监事会职责权限、任职条件、议事规则和工作程序等。

2. 对董事、监事、高级管理人员的要求

董事、监事、高级管理人员应当遵守法律、行政法规和公司章程，对企业负有忠实和勤勉义务。董事会对股东（大）会负责，依法行使企业的专门经营决策权，并代表股东履行出资人职责。

（1）依法制定公司章程，在章程中明确出资人、董事会、总经理、监事会的职权、性质、议事规则及授权。

（2）建立独立董事会制度。上市公司董事会应当建立独立董事会制度。独立董事应独立于所受聘的公司及其主要股东，且不得在上市公司担任除独立董事外的其他任何职务。为了确保独立董事能够独立、恰当且充分地履行其职责，企业应根据国家有关法律法规、上市地监管机构的法规指引以及公司章程等制定独立董事工作制度。

（3）设立董事会专门委员会。董事会下应设战略、提名、薪酬与考核、审计与风险管理、社会责任等专门委员会，作为董事会的专门工作机构，为董事会决策提供咨询意见和建议。

（4）设立董事会秘书。董事会秘书作为公司高级管理人员，对企业董事会负责。同时，还应设立董事会办公室，作为董事会秘书履行职责的日常办事机构。

（5）实行总经理负责制。总经理对董事会负责，主持企业的生产经营管理工作，副总经理、总会计师等高级管理人员根据总经理授权，协助总经理工作，对总经理负责。企业可以通过总经理办公会议等多种形式，研究总经理职责范围内的生产经营管理重要事项。

（6）依法依规对其全资企业、控股企业、参股企业的有关资产行使资产受益、重大决策和选择管理者等出资人的权力，对所属资产依法经营、管理和监督，并承担相应保值增值责任。

（7）在中国境内的企业按照《中华人民共和国工会法》（简称《工会法》），依照法律规定组织职工，采取与企业、事业单位等相适应的形式，参与企业单位民主管理和监督。

3. 对国有独资企业的要求

国有独资公司在我国是比较独特的企业，是具有中国国民经济特色的国家骨干力量。

（1）国家独资设立的国有公司、国家授权投资的机构和国家控股的公司，由国有资产监督管理机构代表国务院履行出资人职责。

（2）国有独资公司原则上按照《中华人民共和国公司法》（简称《公司法》）的具体要求开展运营工作。

（3）国有企业职工代表大会是国有企业实行民主管理的基本形式，是职工行使民主管理权力的机构，依照法律规定行使职权。企业工会可以依照法律规定通过职工代表大会或者其他形式，组织职工参与本单位的民主决策、民主管理和民主监督。

企业通过职工代表大会制度确保职工参与民主决策、民主管理和民主监督。职工代表大会的职权包括：对企业的经营管理方针、中长期发展规划、改制方案和重大改革措施等重要事项进行审议并提出建议；对企业改革职工安置方案、绩效考核及奖惩方案、涉及职工切身利益的重要制度和重大事项等进行表决；听取企业领导班子及成员履职报告和廉洁自律的情况，并进行民主评议；选举、监督和罢免职工董事、职工监事，选举职工代表大会专门委员会成员等。职工代表大会的工作机构是企业工会组织。职工代表大会制度在企业经营管理中发挥了积极作用。

4. 加大治理结构的运行力度

企业应当根据组织架构的设计规范，对现有治理结构和内部机构进行全面梳理，确保本企业的治理结构、内部机构和运行机制等符合现代企业制度要求。企业应对治理结构进行梳理，一是重点关注董事、监事、经理及其他高层的任职资格和履职情况，如职业操守、经营业绩、合规经营等。二是关注董事会、监事会、经理层的运行效果，如董事会向股东大会定期或不定期地汇报相关决议和"三重一大"（重大决策、重大事项、重要人事任免及大额资金支付业务）等执行力，监事会对人、财、物等方面的监督执行力度，经理层严格履行董事会指令等的运行情况。

（二）内部机构设计要求

1. 内部组织机构的设置

企业应根据发展战略、业务需要，结合内部控制要求设置内部组织机构，明确职责权限，将权利与责任落实到各责任单位，并致力于内部结构紧密化，完善产业链，优化产业结构。

企业应有归口部门负责内部组织机构的设置。内部组织机构既可划分层次管理，也可实行扁平化管理，要有利于企业的战略发展与合规经营的需求。在具体机构设置中，应明确在发展战略、综合计划、重大投资、重大资源配置、资金管理、重大科研开发和对外合作等方面承担决策、运行协调、监督检查的职能部门，明确各项经营管理指标的落实，以及有效运营以实现公司整体战略和经营目标的责任单位。在科学合理有效的运营模式和机构设置框架下实施具体的业务活动。

2. 组织架构

企业应明示自身的组织架构，并制定组织结构图、业务流程图、岗（职）位说明书和权限指引等管理制度或相关控制要件，使员工了解和掌握组织架构设计及权责分配情况，正确履行职责。

3. 内部机构的全面梳理

明确相关部门作为牵头部门，在各自的职责范围内，会同相关业务部门，对企业内部机构设置情况进行梳理，梳理工作侧重于机构设置的合理性和运行的有效性。

4. 内部控制职责

内部控制在企业的建立、健全，重要的一步就是将内部控制的职责层层落实，实施到位。

（1）董事会负责内部控制的建立、健全和有效实施。

（2）监事会对董事会建立与实施内部控制情况进行监督。

（3）总经理层对内部控制工作的重要计划和方案进行审定。

（4）明确企业内部控制工作的日常管理机构，对企业的内部控制工作进行指导、协调，并定期进行监督检查和评价等。

（5）企业应成立内部控制或全面风险管理领导小组，组长由企业主要负责人担任，全面风险管理领导小组下设办公室，作为企业内部控制或风险日常管理机构。内部控制、风险管理机构的主要职责应包括：组织制订或修订本单位内部控制手册或内部控制实施细则、制订或修订风险识别清单，组织对所属企业的检查，并协调本单位内部控制和风险管理工作等。

企业应当按照科学、精简、高效、透明、制衡的原则，综合考虑企业性质、发展战略、文化理念和管理要求等因素，合理设置内部职能机构，明确各机构的职责权限，避免职能交叉、缺失或权责过于集中，形成各司其职、各负其责、相互制约、相互协调的工作机制。

（三）岗位职责的划分

企业应当对各机构的职能进行科学合理的分解，确定具体岗位的名称、职责和工作要求等，明确各个岗位的权限和相互关系。

企业应当对内部机构或岗位实行不相容职务、岗位分离制度。遵循互相制约、权力分割、稽核对证等原则，关键岗位的设置体现不相容职务分离原则，使不同岗位真正起到相互制约、相互监督的作用。

（四）组织架构的评估调整

企业在对治理结构和内部机构全面梳理的基础上，对组织架构设计与运行的效率和效果进行综合评价，发现可能存在的缺陷，及时进行必要的优化调整。企业管理人员在对组织架构进行调整时，应充分听取董事、监事、高级管理人员和其他员工的意见，按照规定的权限和程序进行决策审批。

（五）岗位设置

企业在确定职权和岗位分工过程中，应当体现不相容职务相互分离的要求。

（1）企业人力资源部门应当遵照定编、定员、定岗的"三定"方针，合理进行企业的岗位设置。同时，企业将岗位分析纳入生产经营管理的日常内容，通过岗位分析明确各个岗位的权限和相互关系。

（2）企业通过编写岗位职责说明书等形式，对各岗位的具体职责、工作权限、任职资格等加以明确界定，确保岗位配备胜任的人员，避免因人设岗。企业的岗位职责说明书由相应的人力资源部门组织编写、汇总和审核发布。

（六）对子公司的管控

（1）企业在业务规模不断发展壮大的过程中，充分认识到建立科学的投资管控制度的重要性。在保持母子公司独立性的前提下，对全资及控股子公司，特别是异地、境外子公司的发展规划、年度财务预决算、利润分配、增减注册资本、合并、分立、解散、清算或变更公司形式，重大投融资、担保、大额资金使用、理财业务以及金融衍生业务，重要产权转让、重大资产处置和重大债务重组，重要人事任免，内部控制体系建设等重要事项给予了特别关注。

（2）企业可以通过委派股东代表，推荐董事、监事等方式履行出资人职责，维护出资人利益。由公司提名并出任子公司董事、监事的人员，企业应对其职责及工作程序进行明确的规定，以确保其充分、正确地履职。

即问即答：

企业组织架构主要控制点的要求有哪些？

第二节 企业的权责分配

一、权责分配的含义

权责分配是指通过建立权限指引和授权机制，明确决策、执行和监督检查等方面的职责权限，以形成科学有效的职责分工和制衡机制。建立权限指引旨在使不同层级的员工清晰知晓如何行使权力并承担相应的责任；授权机制则有助于确保企业各项决策和业务由具备适当权限的人员办理。

二、企业权责分配控制目标

（1）确保企业经营过程中的决策和业务执行经过适当的授权，避免权力交叉、冲突、越权或权力真空。

（2）确保企业经营过程中的重大决策、重大事项、重要人事任免及大额资金使用经过集体决策，避免权力集中化，实现岗位间的相互制约和监督。

三、企业权责分配主要风险点

企业权责分配主要风险点表现为：经营活动未经适当委托授权或超越委托授权，单独决策或擅自改变决策，对企业管控不当，损害企业利益。

四、企业权责分配主要控制点要求

（一）权责分配原则

（1）企业的权责体系应当遵循的八条原则有不相容原则、匹配原则、书面原则、逐级授权原则、适当原则、合规原则、回避原则、公开原则。

（2）企业实行分级授权制度，严格授权管理，通过颁布权限指引，针对各业务和事项，明确各层级的授权原则与权限划分标准。

（二）授权机制和权限指引

1. 授权机制

企业各级员工必须获得相应的授权，才能实施决策或执行业务，严禁越权办理。按照授权对象和形式，授权分为常规性授权和特别授权。

2. 权限指引

根据《企业内部控制基本规范》有关授权要求，企业应根据公司章程，结合"三重一大"集体决策制度，制定本企业的权限指引，明确办理业务和事项的权限范围、审批程序和相应责任，更好落实分级授权制度。

（1）权限指引管理。授权审批控制是内部控制的一项重要控制措施。授权审批控制可分为常规授权和特别授权。

常规授权是指企业在日常经营管理活动中对既定的职责和程序进行授权。常规授权在授权期限内可重复使用。企业如果没有特殊事项，一般不进行特别授权事项。在权限指引管理中应该注意以下几点。

①对外从事法律活动前，相关权利人、被授权人应按照权限指引或内部规章中的具体权限，办理授权委托。授权委托事项由归口部门负责。

②权限指引中的权限是指权利人为履行职责所享有的决策审批、审核权力及承担的责任。各管理人员应当在授权范围内行使职权和承担责任。

③权限履行包括集体决策和个人履行规定的职责。对于重大业务和事项，应实行集体决策批准制度，任何个人不得单独进行决策或者擅自改变集体决策。

（2）权限指引内容。

企业的权限指引以矩阵式表格形式描述，由横向、纵向两个指标体系构成，横向主要包括审批层级、主办/协办会签部门及职责；纵向指标是业务类别，即设置权限的各类型业务和事项。权限设置分为定性和定量两种指标类型。企业常规权限指引参考简表如表2-1所示。

表2-1 企业常规权限指引参考简表

流程控制点编号	业务类别	执行部门	授权级别						
			企业高层集体决策	企业负责人	企业分管负责人	企业总会计师	企业部门负责人	会签部门或复核岗位	权限规定制度依据
2.4.1	工程采购	工程部	3 000万元以上投资	招标项目总投资5 000万元以上	工程施工单项合同估算价大于或等于200万元的招标勘察、设计、监理、检测等单项合同；估算价大于或等于50万元的招标项目；总投资大于或等于3 000万元以上、小于5 000万元的招标项目		投资小于50万元	招标办、法务部、财务部、审计部等	国家及企业招投标制度
3.1.1	费用报销	财务部		单笔差旅费5万元以上	商务舱机票及单笔2万元以上差旅费	差旅费单笔1万元以上	差旅费单笔1 000元以内		企业差旅费报销制度等
...									

企业应根据自身实际情况建立本单位的权限指引，审批权限至少应该包括企业高层集体决策、企业负责人、企业分管负责人、总会计师、部门负责人、相关经办人等，具体层级由企业根据实际情况确定。

根据权限指引享有审批、审核权力的人员应严格按照权限指引规范行使权力，不得越级审批（审核）或不履行审批（审核）责任，也不得将权力违反规定授予他人。未经授权的部门和人员，不得行使审批（审核）权限。各企业应建立审批（审核）程序或审批（审核）制度，对权责行使应有规范要求，应有相应的前提或必要条件加以约束，防止权力行使的随意或滥用。企业的相关监督部门（纪检监察部门、审计部门、内部控制部门等）应加强对行使权力的监督。

（三）"三重一大"集体决策制度

企业应根据实际情况制定适合本单位的"三重一大"（重大决策、重大事项、重要人事任免、大额资金使用）集体决策制度，对"三重一大"事项进行集体决策，并按权限规定审批。

（四）对权责分配的评估调整

企业内部控制或风险管理部门负责定期对权限指引和其他授权制度进行更新调整。企业相关管理部门负责组织对"三重一大"集体决策事项及标准的更新调整。

即问即答：

"三重一大"是指哪三重一大？

第三节　企业的发展战略

一、发展战略的含义

发展战略是指企业在对现实状况和未来趋势进行综合分析和科学预测的基础上，制定并实施的中长期发展目标与战略规划。

企业发展战略是决定企业未来发展的关键性因素。也就是说，决定企业发展成败的一个极其重要的问题，就是企业发展战略是否科学、合理。如果发展战略选择失误，那么企业的整个经营活动就必然会受到重创。

二、企业发展战略控制目标

（1）确保企业战略目标和战略规划具备可行性和适当性，能够为企业找准市场定位，赢得竞争优势。

（2）确保企业战略规划得到有效执行和落实，促进企业增强核心竞争力和可持续发展能力。

三、企业发展战略主要风险点

（一）宏观层面的风险

国家战略及宏观经济政策、产业政策变化，国内外市场需求变化，政府出台或修订法律法规，以及政府准入控制变动等对企业的经营产生影响。

（二）战略规划风险

战略决策不当，战略调整不及时或过于频繁，战略决策未被认同，影响企业的经营和持续发展。

（三）战略执行风险

组织架构与战略不匹配，资源分配与战略脱节，商业模式不适应战略需要，战略目标分解不充分，所属企业未落实战略，战略未能有效传达，战略合作伙伴缺失或选择、维护不当，考核评价与战略不匹配，影响企业战略目标实现。

（四）产业链衔接和竞争风险

未发挥产业链协同效应，导致资源浪费；未能恰当应对竞争对手，导致企业市场份额下降或流失重要客户；行业进入门槛降低或提高，导致竞争力度加大、成本上升或被迫退出相关市场。

四、企业发展战略主要控制点要求

（一）发展战略的制定

（1）企业应当在充分调查研究、科学分析预测和广泛征求意见的基础上制定发展目标。按照国家及企业发展要求，企业应当提出与之相匹配的发展目标，同时将此目标告知全体员工，并围绕这一目标，制定战略发展规划。

（2）企业董事会下设战略委员会，通过制定相关工作规则，明确战略委员会在发展战略管理方面的职责和议事程序（议事规则）。对战略委员会会议的召开程序、表决方式、提案审议、保密要求和会议记录等进行规定，确保议事过程规范透明、决策程序科学民主。

明确归口部门作为战略委员会办事机构及发展战略的牵头部门，负责组织各部门以及相关专家参与中长期发展规划的编制和修订工作，并根据需要编制企业阶段性发展计划。

（3）战略规划应当明确发展的阶段性和发展程度，确定每个发展阶段的具体目标、工作任务和实施路径。企业中长期发展规划的主要内容包括发展基础、发展环境、重要举措，各项业务实现有效发展的战略举措，深入实施科技和人才战略方面的举措，强化企业管理、提高经济效益方面的举措，注重资源节约、环境建设等方面的重点举措。

（二）发展战略的实施

（1）企业的战略管理体系应当通过总战略、中长期发展规划、阶段性发展计划、年度工作计划、全面预算、业绩管理等机制和流程来支撑。通过将目标分解、将指标落实等措施来保障发展战略的有效实施。

（2）企业建立健全保障发展战略有效实施的措施，包括培育与发展战略相匹配的企业文化、优化调整组织结构、整合内外部资源、优化调整管理模式等。

（3）企业应当通过内部各层级会议和教育培训等有效方式，将发展战略及其分解落实情况传递到内部各管理层级和全体员工，使员工明确目标、找准方向，更好地为企业的发展贡献力量。

（三）发展战略的监控

由于经济形势、产业政策、技术进步、行业状况以及不可抗力等因素发生重大变化，企业应重视对发展战略实施中及实施后的效果进行监控和评估。战略委员会应当加强对发展战略实施情况进行监控，定期收集和分析相关信息，对明显偏离发展战略的情况及时报告；确需对发展战略进行调整时，应当按照规定权限和程序来调整。因此，企业应定期进行年度工作计划和预算指标完成情况的统计分析工作，明确实际完成情况与预算目标之间的差距，分析造成差距的主要原因，并制定整改措施。

即问即答：

如何实施发展战略？

第四节 企业的人力资源

一、人力资源的含义

人力资源是指企业组织生产经营活动而录（任）用的各种人员，包括董事、监事、高级管理人员和全体员工。人力资源实质上是企业中各类脑力劳动者和体力劳动者的总和。

企业应当重视人力资源建设，根据发展战略，结合人力资源的现状和未来需求预测人力资源发展方向，建立人力资源发展目标，制定人力资源总体规划和能力框架体系，优化人力资源整体布局，明确人力资源的引进、开发、使用、培养、考核、激励、退出等管理要求，实现人力资源的合理配置，全面提升企业核心竞争力。

二、企业人力资源控制目标

（1）加强人力资源规划，合理配置人力资源，优化人力资源布局，充分发挥人力资源对实现企业发展战略的支撑作用。

（2）加强人力资源培养开发和队伍建设，充分调动企业员工的积极性，有效发挥员工潜能和创造性，实现企业与员工的共同发展。

（3）形成科学的人力资源管理制度和机制，防范人力资源风险，全面提升企业的核心竞争力。

三、企业人力资源主要风险点

（1）人力资源规划评估不当、相关管理人才短缺。

（2）人力资源引进或开发不力、招聘规划设置不当、未履行岗位人员回避制度；人员任用不当、未签订保密协议、激励约束机制不合理，影响企业实现经营目标。

（3）人力资源管理违规、就业歧视引发纠纷、适合市场发展需求的人才短缺、人力资源退出机制不当，引发纠纷或诉讼，导致企业声誉受损。

四、企业人力资源主要控制点要求

（一）人力资源总体规划

企业人力资源是内部环境的核心要素，若人才缺乏，企业在市场的竞争力就无从谈起。因此，企业要充分做好人力资源的规划工作，为企业的发展做好人才的储备。

（1）紧紧围绕企业的战略目标，实施人才强企战略，明确人力资源总体规划。

（2）根据国家规定及企业发展的要求，企业应制定人才队伍建设中长期规划，提出人才队伍建设的总体要求，包括预测的岗位优化员工需求、企业平衡供需的指导原则和总体政策，具体表现为员工补充计划、员工配置计划、人才成长通道计划、员工培训与开发计划、员工激励计划、员工退休解聘等。

（3）企业应根据国家有关精神和企业发展战略，并结合人才成长通道资源，制定企业未来中间骨干队伍建设规划。

（二）人力资源的引进与开发

企业应当根据人力资源总体规划，结合生产经营需要，制定年度人力资源需求计划，完善人力资源引进制度，规范工作流程，按照计划、制度和程序组织人力资源引进工作。

（1）围绕企业发展战略和人才队伍建设需要，企业按照"注重专业，择优录用，公开操作，加强监督"的总体原则，选拔社会人才和应届高校毕业生，并根据业务发展需要，适当招聘高级别的专业技术员工以带动企业的创新发展。

（2）根据人力资源能力框架要求，明确各岗位的职责权限、任职条件和工作要求，遵循德才兼备、以德为先和公开、公平、公正的原则，通过公开招聘、竞争上岗等多种方式选聘优秀人才，重点关注选聘对象的价值取向和责任意识。在选拔高级管理人员和聘用中层及以下员工时，应当切实做到因事设岗、以岗选人，避免因人设岗，确保选聘人员能够胜任岗位职责要求。在选聘人员中应当实行岗位回避制度。

（3）企业确定选聘人员后，应当依法签订劳动合同，建立劳动用工关系。对于在产品技术、市场、管理等方面掌握或涉及关键技术、知识产权、商业秘密或国家机密的工作岗位，应当与该岗位员工签订岗位保密协议，明确保密义务。

（4）企业应当建立选聘人员试用期和岗前培训制度，对试用人员进行严格考察，促进选聘员工全面了解岗位职责，掌握岗位基本技能，适应工作要求。试用期满考核合格后，方可正式上岗；试用期考核不合格者，应当及时解除劳动关系。

（5）企业应当重视人力资源开发工作，建立员工培训长效机制，营造尊重知识、尊重人才和关心员工职业发展的文化氛围，加强后备人才队伍建设，促进员工的知识、技能持续更新，不断提升员工的服务效能。

开发人力资源是充分发挥人力资源作用的重要手段，是实现人力资源保值增值的基础工作。坚持员工是企业可持续发展的宝贵资源理念，为每位员工开辟适合其自身发展的职业成长通道。针对人力资源的不同类型和层次，按照高级管理人员、中层管理人员（专业技术人员）、一般员工等分类进行有效开发，最大化地提升员工成长空间。

（三）人力资源的使用与退出

建立、健全人力资源管理的退出机制。恰当的退出机制对员工与企业的发展有着重要影响。因此，人力资源退出机制可以保证企业的高效、精干，也给予了员工适合自己成长的空间。

（1）企业应当执行激励与约束相结合的人力资源策略，根据阶段性的业绩评价结果，对员工予以指导和奖罚。

（2）设置适合企业特点的业绩考核指标体系。通常考核指标可以分为效益类指标、管理类指标和约束性指标。效益类指标主要是指企业利润指标、成本费用指标等。管理类指标主要指企业通过管理推动目标完成的指标，如能耗率、风险管理及内部控制执行情况、党风廉政建设情况等。约束性指标主要是指一票否决性指标，如安全指标等。

（3）根据国家和政府相关规定，结合市场调查，制定高级管理人员、技术人员和普通员工的薪酬标准。企业人力资源部门应该对薪酬政策和方案的实施进行监控。

（4）根据国家法律法规，并结合企业实际情况，制定员工退出制度和程序，明确员工辞职、解除劳动合同、退休等退出程序。真正做到员工"能上能下，能进能出"。

（5）做好人力资源的年初计划与年末总结工作，定期（一般为每年年末）对人力资源的计划执行情况进行评价，通过评价对企业的人力资源实行最优配置，发挥出员工的最佳能力。

即问即答：

人力资源的主要风险有哪些？

第五节 企业的社会责任

一、社会责任的含义

社会责任是指企业在生产经营发展过程中应当履行的社会职责和义务，主要包括安全生产、产品质量、环境保护、节约能源、促进就业、员工合法权益保护及社会公益等。

企业在创造利润、对股东负责的同时，还应承担起对劳动者、消费者、环境、社区等利益相关方的责任，企业责任的核心是保护劳动者合法权益，包括不歧视、不使用童工，不使用强迫性劳动，安全卫生工作环境和制度等。

企业作为社会的重要细胞，不仅是经济活动中的经营主体，在社会活动中同样担任着重要角色，在企业发展的同时其会直接或间接地对社会产生重要影响，社会进步与企业发展之间相互作用，公民的权利意识和公民自我保护的意识不断增强。因此，企业对社会的责任是社会文明发展的必然趋势。企业承担社会责任，有助于改善企业形象、增强企业竞争力，更好地提高经济效益，同时对员工的综合素质提升有积极的作用。企业在履行社会责任的同时，既可以实现可持续发展，也可以赢得社会美誉，使未来的发展更具后劲。

二、企业社会责任控制目标

企业对社会责任的控制目标通常有以下几种。

（1）全面贯彻落实"安全第一、预防为主、全员动手、综合治理，改善环境、保护健康、科学管理、持续发展"方针，最大限度地不发生事故，不损害人身健康，不破坏环境，促进企业全面、协调、可持续发展。

（2）遵守国家环保标准，有效利用资源，促进清洁生产，减少或杜绝污染物排放。

（3）优化能源结构和配置，减少能源的损失和浪费，更加科学、合理、高效地利用能源。

（4）建立、健全并严格执行产品质量标准体系，在生产中实现全过程质量控制，提升职工质量意识，走质量效益型发展道路。

（5）保障职工合法权益，构建企业和谐劳动关系；强化"以人为本"理念，关心爱护员工，预防职业病危害。

（6）公开招聘、公平竞争、公正录用，为社会提供尽可能多的就业岗位。

（7）积极履行社会公益方面的责任和义务，关心帮助社会弱势群体，支持慈善事业，提升企业社会形象。

三、企业社会责任主要风险点

（一）HSE（健康、安全、环境）风险

HSE指健康（Health）、安全（Safety）和环境（Environment）。HSE风险包括以下三个

方面的风险。

（1）HSE 管理体制不当或规章制度执行不力，HSE 投入不足，HSE 专业管理人员素质不达标，安全和环保隐患发现、报告或治理不及时，员工生产工作环境恶劣、个体防护用品配备不规范，引发安全环保事故，损害公司利益。

（2）违反安全环保规定，迟报、谎报和瞒报安全环保事故，清洁生产工作开展不力，"三废"综合利用不当，被安监部门处罚。

（3）应急预警和报告体系不当，未制定应急预案；未落实安全环保责任追究制度，未定期开展安全环保考核；对下属企业设备管理缺乏监督，无法有效进行安全环保管控。

（二）质量管理风险

质量标准体系不健全，质量控制执行不当，违反国家质量标准；发生质量事故时，未及时上报有关部门，调查不充分，处理不妥当；质量纠纷处理不当，导致企业被监管机构处罚，利益受损。

（三）其他社会责任风险

公益慈善管理不当，促进就业不当，员工权益保护不当，社会责任危机公关不当；发生劳动争议、法律诉讼或群体上访事件；股东大会等（职工代表大会）职权落实不到位，损害企业声誉或导致被监管机构处罚。

（四）外部事件风险

外部事件应急管理不当，导致生产经营中断、信息数据丢失，影响企业的运营。

四、企业社会责任主要控制点要求

（一）社会责任管理体系

1. 社会责任理念

注重企业与社会、环境的协调。确立企业对社会的承诺、企业经营宗旨等社会责任口号，如"敬业报国，追求卓越""发展企业、贡献国家、回报股东、服务社会、造福员工""爱国、敬业、诚信、守法、贡献"，把履行社会责任作为提升核心竞争能力的重要措施，促进企业全面协调可持续发展。

2. 社会责任管理体系

（1）企业应设社会责任管理委员会或归口管理部门，研究企业社会责任管理的政策、治理、战略、规划，审阅企业社会责任年度计划和执行情况等。

（2）企业应成立企业社会责任工作领导小组或明确归口管理部门，负责监督、管理企业社会责任工作开展情况。

（3）企业治理层对社会责任战略等工作进行决策；管理层及相关部门负责落实企业治理层决策，领导企业社会责任的日常工作，制定安全、环境、健康、预防及科学管理和持续发展等方针。

（4）企业应设置安全、能源与环境保护等部门，并同时在相关部门设置职业健康、节能环保、安全生产等管理岗位，配备人员，落实开展安全生产与环境保护工作。

（5）有条件的企业可设置部门或岗位，处理企业外部公共安全，负责组织、协调、指导和监督外部公共安全等工作。

（二）安全生产与环境保护

在任何企业中，"安全无小事"的理念越发根植于企业的上上下下，国家及各级政府对安全均采取"一票否决"制，安全的严格管理及问责越来越规范，越来越严厉。因此，保障劳动者在生产过程中的生命安全健康，是企业必须遵循的原则，更是企业义不容辞的责任。

1. 建立、健全安全生产及环境保护管理机构和安全环保责任制

安全与环境是企业的硬性指标，随着社会发展及文明程度的提高，安全与环境也成为社会关注的焦点。为了保证安全环保在控制范围内，企业每年应通过签订"HSE 责任书"等形式，向管理部门及具体实施部门下达年度安全环保职业健康考核指标，并根据总体控制目标进行分解和细化，建立各级次的安全环保职业健康管理责任制。

2. 建立、健全安全生产与环境保护管理制度

（1）制定安全管理制度体系，如企业一体化管理手册等，努力实现安全环保各项工作有章可循、有据可依，为企业的安全环保工作保驾护航。

（2）在环境保护方面，企业在遵守国家的有关环境保护法律法规的同时，应制定具有自身特点的环境保护管理制度，规范企业环保工作管理。

3. 设备设施的使用维护管理

企业的生产运行离不开各种设备设施，设备设施在企业的资产中占有重要的位置。企业应根据自身特点，建立、健全安全设备设施及环保设备设施使用维护管理办法，量化设备设施维护保养指标，切实做到维护保养工作经常化，及时消除隐患问题，确保设备设施的平稳运行。

4. 清洁生产

企业应设立清洁生产归口管理部门，负责组织企业清洁生产的培训、审核工作。并在必要时聘请外部专家对各企业的清洁生产情况进行评估，以促进企业全员增强环保意识，提高清洁生产管理水平。

5. 环境监测分析

建立环境监测网络，为企业有效实施全过程污染控制管理、污染物达标排放及总量控制计划服务。

6. 应急管理

（1）企业应根据总体应急预案及专项应急预案要求，认真开展危害识别和风险评估，制定本单位的应急预案，建立、健全应急网络，整合应急资源，并在实践中持续完善应急救援体系，不断提高企业综合处置突发性事件的能力和水平。

（2）企业安全环保管理部门应定期组织其他相关部门及员工，进行应急救援预案的培训和综合性演练，并及时总结和评价演练情况，增强全员安全环保意识和应急救援能力。

7. 职业健康管理

健康是每一个员工的基本需求，企业应本着"科学管理，以人为本"的理念，重视为员工提供符合劳动安全健康的工作场所和工作环境，为员工提供符合要求的防护用品和健康

福利设施，及时发现和处置可能对员工健康造成影响的设施，促进企业、员工和谐、健康可持续发展。

8. 安全环保检查监督

（1）日常检查。企业坚持综合检查、日常检查和专项检查相结合的原则，做到安全环保检查制度化、标准化、经常化，并对检查过程及情况进行详细记录。企业应针对查出的安全环保违章违纪情况，进行限期整改。企业安全环保管理部门追踪整改情况。

（2）关键部位。企业应重点加强对关键生产装置、要害生产部位等重大危险源的安全监督管理，进行重点检查和巡查，发现问题及时报告有关部门。

9. 安全环保教育

企业应建立健全本单位的安全环保教育培训制度。人力资源或教育培训等部门负责安全环保教育培训工作的组织实施；企业安全环保管理部门负责对安全环保教育培训工作实施监督管理和检查考核。

（三）节能管理

1. 节能规划

企业应制定科学合理的节能目标，要遵照国家有关方针、政策、法律、法规，对能源生产和消费进行科学管理，采取技术上可行、经济上合理以及环境和社会可以承受的措施，优化能源结构和配置，减少从能源生产到消费全过程各个环节中的损失和浪费，更加科学、合理、高效地利用能源。

2. 节能管理体系

（1）编制节能工作统计台账，对能源消耗情况进行统计、分析和核查，并将统计数据和分析报告定期上报企业管理层或上级部门。

（2）建立节能目标责任制和评价考核体系，根据国家和政府的相关要求，制定节能与达标工作考核奖励办法。

3. 节能技术和节能专项投入

企业应每年编制节能专项投入资金计划，有计划、分重点地开展节能技术更新改造项目，加快淘汰高耗能的落后工艺、技术和设备，定期检查计划的执行情况。

（四）产品质量管理

质量是企业产品的生命，没有良好的质量，再多的产品也是空谈。企业产品粗制滥造将对社会产生负面影响，严重影响企业的声誉，降低企业的生命周期。

1. 产品质量管理机构和管理责任制

（1）企业应制定自身的经营理念，并将经营理念告知社会及员工，更好地接受社会的监督。企业应当视质量为产品的生命、信誉为企业的根本，即以市场为导向、以产品为载体、以质量为生命、以诚信为根本、以客户为中心，秉承企业的质量方针和质量目标，从高质量服务、规范化服务、增值性服务、多功能服务、保障性服务等角度出发，致力于为客户提供优质的产品和服务，努力追求客户的满意度和忠诚度，通过服务为客户创造价值，谋求与客户共同成长和发展。

（2）企业的产品质量管理应实行总经理（或厂长）责任制，各管理部门及具体执行部门的负责人是企业质量管理工作的第一责任人，形成层层问责的态势。企业应设置质量管理机构或专职岗位，负责执行本单位的质量管理工作。

2. 产品质量监督抽查

企业可以实行以抽查为主要方式的质量监督检查机制，主要包括年度质量监督抽查和临时质量监督抽查两个层级的控制面或其他相关形式。

3. 产品质量事故管理

（1）发生质量事故后，根据质量事故的程度在规定时间内向上级部门或政府部门汇报事故情况。按照国家要求，任何单位和个人对质量事故不得隐瞒不报、虚报或故意拖延报告。

（2）质量事故的调查工作必须坚持实事求是、尊重科学的原则。事故调查单位应按照规定程序对产品进料（采购）、生产、储运、交付、销售过程中出现的质量问题进行责任的划分界定，追究责任单位及责任人质量事故责任。

（3）质量事故责任单位及责任人应及时分析原因，采取合理措施，及时整改，减少损失。

4. 质量教育培训

企业应开展全员质量教育培训活动，组织开展取样员、化验工及质检员的技能培训和持证上岗的考核，提高员工的质量意识，提高员工操作技能，确保生产优质产品。

（五）促进就业与保护员工合法权益

企业应当依法保护员工的合法权益，贯彻人力资源政策，保护员工依法享有劳动权利和履行劳动义务，保持工作岗位相对稳定，积极促进充分就业，切实履行社会责任。

1. 促进就业

（1）企业秉承公开招聘、公平竞争、公正录用的原则进行招聘，在满足自身发展的基础上，为社会提供尽可能多的就业岗位。

（2）企业依法订立、履行、变更、解除或者终止劳动合同，努力构建和谐劳动关系。

2. 保护员工合法权益

企业遵循按劳分配、同工同薪的原则，及时足额缴纳员工社会保险，认真落实带薪休假制度，尊重员工人格，维护员工尊严。关注员工生活，按照"真困难、真帮助"的原则，努力为员工创造良好的工作生活条件。

企业应当加强职工代表大会和工会组织建设，维护员工合法权益，积极开展员工职业教育培训，创造平等发展机会。按照有关规定做好健康管理工作，预防、控制和消除职业危害，重视员工健康保障。

（六）社会公益

社会公益从字面来看是对社会公众的利益，实质是社会财富的再次分配。公益活动是指一定的组织或个人向社会捐赠财物，付出时间、精力和知识等活动。公益活动的内容包括社区服务、环境保护、知识传播、公共福利、帮助他人、社会援助、社会治安、紧急援助、青年服务、慈善、社团活动、专业服务、文化艺术活动、国际合作等。

（1）企业应支持和参与社会公益事业，履行好扶贫、助学、赈灾、文体公益等方面的责任与义务。

（2）按照产学研用相结合的社会需求，积极创建实习基地，大力支持有关方面培养、锻炼社会需要的应用型人才。

（3）企业应建立对社会公益活动的相关管理制度。在社会公益活动中应遵循预算管理、量力而行、注重效果的原则。

即问即答：

企业社会责任的内容主要有哪些？

第六节　企业的文化建设与评估

一、企业文化含义

关于企业文化，国内外企业界与理论界有大致两种看法：从狭义上看，企业文化仅仅包括企业思想、意识、精神、习惯与情感领域；从广义上看，企业文化是企业在建设和发展中所形成的物质财富和精神财富的总和。专家预言，未来企业的竞争将是文化的竞争。一个企业要做到最优秀、最具竞争力，必须在企业核心价值上下功夫。科技可以学，制度可以定，但是企业全体员工内在的"思想、理念"等追求，是很难移植、模仿的。从这个意义上说，企业理念才是最终意义上的第一核心。

企业文化是指企业在生产经营实践中逐步形成的、为全体员工所认同并遵守的价值观、经营理念和企业精神，以及在此基础上形成的行为规范总称。企业文化是企业的灵魂，是推动企业发展的不竭动力。企业文化包含着非常丰富的内容，其核心是企业精神和价值观。这里的价值观不是泛指企业管理中的各种文化现象，而是企业或企业中的员工在从事经营活动中所秉持的价值观念。

二、企业文化控制目标

（1）打造优秀的企业文化，为内部控制有效性提供有力保证。

（2）企业通过扩大产能、重组并购等，加强企业文化建设，提高经营效率、核心竞争力，形成竞争优势，创造发展机遇和动力，防止过度扩张，增加企业市场占有率，实现企业的战略目标，保证企业的持续发展。

三、企业文化主要风险点

（1）缺乏积极向上的企业文化或没有建立起符合核心价值理念的企业文化，员工缺乏诚实守信的经营理念，导致公司缺乏凝聚力和竞争力，阻碍公司的发展。

（2）缺乏开拓创新、团队协作和风险意识，导致企业发展目标难以实现。

（3）企业文化宣传教育不当，影响企业文化在内部各层级的有效沟通；企业文化评估不当，导致企业文化建设流于形式。

（4）企业品牌管理混乱，品牌结构失衡，品牌宣传不力，品牌保护不力，影响公司的品牌声誉。

四、企业文化主要控制点要求

（一）企业文化的表现形式

企业文化常常通过企业制度和物质范畴的形态表现出来，其较为流行的表现形式主要分为以下四个层次。

（1）精神文化。精神文化是指在内外环境的影响下，企业在长期生产经营过程中形成的精神和文化理念，主要包括经营哲学、道德理念等，属于企业的核心文化。

（2）制度文化。制度文化是由企业的法律形态、组织形态和管理形态构成的外显文化，主要包括企业的规章制度和管理办法等。

（3）行为文化。行为文化是指企业员工在生产经营、学习娱乐中产生的活动文化，主要包括生产经营、教育娱乐、人际关系等。

（4）物质文化。物质文化是指以客观事物及其相应组合为表现形式的文化，主要包括物质环境、设备设施、品牌包装等。

（二）企业文化的建设

企业应当采取切实有效的措施，积极培育具有自身特色的企业文化，引导规范员工行为，打造以主业为核心的企业品牌，形成整体团队的向心力，促进企业长远发展。

（1）在企业文化的建设中，应制定和颁布"企业文化建设纲要"，明确企业文化建设的原则、愿景、核心价值观。根据企业发展战略和实际情况，总结优良传统，挖掘文化底蕴，提炼核心价值，确定文化建设的目标内容，形成企业文化规范。企业文化规范构成了员工行为守则的重要组成部分。

（2）在企业文化建设中，董事、监事、经理和其他高级管理人员应当发挥主导和垂范的作用，以自身的优秀品格和脚踏实地的工作作风带动并影响整个团队，形成全员参与文化建设的氛围，共同经营积极向上的企业文化。

（3）企业文化建设应当融入生产经营的全过程，切实做好文化建设与发展战略的有机结合，增强员工的责任感和使命感，规范员工行为方式，使员工的自身价值在企业发展中得到充分体现。加强对员工的教育，全面提升员工的文化修养和内在素质。

（4）企业应持续加强文化建设，遵循企业核心价值理念，并促进价值理念与管理制度的融合，以塑造符合自身特点的管理模式。坚持依靠规章制度，如相关经营管理制度，企业形象识别手册、员工守则、重组并购等相关文化建设制度等管理企业，营造遵守规章制度的良好氛围，切实做到有章必循、违章必纠。

①企业应制定和推广企业形象识别手册，规范使用统一的形象标识；通过加强品牌战略研究，规范品牌、商标的使用与管理，充分发挥企业品牌及组合品牌的市场影响力和辐射力。

②企业通过制定规范的员工守则，为员工持续提供职业道德操守方面的指导和培训，对员工进行企业文化的宣传教育，力争使企业文化转化为员工的自觉意识。

③企业重视并购重组中的文化整合，在组织架构设计环节，充分考虑文化整合因素，开展相关跨文化管理与文化融合工作的研究，平等对待被并购方的员工，对被合并方进行企业文化的宣贯和解释，以保持企业文化的统一性。

（三）企业文化的评估和创新

（1）企业应当建立企业文化评估制度，明确评估的内容、程序和方法，落实评估责任制，避免企业文化建设流于形式，建立企业文化建设考核评价办法等相关制度。企业文化评估制度主要考核内容应包括组织管理、工作落实、工作效果三方面。

（2）企业应定期对企业文化工作的进展和实际效果进行检查及评估，重点关注企业高层在文化建设中的履职情况，重视评估结果。巩固和发扬文化建设成果，针对评估过程中发现的问题，分析原因，及时采取措施。同时要不断对评估体系进行完善。

（3）企业文化建设是一个长期过程，要注重企业文化的不断创新，坚持实事求是的精神并立足国情，同时综合考虑经济全球化的特点和影响。针对企业文化评估过程中发现的企业文化缺失问题，应及时完善丰富调整，以推进企业文化不断实现创新和跨越。

即问即答：

企业文化有哪几个层次？

第七节　企业的反舞弊机制

一、舞弊的含义

我国正处于新时代的高速发展阶段，内部控制机制在企业的广泛实施带来了企业廉洁、正义、科学的发展生态。为营造公平、公正、共建、共赢的商业环境，企业国反舞弊联盟于2015年6月在上海宣布成立，通过搭建平台、资源整合、数据共享，建立职场的不诚信档案，以提高企业反舞弊能力，营造廉洁的商业环境。

企业内的舞弊和腐败破坏了公平正义，威胁社会公德，污染经营环境和经营风气，提高了企业运营成本，玷污了品牌形象。除了"高层管理理念、内部过程控制、内部审计、外部审计"等监督机制，反舞弊防线的设立为企业健康、安全地运行筑起了一道强震慑力的防线，更是我国社会经济发展新常态下的必要手段。

本书所称舞弊，是指企业内外人员采用欺骗等违法违规手段，谋取个人不正当利益，损害企业正当经济利益的行为；或谋取不当的企业经济利益，同时可能为个人带来不正当利益的行为。

舞弊行为包括：任何不诚实或欺诈行为；收受贿赂或回扣；将正常情况下可以使组织获利的交易事项转移给他人；资金、有价证券、物资或其他资产的贪污、挪用、盗窃；使企业为虚假的交易事项支付款项；货币或财务事项处理或报告中的不恰当行为；利用企业内幕消息谋取暴利；利用企业平台和资源谋取私利；向外部机构泄露机密信息、专有信息；向他人泄露企业正在或者将要进行的证券交易行为；向合作方索取或接受贵重财物；其他损害企业经济利益的舞弊行为。

二、企业反舞弊控制目标

（1）防止资产流失，确保企业各项资产的规范管理和安全，防止被挪用、转移、侵占、盗窃以及低价出售。

（2）规范企业员工职务行为，防范利用职务之便谋取不正当利益等舞弊行为。

三、企业反舞弊主要风险点

企业反舞弊主要风险点包括企业高级管理层滥用职权，内部人员侵占企业资产，单独或串通舞弊，举报保护不当，以及商业贿赂等相关的风险。

四、企业反舞弊主要控制点要求

企业坚持标本兼治、综合治理、惩防并举、注重预防的方针，以完善惩治和预防腐败体系（简称惩防体系）为重点，在坚决惩治腐败的同时，加强廉洁从业教育和制度建设，强化源头介入、过程控制，发挥巡视组的业务公开、效能监察等作用。

（一）惩防体系建设

企业按照中央和国家、政府颁布的相关规定和实施意见，构建了惩治和预防腐败体系，该体系由教育、制度、监督、改革和惩处五方面工作构成。制定惩防体系建设的长期规划和五年工作目标，每年对工作任务和目标进行分解，推进惩防体系框架的构建。

（二）廉洁从业宣传教育

（1）企业将廉洁从业教育作为员工培训的一项重要内容，人力资源部门将其纳入年度培训计划。纪检监察监督部门每年对领导人员、重要岗位人员、全体员工分层次开展廉洁从业教育，增强员工廉洁从业意识。

（2）企业应按照《公司法》等规定，制定反腐倡廉工作联席会议制度，由企业监督（纪检监察等）部门等相关负责人召集，党风建设和反腐倡廉工作联席会议成员单位负责人参加。

（三）反腐倡廉制度建设

（1）廉政建设责任制。企业高层或领导班子对职责范围内的廉政建设负全面责任；负责组织考核下一层级管理人员廉政建设责任制执行情况；考核工作要与工作目标考核、年度考核等相关指标相结合，必要时可以组织专门考核，考核结果应按规定上报。

（2）签订廉洁从业责任书。企业应严格落实签订廉洁从业责任书制度，在从事工程建设、物资采购、产品销售、产权交易等对外交易活动时，应该与对方签订"廉洁从业责任书"（国外企业签订"廉洁从业协议书"）。

（3）企业应制定"廉洁从业规定"，如国有企业执行《国有企业领导人员廉洁从业若干规定》，各管理层级人员要贯彻落实"廉洁从业规定"，按照相关要求和规定，逐步完善行为准则和道德规范。

（四）反舞弊监督检查（监察）工作机制

1. 各层级管理人员日常监督管理

按要求做好个人有关事项申报及报告，按照管理权限，由相应级别的人力资源部门负责受理，同时抄报相关监督部门，如纪检监察部门；企业应执行述职述廉、民主评议、诫勉谈话、监督部门负责人同下级人员谈话、函询等制度，强化对各层级管理人员的监督制约。

2. 巡视监督检查管理

按照《公司法》的相关规定，有条件的企业党组织，应强化监督检查反腐倡廉，认真做好巡视检查工作，成员由监督部门（如纪检监察部门）、人力资源部门、企业文化部门、审计部门等有关部门负责人担任；巡视检查工作主要任务在于帮助指导被巡视单位加强反腐倡廉工作，特别是对企业或部门负责人进行监督；巡视检查工作后，应提交巡视报告，对被巡视企业部门各层级的廉政建设情况进行基本评价，提出工作意见和建议。

3. 效能监察管理

企业依照法律法规，对有关法律、法规和企业内部管理制度的贯彻落实情况进行监督检查；对监察对象履行岗位职责及从事管理活动的情况进行监督检查；对企业管理效能、效率和效益情况进行监督检查，纠正和处理生产经营管理中的违规违纪问题。

4. 业务公开监督管理

企业应实行业务公开制度，除国家法律法规规定不宜公开的内容外，企业主要经营活动的实施结果要在重点业务公开信息系统中按照授权进行公开。重点是对主要经营活动的实施结果进行公开。各层级单位部门根据公开的内容设置业务公开管理权限，切实做好业务公开保密工作。企业还可以组建内部网上巡视组，配备专职/兼职网上巡视人员，对本单位业务公开工作开展网上巡视。

（五）举报投诉机制

企业对外建立供应商、客户投诉热线，通过电视、报纸等媒体，公布投诉热线电话，鼓励企业利益相关者对内部员工的违纪违法行为，以及影响企业形象的其他行为进行举报和投诉；对内设立员工投诉信箱，方便每一位员工对发现的违反企业内部控制制度的行为及其他违纪违法行为进行举报和投诉。

（六）违规惩处

监督部门按照有关规定，制定内外部惩处标准，对内部员工及外部商户的不规范行为，进行相应处理。

（七）监督队伍建设和培训

企业要重视对监督队伍的建设和培训，积极营造大监督的格局。企业应让从事监督岗位的员工遵循职业操守，规范其日常行为，为正确履行职责奠定良好的思想道德基础。

即问即答：

企业反舞弊检查的工作机制有哪些？

内部控制管理案例 1

从企业内部环境要素浅析巨人集团兴衰

在史玉柱的带领下，巨人集团（简称巨人）从兴起到衰败，从没落到最终重新站立，成为中国市场经济中富有传奇色彩、具有悲喜剧风格般的财富故事。巨人的掌门人史玉柱，从白手起家到成为《福布斯》排行的第八位，从大家赞扬到遭受毁灭性的失败，从背负 2.5 亿元的巨债前行，到再次崛起。巨人演绎了商业经济中的春夏秋冬。而真正是什么让巨人柳暗花明？笔者认为，曾经内部控制的缺陷与而今内部控制的优质护航，成为根本性的因素；而内部控制中，内部环境的奠基性作用也成为内部控制中链接各个要素的有力绳索。

内部控制中的内部环境是影响、制约企业内部控制建立与执行的各个因素的总称，也是实施内部控制的基础。内部环境通常包括企业治理结构、企业的内部机构设置及权责分配、企业内部审计机制以及企业文化等方面。

一、老"巨人"的衰落——内部环境分析

1989 年，史玉柱推出桌面中文电脑软件 M-6401，4 个月后营业收入即超过 100 万元。随后推出 M-6402 汉卡。1991 年，巨人成立。1993 年，巨人推出 M-6405、中文笔记本电脑、中文手写电脑等多种产品。巨人成为位居四通集团之后的中国第二大民营高科技企业。1994 年年

初，巨人大厦一期工程动土。史玉柱在一次全体员工大会上直截了当地剖析了巨人的五大隐患，并明确提出巨人"二次创业"的构想。1994 年，巨人推出脑黄金，一炮打响。史玉柱当选"中国十大改革风云人物"。1995 年 7 月，巨人宣布"创业整顿"。1996 年，巨人大厦资金告急。1997 年年初，巨人大厦未按期完工，国内购楼者纷纷上门要求退款，巨人与媒体的关系迅速恶化，媒体地毯式报道巨人财务危机。不久巨人大厦停工，巨人名存实亡。

（一）企业治理结构

巨人是第一个明确地提出把管理作为生产力的现代化企业，但是在企业的发展过程中，更多地将治理结构从单一化到复杂化，从简单化到多元化，最终在意识到企业治理结构中有隐患的情况下，还是矫枉过正，采取多条线路冒进。1994 年，史玉柱将企业治理与发展的总目标变为走产业多元化的扩张道路，从而寻求解决矛盾的出路。巨人在多元化发展思路的引领下，跳出了电脑产业，在全国房地产与生物保健品热量的刺激下，把生物工程与房地产纳入新的产业支柱。巨人的治理结构发生了改变，当初希望通过扩张去激发新的创业激情，利用自己的品牌优势来缓解产业发展的阻力及其治理机制上的矛盾，但是没有任何效果。巨人没有进行外资合作，没有进行资产的股权化，也没有寻求跨国公司新技术的支撑，巨人的治理结构变形。从稳步发展专项到急于求成，巨人在新的生物工程局面没有巩固的情况下，投入房地产的开发，并且抱着"不借一分钱"的结构策略，用尽力气支撑自己的所有开支，最终"拆东墙补西墙"，使得流动资金断流，多元化的治理结构变成了多元化失败的印记。

（二）企业的内部机构设置及权责分配

随着巨人多元化经营道路的发展，企业规模急速扩大，集团内部机构的设置与有效的管理、集团成员权责的合理分配成为必然。此时集团公司管理的主要任务是内部机构的整合，内部机构设置得不合理，权责分配不对等，难以发挥集团的整体优势，充其量只是一个大拼盘，企业内部机构之间各自为政，集团内部整体难以协调运作。巨人一直采用控股型结构组织形式，在使各属单位保持较大独立性的同时，缺乏合理的内部结构控制制度，管理人员的权责不对等，如副总经理和分部经理人往往权力小但责任大，而史玉柱一个人的话语权分量过重，导致中层领导干部没有工作的积极性。也正因为如此，集团内部机构各种违规违纪、挪用贪污事件层出不穷。

（三）企业内部审计机制

巨人由于缺乏必要的内部审计机制，缺乏必要的财务危机意识和预警机制，其债务结构始终处在不合理的状态。在其营销最为辉煌的时期，巨人每个月的市场汇款最高曾突破 7 000 万元，但是即使有如此高的营业额和流动资金，巨人也没有申请流动资金贷款，而是用这笔钱去从事房地产投资，修建巨人大厦，这也成为导致巨人出现财务危机的致命伤。巨人内部审计机制的不合理，使得总公司对子公司出现不同程度的失控，子公司坐交货款，财务流失非常严重。同时公司的财务账目并不能及时反映公司的财务状况和经营成果，有的应收账款已经结账，但是还是挂在账上，下属的公司财务管理混乱，巨人也没有派出财务总监进行监督，有些人趁机严重侵占公司财产。审计失控，导致巨人一片混乱，欺上瞒下成风，虚报事实。资金在各个环节被吞没，成为资金链断裂的直接导火线。

（四）企业文化

企业文化应当是企业管理内部控制的组成部分，企业中存在的不良风气、氛围等，要靠企业文化进行补充、约束和引导，才能推动企业稳定、持续、健康地发展。巨人建立之初，史玉柱宣称，巨人要成为中国的 IBM、东方的巨人。巨人将振兴民族工业作为一个集团发展的根本纲领和文化理念，但过于空泛。同时在具体管理的一些决策上也暴露出许多问题，如员工贪污，投资决策一改再改，史玉柱"一言堂"等。这样的集团文化，使得领导层面对许多问题时比较困惑，想言而又不敢言。空泛的"大跃进"口号与行动，对集团的发展产生了非常不利的影响。

二、新"巨人"的崛起——内部环境分析

史玉柱在经历了如此的失败之后，最好地诠释了"失败是成功之母"的格言。在哪儿摔倒就在哪儿爬起来的史玉柱，又带领巨人进入了一个前所未有的高度。1997年，史玉柱带领旧部研制"脑白金"；1999年，成立了上海健特生物科技有限公司；2000年，悄悄还清了老"巨人"所欠的全部负债；2001年，新巨人网络公司在上海注册成立。2003年，购入民生银行6.98亿股流通股和华夏银行的1.012亿股流通股。2004年，成立上海征途网络科技有限公司，次年推出《征途》。2007年，新"巨人"更名为巨人网络集团后在纽约交易所挂牌上市，成为中国登陆美国最大的首次公开募股民营企业，也是美国本土外最大首次公开募股的IT企业。手握68.43%巨人股权的史玉柱，跃升成为拥有500亿元身价的内地富豪。

（一）企业治理结构

老"巨人"的失败，使得史玉柱改变了多元化战略方向的治理结构，他认为发展速度太快、负债率过高的公司容易出事，所以在重新整改公司治理结构的同时，新"巨人"的发展强调安全，环环相扣，步步前进。史玉柱从脑白金项目的运作，到后期投资3亿元买入银行的法人股股票，完成了重返IT行业的资本积累。而后，史玉柱又通过自己超强的商业能力和对网络游戏产品的把握，把新"巨人"推到全球规模最大、规则最严、历史最悠久的纽约所上市，同时也再次明确，对公司的治理结构不再实行财务多元化战略。史玉柱说："下半辈子就靠做网络游戏，不会再盖巨人大厦了，上市募集的资金也不可能用来支持保健品业务的发展，宁可错过100次机会也不会瞎投一个项目。"

（二）企业的内部机构设置及权责分配

新"巨人"的发展，在企业内部机构的设计中下了很大的功夫，其中"款到提货"是脑白金销售的市场规矩。总部把货卖给各地的经销商，对各地经销商一视同仁，货款是经销商与总部之间的事情，绝对不允许分公司染指，除此，每个销售经理的背后都附带多人的信用担保。企业内部权责分配合理，没有过大过小的权利压制，这与新"巨人"稳步发展的治理结构有着很大的关系，也有利于集团内部审计机制的实行。

（三）企业内部审计机制

新"巨人"制定了更为严密合理的内部审计机制，例如，为"脑白金"建立了一支50人的纠察队伍，一旦发现分公司弄虚作假或隐瞒问题，就会对分公司进行处罚；除了这支总部的纠察队伍，省级分公司也有纠察队查市级市场，市级纠察队再查县级市场。环环相扣，连环审查，成为企业内部审计制度的亮点。同时，新的审计制度也减少了企业之前管理松弛、内控弱化、风险频发、资产流失、营私舞弊和损失浪费的问题，同时也创下了保健品行业零坏账的纪录。在充沛的现金流保证下，企业不断做大做强，同时内部审计机制也随时提醒企业需要注意的危机，保有危机意识，随时预防可能的财务风险和经营风险。

（四）企业文化

新"巨人"倡导一种"有奖必有罚，奖罚必配套""只认功劳，不认苦劳""说到做到，做不到就不要说"的企业文化，和一般公司只奖励先进不惩处落后相比，史玉柱每次召开总结大会，都一定让最佳员工与最差员工同时登台，最佳员工上台领奖金，而给最差员工发黄旗。对于每一位经理，史玉柱不仅为他们提供了获得巨额奖金的可能，还给他们做不好就接受大笔罚款的责任。这样赏罚分明的企业文化，对新"巨人"的发展产生了巨大的支撑与推动作用。

当然，新"巨人"目前运营的历史有限，在未来的发展中，在实现和保持内部控制，特别是具有奠基作用的内部环境控制方面，还应该继续保持和予以重视，同时也不应该忽略风险评估、控制活动、信息与沟通以及内部监督等要素，从而全面综合地为"新"巨人未来更为辉煌的发展添砖加瓦。

资料来源：https://wenku.baidu.com/view/93e5299d551810a6f4248666.html。

案例拓展研习：

1. 根据上述材料，指出老巨人在内部环境中存在的主要问题。

（1）全面冒进的多元化企业治理结构。

（2）内部机构设置得不合理，权责分配不对等，难以发挥集团的整体优势，企业内部机构之间各自为政，集团内部整体难以协调运作。

（3）缺乏必要的内部审计机制，缺乏必要的财务危机意识和预警机制，使得其债务结构始终处在一种不合理的状态。

（4）空泛的"大跃进"口号与行动，史玉柱"一言堂"。

2. 针对老巨人内部环境中存在的问题提出整改措施。

（1）对公司的治理结构不再实行财务多元化战略。

（2）企业内部权责分配合理，没有过大过小的权利压制。

（3）制定了更为严密合理的内部审计机制，同时内审机制也随时提醒企业需要注意的危机信息，保有危机意识，随时预防可能的财务风险和经营风险。

（4）倡导一种"有奖必有罚，奖罚必配套""只认功劳不认苦劳；说到做到，做不到就不要说"的企业文化。

3. 如果你是巨人集团的董事长，怎么纠正全面冒进的多元化战略方向，重新帮助巨人集团确定战略与经营目标。

量入为出，专注主业。新"巨人"将主业定位为网络游戏，而金融行业的投资仅作为保持流动性的手段，并淡化生物保健品行业和不再留恋房地产行业。这种专注主业、做百年老店的战略，是对原有的全面冒进的多元化经营思路的扬弃，因此也征服了最挑剔的纽约证券交易所的国际投资者。

内部控制管理案例2
一个价值80亿的名字，诚信的价值

一、基本情况

"二战"前夕，德国有一家很不起眼的信托公司，叫巴比纳信托行，专为顾客保管贵重财物。战争爆发后，人们纷纷把财物取走，四散逃难去了。老板也打点细软逃之夭夭，只有雇员西亚还在那里清点账目。

一颗颗炸弹在信托行附近炸响，西亚好像没有听见一样，她清理完账目，发现一个叫莱格的顾客还没有把东西取走。那是一颗价值50亿马克的红宝石，西亚把宝石和所有托管文件放到一个小盒子里，然后带上所有账目离开了信托行。

几天之后，战火将巴比纳信托行一带夷为平地，西亚也为逃避战乱而四处奔走。但无论走到哪里，西亚都随身带着信托行的账目和那颗宝石。她觉得，她还是巴比纳信托行的雇员，她要把账目和宝石送回信托行。

战争终于结束了，西亚带着三个孩子回到柏林。可是，巴比纳信托行老板已经在战乱中死去，信托行已不复存在，但西亚仍然保管着账目和宝石。因为宝石是顾客委托保管的，顾客没有把宝石取走，她就得一直为顾客保管，守住信托行的信誉。

多少年过去了，西亚一直没有找到工作，她带着三个孩子一直过着极其贫苦的生活。其实，当初委托信托行保管宝石的莱格也在战乱中死去了，那颗价值连城的红宝石早已无人认领，西亚完全可以悄悄地把它卖掉，过上锦衣玉食的生活。可是她没有，她觉得那是顾客的财物，她只能保管，不能有任何非分之想。

1978年，当地政府成立战争博物馆，面向社会搜集"二战"遗物，西亚便把她保管的信托行账目和那颗红宝石拿了出来。

政府经过多方努力，帮助西亚找到了莱格的孙子道尔。道尔拿到那颗宝石，答应将宝石卖掉后一半给西亚，西亚婉言谢绝，说只收取这些年的保管费用。

西亚的事上了报纸，人们被她的诚信所感动，有人提议她出任商会总顾问，她以年纪大为由推掉了。后来，又有几家大型信托公司找到她，要求她出任荣誉总裁，她也谢绝了。

不久，西亚去世了。几家公司找到她的儿子克里斯，要求买断西亚的名字命名信托公司。克里斯难以抉择，就让几家公司竞标，最后，柏拉图信托公司以80亿马克的天价获取了西亚的冠名权。许多人不解，说一个名字能值那么多钱吗？

柏拉图公司总裁说，"西亚"已经不仅仅是一个人的名字，它代表的是一种企业精神，一种价比宝石的诚信，花80亿马克买到这个荣誉，值！不久，柏拉图信托公司便更名为西亚信托公司，交易量果然一路攀升。

诚信之所以能够创造价值，就因为诚信本身就是无价的。如果你把诚信当成信仰和责任，你就赢得了人们的支持和信赖、无穷无尽的财富。

二、故事点评

诚信是人必备的优良品格，一个人讲诚信，就代表他是一个讲文明的人。讲诚信的人，处处受欢迎；不讲诚信的人，人们会忽视他的存在。所以我们人人都要讲诚信，诚信是为人之道，是立身处世之本。

讲诚信可以使企业在社会上生存，可以获取更大的经济效益，有利于塑造良好的企业形象，从而赢得顾客的信赖，有利于企业的长远发展。讲诚信可以保障社会经济秩序顺利运行，促进市场经济的健康发展，有利于建立良好的国际形象，在国际竞争中立于不败之地，增强我国的综合国力，提高我国的国际地位。

资料来源：http://www.360doc.com/document/17/0731/10/7536781_675524274.shtml。

内容总结

通过本章的学习，读者应该对内部控制环境有一个较为全面的了解和认知。内部环境是企业实施内部控制的基础，是建立、加强或削弱特定政策和程序效率影响的各种因素。内部环境主要涉及组织架构、发展战略、人力资源、社会责任、企业文化等方面，体现了管理者的思想理念和经营作风，以及治理层和管理层对内部控制及其重要性的态度、认识和措施。内部控制环境设定了企业的内部控制基调，影响员工对内部控制的认识和态度，因此是内部控制其他四要素的基础。没有良好的内部控制环境，内部控制的构建与实施等于空谈。

相关政策制度指引

国家层面

1. 《企业内部控制基本规范》及配套指引
2. 《中华人民共和国公司法》
3. 《中华人民共和国企业国有资产法》
4. 《关于进一步推进国有企业贯彻落实"三重一大"决策制度的意见》

企业层面

1. 公司章程。
2. 议事规则。
3. 企业战略委员会工作制度及企业五年规划。
4. 人力资源、绩效考核、岗位责任制等管理办法。
5. 企业权限指引、授权委托等管理办法。
6. 企业 HSE 体系及相关规定。
7. 企业社会责任委员会工作规划。
8. 企业员工手册及企业文化等相关制度。
9. 企业其他与内部控制环境相关的制度。

复习题

1. 企业内部控制环境包含哪些要素？
2. 企业治理结构应注意哪些问题？
3. 权责分配原则有哪些？
4. 如何构建企业授权机制和权限指引？
5. 简述人力资源与内部环境的关系。
6. 简述企业文化在内部控制中的作用。
7. 反舞弊应从哪几方面进行控制？

思考与应用

1. 假设你是一个企业的管理者，应如何搭建企业的内部控制环境？
2. 假如你是企业的人力资源经理，在招聘员工时，你最注重哪些方面？
3. 内部环境对你自身有影响吗？如有，你的启发是什么？

第三章

企业风险评估

控制环境和风险评估是提高企业内部控制效率的关键。研究内部控制不能脱离其赖以生存的环境及企业内外部的各种风险因素，而风险评估提供了控制风险的基础。财政部在《企业内部控制基本规范》中明确要求，企业应当根据设定的控制目标，全面系统持续地收集相关信息，结合实际情况，及时进行风险评估；应当准确识别与实现控制目标相关的内部风险和外部风险，确定相应的风险承受度。国务院国资委也颁布了《中央企业全面风险管理指引》，且连续几年公布关于中央企业开展全面风险管理工作有关事项的通知，由此可见，风险管理在企业运营中是提高内部控制效率的关键。企业的内部控制主要是控制各类风险，风险的有效规避才能带来企业资产保值增值和持续、健康、稳定的发展。通过风险评估的学习，了解风险成因，有效地实施控制。因此，风险评估过程中必须判断出企业完成相关目标存在的内外部风险，通过识别、分析风险类型和程度，为风险管理提供依据。

第一节　企业风险简述

一、风险简述

风险是一个古老的话题，古往今来，人们对风险有着多种多样的理解。然而到目前为止，理论界对风险的概念尚无一种公认的权威性定义。我国有些学者把风险看作是在特定情况下、在特定期间内某一事件的预期结果与实际结果之间的变动程度，变动程度越大，风险越大；反之，变动程度越小，风险则越小。在一些经济学教科书中，一些学者又把风险与不确定性直接联系起来，认为不确定的程度越大，风险越大；反之，不确定的程度越小，风险就越小。由此，风险可以通过概率的方法进行测量，可以采用期望值、标准差或标准离差率来表示。

尽管人们对风险进行了多种角度的界定，但风险的两个基本特征却表现得非常明显，即不确定性与造成损失的可能性。风险与不确定性两者联系十分紧密，但又属于不同的范畴。不确定性指人们对未来事项结果所持的怀疑态度。一般而言，不确定性由人类认识能力的局限性所导致。风险是一种客观存在，但客观世界的复杂性使人们难以准确预测风险的发生，从这一方面看，风险具有不确定性，即风险的存在是客观的，风险的发生是不确定的。然而，并不是所有不确定事项都存在风险。因为风险必须和损失相联系，只有那些可能导致损失的不确定事项才存在风险。如果我们面临的事项既可能导致损失，又可能带来收益，而采取措施的结果只会带来收益，在这种情况下，即便选择结果具有很强的不确定性，仍然不能说存在风险，从这一方面讲，应将风险界定为可能带来损失的不确定性。

风险的不确定性又分为主观的不确定性与客观的不确定性。主观的不确定性指对客观事物运行规律认识的不完全确定，一时还无法操纵和控制其运作过程。主观的不确定性同个人的知识、经验、精神和心理状态有关，不同的人面对相同的客观风险时会有不同的主观不确定性。客观的不确定性指事物结果的不确定性。人们不能完全得到所设计和希望的结局，而且常常会出现不必要或意想不到的损失。客观的不确定性可以用统计工具加以度量。

二、风险的含义

风险是指未来的不确定性对企业实现其经营目标的影响。企业围绕总体经营目标，通过在企业管理的各个环节和经营过程中执行风险管理的基本流程，培育良好的风险管理文化，建立、健全全面风险管理体系，包括风险管理策略、风险理财措施、风险管理的组织职能体系、风险管理信息系统和内部控制系统，从而为实现风险管理的总体目标提供合理的过程和方法。这个管理的过程和采取的方法就是全面风险管理。

风险评估是在风险识别和预测分析的基础上，采用定性或定量方法，对风险发生的可能性和影响程度进行预计和估算，最终确定风险等级的过程。

风险发生的可能性和影响程度一般可分为五个档次，即极低、低、中等、高和极高。风险等级一般分为三个档次，即重大风险、重要风险和一般风险。

本章所称风险特指纯粹风险。具体理解风险含义时应注意以下几个特征。

（一）不确定性

风险的本质及核心是具有不确定性。风险是否发生、发生的程度如何，发生风险的具体时间、地点、对象，以及造成的后果等，是人们难以事先准确预测的。

（二）潜在性

风险是以潜在危机形式存在的可能性，而不是已经存在的客观结果或既定事实。客观事实潜在损失越大，其隐含的风险就越大。

（三）可测量性

风险是可以测定的不确定性。不论是当前还是未来的风险，都存在一定的统计规律，风险会在一定范围、一定时期以一定的形式出现，且风险出现的概率总是在 $0 \sim 1$ 之间波动。损失的概率越接近于 1，风险发生的可能性就越大；反之，损失的概率越接近于 0，风险发生的可能性就越小。

（四）客观性

风险是客观存在的。风险是不以人们的意志为转移的，人们只能改变风险存在和发生的条件，降低其发生的频率，减少损失，但不能完全消除风险。

（五）普遍性

风险普遍存在。社会生活方方面面、时时刻刻都存在风险。

三、企业风险控制目标

企业应当根据设定的控制目标，全面、系统、持续地收集相关信息，结合实际情况，及时进行风险评估。因此，风险控制目标的设定，是风险识别、分析及应对的前提，便于企业有的放矢地进行全过程的风险管控。

企业开展全面风险管理，应结合实际情况，设定自身的风险控制管理目标。

（1）建立、健全企业全面风险管理体系，不断提升企业风险识别、评估、应对和监控能力。

（2）确保将风险控制在与总体目标相适应并可承受的范围内。

（3）确保内外部，尤其是企业与股东之间实现真实、可靠的信息沟通，包括编制和提供真实、可靠的财务报告。

（4）确保遵守有关法律法规。

（5）确保企业有关规章制度和为实现经营目标而采取的重大措施的贯彻执行，保障经营管理的有效性，提高经营活动的效率和效果，降低实现经营目标的不确定性。

（6）确保企业建立针对各项重大风险的危机处理计划，保护企业不因灾害性风险或人为失误而遭受重大损失。

（7）建立、健全应急预警和报告体系，完善突发事件和危机处理机制，避免发生重大损失。

（8）培育风险管理文化，提升员工的风险意识和风险应对能力。

四、企业风险管理内容

（一）风险分类

企业风险可以按照多种标准进行分类。

1. 按照发生的原因分类

按照发生的原因，风险可分为内在风险和外在风险。内在风险发生的原因涉及企业生产经营、财务活动等诸多环节，如生产管理不佳、产品质量低下、营销管理乏力、财务结构不良、资金供应不足等内部原因。外在风险又分为人为原因和自然原因，前者包括政府政策变化、战争爆发、股市突变、企业产品被人假冒、竞争对手采取不正当竞争手段等人为因素造成的损失；后者包括台风、地震等自然灾害给企业带来的损失。

2. 按照企业经营管理分类

按照企业经营管理，风险可分为战略风险、财务风险、市场风险、运营风险、法律风险等。这种划分在企业风险管理中具有重要意义。

3. 按照性质分类

按照性质，风险可分为纯粹风险和投机风险。

纯粹风险是指那些只有损失机会而无获利可能的风险。纯粹风险一旦发生，对当事人而言必有损失形成。例如，火灾、沉船等事故发生，则只有受害者的财产损失和人身伤亡，而无任何利益可言。

投机风险是指那些既有损失可能也有获利机会的风险。例如，市场行情变化，对此企业造成损失，对彼企业则可能是有利的；对某企业而言，市场的此种变化将招致损失，而彼种变化则可能带来好处。

4. 按风险承受度分类

风险承受度是指企业能承担多大风险程度的能力和限度，也就是经过综合衡量确定的对风险的承载力，包括整体风险承受能力和业务层面的可接受风险水平。按风险承受度风险可分为可承受风险与不可承受风险。

可承受风险是指在衡量企业综合实力的基础上，企业自身能够承担且处于最大损失限度之内的风险。

不可承受风险是指在衡量企业综合实力的基础上，超过了企业最大损失限度的风险。

企业所有风险一般都会表现在财务报表和财务运行上。企业在其经营过程中要随时考虑财务风险。因此，对风险的评估与防范成为现代企业内部控制的重要内容。

（二）风险的内容

一般而言，企业经营管理中的风险主要包含战略风险、财务风险、市场风险、运营风险、法律风险等内容。

1. 战略风险

战略风险是指由于战略制定和实施的流程无效、低效或不充分，而影响企业战略目标实现的风险。简单来说，战略风险是整体的、致命的、巨大的、方向性的、根本性的风险。在战略上出现风险可能导致企业整体的失败或生命周期的结束。

战略风险中包括宏观经济风险、战略规划风险、战略执行风险、投资决策分析、科技创新风险、市场控制风险、产业链风险、公司治理风险、社会责任风险等，下面主要对前五种风险进行阐述。

（1）宏观经济风险。该风险是由于国内外政治因素或经济环境的不利变化、国家法律法规、政府管制政策发生不利变动而导致的风险，主要有国家战略影响，国内宏观经济及经济周期影响，国际经济及贸易保护影响。此外，产业政策、国家标准、行业标准等出现不利变化，也会影响公司的经营。

（2）战略规划风险。该风险是由于企业制定的战略决策不符合股东、其他关键利益相关者的期望以及公司的现状而导致的风险，如战略决策未被认同，战略脱离实际或偏离主业，战略调整过于频繁或调整不及时。

（3）战略执行风险。该风险是由于战略与组织架构和管理流程的不匹配、不恰当的资源分配及战略合作伙伴等原因，而导致战略实施无效或低效的风险，如企业的组织架构与战略不匹配，战略目标分解不充分、不及时等。

（4）投资决策风险。该风险是由于对重大战略性投资的决策或执行不恰当，而导致公司产生重大损失的风险。如企业运营中投资决策与战略不一致，投资信息不当导致投资决策失误，投资决策机制不当；缺乏或未有效运行可行性研究等科学的投资决策机制。

（5）科技创新风险。该风险是企业科技创新战略错误、提供的产品或服务被替代，或核心技术被淘汰，导致公司在竞争中处于劣势的风险，如科技创新战略不当，新技术应用对环境的影响。

2. 财务风险

财务风险是指企业由于财务政策、财务运作及财务管理等方面的不恰当行为而导致的风险，也即财务结构不合理、融资不当使公司可能丧失偿债能力而导致投资者预期收益下降的风险。从狭义上看，财务风险也称为筹资风险，指由于举债而给企业财务成果带来的不确定性。

财务风险是企业在财务管理过程中必须面对的一个现实问题，财务风险是客观存在的，企业管理者对财务风险只有采取有效措施来降低风险，而不可能完全消除风险。保证有一个合理的资金结构，维持适当的负债水平，对财务风险的控制很重要。企业既要充分利用举债经营这一手段获取财务杠杆收益，提高自有资金的盈利能力，同时又要注意防止举债过度加大财务风险，避免陷入财务困境。对财务风险控制的关键包括以下主要风险。

（1）流动性风险。流动性风险指在企业债务到期时，由于没有资金来源或必须以较高的成本筹资而导致的风险。

流动性风险包括资产流动性风险和负债流动性风险。资产流动性风险是指资产到期不能如期足额收回，进而无法满足到期负债的偿还和新的合理贷款及其他融资需要，从而给企业带来损失的风险。负债流动性风险是指企业过去筹集的资金特别是存款资金，由于内外部因素的变化而发生不规则波动，对其产生冲击并引发相关损失的风险。企业筹资能力的变化可能影响原有的筹融资安排，迫使企业被动地进行资产负债调整，造成流动性风险损失。这种情况可能迫使企业提前进入清算，使得账面上的潜在损失转化为实际损失，甚至导致企业破产。流动性风险与信用风险、市场风险和操作风险相比，形成的原因更加复杂和广泛，通常被视为一种综合性风险，一旦存在管控缺陷，将导致风险扩散的严重后果。流动性风险的主要表现形式包括资本结构不合理、现金流规划不当、贷款结构不合理、股利发放决策不当。

（2）筹资管控风险。筹资管控风险指由于筹资业务管控不当导致的风险。筹资管控风险受到借入资金与自有资金在企业资金中所占比例的影响，借入资金比例越大，风险程度随之增大。企业筹集资金的主要目的是扩大生产经营规模，提高经济效益。投资项目若不能达到预期效益，则会影响企业获利水平和偿债能力。

筹资管控风险的主要表现形式包括筹资策略不当、缺乏完整的筹资策略规划、对资金现状缺乏认识。如缺乏对公司资金现状的全面认识，筹资授权审批不当，筹资差错或舞弊，筹资调整不当或使用不合理等都属于筹资管控风险。

（3）资金管理风险。资金管理风险指由于资金业务管控不当而导致资金损失或降低资金使用效果的风险。"现金为王"一直以来都是企业资金管理的中心理念，企业现金流量管理水平往往是决定企业存亡的关键。资金管理风险主要表现形式有以下几种。

一是筹资决策不当，可能引发资本结构不合理或无效融资，导致企业筹资成本过高或债务危机。

二是投资决策失误，可能引发盲目扩张或丧失发展机遇，导致资金链断裂或资金使用效益低下。

三是资金调度不合理、营运不畅，可能导致企业陷入财务困境或资金冗余。

四是资金活动管控不严，可能导致资金被挪用、侵占、抽逃。

资金管理业务差错或舞弊有以下两种：

一是相关人员在资金管理业务（现金、银行存款、票据、网上银行业务等）中出现重大差错、贪污、舞弊等行为，影响企业资金安全完整。

二是发生未经适当授权的资金业务，会影响企业资金的安全、完整。

（4）利率、汇率风险。利率和汇率波动影响企业经营目标的实现。利率受宏观政策的影响，如美元升值、汇兑差异等，都会导致汇兑损失。

（5）财务相关的外部风险。财务相关的外部风险指财务在纳税等监管部门及外部财务活动中处理不当的风险，如税务风险、担保风险、金融衍生品风险等。

（6）财务报告风险。财务报告风险指在财务报告编制过程中人员资质、能力、技术、流程或操作不当，以及采用不恰当的会计政策、会计估计等，而导致财务报告及附注等财务披露信息不适当或不满足监管要求的风险。财务报告风险的主要表现形式为：会计政策运用不当，职责分工不明确，财务报告方案编制不当，重大会计事项处理不当，资产负债信息不准确。

3. 市场风险

市场风险即由于市场环境的不利变化而导致损失的风险。价格、信用、供应等市场因素可能直接对企业产生影响，也可能通过其竞争者、供应商或者消费者间接对企业产生影响。市场风险包括以下主要风险。

（1）竞争风险。竞争风险即由于无法对主要竞争对手的行动进行快速、有效的应对而导致的风险。竞争风险包括未能恰当应对竞争对手、未能对竞争对手的销售行为进行监控，没有采取及时应对策略，如产品定价及价格调整不当、产品开发升级滞后，市场开发和营销策略不当，渠道控制力减弱、售后服务不当、合作伙伴选择不当等。竞争风险会使企业在市场竞争中落败于对手，从而导致企业市场份额下降或流失重要客户。

（2）价格风险。价格风险即由于价格波动导致的风险。商品价格波动如汇率走势、地缘政治、金融衍生品、金融市场趋势估计错误等都属于价格风险，其会影响企业实现经营目标。

（3）信用风险。信用风险即主要客户、主要供应商不恪守商业信用，给企业造成损失的风险，其包括以下几种类型。

一是企业主要客户不恪守商业信用，如未按约定时间、方式支付款项、接收产品、服务等，导致企业资产损失。

二是对业务伙伴的授信不合理，如对业务伙伴授信限额、期限与业务性质及盈利水平不匹配，或对业务伙伴授信额度过度集中和分散，或对业务伙伴授信额度没有及时根据其状况的变化进行调整等，导致对外授信业务不稳定、主要业务伙伴流失或企业资产损失。

（4）市场需求风险。市场需求风险即由于销售市场价格或供需关系的不利波动而导致的风险。宏观经济环境波动引起购买力下降或产品或服务的使用成本提高，导致产品或服务的市场需求下降，影响企业实现销售目标。产业格局调整、产品变化等，导致相关产品或服务市场需求波动，影响企业实现经营目标。

（5）市场供应风险。市场供应风险即由于生产材料或设备的供应价格、质量以及供需关系的不利变动甚至供应的中断而导致的风险。

一是原材料、能源配件物资等材料或服务的供应短缺或市场价格波动，或未能发挥企业的采购优势，如取得比一般客户更优惠的供应价格，导致价格波动或供应短缺，未能及时满足采购需求或导致采购成本波动；产业格局调整及产能变化影响市场供应，导致相关产品市场供应波动。

二是市场竞争及税费调整等影响市场供应。由于市场竞争加剧、相关税费调整等原因，影响某些产品的市场供应，进而影响企业实现经营目标。

4. 运营风险

运营风险，即因公司日常生产运营过程的不确定性而导致损失的风险。运营风险主要包括以下风险。

（1）内部机构风险。内部机构风险即由于企业内部机构存在缺陷而导致运营效率低下的风险。内部机构风险的主要表现形式有以下几种。

一是内部机构、岗位设计不科学、不健全。部门和岗位设置的职责不清晰，未实现不相容岗位分离，未明确界定涉密岗位范围，未实行关键岗位限制性要求。

二是权力制衡乏力、权力控制不当等。未能完全实施不相容职务分离，导致机构岗位设置不合理，机构重叠或缺失，岗位职责和任职条件不明，人浮于事，运营效率低下。

三是权责分配不当，职责与权力不对等。未能建立适当的权责分配考核体系和问责清单，以及明晰的授权指令，实际运行的职责权限与规定的权限不符，影响企业运营或导致运营失控。

（2）治理结构风险。治理结构风险即由于企业治理组织结构方面的缺陷而导致企业治理水平低下的风险。治理结构风险的主要表现形式有以下几种。

一是治理结构未能发挥效力，未能建立科学决策、良性运行的机制或缺乏执行力，影响企业发展战略的实现，导致治理结构缺乏执行力，甚至企业经营失败。

二是决策和业务未经适当的授权，或出现权力交叉、冲突、越权或权力真空的现象，导致经营决策授权不当，决策失误、串通舞弊、运营效率低下等。

三是风险管理职能不健全，未能实现风险管控目标。

（3）人力资源风险。人力资源风险即人力资源与企业要求不匹配导致的风险。人力资源风险的主要表现形式有以下几种。

一是人力资源规划不当。人力资源缺乏或过剩，人力资源的数量或技能结构不合理，影响企业发展战略的实现。

二是人员任用不当。人员任用与岗位任职需要不匹配，如缺乏相应职业资质，不具备任职资格和业务要求的能力，影响企业实现经营目标。

三是激励约束机制不合理。人力资源激励约束机制不合理、绩效考核制度不当、干部选拔机制不健全，导致员工工作积极性受挫，甚至造成人才流失、经营效率低下或关键技术、商业秘密和国家机密泄露。

四是人力资源退出机制不当。人力资源退出管理不当、离职处理不当，导致法律诉讼或企业声誉受损。

（4）HSE风险。HSE是健康（Health）、安全（Safety）和环境（Environment）管理体系的简称。HSE管理体系是企业组织实施健康、安全与环境管理的组织机构将职责、做法、程序、过程和资源等要素有机地形成一个体系。在这一体系中，将这些要素通过先进、科学、系统的运行模式有机地融合在一起，相互关联、相互作用，形成动态管理体系。

HSE风险是指在企业运营中，由于HSE管控不当可能导致企业经济、声誉和人身事故方面受到损害的风险。HSE 风险包括以下五种。

一是 HSE 管理体系不当。HSE 管理体系不当或执行不当，如安全环保机构不健全，未能建立健全安全环保规章制度并及时更新，安全环保责任不落实，安全环保管理人员配备不充足等，引发安全环保事故，损害企业利益。

二是 HSE 意识和能力与工作任务的要求不匹配。员工 HSE 意识和能力与工作任务的要求不匹配，员工缺乏安全环保意识，不清楚自身岗位的安全环保职责，不具备与安全环保相关的知识和技能，相关人员未取得相应资格或取得资格后未参加相应资格的定期复审，引发安全环保事故，甚至造成财产损失、人员伤亡。

三是隐患发现治理不及时。安全和环保隐患发现、报告或治理不及时，如未定期进行设备维护、安全检查，未设立安全环保事故防范设施，未监测并及时上报环境指标，未及时落实安全环保隐患治理工作等，引发安全环保事故。

四是员工职业病或人身事故。员工生产工作环境恶劣，工作场所职业病危害因素浓度或强度超标，个体防护用品配备不规范，危险品未向员工履行告知义务，不符合国家和地方政府有关规定，导致员工患职业病或发生人身事故。

五是清洁生产和循环经济工作开展不力。未能有效减少生产的能耗、物耗以及污染物的排放，未能有效对废气、废水、废渣采取回收、利用和处置等综合治理措施，造成资源消耗、废物排放超出企业或监管机构标准，影响企业资源利用效果，导致企业利益和声誉受损或被监管机构处罚。

（5）质量管理风险。质量管理风险即由于产品质量不合格而导致的风险。质量管理风险包括以下五种。

一是产品数质量管理风险。产品生产或储运管理流程设计不恰当或操作不当，导致发生产品数质量事故。

二是质量标准体系不健全。未建立健全包括生产设备条件、生产技术水平、原料组成、产品规格、售后服务在内的产品或服务质量标准体系，无法有效进行产品数量、质量管控，导致产品或服务出现数量、质量问题。

三是人为因素引发质量事故。未制定操作标准、员工技术培训不当、员工操作不当等人为因素，造成产品或服务质量事故发生。

四是违反国家质量标准。产品质量未达到国家有关产品质量标准，导致客户或消费者投诉、企业被监管机构处罚，企业利益受损。

五是质量纠纷处理不当。未建立健全售后服务体系，未妥善解决产品或服务质量纠纷，导致企业被监管机构处罚、诉讼失败，企业利益和声誉受损。

（6）投资项目执行风险。投资项目执行风险即投资项目执行不当导致的风险。投资项目执行风险包括以下五种。

一是未在投资协议中明确投资方权利。在对外投资协议中，企业作为投资方权利不具体或不明确，导致投资方投资权利或投资目的无法有效实现。

二是投资项目执行不当。未有效落实已审批的投资决策，导致项目无法实现预期收益。

三是股权投资账实不符。股权关系不清，股权权属不明，股权投资核算不正确，股权投资减值未进行及时调整，导致股权投资账实不符。

四是投资问责不当。投资问责制不当影响投资决策的执行效率和效果。

五是投资项目退出决策或程序不当。未能根据投资目的实现情况、当前效益情况和市场前景及时做出转让、退出、清理投资项目决策；或有关退出程序不适当，如转让作价未以适当机构出具的评估报告为基础，导致企业利益受损。

（7）其他社会责任风险。其他社会责任风险即由于未能恰当履行社会责任而导致企业声誉下降或品牌丢失的风险。其他社会责任风险包括以下两种。

一是社会责任履行不力。未建立、健全履行社会责任的体制和运行机制，如未确立具有可持续性的企业发展战略，未将履行社会责任落实到生产经营的各个环节，未明确社会责任归口管理部门，未建立相关预算安排，未建立社会责任指标统计和考核体系，未依法保障员工民主权利和人身权益等，以及公益慈善管理不当等，造成社会责任履行不利，损害企业声誉。

二是社会责任危机应对不力。在出现社会责任危机时，未及时向利益相关者和媒体澄清事实真相、未取得社会公众的理解和支持，损害企业声誉。

5. 法律风险

法律风险即由于违反国家法律法规、监管要求以及相关规定而导致的风险。企业法律风险是指在法律实施过程中，由于企业外部的法律环境发生变化，或由于企业内部的各种主题未按照法律规定或合同约定行使权利、履行义务，而对企业造成负面法律后果的可能性。

从狭义上讲，法律风险主要关注企业所签署的各类合同、承诺等法律文件的有效性和可执行能力。从广义上讲，与法律风险相类似或密切相关的风险有外部合规风险和监管风险。法律风险主要包括以下主要风险。

（1）经营合规风险。经营合规风险即由于违反国家相关法律法规、监管要求而导致企业被处罚、影响企业声誉的风险。

经营合规风险主要涵盖企业日常生产和经营管理的所有行为规范，如税务、财务管理、信息披露、招投标、生产运营、定价原则、安全环保、法律法规的及时更新等方面，如果相关行为不当，则会导致企业违法。

（2）侵权风险。侵权风险即由于企业侵犯知识产权或侵犯其他权利而导致法律纠纷的风险。侵权风险包括以下三种。

一是知识产权申请、登记、保管不当。未能及时办理知识产权申请、注册及登记手续，或知识产权保管和使用不当，导致企业知识产权被侵犯，企业利益受损。

二是技术引进不当。引进技术时未进行尽职调查或调查不当，购入技术侵权，或购入不相关专利或已失效专利，导致企业资产受损。

三是侵犯其他企业知识产权。在经营活动中侵犯其他企业知识产权，导致法律纠纷，企业利益和声誉受损。

（3）涉税风险。涉税风险即因企业未按照国家税费的相关规定履行税费义务而导致法律、法规制裁、财务损失及声誉损害的风险。涉税风险包括以下三种。

一是税务登记违规。未按照国家税收法律法规的规定，进行税务事项登记、审批和备案，被监管机构处罚。

二是税款缴纳违规。未按照国家税收法律法规的规定缴纳税款或逃税，被监管机构处罚。

三是发票及税务资料管理违规。发票及税务资料管理违反国家税收法律法规，被监管机构处罚，或受到资产损失。

（4）不正当竞争风险。不正当竞争风险即由于采取垄断、不公平定价及不恰当的宣传行为等非法且有悖于公认商业道德的手段和方式，而导致企业违反法律的风险。不正当竞争风险包括以下三种。

一是商业贿赂风险。企业进行商业贿赂，导致企业承担法律责任，企业利益和声誉受损。

二是虚假或不当宣传。企业进行虚假或不当宣传，导致企业承担法律责任，企业利益和声誉受损。

三是恶意中伤竞争对手。捏造、散布虚假事实，损害竞争对手的商业信誉、商品声誉，导致企业承担法律责任，企业利益和声誉受损。

（5）诉讼风险。诉讼风险即企业在涉及的诉讼中准备不足，未能充分维护企业合法权益。

企业行使诉讼权利或履行诉讼义务不当，忽略及延误诉讼时效，不能充分提供证据等，导致企业在诉讼中处于不利地位，不能充分维护企业的合法权益。

上述主要风险在产生实质性较大规模的影响时，都会变成一种战略风险。企业当出现严重的产品或流程失误时，运营风险就会转变为战略风险；如果是对实施战略有重要影响的财务价值、知识产权或者是资产的自然条件发生退化，这些风险也会转变成一种战略风险。因此，各种风险不是孤立存在的，其往往是交织在一起，并相互影响相互转化的。

即问即答：

风险管理的目标是什么？

第二节　企业的风险识别

风险识别是风险管理的第一步，也是风险管理的基础。只有正确识别自身所面临的风险，人们才能够主动选择适当有效的方法进行处理。

一、风险识别的含义

风险识别指对尚未发生的、潜在的以及客观存在的各种风险进行系统、连续的预测、识别、推断和归纳，并分析产生风险的原因和发展过程。风险识别是风险评估的第一步，也是最为重要的过程。在风险识别的过程中应包含感知风险和识别风险。企业在感知和识别风险的同时，至少应关注以下风险因素。

（一）企业识别内部风险应关注的因素

企业识别内部风险，应当关注的要素有以下六点。

（1）董事、监事、经理及其他高级管理人员的职业操守、员工专业胜任能力等人力资源因素。

（2）组织机构、经营方式、资产管理、业务流程等管理因素。

（3）研究开发、技术投入、信息技术运用等自主创新因素。

（4）财务状况、经营成果、现金流量等财务因素。

（5）运营安全、员工健康、环境保护等安全环保因素。

（6）其他有关内部风险因素。

（二）企业识别外部风险应关注的因素

企业识别外部风险，应当关注的要素有以下六点。

（1）经济形势、产业政策、融资环境、市场竞争、资源供给等经济因素。

（2）法律法规、监管要求等法律因素。

（3）安全稳定、文化传统、社会信用、教育水平、消费者行为等社会因素。

（4）技术进步、工艺改进等科学技术因素。

（5）自然灾害、环境状况等自然环境因素。

（6）其他有关外部风险因素。

企业应制定发展目标和发展战略。各层级企业应根据发展目标和发展战略，分解制定年度生产经营管理目标，从战略风险、财务风险、市场风险、运营风险、法律风险等层面以及上述内外部风险的具体方面来识别影响目标实现的相关风险。

二、企业风险识别的基本内容

风险评估的目的在于正确发现及识别风险，进行分析与评估，有效地控制风险。企业通过识别出来的具体风险，加以基础性的分析工作，对企业在目标的完成中，如何规避或降低潜在的风险，并对其加以判断、归类，以及对风险的性质进行鉴定，而感知风险和识别风险就是该过程的基本前提。

（一）风险识别的前提是感知和识别风险

感知风险是通过调查了解客观存在的各种风险，它是风险识别应做的基础工作。只有通过感知风险，才能识别到具体风险，才能进一步在此基础上进行分析，寻找导致风险事故发生的条件因素，为拟定风险处理方案，进行风险管理决策提供服务。

识别风险是通过分析风险产生的原因、条件，并鉴别风险的性质，为采取风险处理措施提供依据。由于风险具有可变性，因此风险识别工作是动态的，应该连续、系统地进行，成为一项持续性、制度化的工作。

风险识别不仅要识别所面临的较明显风险，更重要的还需识别出各种潜在的风险。风险识别是风险管理过程中最基本和最重要的程序，因此风险识别工作是否扎实，直接影响到整个风险管理工作的最终效果。

（二）企业风险识别的基本内容

风险识别一方面可以通过感性认识和历史经验来判断，另一方面也可通过对各种客观的资料和风险事故的记录来分析、归纳和整理，以及必要的专家访问，从而在当前风险和未来潜在风险中找出企业内部和外部所面临的主要风险。

风险管理者应密切注意原有风险的变化，并随时发现新的风险。通常要从以下几个方面识别自身存在的风险。

1. 环境风险

环境风险指由于外部环境意外变化影响企业预定的生产经营计划，从而导致的经济风险。引起环境风险的因素包括以下五种。

（1）国家宏观经济政策及政治与法制等变化，企业受到意外的风险损失。

（2）企业的生产经营活动与外部环境的要求相违背而受到的制裁风险，这里所指的生产经营活动包括企业活动性质、生产经营方式、生产经营过程，其中生产经营方式决定了风险识别的渠道和方法。

（3）社会文化、道德风俗习惯的改变，使企业的生产经营活动受阻，从而导致企业经营困难。

（4）暴雨、火灾等自然变化不可避免地对企业会带来不同程度的损失，而自然灾害也是最基本的风险来源。

（5）其他导致环境风险的因素。

2．市场风险

市场风险指由于市场结构发生意外变化，企业无法按既定策略完成经营目标而带来的经济风险。导致市场风险的因素有以下四种。

（1）企业对市场需求预测失误，不能准确地把握消费者偏好的变化。

（2）竞争格局出现新的变化，如新竞争者进入引发的企业风险等。

（3）市场供求关系发生变化。

（4）其他导致市场风险的因素。

3．技术风险

技术风险指企业在技术创新的过程中由于遇到技术、商业或者市场等因素的意外变化而导致的创新失败风险，导致技术风险的因素有以下四种。

（1）技术工艺发生根本性的改进。

（2）出现了新的替代技术或产品（或产业）。

（3）技术无法有效地商业化。

（4）其他导致技术风险的因素。

4．生产风险

生产风险指企业生产无法按预定成本完成生产计划而产生的风险，导致生产风险的因素有以下三种。

（1）生产过程发生意外中断。

（2）生产计划失误造成生产过程紊乱。

（3）其他导致生产风险的因素。

5．财务风险

财务风险是由于企业收支状况发生意外变动，给企业财务造成困难而引发的风险。导致财务风险的因素有以下五种。

（1）筹融资风险。

（2）资金链断裂。

（3）财务报告虚假。

（4）企业的资金、财务管理混乱。

（5）其他导致财务风险的因素。

6．人事风险

人事风险指涉及企业人事管理方面的风险。导致人事风险的因素有以下四种。

（1）企业高、中层及员工不遵守职业操守。

（2）部分员工不认同企业文化。

（3）没有良好的企业激励机制。

（4）其他导致人事风险的因素。

三、企业风险识别的途径与方法

（一）风险识别途径

风险识别途径通常有两种：一是借助企业外部力量，利用外界信息、资料来识别风险；二是依靠企业自身力量，利用内部信息及数据识别风险。

一般来讲，企业为了有效地识别所面临的潜在风险，需要充分利用外界的风险信息资料。风险信息资料可以从各种信息网络、情报资料中获得，但企业获得的风险信息资料通常由保险公司及相关的咨询机构和学术团体提供。

（二）风险识别方法

风险识别的目的并不是罗列每个可能存在的风险，而是识别那些可能对运营产生影响的风险。因此，在具体识别风险时，需要综合利用一些专门技术和工具，以保证高效率地识别风险并不发生遗漏。风险识别方法包括现场调查分析法、风险清单分析法、德尔菲技术法、财务报表分析法、流程图分析法、事故树分析法等。

由于自身情况的特殊性，企业可以针对内部特有状况，自行设计风险识别方法。目前较多企业采用风险清单分析法以及若干种方法相结合的方式进行风险识别。企业可通过建立风险清单，收集企业及国内外同行业的风险信息；通过分类整理和分析汇总，定期对风险清单进行完善和更新。

1. 现场调查分析法

现场调查分析法，是指风险管理部门、保险部门、有关咨询机构、研究机构等机构的工作人员，就风险管理单位可能面临的损失，深入相关现场进行详尽的调查，并出具调查报告。

2. 风险清单分析法

风险清单分析法也称检查表法，是指企业根据专业人员设计的较为全面的风险损失清单，来排查企业可能面临的风险。风险清单列示的一般是此前已经存在的、较为普遍的基本风险。由于所列示的是企业基本的风险项目，所以风险清单通常内容繁多，企业可根据风险的成因采取分部门、分单位、分关键岗位等方法来制定恰当的风险识别清单，以供风险管理人员使用。

企业风险管理人员，应参照风险清单逐一检查，预见企业可能面临的各种风险，使用者只需要对照清单上列示的项目关注风险、分析风险，并视风险事故可能造成危害的程度，确定风险管理的先后顺序，采取不同措施。

目前我国较多企业在风险管理上采用风险清单分析法。

3. 德尔菲技术法

德尔菲技术法也称专家意见法，是基于专家的知识、经验和直觉，发现潜在风险的分析方法。企业组织多位专家在风险识别时，就相关风险进行反复咨询及意见反馈，最终达成比较一致的主要风险识别意见，并以此来确定企业的相关风险。采用该方法时，风险管理专家通常以匿名方式参与此项活动，往往通过问卷等方式征询专家对相关风险的见解，并在专家中反复咨询反馈，请他们进一步发表意见。此项过程进行若干轮之后，就不难得出对主要风险的一致看法。德尔菲技术法有助于减少数据中的偏差，并防止任何个人对分析结果产生过大的影响。

4. 财务报表分析法

财务报表分析法也称杜邦分析法，是由 A. H. 克里德尔于 1962 年提出的识别风险方法。克里德尔认为，通过分析资产负债表等财务报表和相关的支持性文件，风险管理人员可以识别出风险管理单位的财产风险、责任风险和人力资本风险等。需要分析的财务报表主要包括资产负债表、利润及利润分配表和现金流量表三大财务报表。通过水平分析、趋势分析、比率分析等方法，从财务角度发现企业面临的风险。

5. 流程图分析法

流程图分析法是指将风险主体按照生产经营的过程、活动内在的逻辑联系绘成流程图，针对流程中的关键环节和薄弱环节调查风险、识别风险的办法。一般来说，风险主体的经营规模越大，生产工艺越复杂，流程图分析法就越具有优势。

6. 事故树分析法

事故树分析法，是指从某一事故出发，运用逻辑推理的方法寻找引发事故的原因，即从结果推导出引发风险事故原因的方法。这是我国国家标准局规定的事故分析方法之一。任何一个事故的发生，必定是一系列事件按时间顺序相继出现的结果，前一事件的出现是随后事件发生的条件，在事件发展过程中，每一事件都有两种可能的状态，即成功和失败。

即问即答：

风险识别有哪些方法？

第三节　企业的风险评估

根据《企业内部控制基本规范》《中央企业全面风险管理指引》等规定，企业的风险管理意识不断强化，并将风险管理嵌入日常的运营中，使管理者能够有效地应对不确定性带来的风险，增进企业稳健运行、创造价值的能力。

一、风险评估简述

风险评估是通过风险识别，对可能存在的潜在风险进行估计、分析和评价，进一步及时发现各类风险，深入分析风险成因和管理现状，明确风险管理重点的过程。风险评估是风险管理的重要环节，是风险应对的前提和基础。风险评估的目的是在识别风险的基础上，进行分析与评估，从而有效地控制风险。

企业在进行风险评估的过程中，应考虑潜在事项影响目标实现的程度。可以从两个角度（可能性和影响）对事项进行评估，并且通常采用定性和定量相结合的方法，从个别或分类整体考虑主体中潜在事项的正面和负面影响。

通过考虑风险的可能性和影响，来对其加以分析评估，并以此作为决定风险管理方式的依据。风险评估应立足于固有风险和剩余风险。

固有风险是指企业在没有采取任何措施来改变风险可能性或影响的情况下，所面临的风险。剩余风险是在企业实施了风险应对措施之后所剩余的风险。一旦风险应对措施已经就绪，企业就应更加关注剩余风险。

二、企业风险衡量的内容与程序

风险衡量是指对企业某一特定风险的性质、发生的可能性及可能造成的损失进行的估算与测量。风险衡量是风险管理中最重要的部分，也是难度最大的部分。

（一）风险衡量的内容

风险衡量中的重要内容是风险估计，即运用概率统计方法，对风险事件的发生及其后果加以估计，从而给出一个较为准确的概率水平，即在进行风险分析时，风险衡量包括对风险事件发生频率的衡量和对损失严重程度的衡量。

（二）风险衡量的程序

风险衡量首先要确定风险事件在确定的时间内（如一年、一个月或者一周）发生的可能性（即频率大小），估计这些风险事件会造成何种程度的损失后果（即损失的严重性）。其次，根据风险事件发生的数量和损失严重程度，估计总损失额。最后，风险管理者应预测这些风险事件的发生次数、损失严重程度及总损失额度等，以便为决策者提供资料。

三、企业损失频率与程度衡量

（一）损失频率衡量

损失频率指一定时期内损失可能发生的次数。对损失频率的测定可以估算某一风险单位因为某种损失原因而受损的概率，如一幢建筑物因为火灾受损的概率；也可以估算几幢建筑物因为火灾受损的概率。

损失频率衡量的具体方法有定性分级和概率测算两种。定性分级是风险管理者根据自己对风险的观念，将风险事件按照发生的可能性分级；概率测算是根据统计资料，应用概率统计方法进行计算。定性分级不够精确，但具有不必依赖有关风险高标准信息的优点。

企业在分析损失发生的频率时，如果能够掌握较为充分的信息，那么各种潜在损失发生的概率就较容易准确计算。损失概率越大，出现损失的可能性就越大。确定潜在损失发生的概率对风险管理决策的制定意义重大。通常，损失的频率比损失的严重程度更具有可预测性。尤其是对于一些大公司来说，由于风险标的集中，所以对风险事件的预测较为准确。但是，对于一般企业来说，要准确预测损失频率是比较困难的，因为大多数严重的损失并非天天发生，并且单个企业的风险标的也很难多到足以准确地预测损失发生的频率。

（二）损失程度衡量

损失程度衡量是企业风险衡量中最重要的部分。损失程度指每次损失可能的规模，即损失金额大小。损失程度衡量实际上就是对损失的严重性进行估算。企业在确定损失程度时，必须考虑每一特定风险可能造成的各类损失及其对企业财务及总体经营的最终影响，既要评估潜在的直接损失，也要估计潜在的间接损失。

企业应当注意，损失程度不仅与损失类型有关，而且与遭受损失的风险单位个数有关。涉及同一风险的单位越多，则该风险的潜在损失越大，尤其是在各单位发生损失的事件不独立时，更是如此。此外，也应当考虑损失金额的时间效应。例如，持续 10 年的每年 10 000 元的损失不比立即发生一次 10 万元的损失严重，因为货币具有时间价值。

估计潜在损失程度的最重要途径或方法是估计一个单位在每次风险事件中的最大可信损失及最大可能损失。前者指估计在通常情况下可能遭受的最大损失额；后者指一个风险单位发生一次风险事件时在最不利的情况下可能遭受的最大损失。例如，某企业有一套价值 100 万元的设备，那么发生一次风险事件时，就该设备而言的最大可能损失是 100 万元。因为在企业存续期内，该设备的最坏情况是全部损毁。另外，如果某风险管理者估计该设备在 5 年内会有一次损失金额接近 50 万元的损失，则该风险管理者预计的最大可信损失是 50 万元。最大可能损失金额比最大可信损失金额大，但前者发生的机会比后者要小。在两种衡量途径或方法中，最大可信损失较难估计，不同的风险管理者对可能损失价值的看法常常会有所不同，但它用处最大。

衡量损失程度的另一种方法是估计一年内由单一风险事件造成的损失额和多种风险事件造成的损失额总和，即最大可能年总损失金额。这种损失或成因于单一风险，或成因于多种风险，是面临风险的一个或多个单位在一年内可能遭受的最大总损失量。这种方法与上述方法的相同点是损失数量在很大程度上取决于风险管理者选择的概率水平，不同点在于损失的严重程度也许是由多种结果造成的。

以上对损失发生频率和损失程度的衡量只是从风险估计的角度分析。风险估计应该采用概率分布方法加以定量化分析。企业衡量潜在风险是为了今后能够选择适当的控制风险的方法。

四、企业风险评估的原则和步骤

（一）风险评估目的

通过风险评估，全面、系统地梳理、识别企业面临的各类内外部风险，明确风险管理重点，培育全员风险管理意识；通过风险表现及成因分析，为制定风险应对措施提供依据。

（二）风险评估原则

1. 全面性原则

风险评估是一项系统性工作，应贯穿决策、管理及执行全过程，覆盖企业各种业务和事项，涉及全体员工。

2. 重要性原则

风险评估工作应关注重点领域及关键业务事项，合理配置资源。

3. 时效性原则

风险评估工作应根据管理需要及时开展，第一时间为管理者提供风险信息。

4. 适用性原则

风险评估工作应充分考虑组织形式和业务特点，在企业统一框架下，结合实际制定针对性的风险评估标准，选择适当的评估方法。

（三）风险评估基本步骤

风险评估的过程既是对风险的衡量，也是全面风险管理的重要过程。企业在风险管理的日常操作中，应在风险识别、风险分析和风险评价三大步骤的基础上，具体细分为信息收集、风险识别、风险分析、风险评价、风险应对（本章第四节阐述）五部分。"风险管理基本流程关系"如图3-1所示。

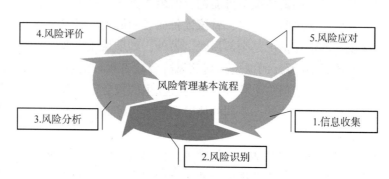

图3-1　风险管理基本流程关系

1. 信息收集（建立环境）

开展风险评估之前，企业应收集内外部环境信息，制定风险管理目标和策略，明确风险分析评价标准，可以设计"企业风险信息收集表"等相关表格来归纳各种信息，为有效开展风险评估提供依据并留有痕迹。本章后附企业风险管理工作参考表。"企业风险信息收集表"详见本章后附表3-1。

（1）收集内外部环境信息。企业应围绕战略目标及经营管理目标，持续收集与风险相关的内外部环境信息，包括历史数据和未来预测，如国内外经济形势、相关行业领域运行态势、相关政策、法律变化等，以及各类风险案例、内部控制缺陷等运营层面信息。

（2）制定风险管理目标和策略。结合企业战略目标及经营管理目标，分析影响目标实现的各类风险。根据风险偏好及风险承受度，制定风险管理总体目标和策略。

（3）制定风险分析和评价标准。

1）风险分析标准。风险分析有两个维度：风险发生的可能性和影响程度。风险发生的可能性以风险发生概率为分析标准；影响程度从财务、运营、合规、HSE、声誉五个方面进行分析。以上两个维度按照从低到高分为极低、低、中、高、极高五个级次，分别用1、2、3、4、5分表示。

2）风险评价标准。综合考虑风险偏好和风险承受度，以风险发生的可能性和影响程度为依据，确定风险评价等级。风险评价等级按重要性程度分为重大风险、重要风险和一般风险三个等级。

风险分析和评价标准示意如图3-2所示。

在实际执行过程中，企业应针对风险评估对象，结合风险偏好及风险承受度，制定具体的风险评价标准。

（4）信息收集的主要内容。

1）战略风险方面。企业应广泛收集国内外企业因战略风险失控导致企业蒙受损失的案例，并至少收集以下重要信息。

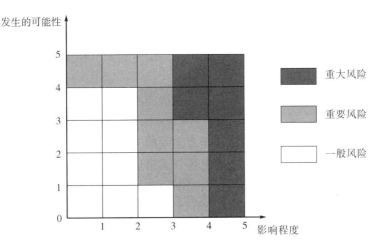

图 3-2 风险分析和评价标准示意

①国内外宏观经济政策以及经济运行情况、本行业状况、国家产业政策。

②科技进步、技术创新的有关内容。

③市场对该企业产品或服务的需求。

④与企业战略合作伙伴的关系，未来寻求战略合作的可能性。

⑤主要客户、供应商及竞争对手的有关情况。

⑥与主要竞争对手相比，该企业的实力与差距。

⑦发展战略和规划、投融资计划、年度经营目标、经营战略，以及编制这些战略、规划、计划、目标的有关依据。

⑧对外投融资流程中曾发生或易发生错误的业务流程或环节。

2）财务风险方面。企业应广泛收集国内外企业因财务风险失控导致危机的案例，有行业平均指标或先进指标的，也应尽可能收集并至少收集以下重要信息。

①负债、或有负债、负债率、偿债能力。

②现金流、应收账款及其占销售收入的比重、资金周转率。

③产品存货及其占销售成本的比重、应付账款及其占购货额的比重。

④制造成本和管理费用、财务费用、营业费用。

⑤盈利能力。

⑥成本核算、资金结算和现金管理业务中曾发生或易发生错误的业务流程或环节。

⑦与该企业相关的行业会计政策、会计估算、与国际会计制度的差异与调节，如退休金、递延税项等信息。

3）市场风险方面。企业应广泛收集国内外企业因忽视市场风险、缺乏应对措施导致企业蒙受损失的案例，并至少收集以下重要信息。

①产品或服务的价格及供需变化。

②能源、原材料、配件等物资供应的充足性、稳定性和价格变化。

③主要客户、主要供应商的信用情况。

④税收政策和利率、汇率、股票价格指数的变化。

⑤潜在竞争者、竞争者及其主要产品、替代品情况。

4）运营风险方面。企业应至少收集与该企业、本行业相关的以下信息。

①产品结构、新产品研发。

②市场营销策略，包括产品或服务定价与销售渠道、市场营销环境状况等。

③企业组织效能、管理现状、企业文化，中高层管理人员和重要业务流程中专业人员的知识结构、专业经验。

④期货等衍生产品业务中曾发生或易发生失误的流程和环节。

⑤质量、安全、环保、信息安全等管理中曾发生或易发生失误的业务流程或环节。

⑥因企业内外部人员的道德风险致使企业遭受损失或业务控制系统失灵的情况。

⑦给企业造成损失的自然灾害以及除上述有关情形之外的其他纯粹风险。

⑧对现有业务流程和信息系统操作运行情况的监管、运行评价及持续改进能力。

⑨企业风险管理的现状和能力。

5）法律风险方面。企业应广泛收集国内外企业因忽视法律法规风险、缺乏应对措施导致企业蒙受损失的案例，并至少收集以下信息。

①国内外与企业相关的政治、法律环境。

②影响企业的新法律法规和政策。

③员工道德操守的遵从性。

④企业签订的重大协议和有关贸易合同。

⑤企业发生重大法律纠纷案件的情况。

⑥企业和竞争对手的知识产权情况。

2. 风险识别

风险识别是对收集的各类信息进行必要的筛选和分析，查找影响战略目标及经营管理目标实现的各类风险的过程。风险识别的基本步骤如下。

第一步，确定风险识别方式。根据风险评估工作需要，确定风险识别的范围、方法、参与人员及组织形式等。应重点关注以下内容。

①风险识别人员范围。开展风险识别工作，应充分涵盖评估范围内各层级管理人员。参与风险识别的人员应具备必要的风险管理知识，熟悉相关业务。

②风险识别方法。常用的风险识别方法主要包括现场调查分析法、德尔菲技术法、风险清单分析法等。风险识别参与人员可结合具体评估对象，灵活应用风险识别的方法。

第二步，组织开展风险识别。参与风险识别的人员，应按照有关要求，在筛选和分析各类信息的基础上，识别影响战略目标及经营管理目标实现的各类风险。

第三步，风险识别结果。企业应对识别出来的各类风险进行整理汇总，同时建立健全风险案例表、风险数据库等相关案例信息，为风险的应对提供素材和实证。

"企业风险案例表"及"企业风险库"见本章后附表3-2、附表3-3。

企业建立风险数据库主要信息应包含以下三种。

①风险名称。采用"目标或业务+风险"的描述方式，如跨国经营风险、价格风险、税务风险等。

②风险概述。采取"成因+影响的业务/目标"描述方式，如跨国经营风险可描述为：企业"走出去"力度加大，国际局势不稳定，跨国经营经验不足等原因，导致跨国经营风险。

③风险描述。对风险发生的各种成因及其表现分类描述。

3. 风险分析

风险分析是指从风险发生的可能性和影响程度两方面采用的定性、定量分析方法，参照风险分析标准，分析未来一定时期内风险发生的可能性和对目标的影响程度。

相关风险分析参考标准见本章后附表 3-4 至附表 3-12。"风险评级矩阵"见附表 3-13。

风险分析要充分借鉴历史事件，综合考虑风险成因，管理现状，风险涉及的业务领域、业务量、责任单位以及风险之间的相互关系等因素。

风险分析应把握以下要点。

第一，风险成因分析。应结合内外部风险因素针对风险影响的具体业务和目标具体分析。

第二，应对各类风险进行关联分析。深入剖析风险之间的自然对冲、风险发生的正负相关性等组合效应，为各类风险的组合管理提供依据。

第三，应充分考虑风险管理现状，包括现行内部控制制度、专业管理制度等，分析制度设计及执行的有效性，风险管理责任落实情况等。

第四，应充分借鉴风险案例等，为风险分析的有效性提供保障。

第五，风险分析可采用定性与定量相结合的方法综合进行分析，如风险坐标法、敏感性分析法、压力测试法、盈亏平衡分析法等。

4. 风险评价

风险评价是根据风险评价标准，对风险分析结果进行综合评价，确定风险等级，明确风险管理重点的过程。风险评价的目的在于协助决策，这个决策是考虑风险是否需要应对以及实施应对优先顺序方面的决策。

"企业常用风险评价方法"见本章后附表 3-14。

（1）企业风险评价的主要做法。

风险评价要完成以下工作：一是检查风险分析的输出结果，并把得到的风险等级与风险准则相比较；二是决定是否需要风险应对；三是对需要实施应对措施的风险按优先次序进行排序。

风险评价的结果应满足风险应对的需要，风险评价的结果要有足够的可信性、准确性、完整性，否则应做进一步的分析。当然，风险评价也可能导致除维持现有的控制措施外，不进行任何风险应对的决定。在企业经营活动中，风险评价应认真做好以下两个环节。

1）初步风险评价。根据风险评价标准，评价各类风险等级，按照评价结果进行排序。

2）风险评价结果确认。根据风险偏好和承受度，结合法律法规要求，对风险评价初步结果进行适当调整、确认。根据以上分析过程及结果完善风险库。

根据企业规模及业务特点，最简单的风险评价结果是仅将风险分成两种：需要处理的风险与无须处理的风险。这样的处理方式很简单，但其结果通常难以反映出风险估计时的不确定性因素。

通常企业的主要做法是将风险划分为三个等级，即不可容忍的风险、可接受的风险、介于两者之间的风险。对于不可容忍的风险，企业应重点进行风险应对；对于可接受的风险，则无须采取应对措施，保持监测即可；对于介于两者之间的风险，则是风险管理的核心任务之一，应着重考虑实施风险应对的成本与效益，并权衡机遇对目标的影响。

（2）企业风险评价的机制。

在风险评价中，企业应建立、健全风险评估机制，只有完善的机制才能使风险管理工作落到实处。企业风险评估应分为年度风险评估、专项风险评估和日常风险评估。

1）做好企业年度风险评估。企业年度风险评估是围绕企业发展战略及年度经营管理目标，评估未来一年内影响目标实现的各类风险，确定年度风险管理重点，编制年度风险管理报告。企业年度风险评估的主要工作步骤包括以下五个方面。

第一步，制定风险评估工作方案。企业全面风险管理部门或内部控制部门统一制定年度风险评估工作方案，其内容主要包括年度风险评估的目标和依据、风险评估方式、参与单位及人员、风险评估标准和方法、时间安排等。

第二步，开展风险评估。各部门或单位按照企业统一要求，结合具体评估对象，灵活采用问卷调查、现场调查、风险矩阵等方法开展风险评估。

第三步，确定风险评估结果。企业全面风险管理部门负责汇总分析风险评估结果，通过集体讨论等形式，初步确定重大风险、重要风险及一般风险。

第四步，制定风险管理策略和应对措施。企业全面风险管理部门组织相关单位，针对重大风险、重要风险研究制定风险管理策略和应对措施，落实风险管理责任。

第五步，编制全面风险管理报告。企业全面风险管理部门负责组织编制年度全面风险管理报告，按规定程序审批后报企业高层或上级。

2）做好专项风险评估。企业应建立重大决策和高风险业务专项风险评估机制。专项评估范围包括投资并购、金融衍生业务、重大投资项目等。企业专项风险评估的主要工作步骤包括以下五个方面。

第一步，确定专项风险评估范围。全面风险管理部门或内部控制部门根据管理需要，确定企业专项风险评估范围及方案。各部门及单位根据管理需要，确定本部门或单位专项风险评估范围。

第二步，确定专项风险评估方法和分析评价标准。结合专项风险的业务特点，选择适当的风险评估方法，研究设计专项风险分析、评价标准。

第三步，开展专项风险评估。根据专项风险涉及的业务管理目标，采用定性与定量相结合的方法，依据专项风险分析、评价标准，研究确定风险评估结果。

第四步，编制专项风险评估报告。根据专项风险评估结果，编制专项风险评估报告。

第五步，程序性审核。纳入专项风险评估范围的事项，在提请决策层审议之前，需编制专项风险评估报告，报企业全面风险管理部门审核。

3）做好日常风险评估。日常风险评估是根据年度风险评估结果，结合日常经营管理活动，持续收集相关风险信息，对相关风险进行动态评估，及时改进完善风险管理策略和措施。

企业应针对各类风险，分析现有管理措施是否有效。根据需要制定或完善风险管理策略和应对措施，持续开展风险监控预警，结合内外部环境变化及时调整和改进管理策略和应对措施。

即问即答：

风险管理的基本流程有哪几个主要环节？

第四节 企业的风险应对

在对风险进行估计、分析和评价之后，企业就要确定如何应对风险。风险应对是指企业根据自身条件和外部环境，依据风险分析的结果、结合风险承受度、权衡风险与收益、确定风险应对策略，综合运用风险规避、风险降低、风险分担、风险承受等应对策略，实现对风险的有效控制。企业应结合发展战略、风险偏好、风险承受度、风险管理有效性标准等，选择适合自身的风险管理工具，确定风险管理所需人力和财力资源的配置原则，综合平衡成本与收益，针对企业存在的不同风险，采取适当的方法，确定相应应对措施并有效实施。

企业应将识别出的相关风险建立风险应对工作表，详见本章后附表3-15。

一、企业风险应对策略的原则

企业应当结合不同发展阶段和业务拓展情况，持续收集与风险变化相关的信息，进行风险识别和风险分析，及时调整风险应对策略。同时综合运用风险规避、风险降低、风险分担和风险承受等策略，实现对风险的有效控制。主要原则包括以下四个方面。

（1）风险规避。风险规避是指企业对超出风险承受度的风险，通过放弃或者停止与该风险相关的业务活动以避免和减轻损失的策略。在企业生产运营中，风险规避可能包括退出一条生产线、拒绝向一个新的地区拓展市场，或者对存在或有风险的资产进行处置等，总之退出会产生风险的运营活动。

（2）风险降低。风险降低是指企业在权衡成本效益之后，准备采取适当的控制措施降低风险或者减轻损失，将风险控制在风险承受度之内的策略。风险降低包括采取措施降低风险的可能性或影响，或者同时降低两者，它涉及各种日常的经营决策。

（3）风险分担。风险分担是指企业准备借助他人力量，采取业务分包、购买保险等方式和适当的控制措施，将风险控制在风险承受度之内的策略。风险分析包括通过转移来降低风险的可能性或影响，或者分担一部分风险。常见的风险分担技术包括购买保险产品、从事避险交易或外包一项业务等。

（4）风险承受。风险承受是指企业对在风险承受度之内的风险，在权衡成本效益之后，不准备采取控制措施降低风险或者减轻损失的策略。风险承受意味着企业不采取任何措施去干预风险的可能性或影响。

二、企业风险应对的基本要求

在一般情况下，对战略、财务、运营和法律风险，可采取风险承担、风险规避、风险转换、风险控制等方法。对能够通过保险、期货、对冲等金融手段进行理财的风险，可以采用风险转移、风险对冲、风险补偿等方法。

企业应根据不同业务特点，统一确定风险偏好和风险承受度，即明确企业愿意承担哪些风险，企业能够承担风险的最低限度和不能超过的最高限度是多少，并据此确定风险的预警线及相应采取的对策。确定风险偏好和风险承受度，要正确认识和把握风险与收益的平衡，防止和纠正忽视风险，不可片面追求收益而不讲条件、范围，不宜有风险越大、收益越高的观念和做法；同时，也要防止单纯为规避风险而放弃发展机遇。

企业应根据风险与收益相平衡的原则以及各风险在风险坐标图上的位置，进一步确定风险管理的优先顺序，明确风险管理成本的资金预算和控制风险的组织体系、人力资源、应对措施等总体安排。

企业应定期总结和分析已制定的风险管理策略，确定其有效性和合理性，结合实际不断修订和完善风险管理策略。其中，应重点检查依据风险偏好、风险承受度和风险控制预警线实施的结果，并提出定性或定量的有效性标准。

三、企业风险应对的主要措施

企业风险应对的主要措施包括以下几个方面。

（1）企业应根据风险管理策略，针对各类风险或每一项重大风险制定风险管理解决方案。方案一般应包括风险解决的具体目标，所需的组织领导，所涉及的管理及业务流程，所需的条件、手段等资源，风险事件发生前、中、后所采取的具体应对措施以及风险管理工具。

（2）企业制定风险管理解决的外包方案，应注重成本与收益的平衡、外包工作的质量、商业秘密的保护，以及防止自身对风险解决方案外包产生依赖性风险等，并制定相应的预防和控制措施。

（3）企业制定风险解决的内部控制方案应满足合规的要求，坚持经营战略与风险策略一致、风险控制与运营效率及效果相平衡的原则，针对重大风险所涉及的各管理及业务流程，制定涵盖各个环节的全流程控制措施；对其他风险所涉及的业务流程，要把关键环节作为控制点，采取相应的控制措施。

（4）企业应通过制定内部控制措施，减少或降低风险发生的概率，一般至少包括以下内容。

1）建立内部控制岗位授权制度。对内部控制所涉及的各岗位明确规定授权对象、条件、范围和额度等，任何组织和个人不得超越授权做出风险性决定。

2）建立内部控制报告制度。明确规定报告人与接受报告人，报告的时间、内容、频率、传递路线、负责处理报告的部门和人员等。

3）建立内部控制批准制度。对内部控制所涉及的重要事项，明确规定批准的程序、条件、范围和额度、必备文件以及有权批准的部门和人员及其相应责任。

4）建立内部控制责任制度。按照权利、义务和责任相统一的原则，明确规定各有关部门和业务单位、岗位、人员应负的责任和奖惩制度。

5）建立内部控制审计检查制度。结合内控的有关要求、方法、标准与流程，明确规定审计检查的对象、内容、方式和负责审计检查的部门等。

6）建立内部控制考核评价制度。具备条件的企业应把各业务单位风险管理执行情况与绩效薪酬挂钩。

7）建立重大风险预警制度。对重大风险进行持续不断的监测，及时发布预警信息，制定应急预案，并根据情况变化调整控制措施。

8）建立、健全以总法律顾问制度为核心的企业法律顾问制度。大力加强企业法律风险防范机制建设，形成由企业决策层主导、企业总法律顾问牵头、企业法律顾问提供业务保障、全体员工共同参与的法律风险责任体系。完善企业重大法律纠纷案件的备案管理制度。

9）建立重要岗位权力制衡制度，明确规定不相容职责的分离。主要包括授权批准、业务经办、会计记录、财产保管和稽核检查等职责；对内部控制所涉及的重要岗位，可设置一岗双人、双职、双责，相互制约；明确该岗位的上级部门或人员对其应采取的监督措施和应负的监督责任；将该岗位作为内部审计的重点等。

（5）企业应当按照各有关部门和业务单位的职责分工，认真组织实施风险管理解决方案，确保各项措施落实到位。

即问即答：

风险应对的主要措施有哪些？

第五节 企业风险管理的监督与改进

在企业的风险管理中，风险管理的监督与改进也是一个不容忽视的重要环节，它使风险管理的运行形成一个闭环，并进一步优化与提升企业的全面风险管理。企业应以重大风险、重大事件、重大决策、重要管理及业务流程为重点，对风险管理初始信息、风险评估、风险管理策略、关键控制活动及风险管理解决方案的实施情况进行监督，采用压力测试、返回测试、穿行测试以及风险控制自我评估等方法对风险管理的有效性进行检验，根据变化情况和存在的缺陷，及时加以改进。

一、企业风险管理的监督

（1）企业内部审计部门应至少每年对包括风险管理职能部门在内的各有关部门和业务单位能否按照有关规定开展风险管理工作及其工作效果进行一次监督评价，监督评价报告应直接报送企业高层或董事会及董事会下设的风险管理委员会和审计委员会。此项工作也可结合年度审计、任期审计或专项审计工作一并开展。

（2）企业应建立贯穿整个风险管理基本流程，连接各上下级、各部门和业务单位的风险管理信息沟通渠道，确保信息沟通的及时、准确、完整，为风险管理监督与改进奠定基础。

（3）企业内部控制及全面风险管理部门或归口部门，针对企业各类风险的管理情况进行跟踪和监控，定期向管理层报告风险信息。风险监控的主要内容包括各种可量化的关键风险指标、不可量化的风险因素的变化情况和发展趋势，风险应对措施的执行情况，风险管理的效果等。

二、企业风险管理内部审计

根据《内部审计具体准则第16号——风险管理审计》，为了规范内部审计人员对组织内部控制中的风险管理状况进行审查与评价，审计人员应当实施必要的审计程序，对风险识别过程进行审查与评价，重点关注组织面临的内外部风险是否已得到充分、适当的确认。

企业内部审计人员应当实施必要的审计程序，对风险评估过程进行审查与评价，重点关注以下两个要素。

（1）风险发生的可能性。

（2）风险对组织目标实现产生影响的严重程度。

内部审计人员在评价风险应对措施的适当性和有效性时，应当考虑以下三个因素。

（1）采取风险应对措施之后的剩余风险水平是否在组织可以接受的范围之内。

（2）采取的风险应对措施是否适合本组织的经营、管理特点。

（3）成本效益的考核与衡量。

三、企业风险管理的改进

（1）企业风险管理部门应定期汇总、分析企业全面风险管理情况，编制全面风险管理报告，按规定程序审定后方可予以上报、对外进行报告和披露。

（2）企业风险管理部门应定期对各部门和业务单位风险管理工作实施情况和有效性进行检查和检验，要根据在制定风险策略时提出的有效性标准的要求对风险管理策略进行评估，对跨部门和业务单位的风险管理解决方案进行评价，及时发现缺陷并改进，提出调整或改进建议，出具评价和建议报告，及时报送企业总经理或其委托分管风险管理工作的高级管理人员。

（3）企业可聘请有资质、信誉好、风险管理专业能力强的中介机构对企业全面风险管理工作进行评价，出具风险管理评估和建议专项报告。报告一般应包括风险管理的实施情况、风险管理存在缺陷、风险管理的改进建议，可重点关注以下几个方面。

①全面风险管理总体目标。

②风险管理组织体系与信息系统。

③风险管理基本流程与风险管理策略。

④企业重大风险、重大事件、重要管理及业务流程的风险管理及内部控制系统的建设。

即问即答：

企业审计人员在风险管理内部审计中应重点关注哪些要素？

内部控制管理案例 1

雷曼兄弟公司内部控制失败案

——从雷曼兄弟公司破产案例来看企业内部控制

作为华尔街第四大投资银行，2007 年雷曼兄弟公司（简称雷曼公司）在世界 500 强中排名第 132 位，自 1850 年创立以来，雷曼公司多次获得全球最佳投资银行的良好声誉。然而，在雷曼兄弟的管理中，逐渐暴露了公司内部控制的薄弱环节，如不真实的交易、超出自身承受度的债券风险等，最终导致雷曼公司的彻底坍塌。

一、几个失败的事项

（1）从 2001 年开始，雷曼公司通常在一个季度即将结束时，把旗下资产转移给其他机构，从对方处获取资金，用所获资金偿还部分债务，在资产负债表中体现为资产减少、负债减少；编制财务报表后再购回资产，以隐藏债务、降低账面所显现的财务杠杆比率，进而维持信用评级。这种被业内人士称为"回购 105"的交易在 2007 年下半年使用频率急剧增加。雷曼公司全球财务控制人员马丁·凯利称，这么做的唯一目标或动机是减记资产负债表的负债项目，交易本身毫无实际内容。他曾提醒前财务主管埃林·卡伦和伊恩·罗维特，如果公众知道真相，雷曼公司将声名扫地。

（2）雷曼公司近几年买入了大量的住房抵押债券和高风险资产，加上净资本不足，其杠杆率达到了近 30 倍。高杠杆的同时，雷曼公司还持有大量不良资产。2007 年，雷曼公司资产中 45% 是金融头寸，这些头寸中垃圾债券和贷款达 327 亿美元。作为华尔街房产抵押债券的主要承销商和账簿管理人，雷曼公司将很大一部分难以出售的债券都留在了自己的资产表上。当市场情况好的时候，这些"有毒"资产的潜在问题被隐藏起来；但当次贷危机爆发时，雷曼公司的灾难也就到来了。

（3）2006 年年底，雷曼公司高管层打算在一年内将全公司的风险承受上限提高两倍，即雷曼公司准备承受更高的交易和投资亏损额度。调查发现，雷曼公司当时的首席风险官马德林·安东西奇曾反对提高风险承受上限，但她的意见遭到否决。更糟的是，雷曼公司似乎对蕴藏的风险毫无知觉。2007 年，华尔街的不少机构因为投资产品不当而蒙受损失，雷曼公司仍然盈利 41 亿美元，富尔德因而得到了超过 4 000 万美元的奖励。到 2007 年年底，雷曼公司的风险承受上限从年初的 22 亿上升到 40 亿美元。按规定，雷曼公司必须对所持的交易头寸和投资进行压力测试，但雷曼公司把房地产自营投资、私人股本投资以及支持收购交易的杠杆贷款等风险最高的资产，都排除在计算范围之外。沃卢克斯指出，雷曼公司在 2007 年 5 月用于收购 Archstone-Smith 房地产投资信托基金的 23 亿美元的过渡贷款，就从未纳入风险计算，单是这笔交易就会使雷曼公司超出上调后的风险承受上限。

（4）当富尔德率领雷曼公司大举进军按揭市场，买下多间按揭公司及银行，并将按揭包装形成债券出售时，雷曼公司的董事会并没有识别和发现：巨大的债券投资将给雷曼公司带来极高的风险。2008 年下半年美国楼市由盛转衰，次贷危机爆发，雷曼公司手中大量的债券抵押证券无法脱手。2008 年 6 月，因公司二季度亏损达 28 亿美元，引发投资者对公司高管层不满。为恢复市场信心，公司董事会才下决心对其高管层进行整顿，数位国际业务主管离任。但是，对于公司首席执行官富尔德，董事会却显得无能为力。当富尔德由于盲目的自信，丧失了将雷曼公司 25% 的股份以 40 亿到 60 亿美元的价格卖给韩国产业银行并起死回生的机会时，他们只得听任他做出糟糕的决定，并最终将公司带向了死亡。

2008 年 9 月 15 日，在次级抵押贷款市场危机加剧的形势下，雷曼公司最终丢盔弃甲，宣布申请破产保护。雷曼公司由盛转衰的历程源于外部和内部的多方面原因，而内部控制薄弱是雷曼公司落败的根本原因之一，尤其是雷曼公司董事会没有发挥真正的作用，重大决策都由一个人决定，从而失去了第一时间控制风险的主动权，直到危机爆发，一切为时已晚。

二、在内部控制管理中存在的主要问题

1. 风险评估机制不健全

风险评估是实施内部控制的重要环节，单位管理层在评估相关风险的可能性、后果以及成本效益之后，要选择一系列策略，使剩余风险处于风险承受度之内。雷曼公司转变传统投资银行经营范围，进入多角色的跨界经营模式，经理人激励过高，促使各分公司、子公司大量操作风险业务，导致公司在市场风险加大时资产结构的调节难度极大增加；并且由于一直增加的杠杆率，其在双高风险下运作，风险难以度量。2007 年春，次贷危机开始第一次大规模显示其破坏力。在竞争对手纷纷减少风险投资的情况下，雷曼公司却凭借对"反周期增长战略"的信念，继续推行风险投资计划。同年 5 月，雷曼公司贷款 23 亿美元收购 Archstone-Smith 房地产投资信托基金事件，使雷曼公司的风险投资战略一举跃上巅峰。

2. 控制活动不到位

在风险评估之后，企业应采取相应的控制措施，将风险控制在可承受度之内。雷曼公司在使用创新金融工具的过程中，出现大量授权审批不规范的现象，多数内部控制制度流于形式，并未得到有效实施。雷曼公司的资产结构其实早已隐藏着巨大风险，它是全球最大的 MBS（美国抵押支持债券）承销商，其资产也主要是按揭贷款及与按揭贷款相关的债券，早就偏离了传统业务，并将杠杆机制用到极致。公司应该提早进行防范，拒绝在原有基础上把风险再扩大，但事实上雷曼公司并没有采取任何措施，而是继续肆意地使用杠杆机制，享受高收益带来的快感。

3. 信息与沟通机制失灵

企业及时、准确地收集、传递与内部控制相关的信息，确保信息在企业内部、企业与外部之间进行有效沟通，是实施内部控制的重要条件。雷曼公司自身拥有很大一部分难以出售的债券，与普通债券相比，没有一个流通的市场去确定它们的合理价值。雷曼公司与市场信息不对称，高估自身的价值，结果直到破产前，即使公司对其持有的 MBS 以每美元 85% 进行账面减值，市场也早就不认为其资产值这个价钱。

4. 内部监督机构形同虚设

内部监督是企业对内部控制建立与实施情况进行监督检查，评价内部控制的有效性，对于发现的内部控制缺陷，及时加以改进的重要措施，是实施内部控制的重要保证。公司的董事会下设审计委员会、薪酬委员会、提名委员会，这些委员会一方面协助董事会行使决策权与监督权，另一方面也对公司内部管理的改善起着很重要的作用。然而在此次危机中，这些监控机构似乎都失效了，公司内部的监控机构也没有事先进行正确风险评价和实施必要的风险防范措施。

三、雷曼兄弟公司破产事件引发的思考与启示

1. 完善的内部环境是企业内部控制有效性的保障

雷曼公司首席执行官权力过大，缺少制衡。内部监督机构形同虚设，风险评估机构难以准确评估风险，更不能及时提出有效的风险应对措施。现代企业制度的实质是企业所有权和经营管理权相分离，以经营管理权和监督权为主的各种权力相互制约、相互依存。在这个多元利益主体结构中，不同利害关系者对企业的权利和经济利益要求及其所承担的责任不同。因此，作为一家公司的首席执行官，应该严格遵守公司的治理结构，建立一套行之有效的监督制衡机制，否则内部控制将会失效。

2. 制定明确的内控战略目标，及时识别并应对风险

雷曼公司破产的另一个重要原因就是公司管理层对于其内部控制的具体目标不清晰，错失了挽救的机会。次贷危机爆发以后，各大投资银行纷纷采取措施规避风险，雷曼公司却只看到高额利润，未能主动开展风险评估，以致风险超过了公司能够承担的最大限度，造成了严重后果。内部控制的目标是保证企业经营管理合法合规，资产安全，财务报告及相关信息真实完整，提高经营效率和效果，促进企业实现发展战略。企业应当根据设定的控制目标，全面、系统、持续地收集相关信息，结合实际情况进行风险评估。风险来临时，应该及时根据现实情况综合运用风险规避、风险降低、风险分担和风险承受等风险应对策略，实现对风险的有效控制。

3. 建立具有独立审查与实时反馈的内部审计机制

雷曼公司破产，公司的内部审计部门难辞其咎。作为不直接参与企业经济活动的部门，内部审计部门原本应当处于相对独立的位置，更应由此对企业的经营状况、所面临的风险有更为客观的评价。然而，雷曼公司的内部审计部门受高管层与审计委员会的双重影响，在首席执行官物质激励的诱使下，面对企业高管层的人为粉饰财报的行为竟毫不作为，致使董事会对于企业高杠杆的债务结构缺少清晰的认识，间接造成了无法挽回的结果。由此可以看出，建立真正更为独立，能够及时、客观地对企业危险违规行为做出风险警示与汇报的内部

审计部门显得迫在眉睫。只有真正建立起不受任何外界人为因素影响的内部审计部门，才能起到实时监督内部控制运行，协助内部控制有效开展的作用。

资料来源：

（1）从内部控制看雷曼的破产之路，https://wenku.baidu.com/view/8fd708c8ba1aa8114431d9c2.html。

（2）内部控制雷曼兄弟案例，https://wenku.baidu.com/view/ed49601f26fff705cd170a3c.html。

（3）从雷曼兄弟破产案例来看企业内部控制，https://wenku.baidu.com/view/aef2be815ebfc77da26925c52cc58bd631869332.html。

案例拓展研习：

1. 雷曼兄弟的董事会并没有识别和发现企业中存在的风险隐患，如果您是专家，请帮助雷曼兄弟设计一张"企业风险评估及应对明细表"。

"企业风险评估及应对明细表"应包含下列内容：①序号；②填报人；③职务（岗位）；④主送；⑤风险类别；⑥未来一年有可能发生的风险事件描述；⑦后果影响；⑧发生的概率；⑨下一步风险应对和监控的措施或建议；⑩主管领导（或上级）阅示。

2. 根据风险评估，尝试将雷曼兄弟公司存在的主要问题填报上述表格中。

内部控制管理案例 2

乐视公司危机案例

——"乐视危机"内部控制案例分析

2017 年，"乐视危机"全面爆发，乐视公司深陷财务危机，高管纷纷离职，面临退市风险。"乐视危机"的背后是企业内部控制的失效。

一、乐视公司简介

乐视信息技术（北京）股份有限公司（简称乐视）成立于 2004 年，通过"平台+内容+终端+应用"经营模式，建设了 7 个互不关联的垂直业务，再通过业务整合，形成独特的乐视"生态圈"。在发展壮大之后，2010 年 8 月，乐视在我国创业板上市，其业务版图不断扩张，2014 年业务总收入达 100 亿元，2016 年业绩报告显示实现营业收入 219.87 亿元。看似一片欣欣向荣的背后，却隐藏着乐视巨大的财务危机。乐视大量融资的同时拖欠手机供应商款项高达 150 亿元，超过 60% 的版权费未能支付。2017 年 7 月 7 日董事长贾跃亭辞职，公司的五大重量级高管也陆续辞职，乐视股价一路下跌，面临退市风险。

二、内部控制问题分析

（一）内部环境

1. 组织架构

2016 年 11 月 6 日，贾跃亭首次公开承认，乐视存在发展节奏过快、组织能力和人员匹配失衡等问题。公司董事会下设众多支持机构，包括战略委员会、审计委员会、提名委员会等，然而却没有预算机构和绩效考评机构，不利于权责明晰。虽然乐视设置机构众多，但内部控制并不完善，主要表现为财务部与审计部划分在一起，均没有独立，内部审计的独立性无法保障。

2. 人力资源政策

乐视迅速扩张，对人才的需求也不断加大。但贾跃亭并没起到表率作用，在公司发展的业务上，选拔的人员过于沉冗，在各个业务执行的时候也没提供相应的智力和能力支撑，在人浮于事的团队中，贾跃亭所要付出的管理成本大大增加。2016年12月以来，乐视高管包括乐视体育总编辑敖铭和总裁张志勇、乐视汽车约尔格·萨默尔和全球首席品牌官马可·马蒂亚奇陆续离职。贾跃亭曾高薪聘请各个领域的专家，这些专家在"乐视模式"中却没有发挥应有的作用。

（二）风险评估

乐视在目标设立方面，确定了其战略目标。但是，乐视生态模式的提出，并没有使乐视提升到新的高度，这遭到外界多方的质疑。有经济分析师说，这根本就是顶层设计的错误导致的。乐视在经营目标设立过程中也存在差异。乐视在经营的有效性、创新业绩跟盈利等方面都没有得到体现，反而不断负向发展，就表明经营目标在制定的过程中出现不足，未能合理预估企业可承受的风险。乐视在公司资金紧缺的情况下仍然引入合并其他企业，企业发展战略明显不契合公司发展水平。

乐视的外部融资能力不断下降，其偿债能力指标已接近上限，企业的资产负债比率高，而流动性比率只有1.39，相对较低，比同行业低了三分之二。公司偿债风险上升且资金使用效率低，难以确保资金安全性和完整性。文化市场竞争日益激烈，需求趋于多元化，而贾跃亭的经营风格比较冒险，在本有的市场中没有巩固和深化，反而利用可周转的资金激进扩张。

乐视所面临的固有风险是国家出台的一系列严格的互联网视频内容监管政策，这是同行业都必须面对的风险。剩余风险是管理者采取了相应措施应对风险后仍然存在的风险。关联方资金的紧张，影响了乐视正常的融资渠道，乐视为解决这一问题，通过与金融机构谈判合作以及债转股等方式，缓解了暂时的资金压力，但并没有从根本上解决融资问题。

乐视自上市后，机遇与风险并存，企业负债不断增加，但是乐视没有建立风险识别系统。168亿元巨额资金的流入仅一个涨停板后就持续下跌。在停牌诊股，亏损16.516亿元前，乐视并没有建立有效的风险识别，面对巨额亏损没有任何预见识别的控制。乐视并没有在风险应对方面建立完善的风险识别系统，没有及时收集风险及与风险变化相关的各种信息，在面对一系列的危机时难以抵抗。

（三）控制活动

乐视合理设置了分工，科学划分了职责权限，贯彻了不相容职务分离及每一个人工作能自动检查另一个人或更多人工作的原则，形成了相互制衡的机制。

乐视自成立以来，乐视的最高决策人只有创始人贾跃亭，虽然也设有董事会，但是基本上形同虚设，无法对贾跃亭最高决策权力形成有效的牵制。

乐视曾经所有重要事务的审批手续均需通过贾跃亭过目签订，集体决策审批无从体现。贾跃亭的集权，追求的不是效率，而是控制。在企业的预算中，贾跃亭占决策的最主要作用，根据自己的判断而忽略其他决策人的意见，在职能分工上，贾跃亭以一人之力承担公司的几个岗位职责，包括执行、考核、决策等，其中心作用突出，大大降低授权的重要性，将公司职权掌握在一人手中。贾跃亭一味地追求产业现代化潮流，不仅没有提高公司的实力，反而因资金链的断裂导致其公司陷入债务风波，直至今天，其创造的神话也只是曾经。

（四）信息与沟通

乐视在发展中长期拖欠供应商的货款，在2016年被诉讼的案件中，共有超过16亿元的拖欠款，涉及金额最大的一笔是3.02亿元。从中可以发现，乐视没有通过有效的形式与供应商就信用政策、结算方式等问题进行良好沟通，也没有及时发现和解决可能存在的控制不当问题。乐视拖欠版权费，被供应商追债，使得公司陷入经济危机，造成无可挽回的结果。

（五）内部监督

乐视的审计部门与财务部门的职权并未完全划分开来，且乐视的审计部门人员偏少，不能全面地开展审计工作，内部审计职能无法完整履行。内部审计部门的独立性和工作效率值得质疑。此外，审计过程中要编制工作底稿且按统一的规则编号，建立索引，以备查询和引用，但乐视的工作底稿却存在严重的缺失现象，这就在很大程度上存在舞弊的嫌疑，同时在很大程度上影响了整个审计的质量。

三、几点建议

（一）内部环境方面

1. 创新并改善组织结构

乐视应针对人员管理方面的组织架构问题，创新并改善组织结构，遵守精简高效原则，在满足公司目标所决定的业务活动需要及统一指挥的前提下，力求减少公司的管理层次，精简公司的管理机构和人员，以最少的人完成公司管理的工作任务，提高管理效率。

2. 加强人力资源管理

企业在招聘过程中，要根据实际需求，运用 ERP（企业资源计划）管理信息系统，充分利用大数据资源，根据人力资源需求，建立相应的模型，选择符合企业需求的实用性人才，以更好地完成企业经营战略。在内部控制中，乐视需要强化公司治理水平，提供科学、有效的决策，将公司所有的人员凝结起来，共同参与治理，发挥他们最大的功效。

（二）风险评估方面

乐视应该将自身的发展与市场硬性条件相结合，通过态势分析法，分析公司的优势、劣势、机会、威胁，在明确发展目标的同时制定战略规划。随着互联网技术的迅速发展，企业在治理结构发生变化的同时，更要重视企业的风险。各个治理结构应该充分履行自己的职责，确保内部控制的实效性。

（三）控制活动方面

企业建立完善的内部控制制度，需要将各个岗位进行控制，各个岗位要建立明确的分工。实现全面的预算管理制度，明确各主体的职责，使得企业的管理层决策更加科学合理，重视预算在企业经营管理中的作用。对于乐视而言，在董事会下设的机构中要设置预算管理委员会，成立专门的管理机构，加强预算的准确性和监督力度，保证有效运行。

（四）信息与沟通方面

乐视要及时与企业的利益相关者进行沟通，提升服务质量。应使各职能部门从供应商、仓库、配送到消费者的整个完整供应链中协同合作，避免各职能部门的工作重复，提高经营效率，及时解决问题。

（五）监控方面

对公司各项制度进行日常的监督检查，建立详细的内部审计标准和内部审计指引，规范内部审计人员的工作行为，保证审计过程中的独立性和客观性。乐视针对报告可能存在的关联交易舞弊，应当完善投诉、举报管理制度，必要时可考虑设置舞弊举报热线，建立有效的反舞弊机制。

资料来源：《经济合作与科技》2018 年第 9 期，作者肖莉、姜大柱、雷轶超。

内容总结

本章分析了企业风险的内容和类型，对风险的评估做了较为详细的解读。通过风险评估的学习和认知，我们应当知道以下内容。

企业应当根据设定的控制目标，全面系统持续地收集相关信息，结合实际情况，及时进行风险评估。企业内部目标的设定是风险识别、风险分析、风险应对的前提。

在我们所学的企业风险内容基础上，结合企业实际，对尚未发生的、潜在的以及客观存在的各种风险进行系统、连续的预测、识别、推断和归纳等，保证企业的有效运行。风险识别是风险评估的第一步，也是最为重要的过程。通过对风险的认知、识别，将对企业的风险进行系列的评估。风险评估是通过风险识别，对可能存在的潜在风险进行估计、分析和评价，进一步及时发现各类风险，深入分析风险成因和管理现状，明确风险管理重点的过程。风险评估是风险管理基本流程的重要环节，是风险应对的前提和基础。风险评估的目的是在识别风险的基础上，进行分析与评估，切实地制定出风险的应对措施，有效地控制风险。

相关政策制度指引

国家层面

1. 《企业内部控制基本规范》及配套指引。
2. 《中央企业全面风险管理指引》。
3. 《银行业金融机构全面风险管理指引》。
4. 《关于加强工业控制系统信息安全管理的通知》。
5. 《内部审计具体准则第 16 号——风险管理审计》。
6. 《风险管理原则与实施指南》。
7. 《风险管理 风险评估技术》。
8. 《公共安全风险评估技术规范》。

企业层面

1. 信息资源、信息化、信息系统安全管理办法。
2. 重特大事件应急预案。
3. 企业授权指引。
4. 企业风险识别清单。
5. 企业风险评估报告。
6. 企业关键岗位管理办法。
7. 企业商业秘密保护规定。
8. 企业 HSE 及相关运营管理规定。

复习题

1. 什么是风险？什么是纯粹风险？什么是固有风险？什么是剩余风险？
2. 风险有哪几个特征？
3. 风险按经营管理分为哪几类？其内容是什么？
4. 简述 HSE 的内涵及存在的主要风险。

5. 法律风险主要有哪些?

6. 风险识别应关注的因素有哪些?

7. 风险评估的原则有哪些?

8. 风险应对的原则有哪些?

思考与应用

1. 假设你是一名企业风险管理控制部门的负责人，企业要进行全面风险管理设计与实施，在风险识别前你需要带领部门员工做哪些工作？如何实施？

2. 如果识别到或发现了潜在风险，你应通过什么书面文本向上级反映？

3. 假设发生了风险，你作为一名员工且是风险第一发现人，应如何应对？

附表 3-1　企业风险信息收集表（参考）

填写单位/部门：　　　　　　　填写时间：　　　　　　　填报人：

信息类别		信息提示	信息内容描述	信息渠道	信息发生时间	风险分类
外部信息	宏观环境	政治				
		经济				
		……				
	区域环境	政府行政				
		社会环境				
		……				
	行业环境	购买者				
		新进入者				
		替代品				
		……				
内部信息（业务链）	采购	供应商管理				
		采购计划				
		采购管理				
		合同签订				
		验收管理				
		结算				
		应付账款管理				
		……				
……	……					

附表 3-2 企业风险案例表（参考）

填写单位/部门：　　　　　　　　填写时间：　　　　　　　　填报人：

案例名称	案例描述	发生时间	发生主体	所属业务	成因分析	造成的损失/影响						处理措施及结果	
						财务损失（万元）		人员伤亡数（人）			声誉形象影响/其他	处理过程	处理结果
						金额	说明	轻伤	重伤	死亡			

附表 3-3 企业风险库（参考）

填写部门/单位：　　　　部门/单位负责人：　　　　填写时间：　　　　填报人：

风险表现						风险评估			风险管理责任				风险应对						风险监控预警		
一级风险	二级风险		三级风险			权重	风险发生可能性	风险影响程度	风险评估得分	责任部门		配合部门	涉及单位	业务量	风险管理策略	现行控制措施				改进措施	影响的关键指标	监控指标	预警区间
	风险名称	风险概述	等级	风险名称	风险描述	等级					主管部门	岗位/人员				风险基本态度	策略具体描述	内控流程及控制点	管理制度	其他管理措施	管控有效性			

企业风险可能性分为极低、低、中、高、极高五个等级，评估期内发生的概率分别为<10%、10%~25%、25%~50%、50%~75%、≥75%。企业风险对财务、运营、合规目标、QHSE（包括质量、健康、安全、环境）、声誉（包括群体性事件与舆情）等因素有影响，具体如附表3-4至附表3-12所示。

附表3-4 企业风险的财务影响程度（参考）

等级	指标	指标参考值
极低	税前利润	<1%
	资产	<1%
	资产周转率	<1%
	资产负债率	<1%
	收入	<1%
低	税前利润	1%~5%
	资产	1%~5%
	资产周转率	1%~5%
	资产负债率	1%~5%
	收入	1%~5%
中	税前利润	5%~10%
	资产	5%~10%
	资产周转率	5%~15%
	资产负债率	5%~10%
	收入	5%~10%
高	税前利润	10%~20%
	资产	10%~20%
	资产周转率	15%~30%
	资产负债率	10%~20%
	收入	10%~20%
极高	税前利润	>20%
	资产	>20%
	资产周转率	>30%
	资产负债率	>20%
	收入	>20%

附表3-5 企业风险的营运影响程度（参考）

等级	指标	指标参考值
极低	市场份额下降比例	<1%
	非正常生产中断天数	<1 天
	关键业务系统宕机时间	<8 小时
	核心员工流失率	<5%
低	市场份额下降比例	1%~5%
	非正常生产中断天数	1~2 天
	关键业务系统宕机时间	8~16 小时
	核心员工流失率	5%~10%
中	市场份额下降比例	5%~10%
	非正常生产中断天数	2~3 天
	关键业务系统宕机时间	16~48 小时
	核心员工流失率	10%~20%
高	市场份额下降比例	10%~20%
	非正常生产中断天数	3~5 天
	关键业务系统宕机时间	48~72 小时
	核心员工流失率	20%~30%
极高	市场份额下降比例	>20%
	非正常生产中断天数	>5 天
	关键业务系统宕机时间	>72 小时
	核心员工流失率	>30%

附表3-6 企业风险的合规目标影响程度（参考）

等级	指标
极低	违规行为造成的影响企业可控，可采取补救措施立即予以更正并消除不利影响，不会导致法律后果；违规行为影响尚未扩散至企业外部，监管机构未介入
低	违规行为造成的影响企业可控，可采取补救措施在一定期限内予以更正，会导致法律后果，但后果不严重；违规行为影响已扩散至企业外部，其不良影响仅限企业所在区域，引起地方监管机构关注；对企业声誉有一定影响
中	违规行为造成的影响企业具有一定的控制力，但已无法全面控制，法律后果较为严重；违规行为影响已扩散至企业外部，并超出企业所在区域，地方监管机构介入调查；企业遭到行政处罚；对企业声誉造成较大损害
高	违规行为造成的影响企业已完全丧失控制力，导致严重法律后果；违规行为影响已扩散至全国，地方及国家监管机构介入调查；企业遭到行政处罚，如金额较大的罚款，相关负责人被追究刑事责任，如判处5年以下有期徒刑；对企业声誉造成重大损害，资本市场做出相应反应
极高	违规行为造成的影响企业已完全丧失控制力，导致极其严重法律后果；违规行为影响已扩散至全球，国内外监管机构介入调查；公司遭到行政处罚，如巨额罚款，相关负责人被追究刑事责任，如判处5年以上有期徒刑；对企业声誉造成不可挽回的损害，资本市场做出异常强烈的反应；企业经营必需的证照和许可证被吊销，或公司被勒令关闭，难以持续经营；公司遭受毁灭性打击

附表3-7　企业风险的健康影响程度（参考）

等级	指标	指标参考值
极低	员工受工伤或职业病不超过六级，即属于七、八、九这三个等级	人均病假天数小于1天
低	被认定为一级工伤或职业病的员工比例不超过5%；被认定为三级工伤或职业病的员工比例不超过10%；被认定为四级工伤或职业病的员工比例超过10%但不超过30%；被认定为五、六级工伤或职业病的员工比例不超过30%	人均病假天数大于1天小于2天
中	被认定为一级工伤或职业病的员工不超过5%；被认定为一级工伤或职业病的员工比例超过5%但不超过15%；被认定为三级工伤或职业病的员工比例超过10%但不超过25%；被认定为四级工伤或职业病的员工比例超过30%	人均病假天数大于2天小于3天
高	超过5%但不超过10%的员工被认定为一级工伤或职业病；超过10%的员工被认定为一级工伤或职业病；超过20%的员工被认定为三级工伤或职业病	人均病假天数大于3天小于5天
极高	人员死亡；超过10%的员工被认定为一级工伤或职业病	人均病假天数大于5天

附表3-8　企业风险的安全影响程度（参考）

等级	指标
极低	无人员死亡，或者3人以下重伤，或者500万元以下直接经济损失的事故
低	造成1~3人死亡，或者3人以上10人以下重伤，或者500万元以上1000万元以下直接经济损失的事故
中	造成3人以上10人以下死亡，或者10人以上50人以下重伤，或者1000万元以上5000万元以下直接经济损失的事故
高	造成10人以上30人以下死亡，或者50人以上100人以下重伤，或者5000万元以上1亿元以下直接经济损失的事故
极高	造成30人以上死亡，或者100人以上重伤（包括急性工业中毒），或者1亿元以上直接经济损失的事故

附表3-9　企业风险的环境影响程度（参考）

等级	指标
极低	1. 无人员死亡 2. 因环境污染未造成跨行政区域纠纷或未引起一般群体性影响 3. 发生环境污染在有关规定以下
低	1. 发生1~3人死亡 2. 因环境污染造成跨行政区域纠纷，引起一般群体性影响 3. 发生环境污染在有关规定之上
中	1. 发生3~9人死亡，或中毒（重伤）50人以下 2. 因环境污染造成跨行政区域纠纷，使当地经济、社会活动受到影响 3. 发生环境污染事故产生中等级别的污染（按照属地标准）
高	1. 造成10人及以上、30人以下死亡，或中毒（重伤）50人及以上、100人以下 2. 因环境污染使当地经济、社会活动受到较大影响，疏散转移群众1万人以上、5万人以下 3. 因环境污染造成重要河流、湖泊、水库及沿海水域大面积污染，或县级以上城镇水源地取水中断的污染事故 4. 其他属地参考标准
极高	1. 造成30人及以上死亡，或中毒（重伤）100人及以上 2. 因环境事故需疏散、转移群众5万人以上，或直接经济损失1 000万元以上 3. 因环境污染使当地正常的经济、社会活动受到严重影响 4. 因环境污染造成重要城市主要水源地取水中断的污染事故 5. 因危险化品品（含剧毒品）生产和贮运中发生泄漏，严重影响人民群众生产、生活的污染事故 6. 其他属地参考标准

附表3-10　企业风险的质量影响程度（参考）

等级	指标
极低	直接经济损失100万元以下（轻微工程质量事故500万元以下）的质量事故；造成整个工程停工1天以下
低	直接经济损失在100万元及以上、300万元以下（一般工程质量事故500万元及以上、2 000万元以下）；在国家、省（自治区、市）、行业组织的质量监督抽查中发现产品质量不合格；造成整个工程停工1~3天
中	直接经济损失在300万元及以上、500万元以下（一般工程质量事故2 000万元及以上、5 000万元以下）；在国家、省（自治区、市）、行业组织的质量监督抽查中发现产品质量不合格；造成整个工程停工3~5天
高	直接经济损失在500万元及以上、1 000万元以下（重大工程质量事故5 000万元及以上、1亿元以下）；在社会上造成重大影响，损害企业整体形象；在国家组织的质量监督抽查中发现产品质量不合格；行业组织的质量监督抽查中同一单位同种产品连续两次质量不合格；造成不可挽救的永久性质量缺陷或隐患，影响工程的使用功能或造成整个工程停工6天以上
极高	直接经济损失在1 000万元及以上（特大工程质量事故1亿元及以上）；在社会上造成恶劣影响，严重损害企业形象

附表 3-11　企业风险的群体性事件影响程度（参考）

等级	指标
极低	1. 参与人数在 10 人以上、50 人以下，影响社会稳定的事件 2. 在国家重要场所、重点地区聚集人数在 3 人以上、10 人以下，参与人员无明显过激行为的事件 3. 地区性群体性事件，无连锁反应 4. 无人员死亡、受伤人数在 10 人以下且无人员重伤的群体性事件 5. 其他群体事件，如越级上访等
低	1. 参与人数在 50 人以上、100 人以下，影响社会稳定的事件 2. 在国家重要场所、重点地区聚集人数在 10 人以上、100 人以下，参与人员有明显过激行为的事件 3. 地方性群体性事件，已引发跨地区、影响社会稳定的连锁反应 4. 无人员死亡，受伤人数在 10 人以下且重伤人员不超过 5 人的群体性事件 5. 其他视情况需要作为一般群体性事件对待的事件
中	1. 参与人数在 100 人以上、500 人以下，影响社会稳定的事件 2. 在国家重要场所、重点地区聚集人数在 10 人以上、100 人以下，参与人员有明显过激行为的事件 3. 地方性群体性事件，已引发跨地区、跨行业、影响社会稳定的连锁反应 4. 造成人员伤亡，但死亡人数在 3 人以下、受伤人数在 10 人以下的群体性事件 5. 其他视情需要作为较大群体性事件对待的事件
高	1. 参与人数在 500 人以上、1 000 人以下，影响较大的非法集会、游行示威、上访请愿、聚众闹事、罢工（市、课）等，或人数不多但涉及面广的非法集会和集体上访事件 2. 造成 3 人以上、5 人以下死亡，或 10 人以上、15 人以下受伤的群体性事件 3. 高校校园网上出现大范围串联、煽动和蛊惑信息，校内聚集规模迅速扩大并出现多校串联聚集趋势，学校正常教育教学秩序受到严重影响甚至瘫痪等引发的群体性事件 4. 参与人数在 50 人以上、100 人以下，或造成较大人员伤亡的群体性械斗、冲突事件 5. 因民族宗教问题引发的严重影响民族团结的群体性事件 6. 因土地、矿产、水资源、森林、草原、水域等权属争议和环境污染、生态破坏引发的，造成严重后果的群体性事件 7. 地方性群体性事件，但已出现跨市、县或行业的影响社会稳定的连锁反应，或造成了较严重的危害和损失，事态仍可能进一步扩大和升级的事件 8. 其他视情况需要作为重大群体性事件对待的事件
极高	1. 参与人数在 1 000 人以上，严重影响社会稳定的事件 2. 冲击、围攻县级以上党政军机关和要害部门，打、砸、抢、烧乡镇以上党政军机关的事件 3. 参与人员对抗性特征突出，已发生大规模的打、砸、抢、烧等违法犯罪行为 4. 阻断、堵塞铁路干线、国道、省道、高速公路和重要交通枢纽，城市交通停运 8 小时以上，或阻挠、妨碍国家、自治区重点建设工程施工，造成 24 小时以上停工的事件 5. 造成 5 人以上死亡或 15 人以上受伤，严重危害社会稳定的事件 6. 高校内聚集事件失控，并未经批准走出校门进行大规模游行、集会、绝食、静坐、请愿等行为，引发不同地区连锁反应，严重影响社会稳定的事件 7. 因民族宗教问题引发的参与人数在 500 人以上的严重影响民族团结的群体性事件 8. 参与人数在 100 人以上，或造成重大人员伤亡的群体性械斗、冲突事件 9. 参与人数在 10 人以上暴狱事件 10. 地方性群体性事件，但出现全国范围或跨省、跨行业的严重影响社会稳定的互动性连锁反应 11. 其他视情况需要作为特别重大群体性事件对待的事件

附表 3-12　企业风险的舆情影响程度（参考）

等级	指标
极低	仅少数地方媒体进行报道，国内主流媒体未介入；极少数网民关注，如一个星期内网络点击率不足1万次；舆情与公众生活基本不相关；网民未采取任何网下行为
低	部分境内主流媒体予以关注，进行了报道；少部分网民关注，如一个星期内网络点击率超过50万次但未超过500万次；舆情与公众生活距离较远；公众无明显网下行为；无地方政府领导人关注
中	境内主流媒体及个别境外媒体予以关注，进行了报道；关注网民数量较大、反应较为强烈，如一个星期内网络点击率超过500万次但未超过3000万次；舆情与公众生活密切，如油品质量问题；公众采取了激进的网下行为，如出现三级群体性事件；少数地方政府领导人关注
高	境内外主流媒体高度关注，均进行了报道；关注网民数量巨大、反应强烈，如一个星期内网络点击率超过1000万次但未超过5000万次；舆情与公众生活很密切，如重大环境污染，或区域性河流污染；公众采取了激进的网下行为，如出现二级群体性事件；地方政府领导人高度关注以及党和国家领导人关注
极高	境内外主流媒体高度关注，持续进行跟踪报道；关注网民数量巨大且反应极为强烈，如一个星期内网络点击率超过5000万次，类似指标包括评论数、参与人数，网络平台包括新闻评论、BBS、聚合新闻和微博等；舆情与公众生活极为密切，如食品安全事件、环境灾难；公众网下行为失控，如出现一级群体性事件；党和国家领导人高度关注并做出批示

附表 3-13　风险评级矩阵（参考）

风险发生可能性	风险发生影响程度				
	极低	低	中	高	极高
极高	重要	重要	重要	重大	重大
高	一般	一般	重要	重大	重大
中	一般	一般	重要	重要	重大
低	一般	一般	重要	重要	重大
极低	一般	一般	一般	重要	重大

附表 3-14　企业常用风险评价方法（参考）

方法	概述	优点	局限性	适用阶段
头脑风暴	发现问题的高层次小组讨论或特殊问题的细节讨论	全面参与、易于开展，有助于发现新风险和新的解决方案	过程松散 全面性难保证 要求参与者较高的技术和知识水平	风险识别 风险分析
结构化/半结构化访谈	通过对访谈者进行一系列提问，对某一特定的风险进行识别或评估	问题针对性强 深入探讨解决方案	花费时间多 访谈对象可能有偏见	风险识别 风险分析

续表

方法	概述	优点	局限性	适用阶段
德尔菲技术法	综合各类专家观点并促其一致的方法，有利于支持风险源及影响的识别、可能性与后果分析以及风险评价。需独立分析和专家投票	专家观点全面、不受限制，各方观点都受到同样重视，便于展开	工作量大，费时耗力　参与者需要清晰的书面表达	风险识别
情景分析法	通过假设、预测、模拟等手段对可能发生情景及影响进行分析	对多种情况进行预测、分析、提前准备　客观性强	在较大不确定性情况下，预测可能不够现实	风险识别　风险分析
风险清单分析法	凭经验或历史评估结果编制危险、风险或控制故障的清单，并按此表进行检查	简单明了　将专业知识纳入系统　确保常见问题不遗漏	只可以定性分析　限制风险识别的形象力　不利于发现新问题	风险识别
风险矩阵	对风险发生的可能性高低和后果严重程度进行定性或定量评估后绘制风险图谱	方法简单，易于使用　显示直观，将风险按重要水平划分	很难设计出适合全系统的矩阵模型　很难清晰界定等级　主观色彩较强　无法对风险进行累计叠加	风险识别　风险分析
压力测试	在极端情景下评估系统运行的有效性，及时发现问题和制定改进措施，防止出现重大损失事件	关注非正常情况下的风险，是普通风险评估的有益补充　加强对极端情形和潜在危机的认识，预防重大风险	不能取代一般风险管理工具　对情景构造要求较高，必须合理、清晰、全面	风险识别
业务影响分析	分析干扰性因素对组织运营的影响方式，同时识别组织是否具备必要的风险管理能力	全面认识关键过程　加强对资源的认识　有机会重新界定组织的运行过程	对参加调查及讨论人员知识要求高　难以获得组织运行及活动的全面信息	风险识别　风险分析
风险指数	对风险的半定量评测，利用顺序尺度的积分法得出估算值，对使用相似准则的一系列风险进行比较	提供有效的划分风险等级工具　将影响风险等级的多种因素整合到对风险等级的分析中	输出结果如果不能很好确认，风险值可能被误用　在很多情况下，没有固定模型来综合确认各风险因素，导致评级不可靠	风险分析

附表3-15　企业风险评估及应对措施明细表（参考）

填报人所在岗位：　　　　　　　　　　　填报日期：

序号	填报人	职务（岗位）	主送	风险类别	未来一年有可能发生的风险事件描述	后果影响	发生的概率	下一步风险应对和监控的措施或建议	主管领导阅示
1	张勇	总工程师	李勇	生产过程风险	目前只有一台压缩机可以运行，系统压力可调节的余地较小，如果发生意外，则会导致整个气压系统瘫痪	造成系统超压，导致系统管线断裂，酿成重大安全事件	80%	严格按规程操作，确保安全；抓紧修订紧急预案；强化检查实时关注压力；紧急定制压缩机并抓紧到位，以分散只有一台压缩机的压力，提升安全运行的系数	同意上述措施及建议，请安全部门、装备部门、生产部门等抓紧办理，确保安全，确保生产

注：1. 风险类别分类原则为，如果事件的后果涉及多个维度，按影响最大的类别进行归类。

2. 未来一年有可能发生的风险事件描述，要尽可能提出上级管理层未识别的重要风险或认识不清楚的风险。

3. 后果影响，说明事件发生对主要经营指标或约束性指标的影响程度。

4. 发生的概率，必须以80%、5%、0.1%等进行初步的概率估计，不得代之以"高""中""低"等。

5. 下一步风险应对和监控的措施或建议，措施是指本层级已经确定的下一步工作计划，建议是指向上一级领导或部门提出的风险应对建议。

第四章

企业控制活动

控制活动是确保管理阶层的指令得以执行的政策及程序，包括与授权、业绩评价、信息处理、实物控制和职责分离等相关的活动。

企业必须制定控制的政策及程序，并予以执行，以帮助管理阶层保证"用以辨认并处理风险所必须采取的行动也已有效落实"。

一、企业的内部授权

授权的目的在于保证交易在管理层授权范围内进行，授权包括一般授权和特别授权。一般授权是指管理层制定的要求组织内部遵守的普遍适用于某类交易或活动的政策。特别授权是指管理层针对特定类别的交易或活动逐一设置的授权，如重大资本支出和股票发行等。特别授权也可能用于超过一般授权限制的常规交易。例如，同意因某些特别原因，对某个不符合一般信用条件的客户赊购商品。

二、企业的业绩评价

企业的业绩评价主要包括实际业绩与预算或预测、前期业绩的差异，综合分析财务数据与经营数据的内在关系，将内部数据与外部信息相比较，评价职能部门、分支机构或项目活动的业绩，以及对发现的异常差异或关系采取必要的调查与纠正措施。通过业绩评价，管理层可以识别可能影响经营目标实现的情形。

三、企业的信息处理

企业内部的信息处理主要包括信息技术的一般控制和应用控制。信息处理控制可以是人工的、自动化的，或基于自动流程的人工控制。信息处理控制分为两类，即信息技术一般控制和信息技术应用控制。

信息技术一般控制是指与多个应用系统有关的政策和程序，有助于保证信息系统持续恰当地运行，确保信息的完整性和数据的安全性，支持应用控制作用的有效发挥，通常包括数据中心和网络运行控制，系统软件的购置、修改及维护控制，接触或访问权限控制，应用系统的购置、开发及维护控制。程序改变的控制、限制接触程序和数据的控制、与新版应用软件包实施有关的控制等，都属于信息系统一般控制。

信息技术应用控制是指主要在业务流程层次运行的人工或自动化程序，与生成、记录、处理、报告交易或其他财务数据的程序相关，通常包括检查数据计算的准确性，审核账户和试算平衡表，设置对输入数据和数字序号的自动检查，以及对例外报告进行人工干预。

四、企业的实物控制

企业的实物控制主要包括对资产和记录采取适当的安全保护措施，对访问计算机程序和数据文件设置授权，以及定期盘点并将盘点记录与会计记录相核对，如现金、有价证券和存货的定期盘点控制。实物控制的效果影响资产的安全，从而对财务报表及审计产生影响。

五、企业内部的职责分离

企业内部的职责分离主要包括企业如何将交易授权、交易记录以及资产保管等职责分配给不同员工，以防同一员工在履行多项职责时可能发生的舞弊或错误。当信息技术运用于信息系统时，职责分离可以通过设置安全控制来实现。

在控制活动中，控制流程贯穿整个控制活动，是控制活动的精髓。控制流程指企业为了达到一定的目标，有效地规避风险，根据不同的业务性质，规定在业务开展中严格地限定先后顺序，并对活动的内容、方式、责任等有明确的安排和界定，用以保证达到一定目的的方针和程序。控制流程的主旨在于明确经济业务和经济活动的批准权限、各人员的职责分工，防止对正常业务差错、舞弊隐藏行为的发生。

控制活动从狭义上讲，主要包括全面预算业务控制、货币资金业务控制、采购业务控制、存货业务控制、成本费用业务控制、销售业务控制、工程项目业务控制、固定资产业务控制、合同管理业务控制、信息系统业务控制等。

第一节　企业全面预算业务控制

一、全面预算业务简述

（一）全面预算的含义

全面预算是指企业在一定期间对经营活动、投资活动、财务活动等做出的预算安排，具体是指企业为了实现战略规划和经营目标，对预定期内的经营活动、投资活动和财务活动，通过预算量化的方式进行合理规划、预测，并以预算为准绳，对预算的执行过程和结果进行控制、调整、分析、考评的管理活动。

全面预算是一个全员、全业务、全过程的管理体系，是为数不多的几个能把组织的所有关键问题融于一个体系的管理控制方法之一，是实现战略目标、提升经营绩效、实现企业内控的有力工具，也是企业防范风险、应对危机的法宝。目前，全面预算控制是国内外大中型企业普遍采用的一种现代控制机制。预算计划的数字化、表格化、明细化的表达，体现了预算的全员、全过程、全部门的特征。真正的全面预算要做到事前有计划，事中有控制，事后能考评、追溯。全面预算管理是企业管理的核心原则，做好全面预算控制与管理是检验现代企业财务管理科学化与规范化的重要标志。

（二）全面预算的主要内容

人们通常将企业预算理解为全面预算，具体内容包括销售预算、生产预算、采购预算、成本费用预算、利润预算及预计资产负债表、现金流量表等。事实上，对于预算内容的理解还需要进一步拓展。

1. 区分经营预算与管理预算

这是预算从预算管理功能角度进行的分类，经营预算主要针对经营阶层，从而决定了其预算内容具有高层次、宏观性、全面性等特点；管理预算针对管理阶层，是低层次、微观、具体执行性的预算。这种区分对预算控制具有重要意义。

2. 区分货币式预算与非货币式预算

企业预算不仅表现有货币形式的预算，也有采用产品单位数量或时间数量来进行的预算，甚至有采用公司宗旨、公司规章、经营纲领等语言表现的文字预算等。

（三）全面预算的实质

全面预算是用数字编制的未来一定时期的计划，与公司治理结构相适应，涉及企业内部各个管理层次权利和责任的安排，通过这种权利和责任的安排以及相应利益的分配来实施管理控制。

全面预算从股东（大）会或股东大会、董事会、经营者、各部门及每个员工的责、权、利关系角度出发，明晰各自的权限，从而进行科学管理和可靠执行，使预算决策、预算行为与预算结果得到高度的协调与统一。正是不同主体在预算管理上的"分工"，强化了预算的全方位管理与控制。

全面预算不等于简单的预测或计划，而是一种权力规制管理，是一种机制安排。预算一旦制定，就如同一部公司内部的"宪法"，各责任单位必须执行。预算的目的是控制。预算使经营管理各个层次、各个责任单位的权力得以用数据化、表格化的形式体现，其决定性作用是权力控制。

（四）全面预算的作用

1. 资源配置

预算管理能将企业资源加以整合与优化，通过内部化来节约交易成本，达到资源利用效率最大化。

2. 管理协调

对于企业尤其是大企业而言，管理跨度加大，需要通过一个机制来强化管理的协调。预算管理通过制度运行来代替，实质是强化制度管理。

3. 全员参与

预算管理绝不只是财务部门的事情，而是企业综合的全面管理。预算管理过程涉及企业的各个部门及所有员工，那种将预算管理视为部门管理的想法是错误的。

4. 战略支持

预算管理通过规划未来的发展指导当前的实践，因而具有战略性。战略支持功能最充分地在动态预算上体现，通过滚动预算和弹性预算，将未来发展在当前进行预测。

5. 自我控制

预算管理是一种控制机制，预算作为一根标杆，使所有预算执行主体都知道自己的目标及目标实现方式等，从而起到自我约束和自我激励的作用。

（五）企业全面预算业务流程走向

企业全面预算业务流程走向如图4-1所示。

预算编制控制──→预算指标分解──→预算执行──→重大预算项目控制──→预算外事项审批──→年度预算调整──→预算分析与考核

图4-1　企业全面预算业务流程走向

（六）企业全面预算业务控制目标

预算管理的直接目标是使战略目标分阶段实现，并通过预算执行和管理机制的建立，最大限度地充分使用、配置、控制、协调、提升可以运用的一切人力、物力、财力、信息资源，取得最大的经济价值、品牌价值、社会价值。预算管理的作用主要体现在以下几个方面。

（1）科学测算经营预算、投资预算、筹资预算和财务预算，为经营管理提供正确的决策依据。

（2）对企业生产经营情况进行统计，开展统计分析，实施统计监督。

（3）优化生产运行，提升各项技术经济指标水平，降低生产成本。

二、企业全面预算业务应关注的主要风险点

（一）主要风险点

（1）不编制预算或预算不健全，可能导致企业经营缺乏约束或盲目经营。

（2）预算目标不合理、编制不科学，可能导致企业资源浪费或发展战略难以实现。

（3）预算缺乏刚性、执行不力、考核不严，可能导致预算管理流于形式。

（二）风险的具体表现

企业全面预算业务应关注的主要风险点具体表现为以下几种。

（1）预算编制风险。对预算经营形势研判不充分、预算要求及条件不明确、"三大计划"（生产经营计划、投资计划、财务预算）不衔接、预算范围不完整，导致预算编制缺乏科学性、指导性和可行性。

（2）预算审批风险。预算未经适当审批或超越授权审批，影响预算权威性和执行效果。

（3）预算执行风险。预算指标分解不够详细、具体，未落实到具体部门和人员，与业绩考核体系不匹配，或未能在企业内有效传达预算，影响预算执行效果。

（4）信息化项目应用与运维管理风险。信息化项目运行维护不当、系统功能不能充分利用，造成资源浪费，影响正常生产经营。

（5）预算调整风险。预算调整依据不充分、方案不合理、审批程序不严格，造成预算调整随意、频繁，导致预算管理失去严肃性，影响企业实现战略、经营目标。

（6）生产统计风险。生产统计方法和操作不当，导致数据统计质量不高，影响数据统

计工作的效率及相关经营分析效率。

（7）预算考核风险。预算考核不合理，影响预算权威性和执行效果，以及影响企业实现战略、经营目标。

三、企业全面预算业务主要控制点要求

（一）预算编制控制

1. 预算编制主体

我国《公司法》明确规定，审议批准公司年度财务预算、决策方案、决定投资计划的权力在股东会或股东大会；制订公司年度财务预算、决策方案的权力在董事会；公司经理组织实施公司年度经营计划和投资方案。在实务当中，企业对预算管理的形式主要有以下三种。

（1）设置专门的预算部门。通过专职的预算部门负责经营活动、财务状况的调查、预测、规划以及预算的制定和管理。

（2）设置作为最高层的责任部门专门负责总体预算。该部门负责综合性规划的人员或者是为全面经营管理服务的人员，能够充分担负协助最高层或全面经营管理层的功能。

（3）委员会组织。在制定和推行全面预算方面，有时还要采用委员会制度。例如，设立直属于常务董事会的下级机构长期预算委员会，以便征求有关部门意见，促进各部门之间的意见交流，在预算实施阶段更好地完成预算，而管理预算编制更多地融合了下层员工的工作和思想。企业可以根据自身特点，选择有效的预算组织形式。

2. 预算编制起点

企业预算起点的模式主要有：计划经济体制时期以生产量为起点模式；改革开放以后出现以销售为起点模式、以成本为起点模式和以现金流量为起点模式；也有以利润为起点模式。

企业应当根据自身需要，结合行业特点，选择适合自己的模式。对于大型企业，应该考虑以一个起点模式为主，其他为辅，结合使用。例如，采用以平均利润为标准的利润预算、以市场需求为导向的销售预算、以强化内部管理为基础的成本费用预算、以发展创新为目标的投资预算、以财务收支为主体的现金流量预算。按照目标利润—销售预算—成本预算—采购预算—现金流量预算编制程序，遵循由总到分和由分到总相结合、由上至下和由下至上相结合、由内到外和由外到内相结合等原则。

3. 预算编制方法

预算编制的具体方法根据不同部门、下属企业性质及费用形态而定，一般包括以下几种。

（1）传统预算法。传统预算法是将上一年度的预算加减本年度预计变动因素而得到的预算方法。传统预算法特点是编制简单、省力，但不合理之处是积重难返，因此适用于业务平稳、变动幅度不大的企业。

（2）弹性预算法。弹性预算法是以正常情况为基准，分别设计在正常情况的70%~110%范围内几个不同水准的预算方案。

（3）零基预算法。零基预算法是不考虑上期情况，而根据现状分析，每次预算都从零

开始。

零基预算的程序是推敲每项收支项目有无必要，并根据收支目标编制不同水平的预算方案，分析、比较各预算方案，排出优先次序，选择恰当的预算方案。零基预算法的特点是预算合理、效益高，但编制烦琐耗时。对于研究开发部门，可以采用这一方法。

4. 预算编制模式

从预算的制定过程分析，预算编制有两种模式。一是自上而下模式，使用该模式的企业将下属单位或分部，包括各级职能部门视为预算管理的被动主体，预算目标完全来自上层管理者，下层只是被动的执行单位，没有独立决策权。这种模式与集权制管理思想和风格一脉相承，适用于集权制企业。自上而下模式的预算制定过程大致为：企业高层有一个预算总设想，然后据此向下级提出预算要求，以指导下级编制管理预算。二是自下而上模式，该模式强调预算来自下属预算主体的预测，企业高层只设定目标，只监督目标的执行结果，而不过多地介入过程的控制。该模式更多地适用于分权制管理的企业。

（二）预算指标分解

预算编制是企业内各部门根据总体目标和部门目标计算必须投入的资金、人力、物力等的过程，即设计在总目标和总约束条件下，企业的预算将如何实施的过程。在预算具体实施前，企业应当将经营目标转化为部门或具体执行层的业务行为指标，这些指标将与非价值指标一起衡量和评估各作业单位行为的成效，以及企业总目标的推进状况。因此，企业更加关注年度预算，进而分解成季度、月度预算；更加关注将总体预算分解细化成各部门、车间等可操作层面的预期目标，形成"横到边、纵到底""人人肩上有指标"的全面预算管理。

预算的分解是为了更加有效的执行。预算执行层由各预算单位部门组织实施，在实施过程中，由于各部门或员工按照各层级的目标和预算都被组织赋予了一定的责、权、利，形成了相互牵制、相互合作的机制，从而有助于保证控制预算的执行。

（1）根据确认的年度预算费用、损益指标等情况，结合本单位及管理责任单位架构及管理需求，组织开展预算分解工作。

（2）财务部门或归口管理部门结合企业管理层级，根据本企业各专业部门和各单位的预算分解、上报情况，汇总计算形成年度预算分解指标体系，按规定权限审批后，下达执行。

（3）月度预算的编制和下达。为了确保年度目标及预算的完成，要从月度目标入手，持续做好企业各业务部门每月按规定编制的生产经营计划、物资采购计划、人工成本计划、主要能耗、物耗等主要经营预算。

（三）预算执行

预算执行是指经法定程序审查和批准预算的具体实施过程，是把预算由计划变为现实的具体实施步骤。预算执行工作是实现预算收支任务的关键步骤，也是整个预算管理工作的中心环节。

企业在预算执行过程中，还应注意同时运用项目管理、数量管理、金额管理和计算机系统管理等方法，即把预算内容按项目分类，从数量、金额和与业务发生相关的部门等方面分别进行管理控制，充分利用电子信息系统，建立企业层面的全面预算系统管理，利用计算机程序、计算机网络对预算指标进行严格控制。利用计算机管理信息系统加强对预算执行过程的控制，一方面可以起到较好的控制作用，另一方面通过系统实现网络资源共享，以便各层次的管理者及时掌握预算信息，随时检查预算执行情况。

（1）推行预算刚性执行法。预算目标按一定的层次、范围进行分解后，预算期内相关预算指标如项目支出、成本费用支出等一般不能超出限定范围，如果超出限定范围，信息系统就会自动提示并启动预警；如有特殊情况确需超出限定范围，则必须按程序申请，由企业权限人批准纳入预算外支出，确保预算的权威性，使预算得到有效控制，保证预算目标的实现。

（2）在预算范围内放权相关部门。各预算责任部门在预算范围内的各项支出应由各责任部门负责人具体实施，不需逐层上报，这样既扩大了预算责任部门的权责范围，又提高了工作效率。

（3）实行预算定期报告制度。预算执行过程中，各预算责任单位要及时检查、追踪预算执行情况，掌握、分析预算与实际情况的差异，对存在的问题提出改进措施，定期向预算管理专职部门报告，由其汇总整理后形成综合的预算执行情况追踪报告，上报给预算管理委员会，为预算管理委员会对整个预算的执行情况实现动态控制提供资料依据。

（4）以效益为主线，建立严格、科学的业绩评价制度。严格实行预算目标责任制，对预算责任人的预算执行情况以预算为标准，以奖惩制度为依据，合理、及时地评价预算责任人的业绩，并将预算责任与预算责任人的收入直接挂钩，激发预算责任人执行预算的积极性。

（5）由于市场状况的变化或其他特殊原因阻碍预算的执行时，相关部门必须及时分析原因，按程序向预算管理部门提出预算修正申请，修正后的预算必须履行相关程序，在权限人批准后方可有效。

（四）重大预算项目控制

企业预算管理委员会或相关部门，应对年度内符合企业规定的重大预算项目和内容密切跟踪，对其实施进度和完成情况，实行严格监控。重大预算项目和内容应责成该业务预算主管领导和具体负责人实施例外管理。对于预算执行中发生的特殊情况、问题及出现偏差较大的重大项目，应责成有关预算执行单位查找原因，提出改进经营管理的措施和建议，提交给具有相应权限的人员审核。

（五）预算外事项审批

对于预算外事项，企业应采取"一事一批""先批后办"的原则，从严控制。发生预算外事项的单位或部门应提出申请，在预算管理委员或相关部门会审核通过后，再由规定权限人批准才能生效。

（六）年度预算调整

遇有年度生产经营计划、机构等内部预算资源和条件发生重大变动，导致企业预算执行结果产生重大偏差、需调整年度预算的，由预算责任部门提出申请，在预算管理委员会审核及履行相关审批程序后，报企业主管领导批准签发后生效。

（七）预算分析与考核

1. 预算分析

企业定期召开经济活动分析会，分析经营预算、投资预算、筹资预算、财务预算等预算指标，发现预算编制、执行中存在的问题。财务部门提供有关预算分解指标的执行进度、执行差异等财务信息，通报预算执行情况，相关部门应对实际执行与预算目标差异进行分析，制定整改措施，及时纠正。企业应督促部门进行落实、整改。

2. 预算考核

定期进行预算完成情况的考核。绩效考核部门对各单位和部门预算指标完成情况进行考核，通报考核结果，按规定完成权限审批后，纳入总体绩效考核结果。企业应将预算指标完成情况纳入绩效考核体系，制定考核方案，并按规定权限审批。企业在评价企业内部控制健全性与有效性时，重点评估预算控制的有效性，为预算控制效果提供保证。

在实际工作中，预算执行比预算编制更为重要，因为它是真正的控制活动，也是体现预算价值的过程。企业在预算执行过程中，要明确相关部门并派专人负责监督，保证预算得到有效执行。此外，还要注意对预算进行评估，发现预算中的问题，及时加以完善。

即问即答：

全面预算控制的实质是什么？

内部控制管理案例 1

金陵石化公司坚持全面预算管理　控制成本费用

一、基本情况

国际油价始终影响着石化行业的经济效益，面对扑朔迷离的国际行情，金陵石化公司牢牢把握成本费用这一企业命脉，确保在市场行情错综复杂的变化中获取最大利益，这一切得益于"内抓成本，外搏市场"的经营策略。

内抓成本费用主要采取了五项措施：一是及时捕捉市场信息，改善销售服务，争取产品卖出好价格。二是加速货款回笼。三是继续加强原油采购管理，实现原油采购综合平均价低于保利点。四是优化原油采购结构，优化掺炼加工方案，加强装置的原料、动力及产销平衡，同时，加强原油进厂、储存、加工及出厂环节的管理，使"两耗"得到有效控制。五是加大降低加工成本的力度，优化产品结构，生产适销对路、高附加值的产品。

金陵石化公司内部成本费用管理一直坚持全面预算、细化目标的原则。年初，首先要对企业本期成本利润目标及成本费用进行全面预算。在充分考虑外部各项影响因素的前提下，制定出合适的奋斗目标。为了落实所制定的经营目标，发动全体职工降本增效的积极性、主动性，公司还将这些指标逐项分解，落实到各个责任单位。各个责任单位将指标层层下达落实，甚至具体到人。由此形成了公司成本费用的三级管理体制，公司财务部门负责成本费用指标的制定，企业管理部门并对各项指标的执行情况进行控制、分析及期终考核；车间单设核算点，负责跟踪各项成本费用发生情况，编制相关报表，每月财务部门将各单位成本费用支出情况，反馈至责任单位，并对各自发生的成本费用等进行分析，找出成本费用超支的原因；从责任单位到车间、班组重点负责生产中能耗与物耗的实物量指标，在生产源头控制好成本费用的支出。

在成本费用的管理上，金陵石化公司严格区分可控成本费用与不可控成本费用，使各责任单位、车间、个人切实对其可控成本费用各负其责，顺利实现了各项成本费用控制目标。为此，他们将后勤等单位的费用指标定为管理费用、销售费用以及营业外支出中的可控费用；将生产及辅助生产单位的费用指标定为车间制造费用，考核项目主要有办公费、物料消耗、差旅费、运输费、低值易耗品、保险费、排污费及劳务费等可控费用。对于职工薪酬、折旧、大修、保险费等作为车间不可控费用，期末按照实际发生调整而不纳入车间考核。经过这样的分解落实，各项指标在企业最低层责任单位得到了保障，降本增效真正落实到了企业生产经营的全过程。

在完善成本费用管理的同时，公司还加强了考核力度，实行成本一票否决制，将成本费用的完成情况与各自的效益工资挂钩，大大地激发了员工降本增效的意识，使全公司较好地实现了控制成本费用支出的目标。

二、做法分析

（1）金陵石化公司全面预算管理控制是典型的三级模式，成本费用预算目标在厂部、车间、班组层层分解，层层落实。

（2）企业把成本指标的预算控制完成情况等与奖惩挂钩，并实实在在地兑现，做到了严考核、硬兑现，使成本费用及全面预算得到了有效实施，推动了企业的增效。

（3）内部控制归根结底是对人的控制，管理层的重视营造了良好的控制环境；将控制流程嵌入实际工作，将全面预算成本费用管理的理念广泛宣贯，做到了良好的信息沟通；将企业目标的完成情况通过检查、考核、监督等方法，促进各责任单位在今后的经营管理中优化执行力。

内部控制管理案例2

三一重工全面预算案例分析

全面预算通过事前对各部门、各核算中心的全方位预算管控，引导后续的收付发生、确认入账、绩效考核、成本控制，进而完成前期确定的管理目标，提高企业经济效益。笔者以三一重工为例，介绍了企业如何进行全面预算，并在全面预算管理中运用平衡计分卡。

一、公司背景介绍

三一重工股份有限公司（简称三一重工）的经营范围主要是生产和销售混凝土机械、路面机械、履带起重机械、桩工机械、挖掘机械、汽车起重机械等大型生产型设备和机械，以及这些机械、设备的售后服务和维修，属于工程机械制造行业的大型企业。三一重工是国内混凝土机械龙头企业，主要产品包括拖式混凝土输送泵、混凝土输送泵车、全液压振动压路机、摊铺机、挖掘机、平地机等。其中，主导产品全液压振动压路机在2006年国内市场份额高达60%，摊铺机的国内市场份额在2006年也高达55%，三一重工保持了在国内相关行业和企业中第一品牌的声誉，稳坐大型工程机械制造行业市场份额第一的宝座。三一重工有些佳绩得益于亮眼的经营业绩和市场表现，多年来其被评为我国工程机械制造行业综合竞争力第一的企业，一直被认为是工程机械制造行业的龙头企业。

二、全面预算理论介绍

通常理论上认为，全面预算不仅是简单的一项指标预算，还包括了业务预算、财务预算和资金预算的多方面、多层次、多角度的预算体系，并且这三个方面不是孤立的、分散的，而是相互联系、相互影响的一个系统，因而叫全面预算。销售预算与费用预算直接影响利润，从而影响财务预算的预计利润表。销售的赊销政策、采购的赊购政策直接影响企业经营性现金流量，从而影响财务预算的预计现金流量表。随着企业销售的增长，会产生新的投资需求，如增加新的生产线，当企业自身资金无法满足投资需求时，就需要筹集新的资金。这样说来，企业预期达到的销售目标就是企业将要设定的销售预算任务，销售预算会对生产规模、生产进度和生产品种等生产任务的制定也就是生产预算的确定产生影响，而最终开展生产需要企业资金的支持，有了既定的生产预算也将影响筹资和投资的预期规模、资金需求体量，也就是最终会影响资金预算指标的确定。

三、三一重工和其他企业的比较分析

我们以三一重工为案例分析对象，以苏宁云商、沈阳电力、万科为对比，对各预算过程进行比较分析。三一重工的主要经营领域是工程机械和设备的生产、组装、销售和售后维修等。全面预算的各个部分对于公司都很重要，需要整体考虑。而苏宁云商是非生产型企业，生产预算就显得没有那么重要，最重要的是销售预算、投资预算——因为需要投入大量资金在各地建立新的门店。万科作为房地产企业，由于其存货是房产以及土地，虽然可以长期存放，而且会增值，但是由于占用资金较多，需要在考虑存货预算的同时考虑资本预算中的财务费用预算。

四、销售预算

销售预算是业务预算的起点，是最重要的预算，需要考虑各个因素的影响。

三一重工不但要根据公司产品的历史销售情况对销量进行预测，同时由于工程机械的销量与国民经济状况特别是政府对基础建设的投资量有直接关系，其预算管理人员还需要根据国民经济情况对预算期内行业前景进行预测。例如2009年，为了应对金融危机，国家进行了四万亿基础建设投资，工程机械的需求量大增，三一重工的销售收入当年增长超过50%。单纯依靠公司产品的历史销售情况对销量进行预测很明显是不正确的，需要管理会计人员对整个行业甚至整个国民经济的情况有一个正确的判断。

作为对比，沈阳电力公司由于其产品的特殊性，在做销售预算的时候就比较简单，只需要根据沈阳市生产总值的增速对第二年的用电量进行粗略预测，即使是预测失误，多余的电量也可以直接通过国家电网输送到其他地区。

2011年以后，由于经济衰退，基础建设投资政策退出，因为经销商以及下游客户对工程机械采取的是分期付款、融资租赁的方式，三一重工之前为了扩大市场份额，采取了激进的赊销政策，由此出现了不能及时回收货款甚至出现大量坏账的情况，进而导致销售产品收到的现金与预算数相差过大，直接影响了财务预算的预计现金流量表。

作为对比的是，沈阳电力公司的产品由于是必需品，而且都是采用现金收款的方式，所以不会出现以上情况；苏宁云商由于其客户多数也是采用直接付款的方式，基本上也不会出现以上情况。

五、三一重工在全面预算管理执行中遇到的问题

三一重工已经建立了预算的授权控制、审核控制和调整控制机制，这在一定程度上保证了年度预算执行的可控性。但从预算执行结果来看，三一重工的全面预算执行情况没有达到预期要求，与前期制定的预算执行标准有较大偏差，有待进一步改进。主要存在的问题如下。

第一，部门间的沟通交流不足，预算事中控制难以实施。

第二，在三一重工建立的全面预算管理制度中，缺乏明确的预算执行流程和标准、预算管理绩效考评、预算管理控制等具体事项。员工在进行预算管理的过程中没有清晰的指导制度，随意性比较大，前后评判标准不一致，导致预算管理效果较差。此外，进行预算管理基本靠手工执行，停留在原始、粗放、落后的预算管理水平上，缺乏先进的预算管理系统作为硬件支撑，不利于科学、有效地执行预算管理。

第三，在预算调整控制方面，虽然公司已有明确的制度规定和操作流程，但缺少明细的权限分配，当企业内部、外部环境发生突变时，预算调整工作难以快速跟上，缺乏高效的预算系统软件，不利于预算控制、评价、激励作用的发挥。

资料来源：《科学与财富》2018 年第 19 期，作者李越。

第二节　企业货币资金业务控制

一、货币资金业务简述

（一）货币资金的含义

货币资金是指货币形态表现的资金，包括现金、银行存款和其他货币资金。货币资金是企业资金运动的起点和终点，是企业生产经营的先决条件。货币资金具有高流动性、低盈利性以及国家宏观管理要求严格等特点。在理解货币资金时，应注意以下原则。

（1）货币资金是指在企业生产经营过程中处于货币形态的那部分资金，按其形态和用途可分为库存现金、银行存款和其他货币资金。货币资金是企业中最活跃的资金，流动性强，是企业的重要支付手段和流通手段，因而是流动资产的审查重点。其他货币资金包括外埠存款、银行汇票存款、银行本票存款、信用证保证金存款、信用卡存款、存出投资款等。

（2）货币形态表现的资金。货币资金是指可以立即投入流通，用以购买商品或劳务，或用以偿还债务的交换媒介。货币资金是资产负债表的一个流动资产项目，包括库存现金、银行存款和其他货币资金三个总账账户的期末余额，具有专门用途的货币资金不包括在内。

（3）货币资金是企业资金运动的起点和终点，是企业生产经营的先决条件。随着再生产过程的进行，会形成频繁的货币收支。企业在取得现金投资、接受现金捐赠、取得银行借款、销售产品后取得货款收入等时，会形成货币资金的收入；在购买材料、支付工资、支付其他费用、归还借款以及上缴税金等时，会形成货币支出。

（二）企业货币资金业务流程走向

企业货币资金业务流程走向如图 4-2 所示。

制定控制制度──→资金预算管理──→收支两条线管理──→资金收付管理──→银行账户及印鉴管理──→银行存款管理──→现金管理──→重大事项管理──→特定金融业务管理──→资金用户与系统安全管理──→资金的分析与考核管理

图 4-2　企业货币资金业务流程走向

（三）企业货币资金业务控制目标

根据货币资金业务的特点及经营管理的要求，货币资金的控制应当达到以下目标。

（1）提高货币资金管理水平，充分发挥货币资金效能。

（2）严格付款、结算审批，确保资金的规范使用和货币资金等资产的安全。

（3）及时提供准确、真实、完整的统计数据，保证财务核算及对外信息披露的需要。防止资产流失，确保企业各项资产的规范管理和安全，防止资产被挪用、转移、侵占、盗窃以及低价出售。

（4）规范对外投资管理，确保投资业务按规定程序进行，降低投资风险，保证投资安全，防止差错、舞弊，及时收取和提高投资回报。

（5）确保经营过程中的重大决策、重大事项、重要人事任免及大额资金使用经过集体决策，避免权力集中化，实现岗位间的相互制约和监督。

二、企业货币资金业务应关注的主要风险点

（一）主要风险点

（1）筹资决策不当，可能引发资本结构不合理或无效融资，导致企业筹资成本过高或债务危机。

（2）投资决策失误，引发盲目扩张或丧失发展机遇，可能导致资金链断裂或资金使用效益低下。

（3）资金调度不合理、运营不畅，可能导致企业陷入财务困境或资金冗余。

（4）资金活动管控不严，可能导致资金被挪用、侵占、抽逃或遭受欺诈。

（二）风险的具体表现

企业货币资金业务应关注的主要风险点具体表现为以下几种。

（1）机构岗位设置风险。财务部门和岗位设置的职责不清晰，未实现不相容岗位分离，未实行关键岗位限制性要求，导致机构重叠或缺失，岗位职责和任职条件不明，财务工作效率低下。

（2）资金预算审批风险。预算未经适当审批或超越授权审批，影响预算权威性和执行效果。

（3）预算调整风险。预算调整依据不充分、方案不合理、审批程序不严格，造成预算调整随意、频繁，预算管理失去严肃性，影响企业实现战略、经营目标。

（4）现金及银行账户管理风险。现金（包括 POS 机）的保管、使用、盘点和稽核等管理不当，造成现金损失；未按照要求开立、变更、撤销账户，账户限额管理、对账管理等不到位，形成资金安全隐患；票据的购买、保管、领用、背书、转让、注销等业务管理不符合要求、不到位，银行承兑汇票的管理未到位，造成企业的资金风险，容易发生资金被挪用、占用、抽逃等。

（5）资金管理违规风险。企业资金管理（包括但不限于银行账户管理、外汇结算管理等）违反国家法律法规或企业内部规章制度要求，被监管机构处罚、造成经济损失和信誉损失。

（6）资本运作监控风险。未对方案执行进行有效的监督和控制，未能及时发现和解决方案执行过程中的问题，损害企业利益。

（7）业务环节处理风险。业务环节处理不当或处理不及时，如合同执行、信用审批、价格政策执行、对账、出入库处理、盘点、原始单据传递和处理等业务环节发生差错或处理

不及时，影响财务报告质量。

（8）信息系统管理风险。信息系统项目实施不当，导致项目计划无法实现；信息化项目运行维护不当、系统功能不能充分利用，造成资源浪费，影响正常生产经营；信息系统权限管理不当，导致对系统及数据未经授权或不适当访问；信息流转不当，如未经审核即向有关部门传递，缺乏信息传递流程，信息未按传递流程进行传递流转，信息流转不及时等，导致决策失误、相关政策措施难以落实；信息系统密码管理不当，导致系统及数据未经授权或不恰当访问，损害公司利益；对各种计算机病毒防护措施不当、清理不力，导致系统运行不稳定甚至瘫痪。

（9）预算分析风险。预算分析不正确、不科学，未及时跟进解决预算差异问题，削弱预算执行管控的效果，影响公司实现战略、经营目标。

（10）财务印鉴管理风险。财务印鉴的刻制、保管、使用和调整不当，造成企业资金被挪用、占用、抽逃等，影响企业的资金安全。

三、企业货币资金业务主要控制点要求

（一）制定控制制度

1. 职务分离控制制度

企业应当建立货币资金业务岗位责任制，明确相关部门和岗位的职责权限，确保办理货币资金业务的不相容岗位相互分离、制约和监督。

2. 人员控制制度

企业办理货币资金业务应当配备合格的人员，并根据具体情况进行岗位轮换。对于办理货币资金业务的出纳和会计人员，必须具备必要的专业知识和专业技能，熟悉国家有关货币资金的法律、法规和制度。

3. 授权批准控制制度

企业应当对货币资金业务建立严格的授权批准制度，明确审批人员对货币资金业务授权批准的方式、权限、程序、责任和相关控制措施，规定经办人员办理货币资金业务的职责范围和工作要求。

4. 货币资金业务控制制度

审批人员应当根据货币资金授权批准制度的规定，在授权范围内进行审批，不得超越审批权限。

（二）资金预算管理

企业应做好资金预算的编制与审批。企业财务部门负责依据经营计划、投资计划等编制资金预算，在权限审批后予以实施。

（三）收支两条线管理

1. 收支两条线管理

企业应实行资金收支两条线管理。企业的各项资金收入，应直接归集到企业的总分账户、指定账户。各项资金支出均应按照预算指标，经审批的银行账户办理对外支付。

2. 货币资金限额管理

企业基本账户和经批准开立的其他银行账户应实行限额管理，限额额度应由财务部门核定，并对账户余额进行实时监控、分析。

（四）资金收付管理

1. 货币资金收入的核实与账务处理

财务部门应核实所有入账资金并及时存入指定账户，严禁坐支现金、白条抵库、设立账外账或"小金库"。财务部门对相关原始凭证审核无误后，应及时进行账务处理，并经不相容岗位人员稽核。企业在境外设有公司或项目的，财务部门应定期对其结算收入情况进行稽核。

2. 付款的申请与审批

业务部门申请付款时，须按规定权限对付款申请进行审批，然后提交至财务部门，财务部门通过资金系统填写付款申请单，付款申请单中需注明款项的用途、金额、预算、支付方式等内容，并以文件上传形式附相关证明材料。对大额资金的支付还须经相关流程及权限人批准，企业可参考"三重一大"的规定。

3. 财务部门执行付款

财务部门审核相关付款单据的有效性、合理性以及费用支出是否和资金预算相符，并核对相关数据，如付款方、金额、付款方式等信息的准确性、一致性，确认无误后，方可付款。对于已经付款的相关审批文件及原始单据，应加盖"付讫"章，以免重复付款。

4. 货币资金支付的账务处理

相关原始凭证在财务部门审核无误后，及时进行账务处理，并经不相容岗位人员稽核。

（五）银行账户及印鉴管理

1. 账户管理

企业应实行银行账户统一管理。企业财务部门进行账户的开立、变更和撤销，应当按照企业资金管理办法的规定审批权限办理。必须及时准确在资金信息系统中维护所有账户的开立、变更和撤销信息，且必须与相关支持文档一致。如果在企业资源计划系统或财务信息系统中创建或冻结银行主数据，则必须经财务部门负责人审批，且关键信息必须与资金系统中的银行账户主数据信息一致。

2. 网上银行管理

企业根据业务需要，如需开通网上银行实施网上银行查询、银行对账功能，财务部门须填写网上银行开户申请表，明确网上银行的查询、对账功能的开通和访问网上银行人员（即客户证书）及其权限。申请表在财务部门负责人及总会计师或企业分管领导审批后，加盖企业章。财务部门负责办理网上银行开通手续。

3. 网上银行交易管理

根据企业业务需要，实施网上银行交易，需上报企业主管领导审核批准；网上银行付款，至少需要经过申请、审批两级操作或者申请、复核、审批三级操作方可生效。其中，制单人员根据经过审批的支付申请及相关付款凭据，通过网上银行发出付款指令；财务部门授权人员进入网上银行进行复核和审批。在复核、审批后，付款指令才能传到银行系统进行划款。制单、复核和审批由独立的授权人员操作。划款后银行出具加盖银行章的纸质"电子收、付款凭证"作为银行回单，财务部门将该回单作为记账凭证附件。

4. 客户证书与密码管理

企业经授权人员应分别保管各自的客户证书与密码。对于同一网上银行，每个授权人员只能分配一个客户证书与密码，严禁一人同时持有或使用多个客户证书与密码。授权人员收到客户证书与密码后，应确认客户证书有效及密码密封完好，并妥善保管。一旦发现或怀疑客户证书有被盗用、遗失、损坏、密码泄密等情况，应立即通知网上银行开户银行，办理挂失手续。客户证书与密码由授权人员本人保管，除了工作调动和出差（出差归来后应当立即取回证书并修改原密码）等需要进行工作交接外，授权人员不得将证书与密码交给其他非授权的任何人员使用。授权人员应当按照应用系统 IT 一般性控制要求更换密码，以防止泄密。

5. 银行印鉴管理

企业应严格的管理银行预留印鉴，财务专用章应由专人保管，个人名章应由本人或其授权人员保管，严禁一人保管或使用全部印章。

（六）银行存款管理

1. 银行存款（财务企业存款）核对

财务部门每月核对银行账户，并在线编制银行存款余额调节表，上传对账单；对实施银企直联的企业，应每日清理到账通知并上传对账单，利用财务信息系统或企业资源计划系统相关模块的精确对账生成银行余额调节表。通过资金系统账户对账模块完成自动对账的企业，系统将自动生成日对账余额调节表、银行账户月度调节表；系统中存款利率须与当前银行存款利率一致，必须及时根据适用于本企业的银行存款利率调整政策更新系统中的利率，确保系统中利息计算逻辑与当前银行利息计算逻辑一致。

2. 跟踪落实未达账项

财务部门跟踪落实未达账项时，若发现有 1 个月以上的未达账项，应查明原因并追查责任。分析和核实未达账项时，若发现不正常未达账项，则应及时查找原因并进行后续处理。银行账户未达事项应在次月月末处理完毕，财务企业账户在当月月末处理完毕。特殊事项及时向分管领导报告。

3. 银行账户对账单的索取

银行账户对账单应由出纳、管理现金账、银行存款账以外的不相容岗位人员索取；财务企业账户对（进）账单由企业登录企业资金系统自行打印，并由不相容岗位人员稽核。

4. 票据管理

财务部门应于每月末编制下一月票据计划，并经总会计师审批；对票据的出票、贴现业务，要在资金系统中录入并审核与审批后执行。财务部门应明确与货币资金相关票据如支票、汇票、有价证券等的管理程序，对票据的收票、出票、退票、验收、记账、保管、贴现、背书、转让等环节，必须按照大额现金进行不相容岗位的核对、监控和定期核查。应对各类票据设立相应登记簿进行记录。

（七）现金管理

企业应利用单位银行卡、POS 机等电子支付手段，原则上取消现金的使用，对单位银行卡应实行卡、POS 机与密码分离管理，并定期更换密码。确有必要使用现金时，应严格执行中国人民银行现金限额管理的有关规定。对库存现金超限额的部分，应于当日及时缴存银行。财务部门应严格现金管理和使用，明确现金管理范围，规范使用现金。

（八）重大事项管理

财务部门应当建立资金重大事项报告制度，明确资金的责任人、报告程序及时限。发生重大资金管理事项如诉讼或仲裁、账户被冻结、资金被盗用、有关人员涉案等时，财务或相关部门应及时报告财务部门负责人及分管领导。

（九）特定金融业务管理

企业实行特定金融业务集中统一管理和严格审批制度。未经批准的特定金融业务，不得开展委托理财、证券、基金、期货及衍生品、投资性房地产，以及其他本外币金融衍生业务等。为企业发展确需开展特定金融业务的，经企业相关权限审批并制订统一方案，由法律部门审核确认后，书面授权有关部门具体办理相关业务。企业应加强特定金融业务管理，严防风险，如有问题，须及时报告企业管理层。

（十）资金用户与系统安全管理

1. 资金管理系统用户管理

财务部门应制订系统用户管理制度，按资金集中管理系统岗位分置要求，明确系统管理员及用户工作职责，规范新增或停用用户的工作程序，严格履行相关手续。新增用户时，由财务部门审核后，提交具有相应权限的人员审批。用户停用由财务部门审批，在线备案。

2. 密码安全管理

财务部门应制定用户密码管理、UK（U 盾、安全钥匙，是用于网上银行网络系统等的电子签名和数字认证的安全工具）领（退）审批机制。用户密码由本人负责保管，并按照应用系统 IT 一般性控制要求更换密码，确保密码安全。UK 用户应妥善保管 UK，确保 UK 安全使用。付款专用机只能用于电子支付和相应凭证处理业务，严禁办理其他业务。

3. 软硬件管理

财务、信息部门须共同建立资金管理系统计算机启用、维护、停用管理制度；必须严格落实资金专用计算机与 IP 地址一一对应的锁定机制，严禁资金专用计算机通过多个 IP 地址上网，并确保专机专用。

4. 软硬件维修管理

安装资金系统的计算机送外部维修时，应事先删除有关系统程序以及存储数据，并经财务、信息部门相关人员共同确认。

5. 数据管理

财务部门应制定系统数据档案管理制度，严格系统查询、转出数据信息的管理。未经部门负责人或分管财务领导审批，财务部门与个人不得向非财务部门提供资金系统中的相关数据，防范资金信息数据流失。

（十一）资金的分析与考核管理

1. 资金管理情况分析

企业应建立资金预算与资金占用分析制度，每月对资金预算执行、资金占用情况等进行分析，并向有关会议进行专题报告。

2. 货币资金管理检查与考核

企业应至少每季度进行一次对银行账户对账、不相容岗位相互牵制等制度的检查，并制定相应的奖惩措施。

即问即答：

货币资金控制应主要关注哪几个方面？

内部控制管理案例 3

中海集团釜山公司内部控制案例分析

一、基本情况

中国海运（集团）总公司（简称中海集团）成立于 1997 年 7 月，总部设在上海，是中央直接领导和管理的重要国有骨干企业之一，是以航运为主业的跨国经营、跨行业、跨地区、跨所有制的特大型综合性企业集团，旗下有中海集运、中海发展、中海海盛三家上市公司。中海集团设有北美、欧洲、香港、东南亚、韩国、西亚六个控股公司和日本株式会社、澳大利亚代理有限公司，其境外产业下属 90 多家公司、代理、代表处，营销网点总计超过 300 个。中海集团年货物运输完成量超过 3.3 亿吨、950 万 TEU（Twenty-feet Equivalent Unit 是以长度为 20 英尺（约 6 米）的集装箱为国际计量单位，也称国际标准箱单位，通常用来表示船舶装载集装箱的能力，也是集装箱和港口吞吐量的重要统计、换算单位），在国家能源和进出口贸易中发挥了重要的运输支持和保障作用。随着集团的不断发展，釜山港成为中海集团实施"走出去"海外战略的重点区域，集团旗下釜山公司是中海集团韩国控股公司主营集装箱业务的下属企业。有数据显示，中海集团在韩国的集装箱吞吐量在 20 万 TEU 左右，甚至还高于航运巨头中远集团在当地的业务量。不幸的是，中海集团内部控制上的欠缺与薄弱，酿成了一桩中国航运界罕见的财务丑闻——"资金门"事件。

2008 年 1 月 31 日，中海集团接报，驻韩国釜山公司大约 4 000 万美元（约合人民币 3 亿元）的巨额运费收入及部分投资款，被公司内部人非法截留，分成 100 多次逐步转移，主要涉案人员中海集团韩国控股的财务部负责人兼审计李克江在逃，俗称"资金门"。此案发生以后，国资委表现出对中央企业内部控制问题的深切忧虑，迅即向包括中海集团、中远集团、五矿集团等多家在海外设有分公司的大型中央企业发出通报，责成其强化内部控制，消除资金失控的隐患。

二、案例分析

（一）内部控制缺陷分析

从中海集团釜山公司的财务丑闻中，我们可以看出其在内部控制管理上存在严重的缺陷。

1. 控制环境问题

控制环境是所有其他内部控制组成要素的基础，管理层的态度和治理结构更是定下了内部控制的基调。值得关注的是，中海集团自 2006 年 6 月起，就曾将所获得的银行短期贷款近 25 亿元人民币违规进行股票投资。2007 年被查出，受到银监会通报批评，国资委也在当年对公司予以降分处理的通报。釜山公司"资金门"的再现，昭示着中海集团管理层在内部控制上的漫不经心。再从治理结构看，中海集团所有驻海外的财务体制，是控股公司掌控下属企业的全部财务和资金结算。权力的极度膨胀与自由放任，意味着海外公司得以游离于中海集团的视线边缘，为资金失控埋下了巨大隐患。

2. 风险评估问题

风险评估意味着分析和辨认实现目标可能发生的风险，是内部控制有效的前提。把风险看作负面因素，有利于专注防范风险带来的负面效应。航运公司的主营业务收入是运费收入，而行业内的收费标准各有不同，现金流的出入大是行业特点之一，如从天津中转釜山再到芝加哥的运费，一个长度大约 4 英尺（约 1.22 米）的集装箱柜就在 3 300～3 700 美金，每次交易的现金流也很大。分公司贪污公款，主要是通过提高费用，或者把产品低价售给客户，然后从客户处收取好处。如果分一百多次转移，而又缺少仔细审查，的确很容易被忽略。

3. 控制活动问题

控制活动是旨在确保管理层的指令得以执行的政策及程序，为内部控制的核心。以最典型的控制活动——不相容职务分离为例，其要求授权、批准、业务经办、会计记录、财产保管、稽核检查六权分离，实现职责分工牵制。而"资金门"事件的焦点人物李克江，既为中海集团韩国控股的财务部负责人，又身兼审计之职。西谚云："任何人都不可能客观地评价自己的工作。"自我复核和检查可谓内部控制的大忌。从行业经验来看，釜山公司案也不可能是李克江一人所为，而是有其他财务人员或者外部供应商的配合。此类事件的发生，亦暴露出中海集团对海外分公司资金结算体制上的风险控制不足。

4. 信息与沟通问题

信息与沟通旨在取得及时、确切的信息，并进行有效的沟通，为内部控制提供条件。中海集团全面介入自查，是在"资金门"事件涉案人一百多次转移大量资金得逞之后才开始的，但此时巨额损失已然酿成。尚处于第一次"资金门"余悸中的中海集团，本应培养出在最短时间内针对事件的起因、可能趋向及影响做出预测，并迅速做出反应的能力。遗憾的是，从这种"慢半拍"式的信息与沟通中可以看出，中海集团没能在此方面做出实质性的改进。

5. 监督问题

监督着眼于确保企业内部控制持续有效运作，起到润滑剂的作用。从行为论的观点来看，监督可以促使各层次的职员自觉遵守企业的各项内部控制要求，并认真有效地工作，从而促成企业目标的实现。像中海这样的大集团在海外设立的公司，如果是全资子公司，通常都采取独立核算制度，只需要报年账或者大账，不需要报明细账，有些公司甚至连现金流都不用向总部汇报。如果没有涉及上市公司，一般也不会有总部对海外分公司进行定期内部审计，这就导致了海外公司存在做假账的可能性，如虚报费用、发票开大、和供应商内外勾结。中海集团的内部控制偏离正确的轨道，与其缺乏常规性和相对独立的财务审计和监管制度是密不可分的。

（二）内部控制改进的评价与反思

"资金门"事件表明，我国大型中央企业在纷纷选择"走出去"战略的同时，在如何监管海外分公司的财务安全这一问题上，与国际大公司相比还缺乏足够的经验。如何保障海外业务的顺利发展，已成为刻不容缓的重大课题。

1. 内部控制改进的评价

我们注意到，"资金门"事件发生以后，中海集团围绕内部控制五要素的缺陷，做了大量针对性的改进工作。第一，为了改善控制环境，于 2008 年 4 月正式成立集团风险控制和管理委员会，由集团总裁李绍德亲自担任委员会主任，内部控制受到管理层的重视，并被提到公司治理的高度。第二，为了改善风险评估，由集团企管部作为集团风险控制和管理的牵头和职能部门，集团风险控制和管理委员会下设工作小组，主要职责是根据集团风险控制和管理委员会确定的方针、政策和任务，具体协调、处理企业经营发展和日常管理中的涉及风险控制和管理事项，组织落实风险控制和管理有关事项。第三，为了改善控制活动，中海集团着手建设具有中海特色的风险控制和管理体系，重点抓好对重大风险、重大事件的管理和重要流程的控制。加强安全管理、资金风险防控、应收账款催收、商务风险防范、企业法律制度建设、信息化建设、人才建设和企业稳定等八项工作。第四，为了改善信息与沟通，中海集团强调风险控制和管理信息系统的建设，做好编报企业风险控制和管理报告的准备。第五，为了改善监督，按照业务分管原则，集团风险控制和管理委员会下设工作小组，实施对集团下属单位风险控制和管理事项的监督指导。同时，开展对集团近百家海外分公司和代理办事处的大检查，主要针对资金往来，尤其是应收账款是否及时到账等日常运营资金流状况，显著增强了检查监督的力度。

2. 釜山公司案的内控反思

中海集团的上述改进工作是非常必要的，但还远不是科学、有效的内部控制体系的全部。"资金门"事件尽管是一个反面案例，但它带给我们的内部控制反思仍然是深刻的。第一，我国企业内部控制成功的关键，首先在于控制环境的优劣。特别是鉴于内部控制的大部分工作都是经营管理部门的直接职责，只有管理层将风险管理放在适当的高度，内部控制才能真正发挥作用。第二，内部控制应倡导一种遵循性的控制文化，将合法合规性作为控制的底线和最低标准。在遵循性的控制文化指导下，内部控制不再被视作一种简单、机械的约束，而被看成一种心灵需求和保护性的制度安排。企业全体员工应当自觉维护内部控制的有效执行，遵循性的行为本身具有自觉性和定向导航功能。第三，内部控制应是全方位的，要建立源头控制、主动控制的战略思想。既要在事中实施控制（控制活动）和事后加以弥补（监督修正），更要在事前建立风险预警机制，识别公司面临的潜在风险（风险评估）。比尔·盖茨曾经说过，微软离破产只有 12 个月。这个世界上最大的软件巨无霸，历经政府与同行的无数次"围剿"而安然无恙，至关重要的即是其立足于事前预警的控制机制。倘若中海集团做到这一点，也不致出现 3 亿元国有资产的流失。全方位的内部控制还意味着，层次上应涵盖企业董事会、管理层和全体员工，对象上应覆盖企业各项业务和管理活动，流程上应渗透到决策、执行、监督和反馈各环节。第四，内部控制应是权变的和嵌入式的，具备充分的适应性和契合性。这要求内部控制合理体现企业经营规模、业务范围、业务特点、风险状况以及所处具体环境等，并随着企业外部环境的变化、经营业务的调整、管理要求的提高等不断改进和完善。例如，在兼顾全面的基础上也要突出重点，针对重要业务与事项、高风险领域与环节，采取更为严格的控制措施，确保不存在重大缺陷。第五，内部控制还必须是制衡的，体现不相容职务相分离这一最为古老朴素却又最为核心、精练的要求。机构、岗位设置和权责分配，应当科学合理，并符合内部控制的基本要求，确保不同部门、岗位之间责权分明和利于相互制衡、相互监督。履行内部控制监督检查职责的部门应当具有良好的独立性，任何人不得拥有凌驾于内部控制之上的特殊权力。

资料来源：《财政监督》2008 年第 12 期，作者刘华。

案例拓展研习：

1. 釜山公司在"资金门"事件中使国有资产损失约 3 亿元。请依据该企业存在的问题提出相应的建议。

（1）企业内部控制成功的关键，首先在于控制环境的优劣。特别是鉴于内部控制的大部分工作都是经营管理部门的直接职责。只有管理层将风险管理放在适当的高度，内部控制才能真正发挥作用。

（2）内部控制应倡导一种遵循性的控制文件，将合法合规性作为控制的底限和最低标准。在遵循性的控制文件指导下，内部控制不再被视作是一种简单、机械的约束，而是被看成一种心灵需求和保护性的制度安排。企业全体员工应当自觉维护内部控制的有效执行。遵循性的行为本身具有自觉性和定向导航功能。

（3）内部控制应是全方位的，要建立源头控制、主动控制的战略思想。既要在事中实施控制（控制活动）和事后加以弥补（监督修正），更要在事前建立风险预警机制，识别公司面临的潜在风险（风险评估）。比尔·盖茨曾经说过：微软离破产只有 12 个月。这个世界上最大的软件巨无霸，历经政府与同行的无数次"围剿"而安然无恙，至关重要的即是其立足于事前预警的控制机制。倘若中海集团做到这一点，也不至于出现 3 亿元国资的离奇失踪。全方位的内部控制还意味着．层次上应涵盖企业董事会、管理层和全体员工．对象上应覆盖企业各项业务和管理活动，流程上应渗透到决策、执行、监督和反馈各环节。

（4）内部控制应是权变的和嵌入式的，具备充分的适应性和契合性。这要求内部控制合理体现企业经营规模、业务范围、业务特点、风险状况以及所处具体环境等方面的要求，并随着企业外部环境的变化、经营业务的调整、管理要求的提高等不断改进和完善。例如：在兼顾全面的基础上也要突出重点，针对重要业务与事项、高风险领域与环节，采取更为严格的控制措施，确保不存在重大缺陷。

（5）内部控制还必须是制衡的，体现不相容职务相分离这一最为古老朴素却又最为核心、精练的要求。机构、岗位设置和权责分配，应当科学合理，并符合内部控制的基本要求，确保不同部门、岗位之间责权分明和利于相互制衡、相互监督。履行内部控制监督检查职责的部门应当具有良好的独立性，任何人不得拥有凌驾于内部控制之上的特殊权力。

2. 请思考：如何真实反映 3 亿资产损失？试进行账务实操练习：①倘若 3 亿元流失的国有资产无法追回；②倘若 3 亿元流失的国有资产能够追回，请根据学习过的相关知识进行会计账务处理，以真实反映企业的财务状况。

内部控制管理案例 4

HY 公司虚列成本费用套取资金账外存放　用于部分人挥霍消费

一、基本情况

2011 年至 2015 年 8 月底，HY 公司所属单位设立研发项目 7 个，发生研发费用支出

390 万元。上级审计人员在检查中发现，该单位以各种名义在科研项目中以虚开发票等手段套取资金 240 万元账外存放，用于部分人挥霍消费。其中以发放技术服务费名义提取现金90 万元，以报销通信费、评审费、专业技术培训费套取现金 30 万元，并将该 120 万元套取的资金存入陈某个人银行卡账户；以报销差旅费名义购买交通卡 77 万元，以劳动保护名义购买购物卡 38 万元，以报销燃油费名义购买加油卡 5 万元，各种消费卡价值 120 万元，也由陈某保管。

截至审计人员检查日，该单位已挥霍消费 219 万元，其中发放现金 103 万元、购物卡 34万元、交通卡 77 万元、加油卡 5 万元；剩余现金及等价物 21 万元，其中现金 17 万元、购物卡 4 万元。该单位套取资金的消费及发放现金均由陈某一人经办。

该单位"小金库"事件发生后，企业高层非常重视，按照国家相关规定对挥霍资金进行追溯、对相关负责人进行了严厉问责并就地撤职。

二、案例分析

（1）内部控制存在盲点，给舞弊者造成了可乘之机。在资金支出的真实性上，出现了通通舞弊，内部自查自纠犹如蜻蜓点水，审计部门的震慑力不够，内部控制制度形同虚设。

（2）对资金的风险识别还存在缺陷，导致了"账外账，小金库"。对于国家已经关注的几种"小金库"形式，没有重点地识别，制定检查方案，在形式上也造就了"小金库"的土壤。

（3）法律法规的宣传贯彻不到位，导致违法人员没有清醒的认识。企业内部控制的员工培训不够，很多员工不知道什么是"小金库"，当审计组将"小金库"的事实指出时，部分员工还不以为然，认为这不算什么。知法、守法、不犯法是企业员工的基本底线，不容践踏。

（4）上述事项不符合《会计法》第二十六条"公司、企业进行会计核算不得有下列行为：……（三）随意改变费用、成本的确认标准或者计量方法，虚列、多列、不列或者少列费用、成本"的规定；构成了《国有及国有控股企业"小金库"专项治理实施办法》中"虚列研究与开发费、业务招待费、会议费、销售手续费、销售服务费等期间费用设立'小金库'；虚列职工工资、福利费用、社会保险费用、工会经费、管理人员职务消费等人工成本设立'小金库'"认定的"小金库"行为；违反了《会计法》第二十五条"公司、企业必须根据实际发生的经济业务事项，按照国家统一的会计制度的规定确认、计量和记录资产、负债、所有者权益、收入、费用、成本和利润"的规定。

案例拓展研习：

1. 虚列科研项目并违规挥霍消费的主要内容有：发放现金 103 万元+发放购物卡 34 万元+发放交通卡 77 万元+发放加油卡 5 万元=219 万元。

2. 针对虚列科研项目的 219 万元请实事求是地予以整改，真实反映企业的财务状况（不考虑相关税费）。

（1）批准前（企业相关程序批准前）：

借：其他应收款——相关人员   219 万元

　　贷：待处理财产损溢——流动资产   219 万元

（2）批准后（企业相关程序批准后）：

借：待处理财产损溢——流动资产   219 万元

　　贷：以前年度损溢调整   219 万元

第三节　企业采购业务控制

一、采购业务简述

（一）采购含义

采购是指企业在一定的条件下从供应市场获取产品或服务作为企业资源，以保证企业生产及经营活动正常开展的一项企业经营活动。

（二）企业采购业务主要内容

企业采购业务的主要工作内容就是比较经济、快捷地采购企业所需的物资，确保企业经营顺利运行。

1. 采购预算的制定

企业应当定期编制采购预算，依据部门职责归口管理，统筹安排企业的采购计划。严格按照预算办理请购手续，对于超预算和预算外采购的项目，必须履行预算调整程序后方可执行。

2. 供应商的确认

企业应当建立科学的供应商评估和准入制度，广泛收集供应商征信资料，必要时应当采取尽职调查，确定合格供应商清单。与选定的供应商签订质量保证协议，建立供应商管理信息系统。

3. 对供应商品质体系状况的评估及认证

对供应商提供的物资和劳务的质量、价格、交货及时性、供货条件及其资信、经营状况等进行实时管理和综合评价，根据评价结果对供应商进行合理选择和调整。

4. 加强采购资金的管理

企业应当加强采购付款的管理，完善付款流程，明确付款审核人的责任和权力，严格审核采购预算、合同、相关单位凭证、审批程序等相关内容，审核无误后按照合同规定及时办理付款。

（三）企业采购业务流程走向

企业采购业务流程走向如图4-3所示。

采购业务运行机制——→采购计划编制——→采购策略——→供应商管理——→物资采购价格确定与发布——→物资采购——→采购过程控制——→采购付款——→采购绩效管理

图4-3　企业采购业务流程走向

（四）企业采购业务控制目标

根据采购业务的特点以及经营管理对采购业务的要求，采购业务控制应当达到以下目标。

（1）建立和完善组织架构，明确决策、执行、监督等方面的职责权限，形成科学有效的职责分工和制衡机制，有效防范和化解各种舞弊风险。

（2）推动科学理性采购，保证生产建设所需物资安全供应、及时供应和经济供应；加强供应商网络管理，强化对企业供应商的准入机制和使用情况的监管，规范供应商管理体系，提升供应商管理工作的质量。

（3）实行框架协议采购，提高物资供应工作效率。

（4）强化物资供应过程控制，增强物资供应工作主动权；保证业务或会计报表真实、完整和准确。

（5）严格各项审批程序，保证企业资产安全、完整，防止企业资产流失。

二、企业采购业务应关注的主要风险点

（一）主要风险点

（1）采购计划安排不合理，市场变化趋势预测不准确，造成库存短缺或积压，可能导致企业生产停滞或资源浪费。

（2）供应商选择不当，采购方式不合理，招投标或定价机制不科学，授权审批不规范，可能导致采购物资质次价高，出现舞弊或遭受欺诈。

（3）采购验收不规范，付款审核不严，可能导致采购物资、资金损失或信用受损。

（二）风险的具体表现

企业采购业务应关注的主要风险点具体表现为以下几种。

（1）机构岗位设置风险。内部机构、岗位设计不科学、不健全，采购部门和岗位设置的职责不清晰，未实现不相容岗位分离，未实行关键岗位限制性要求，导致机构重叠或缺失，岗位职责和任职条件不明，采购工作效率低下。

（2）采购计划风险。未按规定编制、审批、调整、执行采购计划，采购计划不准确、不合理，加大库存短缺或积压的风险，导致企业生产停滞或资源浪费。

（3）采购申请审批风险。缺乏采购申请制度，采购申请未经适当审批或超越授权审批，导致采购物资过量或短缺，影响企业正常生产经营。

（4）采购信息系统风险。

①项目实施风险。信息系统项目实施不当，导致项目计划无法实现，影响正常生产经营。

②采购信息系统权限管理风险。信息系统权限管理不当，导致系统及数据未经授权即可访问或不适当访问。

③采购信息化项目应用与运维管理风险。信息化项目运行维护不当、系统功能不能充分利用，造成资源浪费，影响正常生产经营。

④采购信息系统数据处理管理风险。进入系统的数据未经适当复核，或数据的修改未经适当审批、监控和记录，导致系统数据错误或被恶意篡改，造成业务处理不当甚至财产损失。

（5）采购方式选择风险。采购方式选择不合理或执行不当，如未充分考察供应商情况，询价程序不当，定向采购依赖主观判断等，导致采购物资质次价高、技术不达标、交付不及时等，甚至出现舞弊或欺诈事件，损害企业利益。

（6）采购交易执行风险。未严格按照合同或委托执行采购交易，如缺乏对采购合同履行情况的有效跟踪，未对采购业务办理保险或未及时索赔或理赔等，导致采购物资损失或无

法保证供应。

（7）供应商管理风险。供应商管理不当，如供应商入围审查不严格、供应商名单维护不当、供应商评价不充分或流于形式等，未与供应商保持畅通的沟通渠道，信息传递不及时、不完整、不准确，导致采购物资质次价高、技术不达标、交付不及时等，使企业在交易中处于不利地位，甚至出现舞弊或欺诈事件，企业利益受损。

（8）物资储备管理风险。未能对物资储备进行有效管理，导致企业库存积压、利用效率低下，不能实现资源的有效配置。

（9）资产核算风险。资产账实不符，虚增或虚减资产，账外资产，资产计价方法的变更未经适当审批，摊销和折旧随意变更或计提错误，提前、推迟甚至不确认资产，账证、账账不符等会计差错，导致财务信息质量不高，财务报告有失公允，被监管机构处罚。

（10）采购付款管理风险。未根据采购协议或合同规定，核对结算期采购订单、商品验收单、付款单、发票四单，或未按照规定权限履行付款审批程序，造成资金支付不及时或无法收回，导致企业利益受损。

（11）采购数据管理风险。未妥善核对保管采购数据，未对采购数据进行分析监督，影响采购业务的优化及正常运营。

三、企业采购业务主要控制点要求

（一）采购业务运行机制

1. 归口管理

企业应设立物资采购部门或物资供应部门，对物资计划、供应商、价格、质量、储备等物资供应工作实行归口管理，实行供应与管理结合。企业物资采购部门或物资供应部门是物资储备归口管理部门，负责储备物资的统一管理、统一调度、平衡利库和积压物资处理。企业物资需求计划的审核管理部门是物资库存资金占用的责任主体。

2. 建立、健全供应商准入名录

物资采购部门或物资供应部门应建立、健全供应商准入名录，对未列入本企业内采购物资目录的供应商，不得实施采购。企业不得将工程项目采购等分散到不同部门操作，如确实是业务需要，应在履行相关审批程序后实施。

3. 网上采购

信息化网络平台成熟企业的物资采购部门或物资供应部门，须通过内部电子商务网实施网上采购，建立网上采购的考核制度，确保网上采购质量。

4. 大型企业可以采取集团化采购实施

企业物资采购部门或物资供应部门应积极做好直接采购、集中采购等工作，可在采购框架协议项下实施订单采购，确保企业利益最大化的高性价比采购。

5. 做好岗位制衡工作

基于采购系统职责分离、岗位不相容等原则，具体应做好以下主要岗位的相互制衡。

（1）负责维护供应商主数据、物料主数据、采购信息记录的人员不能同时负责采购岗位业务。

（2）负责创建需求计划及预留的人员不能同时负责需求申请审批，负责创建采购申请的人员不能同时负责采购申请审批。

（3）创建采购订单、收货过账、发票校验的职责需进行分离，其相关系统权限不能为相同人员所拥有。

（4）负责付款申请的人员不能同时负责采购和付款账务处理。

（二）采购计划编制

1. 企业采购系统中物料主数据维护

有权限的工作人员，应依据企业的采购系统物料主要数据基本信息和经审批的物料主数据申请表，及时维护物料主数据相关信息。物料主数据的工业标准描述字段不得随意更改。

2. 物资需求计划编制

企业须明确各类物资需求计划的审核部门。物资需求单位根据生产建设需要准确、及时地编制物资需求计划，按规定权限审批后报物资采购部门或物资供应部门。根据企业不同的物资使用方向如大修理、新建项目等，明确物资计划申报的时间节点。对紧急情况下需要领料而又没有提报需求计划的，可按照企业规定履行一定的手续后领料，再在规定时间内完善相关手续。

3. 物资需求计划控制

企业物资需用单位和各计划审核管理部门在编制、审核物资需求计划时不得指定或变相指定供应商，对独家代理、专有、专利等特殊产品应提供相应的独家、专有资料，报需求计划责任主体的企业分管领导审批。

4. 物资采购计划控制

企业物资采购部门或物资供应部门依据审批的物资需求计划综合平衡资源后，编制物资采购计划并按规定权限在物资采购部门或物资供应部门内部审批。采购计划应明确采购物资的名称、规格型号、数量、交货期等要素。

（1）根据采购审批制度，在企业电子商务系统中配置采购申请的审批流程和相关权限。采购申请的创建和审批不能重叠。

（2）在电子商务系统中，正确输入相关物料信息及参数，完成物料综合平衡和采购申请创建。

（3）计划人员实时审阅电子商务系统中未实施的采购申请，对不继续执行的采购申请进行适当清理。

5. 物资需求计划变更

企业应制定物资需求计划变更管理制度。对因生产或项目建设变更导致物资需求计划变更的，应按规定程序和时间要求编制变更申请书，并提交相关管理层审批。

（三）采购策略

1. 年度物资采购策略

企业物资采购部门或物资供应部门每年末应牵头组织制定下一年度的主要物资采购策略，明确供应商选择、采购方式选择、采购过程控制和库存管理等方面的策略和措施。企业物资供应分管领导牵头组织计划、生产、财务、企管、审计、监察、供应等部门和需用单位，对采购策略进行集中会审。物资采购部门或物资供应部门应按会审通过的年度采购策略开展采购工作。

2. 工程项目物资采购策略

对于工程项目物资采购，企业物资采购部门或物资供应部门应根据要求分版次编制项目采购策略，并组织设计、工程等相关部门共同研究讨论，在企业分管供应领导审核后，按权限要求上报审批或备案。

（四）供应商管理

1. 供应商管理职责

企业应做好供应商的准入、考核和管理工作。未经授权人员不得修改供应商信息及产品目录。

（1）供应商主数据的创建和修改必须经过维护和修改供应商主数据的权限审批，由供应商主数据维护人员拥有。

（2）财务部门应按照会计相关规定审核供应商主数据会计信息，确保正确配置供应商统驭科目。

2. 准入供应商资格预审

物资采购部门或物资供应部门对申请准入的供应商按标准组织资格审查。对于供应物资涉及生产建设安全的供应商，必须进行现场考察，提交现场考察报告，明确考察结论，并提出许可供应产品建议，按规定权限审批。

3. 采购订单执行

在规定时间内，物资采购部门或物资供应部门应利用系统中的供应商评估功能对供应商的价格、质量、交货、服务等方面进行动态量化考核。

4. 供应商年审

物资采购部门或物资供应部门每年须对交易供应商的整体实力、供货业绩和供应风险进行综合评估和年审，并提交具有相应权限的人员进行审批，淘汰年审不合格的供应商。对于不达标的供应商，在供应商档案管理系统中取消服务关系，并将结果同步到企业电子商务系统。

5. 供应商的选择

物资采购部门或物资供应部门必须在企业供应商网络名录内选择供应商，并按照供应商许可供应产品目录实施采购。需要签订技术协议的，由物资采购部门或物资供应部门牵头组织技术交流和技术谈判，用户或相关技术责任部门对技术文件进行审核和签字确认。在框架协议和重要采购合同签订前，须对供应商进行风险评估，评估风险高的供应商须进行现场考察。现场考察不合格的供应商，不得与之签订框架协议或合同。

（五）物资采购价格确定与发布

1. 采购价格确定

物资采购部门或物资供应部门应采取招标、联合谈判、询比价、动态竞价等多种方式，按性价比最优、供应总成本最低的原则，科学理性地确定采购价格。框架协议采购原则上通过招标确定供应商和价格。不具备招标条件的，必须进行物资成本构成分析和价格测算，通过联合谈判确定供应商和价格。

2. 采购框架协议执行价格发布

采购框架协议就是双方当事人为明确各方对交易达成初步合意，对其中主要内容予以确定而订立的协议（具有合同的效应），具体的交易细节在框架协议的基础上再细化成正式的合同。当双方往来中很多小的重复交易建立了长期合同，就需要一个特殊的合同机制来涵盖这种关系和单个交易的需求，这被称为框架协议。企业实行框架协议采购，也是提高物资供应工作效率的一种方法。

物资采购部门或物资供应部门应根据市场变化情况，及时发布采购框架协议执行价格，企业物资采购部门或物资供应部门在执行框架协议时，不得超出限定范围。特殊情况应由企业分管领导审批。

（六）物资采购

1. 框架协议和采购合同的拟定

物资采购部门或物资供应部门应根据确定的供应商、价格等内容，拟订框架协议和采购合同，准确描述条款，明确双方权利、义务和违约责任。为了减少舞弊行为，降低采购风险，以框架协议方式采购的同一物资品种，签约供应商原则上不得少于2家；无法保持2家以上供应商的，物资采购部门或物资供应部门要出具书面报告并进行公示，并报上一级别审批。对已掌握价格成本构成、有较好风险控制能力和市场预测能力，供应商价格、质量、交货、服务满足要求的物资，可签订长期协议。

2. 框架协议和采购合同的签订

物资采购部门或物资供应部门应按照规定权限审批并签署框架协议和采购合同。对于已经签订框架协议的物资，物资采购部门或物资供应部门不需要另行招投标、询比价。未经授权人员不得签订、修改、删除采购订单或合同。

（1）框架协议、采购订单的创建必须依据经批准的采购申请、询比价单或框架协议。在电子商务系统中，经授权的采购订单创建人员拥有创建框架协议、采购订单的权限；审批框架协议、采购订单的权限由经授权的采购订单审批人员拥有。负责框架协议、采购订单创建人员不能同时负责采购订单审批。

（2）根据企业采购审批制度，在电子商务系统中合理配置采购订单的审批流程，要求在系统中至少进行一级审批。

（3）在一般情况下，不允许采购订单创建人员修改或删除已审批的采购订单，若因业务特殊需要对采购订单进行修改或删除，须在物资供应相关负责人审核确认后，由经授权的采购订单维护人员执行操作。

（4）除寄售类采购订单外，原则上要求在系统中创建采购订单应参考采购申请、询比价单或框架协议。对于需要直接创建采购订单的，必须经过线下审批。

（5）对于超过采购合同有效期的未完成采购订单，要及时设置完全交货标识。

（6）每月结账前，采购订单清理人员审阅系统中未清的采购订单，对未清而且不继续执行的采购订单进行适当清理。

3. 框架协议项下订单的审批

物资采购部门或物资供应部门采购管理人员负责跟踪掌握采购订单的执行情况，对于超过合同有效期、尚未完成且不再执行的采购订单，要及时核销和适当清理；依据企业相关规定，在系统中维护采购订单交货容差。

4. 采购变更备案与管理

企业及供应商相关信息及有关人员发生变动时，企业物资采购部门或物资供应部门和供应商双方在发生经济业务前，应及时提供或索取授权书和变动公函，并将其变动情况及时书面通知相关部门。

5. 特殊情况处理办法

特殊情况下需续签框架协议的，须在到期前规定时间内，按后评价要求组织评估，由企业主要负责人批准。续签有效期不得超过原协议期限。

（七）采购过程控制

1. 物资储备管理

企业应制定存货管理规定，明确存货的验收入库、仓储管理、领用出库、期末盘点、定期处置、计量核算及分析考核等操作细则。

2. 采购进度控制

物资采购部门或物资供应部门依据采购合同跟踪合同履行情况，建立合同控制台账，定期分析合同执行情况，对有可能影响生产或工程进度的异常情况出具书面报告并提出解决方案。

3. 采购质量控制

物资采购部门或物资供应部门对重要物资建立并执行合同履约过程中的巡视、点检和监造制度。对需要监造的物资，物资采购部门或物资供应部门应组织技术部等部门审核确认监造大纲，择优确定监造单位，签订监造合同，落实监造责任人。监造报告及时向有关部门通报。

4. 采购物流控制

物资采购部门或物资供应部门根据生产建设进度需要和物资特性，确定合理的运输方案，及时办理运输、投保等事宜。

5. 物资入库检验

物资采购部门或物资供应部门须制定必检物资目录。必检物资入库前，物资采购部门或物资供应部门须组织质量检验，由质量检验部门判定质量状况，出具质量检验报告书。验证放行物资入库前，物资采购部门或物资供应部门须检查质量保证书、商检证书或合格证等证明文件。

6. 直达现场物资的验收交接

直接运抵现场的物资，由物资需用单位、物资采购部门或物资供应部门等有关人员现场验收，必检物资必须按规定进行检验，办理交接手续，并签字确认。

7. 不合格物资处理

企业应明确不合格物资的相关管理程序，对不合格物资，物资采购部门或物资供应部门依据相关规定办理让步接收、退货、索赔等事宜。仓储部门保管员根据经相关负责人审批的退货申请单，在系统中操作供应商退货流程。

8. 索赔

对于质量不合格、延迟交货等情况，物资采购部门或物资供应部门应按合同约定向供应商索赔。

9. 质量反馈

企业应当建立货物使用质量反馈机制，明确物资采购、质量反馈收集整理不相容职能的分离。质量反馈资料应作为供应商评定的重要依据。

（八）采购付款

1. 采购资金支付

采购资金支付由与采购岗位不相容人员依据合同（或上级、总部、集团等直接集中采购物资调拨单）相关采购单据、入库单和发票等付款凭据填制付款申请，按规定权限审批后提交财务部门，财务部门根据规定履行付款程序。

（1）在系统中，进行发票校验的权限由财务部门发票校验人员拥有，基于不相容原则，该人员不能同时负责收货过账。

（2）在系统中，进行付款账务处理的权限由财务部门付款账务处理人员拥有，基于不相容原则，该人员不能同时负责付款申请。

（3）在系统中，应正确配置已收货未校验或已校验未收货的会计处理方式和会计科目映射匹配关系，并自动完成存货入库及物资采购暂估的入账处理。

（4）正确配置采购订单和发票上的物料成本和价格差异，即进行采购价格差异的会计处理，自动计入系统中的采购差异科目。

（5）财务部门发票校验人员对有关采购订单、入库单、供应商发票进行三单匹配，进行真实合规性的审核，正确、及时地在系统中按规定进行发票校验过账，生成应付款项未清项。负责付款账务处理的人员根据经审批的付款申请、入库单、供应商发票等相关凭证，在系统中进行付款的账务处理。记账凭证须经不相容岗位人员稽核。

（6）无采购单的物资采购必须获得审批。在系统中无采购单的物资采购账务处理权限，由经授权的财务部门人员拥有。

2. 质保金的支付

物资质保期满后，物资采购部门或物资供应部门依据使用部门、质量管理部门意见，提出质保金支付申请；财务部门依据合同约定及相关审核意见，按规定权限审批后，按程序支付。物资采购部门或物资供应部门要积极利用质量保函，逐步改造质量保证金制度。

3. 采购往来款的核对

财务部门应每月与物资采购部门或物资供应部门核对往来款项，并会同物资采购部门或物资供应部门定期与供应商核对往来款项，发现差异应及时查明原因并纠正，重大问题应向上级报告。

4. 预付账款和定金的管理

涉及大额或长期的预付款项或定金，物资采购部门或物资供应部门和财务部门至少每季进行追踪核查，综合分析预付账款的期限、占用款项的合理性、不可收回风险等情况，发现有疑问的预付款项，应当及时采取相关措施，保证企业利益。

（九） 采购绩效管理

1. 物资采购的专项分析

物资采购部门或物资供应部门定期开展针对物资计划、采购渠道、采购价格、采购质量、采购成本、协议或合同签约与履行情况等的物资采购供应活动专项分析，并形成报告。

2. 考核

企业应将物资需求计划管理、供应商管理、储备管理、库存资金占用和周转、新产生积压物资等方面的关键指标纳入经济责任制考核，奖惩兑现。因需求计划不准产生的物资积压，由需求计划提报单位和审核单位承担积压责任；因设计不准和设计变更产生的积压，由设计单位承担积压责任；因无计划或超计划采购产生的积压，由物资采购部门或物资供应部门承担积压责任。

3. 物资采购业务公开

物资采购部门或物资供应部门应按业务公开的要求，将物资采购的相关信息包括需求计划提报、供应商选择、供应商考核、价格确定以及独家采购等进行公开，实施阳光采购，杜绝舞弊行为，降低或有风险。

即问即答：

采购业务的主要风险有哪些？

内部控制管理案例 5

高价吊灯采购后面的舞弊

一、基本情况

2007 年 10 月 1 日，某国际酒店在热闹的庆贺声中开始营业了。这是一家集团公司投资成立的涉外星级酒店，该酒店拥有一流的装潢和设施一流的客房，为中外客商提供各式专业服务。开业当天，酒店大堂的水晶吊灯格外引人注目，为酒店增添了不少的赞美。该吊灯上的星球装饰均由水晶材料雕琢而成，是公司王副总经理亲自组织货源，最终从瑞士某珠宝公司高价购买的，货款总价为 150 万美元，这样的超级豪华水晶灯饰在国内还是少见的。经媒体报道及渲染，当天客房入住率达 80%，王副总经理也颇感惬意。

然而，2 个月之后，这个高价格的水晶灯饰就出现状况。首先是原有的水晶光泽变得灰蒙蒙的，灯饰上的星球开始破裂甚至脱落。其次，部分金属灯杆出现了锈斑。面对这些问题，公司领导责令王副总经理在限期内给出合理解释，并停止了他的一切职务，同时公司监督部门介入，真相很快浮出水面。原来这盏价值百万美元的吊灯根本不是从瑞士购得的，而是通过某地的南方奥尔公司购得的赝品。王副总经理在交易过程中贪污受贿，在没有公开招标的情况下，即与南方奥尔公司签订了价值 150 万美元的代购合同；依照合同规定，南方奥尔公司必须提供瑞士某著名珠宝公司出产的水晶灯，并由南方奥尔公司向该酒店出具该公司的验证证明书，其中 200 万元人民币为支付给南方奥尔公司的代理费。然而，交易发生后，南方奥尔公司并没有向酒店出具有关水晶灯的任何品质鉴定报告，酒店也没有向南方奥尔公司办理必要的查验手续。经查实，这笔交易都是由王副总经理一人操纵的，从签订合同到验收入库再到支付货款均由他一人负责，他之所以这样做，正是因为收取了南方奥尔公司的好处费。虽然王副总经理受到了法律的制裁，但是酒店因此遭受了巨额的直接损失，名誉也受到了间接的损失。

二、案例分析

1. 要做到职务分离，采取牵制措施

货物的采购人员不能同时负责货物的验收工作，以防止采购人员收受客户好处费，进而防止购买质次价高的物资，侵害企业的利益；付款审批人和付款执行人不能同时办理寻求代理商和索价业务。除预付款外，付款的审批通常在验货或验单后执行，以保证货物的价格、质量、规格等符合标准。在本案例中，王副总经理一人独揽采购大权，反映出该公司采购控制环节中没有做到不相容职务分离。

2. 认真做好验收入库的控制

企业根据购货单及合同规定的质量、规格、数量以及有关质量签订书等技术资料核查收到的货物，只有在几方面匹配时才予以接受货物到库。货物入库和移交时，经办人之间应有明确的职责分工，要对所有可能接触货物的途径加以控制，以防调换、损失和失窃。本案例中的王副总经理同时也负责验收货物，因此导致验货程序走过场。

3. 严格做好货款支付控制

发票、运费等必须与合同符合无误，质检、验收凭证齐全后才可以办理结算、支付货款。在本案例中，价格高昂的水晶灯没有技术证明资料、没有必要的验查手续，就支付了货款，由此导致了该公司整个采购环节内部控制中存在巨大的漏洞及相关风险。

资料来源：《内部控制学》，中国时代经济出版社 2013 年版，作者郑石桥、杨婧、赵珊、剧杰。

案例拓展研习：

本案例中：王某正是因为收取了南方奥尔公司的好处费，因此该业务事项从合同签订、货物验收、货款支付等关键环节均由其一人掌控，导致单位的内部控制流于形式。

请思考，王某虽然受到了法律的制裁，但是他受贿的好处费是否该追回（说明理由）？如果好处费追回应在企业财务资产状况中如何反映？

内部控制管理案例 6

三洋科龙的采购供应商管理案例

在实际生产中供应商在交货、材料品质、供货提前期、库存水平等方面直接决定采购企业的生产稳定性和产能的保障，对采购企业的生存发展起着至关重要的作用。因此，SOPIS系统采购体系的核心就是围绕供应商的开发管理建立的。不仅如此，三洋科龙公司采购员的角色已经从普遍意义上的"订货人"，发展成协调供应商的"咨询人员"。他们的工作重点集中在如何同供应商建立和发展恰当的关系以及降低总成本等活动上，而不是放在订货以及补货的日常程序上。

一、供应商选择的策略

三洋科龙在综合三洋和科龙集团双方的历史经验后，针对在我国市场的情况确定了选择供应商的具体策略，有效地指导并保证了全部供应商选择过程的合理性，其中的一些策略硬性地在 SOPIS 系统中予以设置并不可改变，有效地避免了国内许多企业由经理拍脑袋决定的随意性现象。三洋科龙的供应商选择了如下策略。

1. 风险分散策略

一种物料必须由2~3家供应商同时供货，不再增多，也不能减少；供应商的供货额度有区别，一家供应商承担的供应额最高不超过80%，而且也不能超过该供应商产能的50%。这样既可保持较低的管理成本，又可保证供应的稳定性，并且在出现意外需求或其中一家供应商停止供货时，能迅速从其他的供应商处得到补充供应。如果仅由一家供应商负责供应100%的货物，则风险较大，一旦该供应商出现问题，势必影响整个企业的生产。

2. 门当户对策略

并非行业老大就是首选供应商。门当户对策略是指选择的供应商应足够大，其能力要能满足本公司近远期的需求；同时又要足够小，使本公司的订货在对方的销售中占相当大的比重。这样，供应商才会在生产排期、售后服务、价格谈判等方面给予足够的重视和相当的优惠。

3. 供应链策略

与重要供应商发展战略合作关系。例如参股冷柜最重要的元件——压缩机的制造厂商，并在其董事会取得席位。对各种供应商积极沟通联络，制定明确的制度，确保供应链的稳定可靠和利益共同体。

4. 评价策略

遵循"质量、成本、交货与服务"并重的原则。其中，质量因素最重要，要确认供应商是否有有效的质量保证体系、是否具有生产所需产品的设备和检验能力；在交付方面，要确定供应商是否有足够的生产能力、满足要求的人力资源是否充足（技术人员、管理人员的能力）、是否能保证做到按时按需供货，以及具有满足意外需求的潜力；要考察供应商的售前售后服务记录；最后才是成本价格，在保证供应商一定商业利润的前提下实现采购费用的降低。

其实，选择供应商的最基本出发点是保证本企业的正常运作。

二、供应商管理相关部门的职责

三洋科龙强调供应商管理的分权制度不是由采购部一家决定的。公司制度严格规定：由技术部初选和推荐供应商入围，在技术部门与供应商签署技术合同后再由采购部洽谈和签订商务合同；经过经营部审核（审核员对所有大金额的合同和抽取一定比例的小金额合同进行详细审核，包括市场调查、到供应商实地考察等），报负责的副总经理签字盖章生效。各部门具体职责如下。

（1）技术部：负责组织新产品开发阶段材料供应商的入围初选及其样品检验确认和批量试用确认，并向供应商提供技术服务；负责在制品材料供应商的选择推荐，负责与供应商签订技术合同，参与供应商质量保证体系的现场审核和供货质量问题的反馈。

（2）采购部：负责与供应商签订商务合同；负责维护管理"合格供应商数据库"；执行采购订单；根据收到的销售订单以及销售预测，采用SOPIS系统运算，系统会自动考虑在库库存和已定购在途运输的原材料情况，以及公司制订的采购额对供应商的分配比例计算并给出采购订单；跟踪采购订单的进展，保持与供应商的长期密切联系。

（3）质保部：负责进货检验及在制品原材料、外购外协件检验制度的制定和执行；负责组织对供应商质量保证体系的考核、评定、整改、跟踪。对供应商提供的物料质量、交货期/量、质量事故和质量改进情况等进行月度考核。

（4）生产部：参与供应商的选择及其样品检验确认和批量试用确认；参与供应商的现场审核和供货质量问题的反馈。

（5）财务经营部：参与供应商选择；负责采购合同审核和供应商考核处罚的执行。

（6）公司总经理负责候选供应商的最终审批权。

由上述权利分配可见，无论哪家企业要想成为三洋科龙的供应商，必须通过所有相关部门按明确的职责和权利分工的审核，才能最终成为合格供应商。

三、对供应商的管理制度

供应商管理制度中包括供应商开发、评估、绩效管理等内容。

1. 新供应商的评估

（1）首先对该类物料进行市场分析，了解发展趋势和评估该材料的供需状况，主要供应商的市场定位及特点等。某种材料在第一次采购前，将参考科龙集团和三洋公司的合格供应商清单并组织调查评审后决定。采购员可以给设计部门提建议，推荐使用市场主流的元器件来降低成本。

（2）供应商的初步筛选。评价的指标主要有：供应商的注册资金、生产场地、设备、人员、主要产品、主要客户、生产能力和信誉、服务等。在这些评价的基础上，采购部建立起预备供应商数据库。这个阶段的工作可通过互联网查询，供应商的主动问询和介绍，专业期刊报纸、商品目录、工商局查询等方式进行。

（3）联系供应商，请有意向的供应商提供营业执照、税务登记证、企业代码证；银行信用证明；法定代表人证书、身份证；特许经营许可证、行业资质证、授权代理证；拥有生产、经营或办公场所的证明；生产或经营范围以及主要产品、商品目录；上一年度和近期的财务报告；公司简况、业绩、售后服务材料；有关的其他材料，如生产设备、技术和管理人员的状况报告等资料。

评审小组将根据购买材料的具体状况设定具体要求指标来进行审核。

（4）对供应商实地考察。考察必须有生产和技术以及财务经营部门的人员组成小组共同参与。他们不仅会带来专业的知识与经验，共同审核的经历也会有助于公司内部的沟通和协调。

在实地考察中，对供应商管理体系、合约执行能力、财务状况、设计开发、生产运作、测量控制和员工素质等方面进行现场评审和综合分析评分。比较重要的项目有：质量体系，审核作业指导书、记录等文档和具体执行记录。计量管理，计量仪器要有完整的传递体系。设备管理，设备的维护制度和执行记录。供应商管理，供应商对其零部件供应商是否能进行有效控制。培训管理，关键岗位人员是否有完善的培训考核制度和记录。

考察过程中强调小组成员之间、小组与供应商的互相沟通。每次考察后都以与供应商一起开总结会作为结尾。总结会要说明供应商的优缺点，并留出时间请供应商发言，如果供应商有改进意向，可要求供应商提供改进措施报告，做进一步评估。最后形成的考察报告必须双方签字认可。

（5）供应商审核完成后，对合格的供应商发出询价文件，一般包括图纸和规格、样品、数量、大致采购周期、要求交付日期等细节，并要求供应商在指定的日期内完成报价。如果可能的话，则要求供应商提供成本清单，列出材料成本、人工及管理费用等，并将利润率明示。收到报价后，要对其条款仔细分析，如有疑问则要彻底澄清，澄清要求用书面方式作为记录。分析比较不同供应商的报价，会对其合理性有一定的了解。

（6）价格谈判之前，应充分准备并设定合理的目标价格，保证供应商有合理的利润空间。对小批量产品，其谈判核心是交货期，要求快速的反应能力；对流水线连续生产的产品，核心是价格。这里指的并非单纯的交易价格，而是商品的总购置成本，是购买商品和服务所支付的实际总价，包括通信费、税、存货运输成本、检验费、不合格品的维修和更换费用等。低的交易价格可能导致高的总购置成本，虽然是个很明显的事实，却常常被忽视。

谈判成功的供应商将由采购部负责在SOPIS系统中进行合格供应商的登录和设置，包括设置分配的采购额度比率、采购提前期等。SOPIS系统将根据计划和设置自动运算分配采购订单，跟踪采购订单执行状况并向采购员发出提示指令。

2. 合作供应商的沟通和评价体系

对现有供应商在过去合作过程中的表现做全面的资格认定。一般采取日常业绩跟踪和阶段性评比的方法。主要对他们的技术、质量、交货、服务、成本结构和管理水平等方面进行综合评定。

公司规定采购员每月应对所负责的供应商进行一次以上的访问，及时掌握供应商的现状。每月提交一份对每个供应商进行评价的报告（报告同时分送供应商），包括交货记录、生产状况、供应商的发展动态和其他用户的意见。每季度都需要提交一份所负责采购的材料市场报告，汇报当前市场的情况。

采购部经理每季度必须与国内供应商会谈一次以上，沟通并解决发现的问题。必须保证与供应商之间有一定管理层次上的沟通，一方面交换双方的意见和未来发展规划，协调双方的技术和产品发展；另一方面可以检查采购员层面的工作成绩。国外供应商交由三洋公司负责管理联络。

每年由一个联合评审小组对供应商进行一次全面考核评价，考核包括现场考察和有关业务的跟踪记录，各部门对其一年来的合作评价等。小组成员由各部门的人员组成，包括研发工程师、质检员、采购员、生产主管、相关专家顾问等。评审小组以公司整体利益为出发点，独立于单个事业部，强调组员必须有团队合作精神，具有一定的专业技能。

对主要供应商的考核最后以总结会结束，副总级别的领导必须参加。会上对采购进程的每个步骤都建立精确的数字指标。供应商的经理和工程师们通常是第一次看到如此详尽的成本数字，当然前提是供应商必须提供所需的财务信息，包括有关人工、材料、工厂基本运营成本和管理费用等数据。三洋科龙公司并不相应地回馈自己的财务数据，只让供应商了解其产品到达后所发生的数据，以及在供应链中出现问题时的原因是什么，个别情况还提供合作项目产品的实现成本数据。考核报告也送供应商存档。

年底考核优异的供应商会被增加采购额度，但不允许超过单品80%的采购额。不符合要求的供应商以及部分原材料考核排末位的供应商将被淘汰，并补充进新的合格供应商。

三洋科龙之所以硬性规定周期性地与供应商保持密切联系，是因为他们认为供应商都是所在领域的专家，多听取供应商的建议往往会有意外的收获。曾有供应商主动推荐替代的原材料，用国产的钢板代替进口钢板，其成本节约1/3，而性能完全满足要求。三洋科龙第一年产品的原材料90%来自进口，经过三年与供应商的合作，原材料进口率下降到37%，部分低端产品的原材料进口率降低了10%。

在发现供应商的问题后，三洋科龙除了及时向供应商提供一份问题报告外，还积极派员与供应商一起研究解决办法，而不是简单地要求供应商在限期内改正。有几个案例表明，这种方式不仅能降低解决问题的费用，还可提高供应商的忠诚度。

三洋科龙公司对供应商的阶段性评价体系的特点是流程透明化和操作公开化，所有流程的建立、修订和发布都通过一定的控制程序进行，保证稳定和持续性。评价指标也尽可能量化，以减少主观干扰因素。

四、与供应商的拆伙

三洋科龙公司每年都会淘汰一定比例的供应商，但每次都能顺利执行并得到理解，这与某些合作厂家拆伙后的相互指责形成鲜明对比。三洋科龙对每个供应商都采取事先在合同中明确淘汰供应商的条件；每次对供应商的评审都将评价结果和改进建议传递给供应商；在评价书中特别说明被淘汰的原因，并且在一年期限后，该供应商在改正不足后可以再次提出成为合格供应商的申请。

如果突然向供应商提出结束合作，尤其以一些含糊的指责作为理由来结束合作，会使被拆伙的供应商充满敌意，其他的供应商也会担心被同样对待，而产生不安全感。因此，三洋科龙公司建立有具体的量化指标，并在供应商的表现接近临界值时，坦率而直接地发出警告信号。这样供应商易于接受，并能以积极的态度协商解决问题。

协商拆伙时还应注意不要从专业的或个人的角度去侮辱对方。同时，还要向供应商解释清楚拆伙原因，给出专业的理由；清楚地列出供应商该做些什么，例如需按指示停止相关工作，终止合同，送回属于三洋科龙的资产；如何以双方最低的成本处理现有库存；共同确立转换过程的合理时间表；写明双方的职责和结束日期；对已发生的费用如何结算等。

拆伙应尽量做到：友好、有秩序地分离，清楚的结算记录，最少的开支，最重要的是双方都认清拆伙的根本原因，意识到"以后再也不会犯那种错误了"。

三洋科龙引进日本的先进管理理念，通过有效的实施指导，在国内成功地进行了采购供应商管理，具有较高的借鉴价值。同时，也说明先进的管理技术理念是没有国界的。

资料来源：https://wenku.baidu.com/view/2f7d3baef02d2af90242a8956bec0975f565a475.html。

第四节　企业存货业务控制

一、存货业务简述

（一）存货的含义

存货是指企业在日常生产经营过程中持有的以备出售，或者仍然处在生产过程，或者在生产或提供劳务过程中将要消耗的材料或物资等。存货包括各类材料、在产品、半成品、产成品或库存商品以及包装物、低值易耗品、委托加工物资等。存货具有金额比重大、种类数量繁多、存货计价方法较多及对净收益影响较大等特点。

在一般情况下，企业的存货包括下列三种类型的有形资产：第一种是在正常经营过程中存储以备出售的存货。这是指企业在正常的过程中处于待销状态的各种物品，如工业企业的库存产成品及商品流通企业的库存商品。第二种是为了最终出售而正处于生产过程中的存货。这是指为了最终出售但目前处于生产加工过程中的各种物品，如工业企业的在产品、自制半成品以及委托加工物资等。第三种是为生产供销售的商品或提供服务而储备的以备消耗的存货。这是指企业为生产产品或提供劳务耗用而储备的各种原材料、燃料、包装物、低值易耗品等。

（二）存货业务的主要内容

1. 存货的范围

存货主要指在日常生产经营过程的库存中、加工中、在途中的各类材料、商品、在产品、半成品、产成品、包装物、低值易耗品等。在不同行业的企业中，存货的范围有所不同。在商品流通企业中，存货主要包括各种商品；在工业企业中，则包括各种原材料、包装物、低值易耗品、在产品、自制半成品和产成品等。

2. 存货的确认

在确认存货时，除应确定产品或服务的性质是否属于存货，还应确定是否属于企业的存货。通常是以是否拥有所有权作为判断标准，凡所有权已属于企业，不论企业是否已收到或持有，均应作为本企业的存货；反之，若无所有权，即使存放于企业，也不能作为本企业的存货。例如，工业企业的产成品，不但应该包括企业用自有材料加工完成的产品，还应包括用订货者来料加工制造完成的代制品，以及为客户修理完成的代修品；不但应该包括企业仓库中所存放的产成品，还应包括存放在企业门市部准备销售的产成品，寄放在其他企业委托代销的产成品，寄存在企业以外仓库的产成品，发出展览的产成品，以及已经发出但尚未取得价款或索取价款凭证的产成品。反之，已经售出但客户尚未提货还在本企业的仓库中存放的产成品，因所有权已非本企业所有，则不应包括在企业存货之内。又如，企业已经付款，但在运输途中尚未到达企业或到达企业后尚未验收入库的存货，应该包括在企业的存货内；但是，如果企业按照购货合同预付部分货款或预付购货定金，则不应包括在企业的存货内。

3. 存货初始成本的计量

企业存货按照实际成本入账。存货实际成本的计量因其来源不同而有所不同，具体可按以下原则确定。

（1）购入的存货实际成本包括买价，运输费、装卸费、保险费、包装费、仓储费等费用，运输途中的合理损耗，入库前的挑选整理费用，按规定应计入成本的税金，其他费用。

（2）自制的存货实际成本主要包括自制原材料、包装物、低值易耗品、在产品、半成品、产成品等。

（3）委托外单位加工完成的存货，主要有加工后的原材料、包装物、低值易耗品、半成品、产成品等。它们的实际成本，应包括实际耗用的原材料或者半成品，加工费、运输费、装卸费、保险费等费用以及按规定应计入成本的税金。

（4）投资者投入的存货，按照投资各方确认的价值作为实际成本。

（5）接受捐赠的存货，按以下规定确定其实际成本：按捐赠方提供的有关凭据，如发票、报关单、有关协议等确定实际成本；捐赠方没有提供有关凭据的，可按同类或类似存货的市场价格估计金额，加上应支付的相关税费或按该接受捐赠的存货预计未来现金流量现值作为实际成本。

（6）企业接受的债务人以非现金资产抵偿债务方式取得的存货，按照应收债权的账面价值减去可抵扣的增值税进项税额后的差额，加上应支付的相关税费，作为实际成本。

（7）以非货币性交易换入的存货，按换出资产的账面价值加上应支付的相关税费作为实际成本。

（8）盘盈的存货，按照同类或类似存货的市场价格作为实际成本。

4. 存货领用、发出成本的计量

企业对于各项存货的日常收、发，必须根据有关收、发凭证，在既有数量又有金额的明细账内，逐项逐笔进行登记。企业存货的日常核算有两种方法：一种是采用实际成本进行核算；一种是采用计划成本进行核算。

（1）实际成本法。采用实际成本进行核算的，一般适用于规模较小、存货品种简单、采购业务不多的企业。要核算领用、发出存货的价值，就要选择一定的计量方法，只有正确地计算领用、发出存货的价值，才能真实地反映企业生产成本和销售成本，进而准确地确定企业的净利润。企业领用或发出的存货，按照实际成本核算的，可以根据具体情况选择先进先出法、加权平均法、移动平均法、个别计价法或后进先出法等方法确定其实际成本。

（2）计划成本法。采用计划成本核算方法的，一般适用于存货品种繁多、收发频繁的企业，如大中型企业中的各种原材料、低值易耗品等。自制半成品、产成品品种繁多的，或者在管理上需要分别核算其计划成本和成本差异的企业，采用计划成本核算时应先制定各种原材料的计划成本目录，计划成本一般年度内不做调整。企业的平时收发料应按计划成本核算，月末必须进行成本差异的分摊。

对于存货日常核算，企业可根据实际情况自行确定采用何种方法，但要遵守前后一致的原则。在采用实际成本进行核算时，对于发出存货的实际成本计算方法，以及在采用计划成本进行核算时，对于成本差异的分摊方法，一经确定一般不应变更。

5. 存货期末计价

存货期末计价是指企业在会计期末（通常指年末）编制资产负债表时，存货按何种价值列示。存货在期末的计价方法一般有三种，即成本法、市价法、成本与市价孰低法。

（1）成本法，是指按照期末结存存货的实际采购成本或制造成本在资产负债表上列示。这种方法的优点是简便易行，并保证会计信息的可靠性；缺点是当存货市价下跌时，会导致资产虚增，不符合会计的谨慎原则。

（2）市价法，是指按照期末结存存货的市场价格在资产负债表上列示。这种方法的优点是可以反映存货的实际价值，有助于提高会计信息的有用性；缺点是收集市价资料的工作量过大，不便于实际操作，当存货市价升高时，还会导致当期利润虚增。

（3）成本与市价孰低法，是指在期末通过比较存货的成本与市价，取两者中较低的一个作为存货计价基础，即当存货成本低于市价时，按成本计价；当市价低于成本时，按市价计价。这里的成本即存货的账面价值。我国《企业会计准则第1号——存货》规定，在资产负债表中，存货应当按照成本与可变现净值孰低计量。这主要是为了让存货符合资产的定义。

企业应当在期末对存货进行全面清查，如由于存货毁损、全部或部分陈旧过时或销售价值低于成本等原因，存货成本高于可变现净值的，应按可变现净值低于存货成本部分，计提存货跌价准备。

6. 存货的盘点和盘盈、盘亏及毁损的处理

企业应当按照规定，对存货应定期盘点，每年至少盘点一次。盘点结果如果与账面记录不符，应于期末前查明原因，并根据企业的管理权限，在股东（大）会或董事会，或经理会议或类似机构批准后，在期末结账前处理完毕。

企业存货发生盘盈、盘亏及毁损，一般应按下列规定进行会计处理：盘盈的存货，应冲减当期的管理费用；盘亏的存货，在减去过失人或者保险公司等赔款和残料价值之后，计入当期管理费用，属于非常损失的，计入营业外支出。

盘盈或盘亏的存货，如在期末结账前尚未批准，应在对外提供财务会计报告时先按上述规定进行处理，并在会计报表附注中进行说明；如果其后批准处理的金额与已处理的金额不一致，应按其差额调整会计报表相关项目的年初数。

（三）企业存货业务流程走向

企业存货业务流程走向如图 4-4 所示。

岗位职责分离──→存货预算编制──→存货验收入库──→存货仓储管理──→存货领用与出库──→存货盘点──→存货处置──→存货计量与核算──→代保管存货管理

图 4-4　企业存货业务流程走向

（四）企业存货业务控制目标

根据存货业务的特点以及经营管理对存货业务的要求，存货业务控制应当达到以下目标。

（1）加强对存货的管理和控制，保证数量准确、质量合格。

（2）提高存货运营效率，保证合理确认存货价值，防止并及时发现和纠正存货业务中的各种差错和舞弊行为。

（3）规范存货处置，避免企业资产流失。

（4）如实准确反映资产的价值，合理摊销或计提折旧，保证账面价值的真实、准确和完整。

（5）确定合理库存，减少资金占用，防止存货积压、闲置，造成浪费。

（6）建立和完善组织架构，明确决策、执行、监督等方面的职责权限，形成科学有效的职责分工和制衡机制，有效防范和化解各种舞弊风险。

二、企业存货业务应关注的主要风险点

（一）主要风险点

（1）缺少存货预算或存货预算编制不当，可能导致存货短缺或库存积压。

（2）存货收发程序不规范、标准不明确、手续不完备或未经相关授权，可能导致数量短缺、质量缺陷、货物流失或损失企业的诚信及效益。

（3）仓储制度不健全，执行力不到位，造成导致存货盘点和处置工作流于形式，可能导致存货的舞弊行为。

（二）风险的具体表现

企业存货业务应关注的主要风险点具体表现为以下几种。

（1）机构岗位设置风险。内部机构、岗位设计不科学、不健全，主管存货的部门和岗位设置的职责不清晰，未实现不相容岗位分离，未实行关键岗位限制性要求，导致机构重叠或缺失，岗位职责和任职条件不明，存货工作效率低下。

（2）质量及业务环节风险。质量控制执行不当，未严格按照质量标准体系执行包括原材料采购、产品生产、存储以及交付等环节在内的产品质量控制，导致产品质量不合格，公司利益和声誉受损或引发诉讼风险；业务环节处理不当或处理不及时，如合同执行、信用审批、价格政策执行、对账、出入库处理、盘点、原始单据传递和处理等业务环节发生差错或处理不及时，影响财务报告质量。

（3）存货需求预算风险。存货需求预算编制不科学、预测不准确，过多依赖于主观判断，导致库存积压、短缺，或导致仓储成本偏高。

（4）存货采购及验收风险。在存货采购合同执行中，未按照合同或委托，对执行过程中的质量、进度、物流等缺少跟踪控制措施或控制不力，未对采购业务办理保险或未及时索赔或理赔等，导致采购物资损失或无法保证供应；存货验收中，验收入库管理不规范，如入库检查、计量操作不规范或信息记录不全面导致货品种类、质量或数量发生偏差，或者没有及时通知保管人员入账而导致存货资产账实不符。

（5）存货实物保管、领用及盘点风险。存货仓储保管不当，未进行适当的职责分离，监管不严密、长期呆滞，导致存货出入库损耗比例过高、存货丢失、存货损坏变质、价值贬损、资源浪费、安全事故，甚至出现舞弊现象，企业利益受损；存货领用，如原材料、半成品、产成品等的领用发出审核不严格、手续不完备，导致货物发错或流失，企业资产受损；存货盘点清查不当，或未能严格执行盘点规定，未能及时发现账实差异、积压或过期的存货，并采取适当行动进行处理，导致企业资产损失。

（6）信息系统风险。

1）信息系统权限管理风险。信息系统权限管理不当，导致系统及数据未经授权即可访问或不适当访问。

2）信息系统项目实施风险。信息系统项目实施不当，导致项目计划无法实现，影响正常生产经营。

3）信息化项目应用与运维管理风险。信息化项目运行维护不当、系统功能不能充分利用，造成资源浪费，影响正常生产经营。

（7）存货投保风险。存货投保策略不当，导致应投保存货未投保或出险后索赔不力，企业利益受损。

（8）存货核算风险。

1）资产核算风险。资产账实不符，虚增或虚减资产，账外资产，资产计价方法的变更未经适当审批，摊销和折旧随意变更或计提错误，提前、推迟甚至不确认资产，账证、账账不符等会计差错，导致财务信息质量不高，财务报告有失公允。

2）成本费用核算风险。随意改变费用、成本的确认标准、计量方法或分摊原则，虚列、多列、不列或者少列费用、成本等情况，导致财务信息质量不高、财务报告有失公允。

（9）重大事项会计处理风险。企业各项重大事项，如债务重组、非货币性交易、公允价值的计量、收购兼并、担保事项、或有事项、资产减值、财务核销、金融衍生品交易等的会计处理不合理，影响财务报告的公允性。

（10）财务报告分析风险。缺乏对财务信息及数据的分析，或分析不当导致财务报告质量不高，影响管理层决策。

（11）资产使用风险。资产管理责任不明确、问责不当，不能确保资产安全，资产使用不当、保管不善，造成资产毁损、资产使用效率低下、产品残次率高或资源浪费，甚至发生生产事故、生产停顿。

三、企业存货业务主要控制点要求

（一）岗位职责分离

企业在确定职权和岗位分工过程中，应当体现不相容职务相互分离的要求。存货管理不相容岗位包括但不限于：存货的请购与审批、审批与执行；存货的采购与验收、付款；存货的保管与相关会计记录；存货发出的申请与审批、申请与会计记录；存货处置的申请与审批、申请与会计记录等。

（二）存货预算编制

企业应当根据全面预算等相关规定，结合本单位的业务特点编制存货年度、季度、月度采购、生产、仓储等预算或计划，并按照预算和实际的执行情况予以对照检查考核。存货采购及仓储等预算或计划应经相关权限审批后方可有效。

（三）存货验收入库

1. 进库存货的验收

企业仓储部门审核到货清单、产品交付清单及剩余存货的退料清单，并与实物一一核对无误后，办理入库手续。

2. 存货的质量检验

企业仓储、质检部门根据需要，对存货的质量、技术规格进行检验。在实际操作中，应按照企业相关存货品种的具体验收规定执行。

3. 直接运抵现场存货的验收

企业采购、质检、仓储及使用部门的有关人员必须到现场验收，办理交接手续，并签字确认。

4. 外购及自制存货的验收

外购存货验收时，相关部门验收人员应重点关注合同、发票等原始单据与存货的数量、质量、规格等信息是否一致。涉及技术含量较高的货物，必要时可委托具有检验资质的机构或聘请外部专家协助验收。自制存货的验收，相关部门验收人员应重点关注产品质量，检验合格的半成品、产成品才能办理入库手续，不合格品应及时查明原因、落实责任、报告处理。其他方式取得存货的验收，应当重点关注存货来源、质量状况、实际价值是否符合有关合同或协议的约定。

5. 抵债偿还实物存货的验收

对于抵债偿还的实物资产，企业相关责任部门鉴定存货来源、质量状况、实际价值是否符合有关合同或协议的约定后，比照上述存货验收控制点执行。

6. 存货验收中的信息系统控制

使用特殊移动类型处理收货业务，须进行审批；根据企业相关规定，在系统中维护采购订单交货容差，不得无限制收货；仓储部门负责人每月应对系统中人为调整的出入库凭证进行审核；将有关采购订单、入库单、供应商发票进行三单匹配，及时履行日常监控的职责。

7. 建立存货收发动态管理台账

企业仓储部门设置实物明细账，仓储人员根据存货入库单，详细登记存货的类别、编号、名称、规格、型号、计量单位、数量等内容。入库单必须连续编号。对代管、代销、暂存、受托加工的存货，应单独记录，避免与本企业存货相混淆。企业的临时或周转性仓库应建立简要的存货收发管理台账，台账内容至少应包括存货名称、规格、收入数量、领用数量、领用人签名等内容，杜绝以领代耗。仓储部门负责人每月审核实物明细账，以保证相关人员完整、及时地对存货收发进行记录。

（四）存货仓储管理

1. 建立存货仓储保管工作规程

企业仓储、供应及相关部门拟定仓储保管工作规程，提交具有相应权限的人员进行审批后执行。

2. 仓储安全检查

各级仓储人员按照仓储保管规程，对存货分类保管，按仓储物资所要求的储存条件储存，并健全防火、防洪、防盗、防潮、防病虫害和防变质等管理规范，加强生产现场的材料、周转材料、半成品等物资的管理，防止浪费、被盗和流失。仓储部门负责人至少每月检查一次，并做好检查记录，及时处理安全隐患。

3. 存货损失责任追究

违反规程造成存货损失时，需追究责任人责任。经企业负责人批准，依据损失价值和事故等级做出相应处罚。

4. 仓储接触权限

企业内部除存货管理、监督部门及仓储人员外，其他部门人员接触存货，应当经过本部门负责人授权，仓储部门同意。

5. 重要存货目录与合理库存、安全库存的拟定

企业相关责任部门确定重要存货目录，并根据年度生产经营计划、财务预算和市场情况，针对重要存货拟定合理库存及安全库存，在企业分管领导审批后实施，以合理确定存货采购日期和数量，确保存货处于最佳库存状态。企业应加强实物出库物料凭证冲销管理，按规定权限审批后方可进行物料凭证冲销。

6. 存货使用及结存情况汇报

企业仓储部门根据存货收发情况，每月编制存货使用及结存情况表，向企业管理层和有关部门报告需采购时点的储量。

7. 存货状态分析

企业仓储部门至少每半年进行一次存货状态分析，对异常情况报警明示。供应、生产、

营销、财务等部门共同研究库存方案，报企业分管领导或总会计师审批后开展相关工作。

8. 对存货进行财产保险

对企业内部财产保险的存货，采用招标等方式确定保险人，并按照企业财产保险统一规定执行。不属于此范围的存货，根据需要可由仓储部门和财务部门共同商议，提出存货的财产保险方案，报总会计师或企业分管领导审批后实施。

9. 存货的日清月（日）结

企业仓储部门对存货收发进行日清月（日）结，按月汇总后提交仓储部门负责人审核确认。

10. 仓储对账

仓储部门每月根据生产、营销统计部门（岗位）上报、统计的信息，核对存货数量，若部门之间统计的存货数量产生差异，要分析并找出原因；同时，仓储部门每月与财务部门进行存货台账核对，并及时处理差异。

（五）存货领用与出库

1. 建立存货限额领用制度

企业应建立存货限额领用和审批制度，提交具有相应权限的人员进行审批后下达执行。

2. 存货领用

企业使用部门根据批准的需求计划到供应部门开具领料单或出库单，仓储部门据此发出货物。领料单或出库单由领用人、仓储保管员签字并由指定人员负责保存。超出存货领料限额的，应按照规定权限审批后办理。

3. 建立存货发出流程和制度

企业应建立存货发出流程和制度，提交具有相应权限的人员进行审批后下达执行。

4. 存货发出的授权

仓储部门确认存货发出经相关部门授权后，才能发出货物。其中，大批存货、贵重商品或危险品的发出应当实行特别授权，按照规定权限审批后方可发出。

5. 发货记录的核对与追溯

仓储部门应定期将发货记录同销售部门和财务部门核对，要特别关注对高危品如放射、剧毒、爆炸类存货的收发全过程管理，同时应建立高危品收发台账长期保管及追溯机制。存货发出的责任人应当及时核对有关票据凭证，确保其与存货品名、规格、型号、数量、价格一致。

6. 液态存货发出的审核

对于出售的液体产品，企业在办理合规手续后，由归口管理部门协调安排输送液体产品的方式（自提或运送），并根据专用计量工具（流量表等）计算发出产品数量。发出产品数量在供方或有关方确认、营销部门审核后，由财务部门审核有关业务单据，办理货款结算手续。

（六）存货盘点

1. 存货分类盘点

企业仓储部门根据存货的品种按月分类盘点，并将清查后签字确认的盘点结果与财务部门的账表数据核对，形成书面报告。

2. 存货分类盘点差异的分析

企业仓储部门等相关部门须对盘点差异进行分析，在采购或供应、生产、营销、财务等相关部门负责人审核签字后报总会计师审批。

3. 存货全面盘点

企业根据实际情况，至少每半年进行一次全面盘点，年底必须进行盘点，并出具残次冷背存货报告。存货全面盘点工作由财务部门组织仓储部门、使用部门共同开展。盘点人员填写盘点表，并与实物账册、财务账表核对，由不相容部门或人员监督、审核、签字。

4. 存货全面盘点差异的分析

在存货全面盘点中，如发现账实不相符的情况，相关部门应查明原因并提出处理意见，在总会计师审核后，报企业负责人审批，并对相关责任人进行处理。年度清查结果需上报企业管理层。盘点差异在采购或供应、生产、营销、财务部门负责人签字复核后，由仓储部门保管人员在系统中录入盘点结果，与实物盘点表核对无误后签字审核。

（七）存货处置

1. 企业权限范围内的盘盈、盘亏、毁损、报废存货的处置申请与审批

企业对清查中发现的盘盈、盘亏、毁损以及经过技术鉴定需报废的存货，应查明原因，落实并追究责任，按照规定权限审批后处置。

2. 超过企业权限的盘盈、盘亏、毁损、报废存货的处置申请与审批

超过企业处置权限时，盘盈、盘亏、毁损、报废存货的处置申请提交具有相应权限的人员审核确认，再上报主管部门，按照规定权限审批后处置。

3. 超过企业权限的盘盈、盘亏、毁损、报废存货的财务核销申请与审批

对经主管部门批准报废和转让的存货，企业在清理完毕后，须将处置情况及财务核销申请提交具有相应权限的人员进行审批后上报管理，管理层按照规定权限予以批复，企业根据批复进行财务核销。

4. 闲置存货的分析

企业对无使用方向的闲置存货，由仓储、供应、生产、营销、财务、设备、工程等部门共同组成的联合小组审核后，分析造成闲置的原因，提出处置意见及防范措施，并向企业管理层汇报。

5. 闲置存货处理的申请与审批

通过拍卖、出租、转让、出售、投资等方式处置闲置存货时，相关部门提交存货拍卖、出租、转让、出售、投资等申请，按照规定权限审批后办理。存货转让时，一次性转让存货总净值视为单项资产净值。企业以存货出资视同存货转让处理。

6. 闲置存货的评估

按照规定权限审批后，企业按照资产评估程序开展存货评估工作，由联合小组根据市场情况或评估结果，确定闲置存货基础价格。

（八）存货计量与核算

1. 存货计价方法的选定

企业应按照会计核算办法的规定，确定存货计价方法，正确核算存货的实际成本。存货

的会计处理应当符合国家的会计制度，企业应当根据存货的特点及企业内部存货流转的管理方式，确定存货计价方法，防止通过人为调节存货计价方法操纵当期损益。计价方法一经确定，未经具有相应权限的人员审批，不得随意变更。

2. 在途存货的计量

针对在途存货，企业财务部门月末应根据业务部门提供的有关在途存货统计报表，以及发票、付款凭据等暂估入账。财务部门负责人对原始单据和凭证进行审核，记账凭证须经不相容岗位人员稽核。

3. 存货减值测试

存货如存在减值迹象，财务部门应组织进行减值测试并编制企业减值测试报告。需计提跌价准备的，财务部门将存货减值申请、企业减值测试报告等提交具有相应权限的人员进行审批后，按照规定权限上报企业管理层审批。企业按批复及时进行账务处理。

（九）代保管存货管理

代保管业务须严格按照签订的代保管合同，记录代保管收货数量，确保代保管库存所有权及数量的准确性；代保管业务发货时须依据经确认的代保管提货单，在系统中进行过账处理。

企业存货管理部门应每半年对其所负责的存货进行全面分析，并向企业管理层汇报；企业应制定本企业的存货考核办法，并按照内部考核办法，定期对各责任部门或人员进行考核。

即问即答：

如果你是仓储管理者，你打算如何管理存货？请简要说出一个方面。

内部控制管理案例7

W厂存货虚假出库虚列成本

一、基本情况

2007年，某企业审计人员对其所属W厂进行企业效益合规审计。在审计检查中，审计人员通过对财务历年存货动态分析及相关成本的分析，认为2006年12月31日，辅助材料存货大量出库，存在一定的突发性，且12月的存货出库高出正常年份的3倍之多。经检查，W厂2006年12月31日存货出库2 500万元，主要是法兰、垫片等辅助用料，涉及材料十多个大类。经现场实地盘库，发现实地存货盘点数量与账面数量严重不符；该批存货并没有真正出库，仍然在W厂的仓库中保管。

经现场了解，由于当年的考核指标完成的余地较大，厂领导不希望盈利太多，所以指使财务人员通过存货虚假出库，虚列成本来降低当年的利润水平。

二、案例分析

（1）W厂管理层合规意识淡薄，内部控制的环境有待提高。

（2）财务人员在没有任何支撑依据的情况下，随意填制"光板凭证"，严重违反了财经纪律。

（3）存货出库、存货的盘存、存货的差异分析等存货制度形同虚设，没有将业务流程的执行真正嵌入业务运营中。

（4）尚未出库的存货，将成本已经列支，容易导致国有资产的流失，产生"小金库"。

（5）该单位存货虚假出库、虚进成本的做法违法了《会计法》第九条的规定："各单位必须根据实际发生的经济业务事项进行会计核算，填制会计凭证，登记会计账簿，编制财务会计报告。任何单位不得以虚假的经济业务事项或者资料进行会计核算。"

案例拓展研习：

1. 结合该案例分析，提出 W 厂在内部控制体系中的改进措施与建议。

（1）控制环境设定了企业内部控制的基调，影响了员工对内部控制的认识和态度，没有良好的内部控制环境，内部控制的构建与实施等于空谈。其中管理者的思想理念和经营作风、治理层和管理层对内部控制及其重要性的态度、认识和措施等对内部控制环境的影响十分巨大。所以管理层首先要重视内部控制，树立合法合规意识，不断改善企业的内部控制环境。

（2）内部控制的有效实施有赖于企业的全体员工，其中财务部门作为企业经营管理的重要部门，按照内部控制重要性的原则，应该进行重点控制。对于财务人员的道德品质、职业素养以及专业胜任能力要进行重点把控。

（3）W 厂在建立了存货出库、存货的盘存、存货的差异分析等存货制度以后，要通过一系列的措施手段促进制度的落地与执行。通过定期的监督与评价，将业务流程的执行真正嵌入到业务运营中。

（4）W 厂应该加强会计控制，通过明确会计处理的责任人及其责任、规范企业的会计处理流程，保证财务会计信息满足质量标准，保证企业财务会计信息的真实完整。

2. 请根据相关法规真实反映企业的财务状况，对 W 厂上年度不实会计记录进行会计账务调整（不考虑相关税费）。

1）批准前：（企业相关程序批准前）

借：存货（或相关科目）　　　　　　　　　　　　　2 500 万元
　　贷：待处理财产损益——材料盘盈　　　　　　　　　　　2 500 万元

2）批准后：（企业相关程序批准后）

借：待处理财产损益——材料盘盈　　　　　　　　　2 500 万元
　　贷：以前年度损益调整　　　　　　　　　　　　　　　2 500 万元

3. 请思考：如果 W 厂上年度粉饰报表虚报利润少列成本费用 2 500 万元，应如何在本年度进行规范调整以真实反映会计信息？

<u>内部控制管理案例 8</u>

汽车 4S 店内部控制要点探析

一、基本情况

据《楚天都市报》2009 年 5 月 19 日报道，武汉一家进口汽车销售公司的女汽车销售经理李琳（化名），侵占公司资金 600 万元，大肆挥霍。武汉检察机关以涉嫌职务侵占罪，对李琳提起诉讼。

该事件源于 2008 年 8 月 22 日，公司高层主管去李琳所在 4S 店销售展厅进行库存存货盘点时发现，价值 128.5 万元的宝马越野车不见了。通过调看保安门岗监控记录，发现失踪的宝马越野车是销售经理李琳 8 月 6 日开走的，未在财务部门办理任何手续。经继续盘查库存，发现一辆客户已付 133.6 万元预订的宝马 X5 越野车也不见了，款项被李琳挪到其他客户的应交车款。再次调看监控录像，该车也是李琳开走的。盘库进一步深入，发现李琳一共开走了 8 辆宝马车。该公司立即向武汉市公安局江岸区分局报案。

李琳从 2007 年 5 月 9 日开始作案，第一次作案是将公司一辆价值 36 万元的宝马 320L 轿车出售；在客户付款时，她说公司 POS 机坏了，请客户将车款打入她的账户，然后她用后面卖出的汽车款，垫付前一辆车的车款。她"拆东墙补西墙"，挪用公司资金。检察机关侦查发现，从 2007 年 5 月到 2008 年 8 月，李琳共用两种手段侵占公司车款：一是客户购车款不入公司账户，直接打入她指定的账户；二是利用公司销售款到账时间差，用后面的车款"填补"前面的售车款。在 18 个月的时间里，李琳共侵占公司车款 600 余万元。

这是一起职务侵占的经济犯罪，犯罪分子正是利用公司内部控制管理漏洞，一次又一次作案成功。在案发后，已经给该公司造成了重大经济损失。

这不禁令人深省：目前内部控制制度的理论和实践已经相对成熟，为何还能发生这样的欺诈案例，且愈演愈烈？笔者通过此案例对汽车 4S 店的内部控制现状展开分析，说明应采取的控制措施。

二、案例分析

（一）4S 店内部控制的现状分析

在汽车产业高速发展的现状下，想要对 4S 店内部进行有效控制，首先要了解到底什么才是内部控制。在汽车销售逐渐发展和完善的过程中，通过实践的积累，人们认为内部控制是指以合理的程序，经过企业董事会和经理阶层等制定相应的实施方案，并最终确保经营效果、可靠的财务报告、遵循法律法规的过程。而内部控制的实现，则是由环境的控制、风险评估、活动的控制、信息与沟通和监控来决定的。

1. 构建内部环境的控制，并制定内部控制的制度

在 4S 店的内部管理上，最主要的环境因素就是员工。4S 店通过对员工进行相应的素质培养，来提高员工的诚信度和道德价值观，并且对员工的具体责任进行了明确的规定，利用董事会和审计文员会进行监督考核，在清晰的组织结构和经营理念的指导下，对职能授权和职责分工进行明确规定，以薪酬、升职、考核等激励和约束手段，最终实现 4S 店内部环境的约束。

除了内部环境的控制手段之外，关于存货、销售、采购、账款、银行存款、固定资产等，4S 店还有一整套的内部控制制度，对其进行管理。

2. 不规范的内部控制制度

虽然 4S 店关于销售的流程拥有着一套完整的内部控制管理制度，然而这套内部管理制度对岗位的操作要求没有统一性，对岗位约束力也很弱，从而导致大量的问题出现。在问题出现的时候，又因为责任划分不详尽，员工们互相推脱，造成无法将责任具体落实的现象产生。这样一来，内部控制的管理制度虽然完善，却形同虚设。

而如果想要真正做到有效的内部控制，那么就必须建立一个完善的内部管理制度，只有完善的规章制度才能真正地起到预防风险的作用。现今 4S 店的发展急于求成，所以导致了其"重经济效益，轻管理监督"的经营理念，从而使 4S 店成本的控制力下降、资产严重浪费。并且 4S 店

的员工缺乏相应的约束，频繁更换销售人员的情况时有发生，使得内部管理极难落实。

3. 内部控制制度执行力不足

不管是多么完善的制度，如果没有足够强的执行力，那么一切都是空谈。4S 店的现状就是这样，由于执行力不足，所以在企业、个人等利益的交织下，原本那些销售、采购之类的控制环节完全失去了控制作用，使得企业在经济资产上的监控作用完全失效。

4. 缺乏内部控制监督

现在很多企业在实现内部控制时，都依赖于财务会计部门，然而这却令整个企业的内部控制显得格外被动。因为会计部门通常存在着一定的滞后性，所以在采购、销售等环节上无法做到"时效"控制，这就导致问题发生以后才加以分析和控制的现象产生。而实施内部控制的主要目的是在事前或事中对问题进行分析和管理控制，从而做到未雨绸缪，将问题扼杀于摇篮之中，最大限度地获取企业利益。

然而一个有效的内部控制应该来源于企业内部的审计，虽然现在很多 4S 店也拥有自己的审计机构，可是却存在着对审计机构重视不足的现象，这就导致了审计力度薄弱，从而无法起到真正有效控制的作用。

（二）4S 店内部控制对策的完善

1. 内部控制建设的关键点

（1）内部控制设计与日常管理。要想实现 4S 店的内部控制，首先就要考虑如何加强内部控制的力度。想要加强内部管理的力度，就要将内部管理制度深入日常的管理当中，对员工们形成潜意识的影响，从而令他们从根本上遵守制度的要求。

因此内部控制在设计的时候，首先要注意业务授权和审批的程序，明确各部门所要承担的职能和被授权人的权限及责任，清晰地划分各执行环节的责任，从而为内部各部门的活动提供明确的方向，最终确保经营业务中相关问题得到处理；其次就是针对不相容职务分离的设计，将组织机构分离，并对组织机构内部有关的人员进行分离，再对职务分离后的内部管理进行有效控制，从而保证企业资产的完整和安全；最后对企业进行风险评估，利用风险评估的分析方法针对实际情况进行有效控制，从而提高 4S 店对风险的防范能力。

（2）培训和宣传。人才是这个社会发展的根本，因此任何行业都离不开人。要想将内部控制做好，首要任务就是将人的问题处理好。而在内部管理中，人与人的层次和岗位不同，会呈现一种多层次状态，因此要对员工进行分层次的培训，将内部控制的理念渗入每一位员工的思想中，从而令每一位员工都具备岗位要求的知识和技能。

相对于岗位的不同，4S 店还应该针对一些重要岗位进行定期考核，并且建立长期的培训和宣传制度，提高员工的整体素质，使内部控制得到更好的落实和实施。

（3）责任、检查、考核。针对汽车 4S 店内部控制的执行力，首先要明确责任，将每一个业务的每一个责任都落实到相应的部门或个人身上，从而加大控制力度；其次要加强检查，只有不断加大检查的力度，才能有效地增强执行力，从而推进内部管理制度的实施，将内部管理制度的执行效果发挥到最好；最后将考核坚决落实，通过考核的结果来决定员工的工资、晋级、降级等，利用明确的赏罚制度来约束和促进员工的工作，从而提高员工的责任心，使内部控制的执行力度得到相应提升。

2. 利用风险管理推进内部控制制度

（1）风险评估与内部控制。风险评估是 4S 店完善内部控制的一种重要手段，只有不断地进行风险评估，才能把握内部控制中的漏洞，从而对内部控制进行有效的完善。

开展风险评估，首先要对4S店所面临的风险进行评估，拟出对策，然后根据分析与对策对内部管理进行探索，从而构建一个全新的管理方法，来实现4S店的内部控制。

（2）风险管理理念与风险管理文化。风险管理理念是4S店管理理念的核心，通过风险管理的实施，可以极大地促进4S店管理水平的提高。与此同时，加强风险管理文化的推行，可以使员工们的风险管理素质得到极大的提升。

资料来源：《决策与信息旬刊》2009年第7期，作者奚清卉、赵团结。

第五节　企业成本费用业务控制

一、成本费用业务简述

（一）成本费用的含义

就一般意义而言，成本费用泛指企业在生产经营中所发生的各种资金耗费。费用是企业为销售商品、提供劳务等日常活动发生的经济利益流出，即企业在某一会计期间为了取得一定收入而发生的资金耗费数额。成本则是对象化了的费用，即为生产产品消耗的料、工、费归集到产品上的生产费用。

成本费用是消耗资产所致。因此，企业应当建立成本控制系统，强化成本预算约束，推行质量成本控制办法，实行成本定额管理、全员管理和全过程控制。企业应当实行费用归口、分级管理和预算控制，应当建立必要的费用开支范围、标准和报销审批制度。

企业正确核算并控制成本费用，不但是正确计算损益、经营成果的基础，而且关系到企业资产的合理计价。另外，成本费用不但代表企业一定时期的耗费，决定企业的经济效益，而且意味着企业资产价值的补偿，是企业维持持续经营的基本条件。从长期来看，企业加强成本费用的控制，合理降低成本费用，是企业获取有利竞争地位的条件之一，也是企业管理的永恒主题。

（二）成本费用业务的主要内容

成本费用是企业主要支出内容的归集。企业必须执行我国《企业会计准则》的相关规定，以合同为依据，进一步规范成本费用的核算。从财务管理与核算的角度看，成本费用从会计核算来看主要内容如下。

1. 成本核算的相关要求

成本与收入是相对应的，成本的发生往往是为了取得收入。产品或劳务收入的归集也会影响到成本项目的正确归集与核算，《企业会计准则第14号——收入》明确了收入确认以合同为起点，强调了合同的契约精神，因而在成本费用的会计控制中，也越来越强调与合同的对应性；同时首次明确了合同成本的会计处理。

第二十六条　企业为履行合同发生的成本，不属于其他企业会计准则规范范围且同时满足下列条件的，应当作为合同履约成本确认为一项资产：

（一）该成本与一份当前或预期取得的合同直接相关，包括直接人工、直接材料、制造费用（或类似费用）、明确由客户承担的成本以及仅因该合同而发生的其他成本。

（二）该成本增加了企业未来用于履行履约义务的资源。

（三）该成本预期能够收回。

第二十七条　企业应当在下列支出发生时，将其计入当期损益：

（一）管理费用。

（二）非正常消耗的直接材料、直接人工和制造费用（或类似费用），这些支出为履行合同发生，但未反映在合同价格中。

（三）与履约义务中已履行部分相关的支出。

（四）无法在尚未履行的与已履行的履约义务之间区分的相关支出。

第二十八条　企业为取得合同发生的增量成本预期能够收回的，应当作为合同取得成本确认为一项资产；但是，该资产摊销期限不超过一年的，可以在发生时计入当期损益。

增量成本，是指企业不取得合同就不会发生的成本（如销售佣金等）。

企业为取得合同发生的、除预期能够收回的增量成本之外的其他支出（如无论是否取得合同均会发生的差旅费等），应当在发生时计入当期损益，但是，明确由客户承担的除外。

第二十九条　按照本准则第二十六条和第二十八条规定确认的资产（简称"与合同成本有关的资产"），应当采用与该资产相关的商品收入确认相同的基础进行摊销，计入当期损益。

第三十条　与合同成本有关的资产，其账面价值高于下列两项的差额的，超出部分应当计提减值准备，并确认为资产减值损失：

（一）企业因转让与该资产相关的商品预期能够取得的剩余对价。

（二）为转让该相关商品估计将要发生的成本。

以前期间减值的因素之后发生变化，使得前款（一）减（二）的差额高于该资产账面价值的，应当转回原已计提的资产减值准备，并计入当期损益，但转回后的资产账面价值不应超过假定不计提减值准备情况下该资产在转回日的账面价值。

第三十一条　在确定与合同成本有关的资产的减值损失时，企业应当首先对按照其他相关企业会计准则确认的、与合同有关的其他资产确定减值损失；然后，按照本准则第三十条规定确定与合同成本有关的资产的减值损失。

2. 成本费用核算的主要内容

成本费用核算的科目包括生产成本、工程施工、制造费用、销售费用、管理费用、财务费用。

（1）生产成本。生产成本是生产单位为生产产品或提供劳务而发生的各项生产费用，包括生产过程中实际消耗的直接材料费、燃料及动力费、直接工资（人工费）和制造费用等。

（2）工程施工。工程施工主要核算施工企业实际发生的工程施工合同成本，包括直接耗用的材料费用、人工费用、机械使用费、其他直接费用、施工管理费等。

（3）制造费用。制造费用包括企业各个生产单位如分厂、车间等为组织和管理生产所发生的各种费用。一般包括生产单位管理人员工资，一线生产工人和生产单位管理人员职工福利费、生产单位的固定资产折旧费、租入固定资产租赁费、机物料消耗、低值易耗品、取暖费、水电费、办公费，差旅费、运输费、保险费、试验检验费、劳动保护费等其他制造费用。

（4）销售费用。销售费用是指企业在销售商品过程中发生的各项费用以及为销售本企业商品而专设的销售机构（含销售网点、售后服务网点等）的经营费用。商品流通企业在购买商品过程中发生的进货费用也包括在销售费用之中。

（5）管理费用。管理费用主要核算企业为组织和管理企业生产经营所发生的管理费用，包括企业在筹建期间内发生的开办费，行政管理部门在企业的经营管理中发生的或者应由企业统一负担的企业经费。管理费用包括职工工资及福利费、物料消耗、低值易耗品摊销、修理费用、办公费、差旅费、工会经费、教育经费、咨询费（含顾问费）、业务招待费、房产税、车船使用税、土地使用税、印花税、技术转让费等。

（6）财务费用。财务费用是指企业为筹集生产经营所需资金而发生的费用，主要用于核算企业的银行存款利息。财务费用包括利息支出、利息收入、银行手续费、汇兑损益、现金折扣等。

（三）企业成本费用业务流程走向

企业成本费用业务流程走向如图 4-5 所示。

成本费用支出部门和单位内部职责——建立、健全成本费用的控制制度——成本费用计划（预算）的落实——维护成本费用信息系统主数据——物料耗费及生产——成本费用归集与控制——成本费用归集与分配——成本费用统计、分析与考核

图 4-5　企业成本费用业务流程走向

（四）企业成本费用业务控制目标

根据成本费用业务的特点以及经营管理对成本费用的要求，成本费用控制应当达到以下目标。

（1）建立和完善组织架构，明确决策、执行、监督等方面的职责权限，形成科学有效的职责分工和制衡机制，有效防范和化解各种舞弊风险。

（2）规范全面预算管理，有效保障企业整体目标的实现。促进企业实现发展战略，发挥全面预算的管理作用。

（3）合理组织生产，优化生产流程，充分利用企业资源，保证成本费用支出合理、有效。

（4）优化生产运行，提升各项技术经济指标水平，有效控制成本费用，降低企业成本费用，争取长期效益最大化。

（5）正确、规范地核算和归集分配成本费用、销售收入、应收账款等，保证会计核算的真实、准确、完整，账务处理及时、账款及时回收。

二、企业成本费用业务应关注的主要风险点

（一）主要风险点

（1）成本费用预算不合理、审核不严或不规范，影响成本控制效果。

（2）人为舞弊行为造成成本费用支出或统计资料不真实，导致成本费用会计信息错误。

（3）成本费用归集、分配、摊提不合理，不按要求进行成本费用结转，导致财务报表

不能真实反映生产成本。

（4）成本费用支出不合理，造成资源浪费和流失，影响企业经营效益；成本费用支出违反国家、行业有关法律法规，可能导致企业面临相关处罚。

（二）风险的具体表现

企业成本费用业务应关注的主要风险点具体表现为以下几种。

（1）成本费用支出部门及生产单位机构岗位设置风险。企业机构、岗位设计不科学、不健全，部门和岗位设置的职责不清晰，未实现不相容岗位分离，未实行关键岗位限制性要求，导致机构重叠或缺失，岗位职责和任职条件不明，成本费用管理工作效率低下。

（2）成本费用管理风险。

1）成本费用计划（预算）风险。成本费用计划（预算）制定、分解、执行、调整不当，影响企业生产经营活动的稳定运行。

2）生产流程风险。生产流程未能根据生产需求进行设计或优化，影响生产效率。

3）采购计划（预算）风险。未按规定编制、审批、调整、执行需求或采购计划，需求或采购计划不准确、不合理，造成库存短缺或积压，导致企业生产停滞或资源浪费。

4）业务环节处理风险。业务环节处理不当或处理不及时，如合同执行、信用审批、价格政策执行、对账、出入库处理、盘点、原始单据传递和处理等业务环节发生差错或处理不及时，影响财务报告质量。

5）产品结构风险。产品结构不合理，或产品结构没有根据市场需求变化和技术更新换代进行调整，导致企业竞争力下降、客户流失和收益下降。

（3）信息系统风险。

1）信息系统权限管理风险。信息系统权限管理不当，导致系统及数据未经授权即可访问或不适当访问。

2）信息化项目应用与运维管理风险。信息化项目运行维护不当、系统功能不能充分利用，造成资源浪费，影响正常生产经营。

3）信息收集风险。信息收集不及时或收集成本过高，违反成本效益原则，影响企业经营决策和应对。

（4）质量控制执行不当风险。未严格按照质量标准体系执行包括原材料采购、产品生产、存储以及交付等环节在内的产品质量控制，导致产品质量不合格，企业利益和声誉受损或引发诉讼风险。

（5）产品定价风险。企业产品或服务定价不符合企业战略目标，或价格的制定和调整未经恰当审批和监控，价格指令未能全面落实、未严格按照国家有关价格规定制定企业产品或服务价格，甚至出现舞弊事件，导致企业被监管机构处罚，影响企业实现经营目标，进而损害企业声誉。

（6）生产统计风险。生产统计方法和操作不当，导致数据统计质量不高，影响数据统计工作的效率及相关经营分析效率。

（7）成本费用管理风险。

1）成本费用经营风险。成本费用支出不合理，审核不严格，控制措施不力，导致资源浪费、资金流失、预算失控，影响企业效益。

2）成本费用财务风险。不能合理归集、分配、摊提、结转成本费用，致使财务报表不能真实反映成本费用，造成舞弊或欺诈，虚假列支成本、虚假报销费用等行为，导致企业利益受损。

3）成本费用合规风险。成本费用支出不符合国家有关法律、法规和企业内部规章制度，造成企业利益受损。

4）成本费用核算风险。随意改变费用、成本的确认标准、计量方法或分摊原则，虚列、多列、不列或者少列费用、成本等情况，导致财务信息质量不高，财务报告有失公允，被监管机构处罚。

（8）资产核算风险。资产账实不符，虚增或虚减资产，账外资产，资产计价方法的变更未经适当审批，摊销和折旧随意变更或计提错误，提前、推迟甚至不确认资产，账证、账账不符等会计差错，导致财务信息质量不高，财务报告有失公允，被监管机构处罚。

（9）财务报告编制风险。

1）财务报告编制方案风险。企业编制财务报告时，未制定财务报告编制方案或方案不合理，或各步骤时间安排不明确，造成财务报告未能及时报出，影响企业声誉或被监管机构处罚。

2）财务报告编制风险。企业财务报告的编制基础、编制依据、编制原则和方法不一致，编制程序不当，财务信息泄露，影响财务报告质量及其使用者对企业情况的判断和经济决策，或损害企业利益。

（10）成本费用分析考核风险。成本费用的支出过程中缺乏有效监控，支出情况不能及时反馈和沟通；成本费用预算等分析不正确、不科学，与实际情况有差异，未及时跟进解决差异原因，削弱预期执行管控的效果；成本费用考核不合理，影响预算的权威性和执行效果，影响企业实现战略、经营目标。

三、企业成本费用业务主要控制点要求

（一）成本费用支出部门和单位内部职责

企业在确定职权和岗位分工过程中，应当体现不相容职务相互分离的要求。成本费用的支出主要包括生产及管理部门，其不相容岗位包括但不限于采购的申请与审批、采购的审批与执行、询价与确定供应商、采购合同的订立与审核、采购和验收与相关会计记录、付款的申请及审批与执行、采购的执行与监督等。费用管理不相容岗位包括但不限于费用定额、预算的编制、调整与审批，费用付款申请、审核及审批，费用支出与相关会计记录。

（二）建立、健全成本费用的控制制度

企业应当建立成本费用管理制度，提交具有相应权限的人员进行审批后执行。成本费用管理制度包括但不限于各种生产成本的合规计入与合理匹配、差旅费管理、业务招待费管理、通信费管理、运输费管理、销售服务费管理、罚款捐赠支出管理等内容。管理制度应明确各项成本费用的确认方法、审批权限等。

（三）成本费用计划（预算）的落实

（1）企业成本费用计划（预算）的编制、分解与下达。具体参见《全面预算控制》。

（2）企业成本费用及生产计划（预算）和方案的编制、审批与下达。企业依据确认的年、季、月度生产经营计划编制本单位生产计划（预算），经部门负责人审核，按照规定权

限审批后下达生产单位或管理部门；计划（预算）内成本费用支出的审批，在费用发生前，应提交费用发生的依据或申请，经相关部门负责人审核确认，按各企业规定的权限审批后办理。

（四）维护成本费用信息系统主数据

企业指定专人按照相关制度及会计核算办法的规定，正确区分产品价格、自制半成品价格及相关产品的权数，经相关权限批准后进行操作，在信息系统中维护相关生产成本费用。

（五）物料耗费及生产

（1）企业生产部门依据成本费用预算编制一般材料需求计划，由相关部门负责人审批后交采购部门。

（2）企业生产或相关部门根据成本费用预算，指定专人按月平衡并编制生产单位的物料平衡表等，由相关部门负责人审核确认后组织生产。

（3）企业生产部门、辅助生产部门应建立现场操作记录。材料、动力消耗记录和统计，应由记录人员和相关负责人审核，按月建立劳务、动力等分配表，由部门负责人审核；企业统计、技术、计量等部门每月核对物料出入库、动力、消耗等统计数据，按月或规定的时间录入信息系统或 ERP 系统。生产成本数据的统计、核对，应为期末成本费用的正确归集提供依据。

（4）企业质量检验部门检查、设立产品质量记录，并编制产品质量报告，将其作为部门业绩考核指标列入考核奖惩制度。

（六）成本费用归集和控制

1. 原材料、辅助材料及动力消耗控制

企业相关部门指定相关人员根据生产管理等部门提供的、经其部门负责人审核的原材料、辅助材料及动力消耗表等基础资料，在信息系统中提交申请，由相关权限人员进行操作，归集原材料、辅助材料及动力消耗等相关成本费用；对于费用报销管理，企业应负责审核费用报销手续完备性、业务真实性、原始单据合规合法性，并在完成审批流程后进行报销。

2. 人工成本控制

企业应当建立人工成本控制制度，明确人工成本的确认标准、计量方法、分摊原则等，合理设置工作岗位，以岗定责、以岗定员、以岗定酬，通过实施严格的绩效考评与激励机制控制人工成本。

3. 修理费用控制

企业指定专人根据资产使用单位及设备管理等部门负责人审批的原始单据，在信息系统中提交申请，由相关权限人员归集修理费用，并在期末全部结转至管理费用。

4. 折旧费用的提取与审批

由相关权限人员负责按月计算固定资产折旧，进行账务处理，并经具有相应权限的人员审批；折旧标准一经确认，不得随意改变。

5. 折旧费用的核对

企业财务部门每月核对财务账和资产管理部门的固定资产记录，以保证折旧的准确性。

6. 其他费用支出控制

企业根据安全、环保、绿化、消防、科研等费用支出专业管理部门负责人审批后的费用使用情况，由相关权限人员在系统中维护，按规定进行核算及管理；企业依据审核无误的费用支付或报销单据（科研、安全技术措施等大额费用项目还应包括合同和经授权人员审定的项目结算书），进行账务处理。

7. 安全生产费用的计提

因保障安全生产需计提高危行业安全生产费用的企业，应按照国家相关制度规定，合理计算安全生产费金额，在企业相关部门负责人审批后进行账务处理。

8. 期间费用控制

企业应根据期间费用的核算原则及相关规定予以归集。

（七）成本费用归集与分配

1. 跨期成本

企业依据有关规定需计算和分配跨期成本时，需附计算依据，并在财务部门负责人审批后进行账务处理。

2. 成本费用的分配

（1）企业财务部门成本核算人员每月执行成本分摊及相关成本过账，并保证分摊结平；企业相关权限人员在信息系统中维护分摊、分配循环、成本中心作业价格，执行成本分摊及相关成本过账，并保证分摊结平。

（2）各种成本费用的分摊、分配规则如系数、权重、比例等不得随意更改，如要更改，须获得财务部门负责人审批，并予以披露。

（3）企业对已发生但未收到发票以及暂无结算依据的费用，依据实际情况和有关证据，经相关管理部门确认、审核后进行账务处理。

3. 产成品成本及单位生产成本计算

企业计算产成品成本及单位生产成本应按有关规定结转原材料、在产品及半成品等成本，编制相关报表，计算产成品成本及其单位生产成本。

4. 企业成本费用的归集分配与控制

企业成本费用的归集分配与控制，应根据"权责发生制""实质重于形式"等规定如实列支，对于会计政策、相关规则标准等的变更，需按权限进行审批，并予以披露。

（八）成本费用统计、分析与考核

1. 企业生产和财务部门

企业生产和财务部门应按照年度计划和预算指标、月度计划和预算安排，每月对成本费用支出情况进行分析，对重大计划和预算执行差异应重点分析原因，提出相关管理措施；企业应定期召开经济活动分析会，分析成本费用实际完成情况及偏离预期目标的原因，并向企业管理层汇报。

2. 企业绩效考核部门

企业绩效考核部门应会同财务等部门制定本企业成本费用控制的绩效考核办法；财务部门定

期向成本费用使用单位和部门反馈其费用预算的执行情况；成本费用使用单位和部门应就可能突破预算指标的事项制定相应控制措施，在其部门负责人审批后执行；企业财务部门向绩效考核部门提供成本费用计划和预算的完成情况，由绩效考核部门按照内部考核办法对其进行考核。

即问即答：

如何加强企业成本费用的控制？

内部控制管理案例 9

北京的三元牛奶："大本营"失守，成本控制乏力

一、基本情况

2004 年 10 月，北京三元牛奶（简称三元）在"大本营"北京市场上退居第三，排在蒙牛、伊利之后，而在巅峰时期，三元曾占据了北京市场的八成，即使是 2003 年，三元也有超过 50% 的市场份额。

"大本营"失守以及成本控制乏力，使得三元利润大幅下滑。三元股份第三季度的季报披露，2004 年 1—9 月，该公司的营业利润为 -5 439 万元。2004 年 12 月 22 日，郭维健因业绩原因，辞去三元股份公司总经理职位。

三元市场规模在近年已没有太大增幅，而面对主要对手——蒙牛、伊利的凌厉攻势，竞争乏力，三元在"大本营"的失利是必然的。

二、案例分析

1. 品牌力不如对手

国家统计局的资料显示，近几年来，我国城镇居民乳品消费增长幅度都在 20% 以上，在这种背景下，蒙牛、伊利等行业巨头加大了营销力度。无论是广告投入还是促销力度，蒙牛、伊利等企业都不遗余力、相互攀比。但与蒙牛、伊利等清晰的品牌定位、强大的品牌塑造攻势相比，三元要差很多。近几年，三元品牌定位比较模糊，摇摆在"北京人的牛奶"和"新鲜牛奶"等概念之间。而品牌定位的模糊，导致品牌传播效果减弱，企业减少品牌传播活动。2004 年，即使是在三元的"大本营"北京市场上，也很少能够看到三元的广告。三元品牌的忠诚度降低就在情理之中了。

2. 价格缺乏竞争力

早在 2003 年年底，在北京市场上伊利和蒙牛的产品销售价格就比三元低。如伊利 500 mL 利乐包买四赠一，同规格的蒙牛也是买四赠一，价格都是 11.2 元，平均每袋 2.24 元，而旁边的三元则为 2.6 元/袋。到了 2004 年，蒙牛、伊利又发起多轮降价促销活动，三元均没能跟上节拍。2004 年上半年，由于加大了营销力度，蒙牛、伊利的销量都出现了不同幅度的提升。蒙牛营业额同比攀升 105.2%，伊利营业额同比增长了 48.75%，在有限的市场规模中，对手市场份额的大幅提升必然导致三元市场的失守。

3. 成本控制乏力

2004 年，各种原材料都出现了不同幅度的涨价。与此同时，奶价却下跌了近四成。这虽然是全行业性的困难，但与它的主要竞争对手相比，三元的成本控制能力明显较弱。2004 年 1—9 月，伊利主营业务成本占主营业务收入的 70.34%，而三元的占比为 79.11%。这直接导致了三元的主营业务利润率低于伊利 8.77 个百分点。三元的管理费用占主营业务收入比例也是伊利的好几倍。三元成本高于对手，除了地处北京，土地、原材料、环保以及奶源建设投入大，人工成本几

乎要比某些竞争对手高两倍等客观原因外，还有一些主观的失误。以下为两个例证。

（1）前几年，三元为了降低奶源成本，曾跑到北疆去办了一个奶源生产基地，但因那里风沙太大、缺乏优质牧草，牛奶的杂质超标，卫生、生化指标不达标，最后不得不放弃原定的液态奶基地计划。

（2）2003年，三元又跑到澳大利亚建立奶源基地。当时三元认为，澳大利亚和新西兰是传统的乳品出口国，占世界出口总量的40%左右。澳大利亚产奶量的50%用于出口。由于天然的资源优势，澳大利亚的鲜奶价格比我国低16%~18%，而且鲜奶质量明显好于我国。但令三元意想不到的是，由于汇率变化及澳大利亚干旱，三元澳大利亚基地生产的鲜奶价格没有预计的那么低。无奈之下，2004年年初，三元不得不放弃这个基地。

资料来源：《成功营销》2005年第3期，作者邱小立。

内部控制管理案例 10

惠普作业成本控制案例分析

一、基本情况

惠普是世界上管理最完善、最富创新精神的企业之一。惠普不断重新评估自身的控制机制和分权式的组织结构，从而保持了竞争优势，经常为各种市场问题提供多样化的解决方案。

然而，这种多样化的解决方案在实施作业成本控制（Activity-based Costing，ABC）的过程中，带来的绩效好坏不一。惠普公司的大多数ABC案例研究讲的都是实施这些解决方案的好处，但也有例外。惠普科罗拉多斯普林斯厂在实施ABC时却未见成效。

该厂设计过一个ABC系统，其目标是提供更加有效的成本控制和库存评估。该系统于1989年开始实施，但1992年却中途夭折。从那以后，该厂从未再次尝试实施范围更广的ABC方法。

二、案例分析

惠普科罗拉多斯普林斯厂规模较大，生产示波器和逻辑分析器等测试设备。它的产品种类多但每种产品的产量都很少，销售对象主要是通信及电脑行业的设计工程师。它实施ABC方案的一个目标是更好地了解生产和支持流程，以找出成本产生的前因后果，并据此确定产品的成本，做出更妥善的定价决策。

在充分了解自身的各个流程后，该厂试图找出各种成本因素。此处的成本因素是指一个流程中影响该流程成本的所有因素。成本因素一旦确定，信息技术小组就会帮助成本会计组采取各种方法利用电脑应用软件跟踪这些因素。然后对用来跟踪物料、车间工作和衡量资源利用情况的应用软件进行修改，以加入新的成本因素。例如，对物料软件系统加以修改的目的是识别首选零件和非首选零件。该厂在确定其所购零件的优先顺序时采取以下五个标准：技术（Technology）、质量（Quality）、可靠度（Reliability）、交货（Delivery）和成本（Cost），简称为TQRDC。然后，根据TQRDC标准的评估结果，将各种零件分为首选、中等和非首选类。这一程序也让研发部门参与了有关零件评估的工作。由于每类零件所引起的间接费用不同，因此对三类部件的区分是很重要的。

惠普科罗拉多斯普林斯厂实施ABC时未见成效的症结表现在以下四个方面。

（一）成本因素太多

该厂实施ABC者曾试图为一个流程的每项作业活动找出一个成本因素，而不是从中挑出两三个最重要的因素。有一次，该厂竟然在生产流程中挑出20多个成本因素。

该厂应首先确定两到三个绝对关键的环节，再在这些环节中找出两三个成本因素，并在初始阶段全力以赴解决这些成本因素。唯有如此，才能更好地降低劳动力、物料和间接费用等成本。

（二）缺少适当的管理

该厂的矛头直指各种成本因素，预测间接费用的支出及成本因素的利用。虽然针对的一直都是支出因素，但做法却完全是另一套。该厂只是每月公布成本因素的变化情况，包括成本因素的效率变量、比率变量及数量变化等。但公布成本因素的短期变化并不能给一个成本结构带来增值利益，因为这段时期内的成本结构相对稳定。

（三）没有及时跟进

该厂过分沉迷于公布成本因素的月变化情况，在削减成本方面却从未采取任何跟进手段。具体说来，研发部门做出调整，开始采用首选零件后，采购部门却并不改变其成本结构。因此，制定可行标准、努力削减非首选零件的总用量及压缩总体的成本结构，应当成为该厂实施 ABC 的主要目标。

（四）过分强调共识

该厂希望把成本因素作为基准借鉴工具。但是，要想在如何具体分配成本问题上使整个群体或企业达成共识，几近不可能。与其这样做，不如让各分权部门着重抓好自己内部的 ABC 实施。

企业组织实施作业成本控制时，通常心中有两个目标：一是从流程的角度了解某一成本结构；二是找出其产品的真正价值，通常表现在库存方面。

惠普科罗拉多斯普林斯厂没能实现第二个目标。ABC 及随之而来的成本因素开发是了解企业生产流程、间接费用支出及生产效率的最好工具。ABC 更是用来制定"生产还是购买"决策的宝贵工具，因为它要求逐一了解成本结构及造成这些成本的活动。ABC 及成本因素开发的确在很多方面对企业大有裨益。

但在库存评估方面，ABC 的实施在惠普科罗拉多斯普林斯厂却没有取得成功。由于该厂生产的产品种类繁多，想对其所有流程、流程的成本因素及经常出现的偏差有所了解，是一项十分巨大的工程。

实施 ABC 应重长远。但其他一些因素的产生却使 ABC 的实施难上加难。其中一个因素是目标问题，就是要努力保证所有的支出都正确地分配到所有成本因素活动中。这意味着要找出所有的流程、所有的成本因素及所有适当的支出项目并予以分配。一旦获取实际数据，要把实际数据和目标做一番比较评估特别烦琐。惠普科罗拉多斯普林斯厂耗费大量的资源对各种成本因素活动进行管理，使 ABC 的实施就好像一场管理噩梦。

资料来源：https://wenku.baidu.com/view/166cd31555270722192ef769.html。

第六节　企业销售业务控制

一、销售业务简述

（一）销售含义

销售业务是指以出售、租赁或其他任何方式向第三方提供产品或服务的行为，包括为促进该行为进行的有关辅助活动，如广告、促销、展览、服务等活动。或者说，销售是指实现企业生产成果的活动，是服务于客户的一场场活动。对销售最简单的理解就是把某种商品或者服务转变成货币的过程。

销售管理是为了实现各种组织目标，创造、建立和保持与目标市场之间的有益交换和联系而进行的分析、计划、执行、监督和控制。

销售业务具有业务发生频繁、销售收入确认与计量复杂、销售业务直接导致货币资金或应收账款增加等特点。

（二）销售业务的主要内容

销售业务的强弱往往体现在企业实现的经营成果上。因此，销售业务的重要内容就是销售收入的确认。销售收入的确认必须以《企业会计准则14号——收入》（简称"收入准则"）为依据，该准则与国际会计准则销售收入的确认趋同，因此科学合理地确认收入对经营成果的真实性起到重要作用，也有利于参与国际化竞争。

收入的确认主要包括产品销售收入的确认和劳务收入的确认。另外，还包括提供他人使用企业的资产而取得的收入，如使用费、股利等。

1. 销售收入的含义

在"收入准则"中，对收入的定义是："收入，是指企业在日常活动中形成的、会导致所有者权益增加的、与所有者投入资本无关的经济利益的总流入。"其中，日常活动是指企业为完成其经营目标所从事的经常性活动以及与之相关的其他活动。从这个定义可以理解为，收入具有三个重要的特征。

第一，收入是在日常活动中形成的。

第二，收入应当导致经济利益的流入，该流入不包括所有者投入的资产。

第三，收入最终会导致所有者权益的增加。

会计人员应该根据这三个特征来确认收入。企业应当在履行了合同中的履约义务，即在客户取得相关商品控制权时确认收入。取得相关商品控制权，是指能够主导该商品的使用并从中获得几乎全部的经济利益。该收入定义适用于所有与客户之间的合同，但相关准则中有特殊规定的除外。

"收入准则"所称客户，是指与企业订立合同以向该企业购买其日常活动产出的商品或服务（简称"商品"）并支付对价的一方。"收入准则"所称合同，是指双方或多方之间订立的有法律约束力的关于权利义务的协议。合同有书面形式、口头形式以及其他形式。

企业在不同时期发生的相同或者相似的交易或者事项，应当采用一致的会计政策，不得随意变更；确需变更的，应当在附注中说明。不同企业发生的相同或者相似的交易或者事项，应当采用规定的会计政策，确保会计信息口径一致、相互可比。

企业销售收入的确认需要财会人员的专业判断；财会人员要懂经营、懂合同、懂业务并熟练地运用财务会计专业知识。每一项与收入有关的交易、事项发生，财会人员就要识别收入与之相对应的项目是否应在会计上正式记录，应在何时予以记录并计入报表，记录或计入报表的项目是否符合可定义性、可计量性、相关性、可靠性，还应考虑收入与其相关的成本、费用等是否相互配比。

2. 销售收入确认的标准

（1）销售收入的分类。销售收入按企业从事日常活动的性质，分为销售商品收入、提供劳务收入和让渡资产使用权收入。

销售收入按企业经营业务的主次，分为主营业务收入和其他业务收入。主营业务收入是指企业为完成其经营目标所从事的经常性活动所实现的收入。其他业务收入是指企业为完成其经营目标所从事的与经常性活动相关的活动实现的收入。

（2）销售收入确认的条件。收入的确认主要包括产品销售收入的确认和劳务收入的确认。另外，还包括让渡资产使用权收入。只有收入正确确认，才能正确地记录和报告，也才能产生对会计信息用户决策有用的信息。收入能否确认、何时确认以及确认多少是财务会计中的一大难题，也是销售业务内部控制应予以重点关注的环节，还是一些企业用以"粉饰报表"和财务造假的常用方法，因为收入的确认和计量会涉及企业损益的计算，最终影响各利益集团的决策。因此收入的确认之所以重要，是因为它代表会计行为中的识别、判断，即决策阶段。

在销售收入的确认中应解决两个问题：一是定时，二是计量。定时是指收入在什么时候记入账册，如商品销售或长期工程是在售前、售中，还是在售后确认收入；计量则指以什么方式登记金额，是按总额法还是按净额法，劳务收入是按完工百分比法还是按完成合同法。

根据"收入准则"的要求，收入的确认必须以合同为契约，在满足可定义性、可计量性、相关性和可靠性四个基本前提下，收入的确认必须符合下列五个条件（也称作销售确认五步法）。

当企业与客户之间的合同同时满足下列条件时，企业应当在客户取得相关商品控制权时确认收入。

1）合同各方已批准该合同并承诺将履行各自义务。

2）该合同明确了合同各方与所转让商品或提供劳务（简称"转让商品"）相关的权利和义务。

3）该合同有明确的与转让商品相关的支付条款。

4）该合同具有商业实质，即履行该合同将改变企业未来现金流量的风险、时间分布或金额。

5）企业因向客户转让商品而有权取得的对价很可能收回。

企业对交易或者事项进行会计确认、计量和报告，应当保持应有的谨慎，不应高估资产或者收益、低估负债或者费用。对于在某一时段内履行的履约义务，企业应当在该段时间内按照履约进度确认收入，但是，履约进度不能合理确定的除外。企业应当考虑商品的性质，采用产出法或投入法确定恰当的履约进度。当履约进度不能合理确定时，企业已经发生的成本预计能够得到补偿的，应当按照已经发生的成本金额确认收入，直到履约进度能够合理确定为止。

对于在某一时点履行的履约义务，企业应当在客户取得相关商品控制权时确认收入。在判断客户是否已取得商品控制权时，企业应当考虑下列迹象。

1）企业就该商品享有现时收款权利，即客户就该商品负有现时付款义务。

2）企业已将该商品的法定所有权转移给客户，即客户已拥有该商品的法定所有权。

3）企业已将该商品实物转移给客户，即客户已占有该商品实物。

4）企业已将该商品所有权上的主要风险和报酬转移给客户，即客户已取得该商品所有权上的主要风险和报酬。

5）客户已接受该商品。

6）其他表明客户已取得商品控制权的迹象。

（3）销售收入确认基础——权责发生制。企业应当以权责发生制为基础进行会计确认、计量和报告。现代企业形成以后，由于所有权与经营权分离，受托责任便成为所有者与经营者共同关注的问题，从而逐渐成为财务会计的目标，权责发生制就衍生于这样的经济环境之中。

从复式簿记的观点来看，确认一项收入的同时会确认一项资产的增加或一项负债的减少；确认一项费用的同时也会确认一项资产的减少或一项负债的增加。权责发生制实际上涉及所有会计要素的确认。但收入是会计要素中最复杂的一个要素，收入确认，特别是何时确认，可能是财务会计最复杂的问题之一。收入确认是收取收入的权利已经发生，与之相关的费用确认则是支付费用的责任已经确定，所以，权责发生制主要是针对收入和费用的确认来说的。

（4）销售收入确认的原则——实质重于形式。企业应当按照交易或者事项的经济实质进行会计确认、计量和报告，不应仅以交易或者事项的法律形式为依据。在企业销售收入分类中，主要有商品销售、提供劳务、让渡资产使用权三大类交易或事项收入的确认和计量问题；同时，考虑到非货币交易、投资、债务重组等交易和事项的特殊性，对它们的确认原则在各自的具体准则中又单独做了规定。从各项确认的内容看，销售收入的确认依然体现了实质重于形式的原则，即收入确认的条件不是所有权凭证或实物形式上的交付，而是商品所有权上的主要风险和报酬发生转移等实质性条件。

（三）企业销售业务流程走向

企业销售业务流程走向如图 4-6 所示。

接受客户订单与编制销售计划──►客户信用审核──►确定销售价格──►签订销售合同──►开票和收款──►发货──►编制销售日报表──►财务记账──►催收账款──►月末盘点──►完善客户服务──►分析与考核

图 4-6　企业销售业务流程走向

（四）企业销售业务控制目标

（1）按照企业生产经营计划（预算）安排产品销售，保证企业产销平衡，获取经营利润。促进企业销售稳定增长，扩大市场份额，规范销售行为，防范销售风险。

（2）保证市场稳定供应和完成经营计划（预算），促进企业销售稳定增长，逐步扩大市场份额和经营总量，稳定和扩大客户群。

（3）规范企业经营、投资、融资行为，强化合同管理，避免或减少因合同管理不当造成的经济损失，主张、实现和维护企业的合法权益。

（4）通过专业化的管理和市场化的运作，持续提升管理水平和盈利能力，形成销售企业新的利润增长点。

（5）核算规范，保证销售收入、应收账款、成本及费用的真实、准确、完整，账款及时回收。

（6）符合国家税收、金融及物价政策有关规定及企业内部规章制度要求。

（7）严格付款、结算审批，确保资金规范使用和货币资金等资产的完整与安全。

（8）对企业生产经营情况进行统计，及时提供准确、真实、完整的统计数据，满足财务核算及对外信息披露的需要。

（9）加强对存货的管理和控制，保证数量准确、质量合格。

（10）建立优质的售后服务，关注客户的资信，与客户、消费者建立更加紧密的关系，树立企业形象，提高产品信誉，培养客户的忠诚度。

（11）建立从原材料进厂到产品销售等各个环节的质量控制流程，并严格执行。严抓质量监控及考核，避免产生不合格产品。

（12）定期对企业生产经营情况进行监督、分析、考核。

二、企业销售业务应关注的主要风险点

（一）主要风险点

（1）销售政策和策略不当，市场预测不准确，销售渠道管理不当等，可能导致销售不畅、库存积压，经营难以为继。

（2）客户信用管理不到位，结算方式选择不当，账款回收不力等，可能导致销售款项不能收回或遭受欺诈。

（3）销售过程存在舞弊行为，可能导致企业利益受损。

（二）风险的具体表现

企业销售业务应关注的风险点具体表现为以下几种。

（1）销售计划管理风险。未合理制定、调整、审批和执行销售计划，导致产品结构和生产安排不合理，难以实现企业生产经营的良性循环。

（2）客户管理风险。未建立完善的客户管理体系，客户回访质量不高，未建立和更新客户档案，未进行客户分析和市场分析，影响企业市场拓展或导致市场份额下降。客户档案不健全，缺乏合理的资信评估，导致客户选择不当，销售款项不能及时收回或被欺诈，影响企业的资金流转和正常经营。未与客户保持畅通的沟通渠道，信息传递不及时、不完整、不准确，导致企业在交易中处于不利地位，企业利益受损。

（3）销售定价风险。销售定价受诸多因素影响，若政府监管行为变动，如相关定价机制的改变，就会影响销售价格，从而影响企业的经营。

（4）销售合同的风险。销售合同风险主要表现在合同审核和合同审批签署两个方面。

1）合同审核风险：未经审核、审批即签订合同；合同审核未能发现并纠正不合法、不合规的合同内容，合同条款和内容不完整、存在严重疏漏或陷阱；合同条款表述不严谨、不准确，导致权责不清或企业利益受损；未能针对尽职调查过程中发现的重大法律问题和风险，在合同中通过相应的条款和内容进行约定，对有关问题和风险进行有效的防控；因疏忽等原因未能将谈判中明确的权利义务内容反映进合同文本，导致企业处于被动地位或利益受损。

2）合同审批签署风险：合同审批程序不合理，签署合同未经具有相应权限的审批人审批，导致企业利益受损；我方代理人超越权限签署合同，对方代理人未取得合法授权签署合同，合同文本应经双方法定代表人或授权代理人签字而未签字，导致合同法律效力不确定；合同专用章未由专门部门保管，或合同专用章使用程序不合规，盖章后未及时进行盖章登记备案；签署合同中未加盖合同专用章，超过一页未加盖骑缝章；合同未按规定签字盖章或办

理批准登记手续，引发合同纠纷。

（5）业务环节处理风险。业务环节处理不当或处理不及时，如合同执行、信用审批、价格政策执行、对账、出入库处理、盘点、原始单据传递和处理等业务环节发生差错或处理不及时，影响财务报告质量。

（6）税务管理风险。企业税务管理程序不当或未能有效遵循税务管理程序，导致企业涉税事项核算不准确，影响财务报告的准确性，或税务申报缴纳不及时、不准确，导致被监管机构处罚。

（7）销售收款风险。销售收款管理不当，如结算方式选择不当，票据管理不善，账款催收不力，导致销售款项不能按期收回或被欺诈。

（8）存货盘点风险。存货盘点清查不当，或未能严格执行盘点计划，未能及时发现账实差异、积压或过期的存货，并采取适当行动进行处理，导致企业资产受损。

（9）生产统计和财务核算风险。生产统计方法和操作不当，导致数据统计质量不高，影响数据统计工作的效率及相关经营分析效率；财务核算不规范，导致销售收入、应收账款等不真实、不准确、不完整，影响财务会计报告真实性，企业美誉度受损。

（10）监督考核风险。对销售部门监督考核不当，影响企业经营目标的实现。

三、企业销售业务主要控制点要求

（一）接受客户订单与编制销售计划

1. 客户订单管理

企业销售部门承接客户订单，所有订单经审核后，由相关责任人审批。

2. 采购订单

采购订单应由指定人员负责保存，未经授权人员不可查阅修改档案资料。除营销部门订单管理人员外，其他人无权开具管理销售订单。

3. 编制月度销售计划

企业计划部门依据订单情况和生产计划，编制月度产品销售计划，在销售部门负责人审核后，按规定权限报批。

（二）客户信用审核

1. 客户开发管理

企业销售管理部门依据企业发展规划和目标市场定位制订客户开发计划，在企业主管领导审批后组织实施。

2. 客户信用管理

企业销售管理部门制定客户信用政策，依据企业业务特点确定新客户开发范围，选定具体潜在新客户，选择适宜的调查方法并组织调查，在调查的基础上评价筛选客户，结合企业信用政策，拟定新客户信用等级。客户信用政策以及拟定的客户信用等级，在销售及财务部门负责人审核后，按规定权限审批。销售管理部门建立客户信息档案，并保存相关资料。

3. 客户档案动态维护

企业至少每年一次对客户的资信变动情况进行核实，维护客户档案。企业销售和财务等部门共同对客户进行考察并提出划分、调整客户信用等级的方案，拟定客户信用的具体限额和时限，在销售和财务等部门负责人审核后，按规定权限审批。

（三）确定销售价格

1. 产品定价

国家统配产品的价格，由企业转发国家部委相关定价文件，销售部门按文件规定执行。其他产品价格，由企业价格领导小组结合产品市场情况具体制定。当价格需要调整时，需由企业销售部门根据实际，提出调整意见，按规定权限审批。

2. 价格浮动权管理

企业价格领导小组可根据实际，针对某些产品授予企业销售部门一定限度的价格浮动权，企业销售部门可结合自身及产品市场特点，将价格浮动权向下实行逐级递减分配，同时明确权限执行人。价格浮动权的授予需按规定权限审批。

3. 销售谈判及定价

根据销售政策需进行谈判的业务，销售部门应就销售价格、发货及收款方式等与客户进行谈判。重大的销售业务谈判应当让财务、法律等专业人员参加，征询法律顾问或专家的意见。谈判的全过程应有完整的书面记录。符合价格政策的定价由销售部门负责人审核，价格政策范围以外的产品定价以及超出价格政策限定范围的定价应按规定权限审批。

（四）签订销售合同

1. 赊销方案的审批

采用赊销方式的销售业务，销售部门应依据信用政策编制赊销方案，交由信用管理部门或岗位审核，信用管理部门或岗位依据客户的信用资料，提出审核意见，报企业分管领导或办公会审批。

2. 签订销售合同

在产品销售过程中，对于即时清结的现款现货部分，企业可根据实际情况，决定是否签订销售合同。销售合同的签订及变更需按规定权限审批。企业相应责任人应根据赊销合同签订货款回笼责任书。

（五）开票和收款

1. 销售通知和核实

企业财务部门根据客户付款情况编制收款凭证。企业销售部门根据已经签订的购销合同或客户到款情况维护销售订单和销量容差，开具发货通知单；发货通知单必须注明有效期限。超出规定信用额度的，须重新履行审批程序。

2. 销售信息系统

销售部门订单录入人员根据经审批的寄售供货申请，在查询可用库存后，根据实际寄售数量和地点，在销售信息系统中创建寄售供货单。寄售结算单中的价格和数量应按照实际销售量和实际销售价格进行维护。

3. 开具销售发票

企业销售部门或财务部门指定专人负责依据发货凭证、销售通知单等有关凭据开具发票，并加盖印章。严禁开具虚假发票。仅有经授权的销售开票人员具有开具发票权限。负责销售开票的人员应不同于负责应收对账的人员。

在销售信息系统中开具系统发票后，销售开票人员通过税务系统接口转入金税系统，打印增值税发票；对于没有税务系统接口的企业，应每天手工核对税务系统中的增值税发票与销售信息系统中的系统发票，确保发票金额一致。

4. 货款结算

由财务部门审核发票等相关凭据后，由企业财务在结算期内结算货款；赊销产品，由财务部门根据销售合同或协议、发票等有关凭据收取货款。

（六）发货

1. 组织发货

企业销售部门根据客户到款情况向仓储部门开具发货单；发货单应连续编号。

仓储部门依据发货单核实发货的型号及数量后签字，将核准的发货单财务联送交财务部门。

企业仓储部门验货人员在清点后，若装货数量与有效发货通知单（提货单）一致，由发货人员核准发货、开具出门证，并依据发货通知单编制台账。

业务部门不允许删除发货单，如果出现因业务特殊需要删除发货单的情况，则需要业务部门负责人审批。

2. 销售退回与折让处理

企业应当加强销售退回管理，分析销售退回原因，及时妥善处理。销售退回与折让应报业务部门负责人按规定权限审批后办理。退回货物由质检部门检验和仓储部门清点后入库。财务部门依据检验证明、退货接收报告以及退货方出具的退货凭证等办理相应的退款事宜和账务处理。

寄售供货单、寄售结算单、实物退回及寄售结算退货的审批，须按规定权限审批后方可进行。审批人主要关注退货订单的退货原因和数量。

（七）编制销售日报

核对发票销售量与台账记录发货量。企业销售部门应每日核对系统中发货过账的数量与台账记录发货量是否一致。月末，销售部门应核对台账记录发货量与实际发货量，如有差异，查明原因，并及时处理。

（八）财务记账

按照《企业会计准则》及企业会计核算办法等相关规定，做好财务记账与会计核算。会计凭证的编制、审核、收入确认以及月度结转等应按照国家和企业的会计制度执行。企业财务人员应审核业务部门提交的订单、入库单、发票及出库单等原始单据，确认无误后通过财务系统审核，编制会计凭证并签字或盖章。企业应根据《企业会计准则》《企业会计通则》等法规，编制企业会计核算办法，明确并规定选用的会计政策。

（九）催收账款

1. 应收账款核对

与企业有动态的应收账款往来核对及差异处理：债务单位或个人当月动态变化的应收款项

由财务部门组织业务部门每月对账，未清款项须取得对方书面确认依据，询证函须签字或盖章；无法取得对书面对账依据的，应将对账详细情况整理记录，经财务部门负责人审核签字。与企业无动态的应收账款往来核对及差异处理：债务单位或个人长期无动态变化的应收款项，由财务部门组织业务部门至少每半年进行对账确认。

2. 应收账款分析

企业财务部门应与相关业务部门结合，定期对应收账款进行核查分析，对长期没有收回的账款制定出有效的办法。财务部门每月编制应收款项账龄分析表，由业务部门对应收款项的可收回性进行分析。编制的账龄分析表和可收回性分析须经具有相应权限的人员审阅。企业财务部门根据账龄及应收款项的可收回性，按照企业内部财务会计制度计提坏账准备。计提坏账准备须按照规定权限审批。

3. 应收账款催收

财务部门每月收集汇总各业务部门客户欠款情况，在财务部门负责人审批后报送各相关业务部门；由各相关业务部门督促货款回笼，并将月度清欠结果书面报各业务部门负责人审批。

4. 应收账款收回的账务处理

应收款项在收回款项或收到非现金资产后，要及时编制会计凭证，及时审核，真实反映企业应收账款。对于非现金资产清偿或无法收回款项企业应加强管理降低损失。

（1）非现金资产清偿处理。企业对于往来单位以非现金资产清偿欠款的，要签订协议或取得法院判决裁定书。签订协议应按规定权限审批。以实物资产抵债时，企业须进行资产评估，并按规定权限审批。

（2）无法收回款项处理。对于确实无法收回的款项，企业须按照规定审批程序，在批准后，作为坏账损失及时进行会计凭证的编制与审批，已处理的坏账要建立备查簿，逐笔登记，并整理保存好原始单证，以保留追索权。

（十）月末盘点

企业生产、销售、仓储、财务等部门进行盘点核对，发现差异，查明原因，及时处理。

（十一）完善客户服务

企业销售部门应当完善客户服务制度，提升客户满意度和忠诚度，不断改进产品质量，提高服务水平。对于销售退回，应分析销售退回原因，按规定流程审批并及时妥善处理。

（十二）分析与考核

企业销售部门每月进行经营活动分析，在部门负责人审核后提交主管领导审阅。企业分管领导针对销售任务完成情况，督促销售部门根据既定销售目标，调整后续工作部署；企业绩效考核部门按照内部考核办法，定期对销售部门进行考核，提交具有相应权限的人员审批。

即问即答：

如何催收账款？

内部控制管理案例 11

胜庆公司销售业务内部控制案例

一、基本情况

胜庆公司为一服装生产企业，服装以出口为主。当年其他应付款中的外协加工费余额为1 000万元，外协加工费当年累计发生额占销售成本的22%。

胜庆公司内部控制现状为：

（1）由生产部经理负责是否委托、对外委托和验收。

（2）对于外委托的外协加工情况，财务部门一无所知，财务对委托过程失去控制。

（3）发生退货时，直接报生产部经理备案，生产部未设备查账簿，全凭生产部经理一人控制，财务部门同样失去监督。

二、案例分析

在本案例中，生产部经理一人控制委托加工交易的全部过程，很可能存在以下舞弊风险：

（1）生产部经理可能会利用委托价格、委托数量、退货索赔等环节的内部控制漏洞，获取不正当利益；甚至在有些情况下为获取不当利益，在本公司生产能力允许的情况下，将生产订单对外委托，从而浪费本公司生产能力。

（2）通过控制外协加工的数量、价格，甚至通过虚假的委托操纵公司利润。

三、改进环节

在本案例中，该公司应在以下环节进行改进：

（1）所有委托外协事项应由独立于生产部的部门和人员决定。

（2）委托事项应报财务部门备案。

（3）委托加工商品的检验应经过独立的检验部门检验。

（4）总经理审批委托事项前应将发票、检验单、入库单一同报财务部门审核，财务部门应将上述资料与备案的委托资料进行核对。

（5）发生退货时，应及时报财务部门和委托部门备案，以便及时向外协加工单位索赔。

资料来源：https://wenku. baidu. com/view/7e20d5c8da38376baf1fae41. html。

内部控制管理案例 12

YZ 公司销售业务中存在的问题

YZ 公司是 20 世纪 80 年代成立的一家企业，拥有员工 150 人。根据国家规定，YZ 公司实施了内部控制，并在 2017 年开展了内部控制专项检查，结果发现在销售业务环节还存在控制不到位的问题。

一、基本情况

（1）销售部经理对 30 万元以内的赊销业务有权批准，并根据具体情况确定产品售价；财务部经理保管所有票据，并有权决定应收票据是否贴现。

（2）由于人手紧张，大宗销售都是由业务员李军与客户谈判并签订合同。

（3）没有签订合同的购买方，直接由财务部收款后开具提货单据和发票，客户自行提货。

（4）货到付款的业务，由销售业务员王刚负责赴购买方收款，并将现金或者支票等票据转交财务部。

二、案例分析

1. 某月企业发生的业务

（1）销售部经理凭某一老客户以前给其留下的良好印象，批准向该客户赊销23.4万元的业务，后来该款项迟迟未能收到，财务部证实该企业财务状况恶化，当时已经有数笔货款没有如期支付了。

（2）另一新客户要求签订三年期供货合同，三年中每月末按照市场价格80万元购货，并提供下一批货物时清偿上一批货物款项。由于企业销售政策中没有此类情况，销售部经理向总经理请示，总经理当即决定签署该合同。一个月后，该客户未能还款，公司调查发现，该客户并无偿还能力。

2. 内部控制中的问题及应对

（1）由销售部经理根据具体情况确定售价的做法容易造成销售价格失控、销售收入流失，其应根据制定好的价目表、折扣政策、付款政策等加以执行。

（2）在进行业务谈判时一般需要两名谈判人员，以增强谈判能力，减少作弊的可能；谈判和签订合同应由不同的人员执行。

（3）财务部开具提货单并收款，违背了不相容岗位分离的原则，容易造成职责分工不明、收款作弊等行为；应由相互制衡的部门负责提货单的开具。

（4）由销售部业务员赴外地收款，易造成同一部门和人员经办整个销售收款业务的全过程，同时这也违背了销售人员不得接触现款的规定；应实行不同部门的双人责任制来经办该项业务。

（5）财务部经理保管所有的票据并有权决定应收票据贴现的做法，违背了票据保管人员与贴现批准人员相互分离的要求，容易导致贴现行为失去监督；应实施不相容岗位的制衡。

（6）在决定是否赊销时，应进行客户资信状况的审查，而不是凭个人印象；同时企业应该按客户设置应收账款账户，及时反映与客户的债权、债务关系，以便评价客户信用状况并做出正确的销售决策。

（7）本案例中总经理当即决定签订合同的做法过于草率，应经过必要的调查再做决定，由此可见企业对客户信用控制不够严谨。企业发生的超过现有销售政策的特殊业务（如本例中的长期供货合同）应属于重大事项，企业应进行集体决策，避免因决策失误造成损失。

资料来源：https://wenku.baidu.com/view/20054c179a6648d7c1c708a1284ac850ac020419.html。

第七节　企业工程项目控制

一、工程项目简述

（一）工程项目的含义

工程项目是指企业自行或者委托其他单位所进行的建造、安装工程，即企业在运营管理中投资建设领域中的项目。企业为某种特定目的而投资建设含有一定建筑或建筑安装工程的项目，并按照质量、进度、费用等控制要求，构建与固定资产有关的新建工程、改扩建工程、大修理工程等各项工程项目。

在企业管理中，工程项目是以工程建设为载体的项目，是作为被管理对象的一次性工程建设任务。工程项目以建筑物或构筑物为目标产出物，需要支付一定的费用、按照一定的程序、在一定的时间内完成，并应符合质量要求。如建设企业生产流水作业线、建设一定制造能力的工厂或车间，建设一定长度和等级的公路，建设文化娱乐设施，建设一定规模的住宅小区以及生产建设装置的大修理等都是工程项目。

本节中的工程项目，是指企业自行或委托其他单位所进行的建造、安装工程。

（二）工程项目的基本特点

一般来说，工程项目具有以下基本特征。

（1）目标明确性。建设项目以形成固定资产为特定目标。

（2）项目的整体性。项目建设中实行统一核算、统一管理。

（3）过程程序性。项目建设应遵循必要的建设程序，经过特定的建设过程。一般的建设项目都要经过提出项目建议书、进行可行性研究、设计、建设准备、建设施工和竣工验收交付使用六个阶段。

（4）项目的约束性。建设项目的约束条件主要有时间约束、资源约束和质量约束。

（5）项目的一次性。项目需要专门的单一设计，并应根据实际条件，建立一次性组织进行施工生产活动。

（6）建设周期长。工程项目要经历项目决策、设计、招投标、施工、竣工等一系列项目管理环节，每个环节都具有一定的复杂性，并需要在一定的时间内完成相关的工作量。

（7）项目的风险性。项目的投资额巨大，建设周期长，投资回收期长。在此期间，物价变动、市场需求、资金利率等相关因素的不确定性会给企业带来较大风险。

（三）企业工程项目的主要内容

工程项目管理的主要内容包括项目的前期准备、概念设计、方案和初步设计、施工图设计、施工预算、施工招标等项目策划和协调工作。

1. 前期准备及设计管理

前期准备及设计管理包括：参与项目策划；协助确定项目建设目标；协助确定项目功能定位和设计标准，形成项目功能描述和设计任务书；提供项目建设的技术建议，就项目总体布局规划等提出合理优化的具体建议；负责项目前期协调工作；负责项目建设的报批工作；组织施工，临时保障至工地现场。

2. 招标及合同管理

招标及合同管理包括：在对工程内容与设计文件进行深入分析和研究的基础上，划分工程总包、指定分包和专项分包工程的范围和标段；组织招标代理单位确定采用的招标及采购的方式，明确总、分包之间的相关要求；协助业主审核合同在实施过程中容易出现纠纷的主要条款，尽量减少合同纠纷，制定合同谈判的原则和策略，参与合同谈判。

3. 施工与质量控制

施工与质量控制包括：审核承包商制定的经工程监理审核的施工总进度计划和年度、季度、月度施工计划，分阶段协调施工计划，并及时纠偏；审核承包商各项施工准备工作，检查施工现场状况，办理相关手续；检查督促收尾工程，落实按进度付款。对于项目所需的设备、原材料等，制订采供计划，包括需用量、采购及供应时间、所需资金等；督促承包商建立、完善施工管理制度和质量保证体系；检查、督促工程监理严格按现行规范、规程、强制性质量控制标准和设计要求，对承包商加强管理，控制工程质量；组织质量保修期内的维修。

4. 投资控制

投资控制包括：组织编制施工阶段各年度、季度、月度资金使用计划，并在正式施工前修编工程量清单；定期审查承包商上报的材料市场价格，并关注采购市场信息和趋势；组织对不同技术方案进行经济分析和比较，提出最优性价比的建议；处理合同实施过程中有关索赔事宜并提出相应的对策；进行实际投资与计划投资的比较分析，严格控制工程造价。

5. 验收、试运行及结算管理

验收、试运行及结算管理包括：组织项目建设工程竣工验收和试运行；组织设计单位、施工单位、监理机构进行项目建设工程初验，检查工程实体质量和工程资料，落实整改措施，整改复验合格报质检站申请备案；组织单机设备调试和项目联动试运转；组织有关工程档案进行收集、整理和审核，办理有关移交验收手续；组织审核项目建设工程竣工结算、按合同执行的工程造价、合同外新增工程造价、工程变更费用等，做好工程项目的竣工结算及竣工决算。

（四）企业工程项目业务流程走向

企业工程项目业务流程走向如图4-7所示。

确定项目管理模式及机构──→工程分包管理──→工程项目招标管理──→合同管理──→工程项目设计──→进度计划与投资计划──→开工准备──→工程建设与控制──→工程项目投产──→付款与财务核算──→竣工验收与财务决算──→分析考核

图4-7　企业工程项目业务流程走向

（五）企业工程项目控制目标

（1）符合《中华人民共和国建筑法》《建设工程质量管理条例》《建设工程安全生产管理条例》等国家法律法规，以及企业内部规章制度。

（2）投资建设活动符合企业战略，提高企业竞争地位、业绩水平和发展速度。合理有效利用企业资源，确保企业效益最大化；科学测算经营预算、投资预算、筹资预算和财务预算，为经营管理提供正确的决策依据。

（3）在批准的工期和投资限额内，按照设计文件和其他工程建设文件规定的工程内容和质量标准，建成工程项目并验收投产一次成功。

（4）工程招标业务操作符合国家招投标有关法律法规；合同准备、订立、履行符合国际惯例、相关法律法规和企业内部规章制度；防止因工程承建单位资质不足造成企业工程安全无保障，最终造成资产流失。

（5）在较大范围内搜寻资源，追求物资采购性能价格比最优和供应总成本效益最大化；应建立"统一管理、统一采购、统一储备、统一结算"的物资采购供应管理体制。

（6）严格过程控制和安全监督，监管到位，确保不发生重大质量事故或存在质量隐患和职业健康、安全、环境事故。

（7）保证具备合理有效的信息系统应用业务权限分离管理机制。

（8）防止资产流失，确保企业各项资产的规范管理和安全，防止被挪用、转移、侵占、盗窃以及被低价出售；严格付款、结算审批，确保资金的规范使用和货币资金等资产的安全。

（9）正确核算、合理集中分配生产成本费用，保证成本费用真实、准确、完整；财务报告披露真实、准确、完整。

（10）设定科学合理的绩效考核目标，有效引导企业管理层的经营决策行为。

二、企业工程项目应关注的主要风险点

（一）主要风险点

（1）立项缺乏可行性研究或者可行性研究流于形式，决策不当，盲目上马，可能导致难以实现预期效益或项目失败。

（2）项目招投标存在暗箱操作、商业贿赂，可能导致中标人实质上难以承担工程项目、中标价格失实及相关人员涉案。

（3）工程造价信息不对称，技术方案不落实，概预算脱离实际，可能导致项目投资失控。

（4）工程物资质次价高，工程监理不到位，项目资金不落实，可能导致工程质量低、进度延迟或中断。

（5）竣工验收不规范，最终把关不严，可能导致工程交付使用后存在重大隐患。

（二）风险的具体表现

企业工程项目应关注的主要风险点具体表现为以下几种。

（1）工程项目组织管理风险。项目管理模式、组织机构不恰当，职责不全、划分不清，造成管理混乱，影响项目实施。

（2）投资决策机制风险。项目设计规划阶段的选址和方案存在隐患，影响项目正常投产和运营效益。

（3）项目计划风险。项目计划编制不合理、审核不充分、调整不及时，导致项目计划执行偏差，项目目标无法实现。

（4）工程设计风险。工程设计的内容与项目核准或可研批复不一致、选择的技术标准不恰当或对专利专有技术研究不透，导致项目难以合法建设，投资失控或无法实现工程项目预期效益，甚至导致项目失败。

（5）工程预算管理风险。预算制定不合理或未严格执行工程概算或预算控制，导致估算、概算、预算与实际严重不符，或概算超估算、预算超概算、工程支出超预算，使项目投资失控或影响项目实施。

（6）合同与招投标文件不一致风险。招标人签订背离招标文件实质性内容的合同，中标单位转让或肢解后转让招标项目导致开标无效，无法实现项目目标，甚至造成损失和引起法律纠纷。

（7）工程开工准备风险。工程开工准备不足，如未签订项目法人责任书，未按规定编制统筹控制计划，未按规定编制开工报告等，影响项目实施。

（8）工程计划风险。工程计划编制不合理如项目指标不当，供应商选择不当，与战略目标不匹配，审核不充分，调整不及时，相关项目未获得行政审批，导致项目计划执行偏

差，项目目标无法实现。

（9）工程项目管理信息系统应用与运维管理风险。信息化项目运行维护不当、系统功能不能充分利用，造成资源浪费，影响正常生产经营；信息系统权限等管理不当，导致系统及数据未经授权即可访问，或不适当访问。

（10）项目管理风险。项目管理不规范，造成责任界定不清晰、组织调度不合理、汇报不及时等，影响项目实施。

（11）工程投资控制风险。概算不准确，如漏项或虚报、工程量不准确、与市场价格偏离较大、定额选用或取费不恰当等，过程控制不当，如合同签订与结算审核不准、进度延误、变更频繁、安全事故、质量过剩或质量事故等；资金筹集与使用不当，如年度投资计划与年度项目实施计划不当、资金支付不合理等。

（12）生产建设所需物资供应短缺风险。生产建设所需材料或服务短缺，导致未能及时满足采购需求，影响项目的正常建设。

（13）工程质量监控风险。未定期进行工程质量检查或工程质量监控不严，导致工程质量不合格。

（14）工程监理风险。工程监理选择不当或监理人员未能严格履行对工程项目的监督职责，导致工程项目进度和质量得不到保证。

（15）工程变更管理风险。未制定变更管理程序或未严格执行，导致变更频繁、费用超支、工期延误。

（16）工程进度控制风险。工程进度控制不当，如未编制进度控制计划、未上报并批复工程进度、未掌握项目动态并纠正进度偏差等，影响项目实施或造成工期延误。

（17）项目成本控制风险。项目成本控制体系不健全、监控不到位、执行不严格、缺乏计划性，造成成本资料流失，成本无法有效控制，影响项目利润，甚至造成项目亏损。

（18）工程项目投产风险。工程项目投产不当，导致项目目标无法实现。

（19）工程资金风险。工程资金不落实，建设资金使用管理混乱，导致工程进度延迟或中断。

（20）工程项目资产核算风险。资产账实不符，虚增或虚减资产，账外资产，资产计价方法的变更未经适当审批，摊销和折旧随意变更或计提错误，提前、推迟甚至不确认资产，账证、账账不符等会计差错，导致财务信息质量不高，财务报告有失公允，被监管机构处罚。

（21）重大事项会计处理风险。各项重大事项，如债务重组、非货币性交易、公允价值的计量、收购兼并、担保事项、或有事项、资产减值、财务核销、金融衍生品交易等的会计处理不合理，影响财务报告的公允性。

（22）资产清查风险。未按规定进行资产清查，导致盘盈、盘亏、毁损、报废或闲置资产不能被及时发现并计提减值准备，资产信息失真、账实不符，企业利益受损。

（23）工程项目合规风险。工程项目实施违反国家有关法律法规，导致企业被监管机构处罚，影响项目实施。

（24）工程项目验收风险。未按照有关规定组织竣工验收，竣工验收不规范，质量检验把关不严，导致工程存在重大质量隐患。

（25）工程审计风险。没有严格执行工程审计，导致无法及时发现工程项目执行偏差和重大问题。

（26）工程决算风险。工程决算不规范，如虚报项目投资完成额、虚列建设成本或者隐匿结余资金等，损害企业利益。

（27）工程项目交接风险。项目移交手续不齐全，或相关控制文档未经相关授权人员签字确认，导致移交工作滞后或无效。

（28）项目考核评价风险。缺乏科学有效的评价考核机制，项目评价和考核不及时、不准确，导致项目评价结果不当，无法支持持续的管理改进工作。

三、企业工程项目主要控制点要求

（一）确定项目管理模式及机构

企业应明确项目管理体制和建设模式。根据工程项目的具体情况和建设单位的资质、能力，企业工程项目管理部门提出项目管理体制和建设模式，并报企业具有相应权限的人员审批。

（二）工程分包管理

1. 制定分包管理制度

企业相关部门应依据对分包的管理要求，结合企业分包业务的风险分析和评估结果，制定项目分包管理制度，报企业具有相应权限的人员审批，分包管理制度内容包括但不限于对分包商管理工作的责任部门及其具体管控要求，如分包商审查、分包方案审查、分包商行为监控、分包项目验收以及例外事项汇报。

2. 分包方案审查

企业相关部门应对承包商的分包方案进行审查，审查后报企业具有相应权限的人员审批，防止承包商将项目主体分包或将项目肢解分包或将项目层层分包，影响项目质量。

3. 分包结果确认

企业相关部门应按照工程分包、发包管理办法对承包商选择的分包商进行确认、备案。

4. 分包管理行为监控

企业相关部门应组织工程、技术、质量、安全环保等部门，定期赴现场对承包商的分包商管理工作进行检查，检查内容包括但不限于进度、质量、安全、现场管理、劳务协作、工资发放等，检查结束后形成检查报告并报企业具有相应权限的人员进行审批。对于检查发现的问题，企业应要求承包商组织分包商限期整改并对整改情况进行跟进检查。同时，对于分包商进行的特种作业，如高空吊装作业、油品及化学品存输设施清洗等，企业应指派专业技术人员现场监督，确保分包商按照操作规程作业，规避安全环保风险。

5. 分包项目验收

分包项目完成后，企业相关部门应参与承包商组织的对分包项目的验收，验收完成后签发验收报告，验收报告须经验收人员签字确认，确保分包项目质量符合项目合同约定。

（三）工程项目招标管理

1. 招标公告、资格预审公告审批与发布

企业应设定投资额度的管理规定。对于一定额度的工程项目，招标人完成内部审批后应当将资格预审公告、招标公告报工程管理部门审批后执行。

2. 承包商入库

承包商应当按照企业建设工程市场诚信体系等规定，加入依法建立的建设工程投标入库后，参与企业建设工程采购活动。

3. 招标文件的编制与审核

招标人应当根据建设工程特点和实际需要，按照企业招标文件标准文本编制招标公告、资格预审公告、招标文件和资格预审文件。招标人招标时，拟不采用招标文件标准文本，或拟变更招标文件标准文本中固定部分的，应当完成内部审批后报工程项目部门审批。

4. 招标文件与资格预审文件的发售与澄清

招标人应当按照资格预审公告中规定的时间、地点发售资格预审文件。资格预审文件开始发出之日起至停止发出之日止，最短不得少于 5 日；招标人应当按照招标公告或者投标邀请书中规定的时间、地点发售招标文件。招标文件发出之日起至停止发出之日止，最短不得少于 5 日。招标人应当确定投标人编制投标文件所需要的合理时间，自招标文件开始发出之日起至投标人提交投标文件截止之日止，最短不得少于 20 日；招标人可以对已发出的资格预审文件或者招标文件进行必要的澄清或者修改。澄清或者修改的内容可能影响资格预审申请文件或者投标文件编制的，招标人应当在提交资格预审申请文件截止时间至少 3 日前，或者投标截止时间至少 15 日前，以书面形式通知所有获取资格预审文件或者招标文件的潜在投标人；不足 3 日或者 15 日的，招标人应当顺延提交资格预审申请文件或者投标文件的截止时间。

5. 标底与最高投标限价

根据招标项目特点和需要，招标人可以编制标底或设置最高投标限价，并且应在招标文件中标明最低投标限价或者最高投标限价的计算方法。招标人不得规定最低投标限价。接受委托编制标底的中介机构不得参加受托编制标底项目的投标，也不得为该项目的投标人编制投标文件或者提供咨询。

（四）合同管理

工程项目合同管理主要包括设计、施工、监理、采购合同等的管理。

1. 做好资信调查

对拟签订的一般合同，合同主办部门合理选择合同相对人，并认真调查合同相对人的主体资格、资质、资信情况及履约能力等，必要时可组织进行尽职调查。企业已经建立合同相对人市场准入制度的，合同主办部门应当选取获得准入资格的合同相对人。合同经办人或合同管理员应在签订合同前及时将合同相对人的信息录入合同管理信息系统中并定期进行维护更新。对拟签订的重大合同，合同主办部门应根据需要牵头组织经济、技术、法律等人员开展尽职调查，尽职调查工作完成后应出具尽职调查报告。

2. 合同谈判

企业需明确合同谈判的适用范围。重大合同谈判前，合同主办部门应根据需要牵头组织由经济、技术、法律、财务等人员组成的合同谈判小组，拟定谈判方案，制定谈判策略，确定全面、明确、具体的合同经济、技术条件与要求，经批准后实施。

3. 合同审核会签

（1）未签订合同不得开始实施业务。如发生下列特殊情形的，合同主办部门可在采取紧急措施后 30 日内按本办法的规定完成合同审核、审批、签署手续。特殊情形为：发生安全生产事故，需要立即采取抢险、抢修措施的；发生自然灾害事故，需要立即采取抢险措施的；发生机械设备故障导致停工停产，需要立即采取抢修措施的；其他生产经营过程中急需采取措施的。

（2）未经审核、审批不得签订合同。企业应制定本单位合同审批和签署的相关权限规定，确立各类合同会签审核部门。

（3）合同签订前，应进行经济、技术和法律"三性"审核。企业应根据合同的性质、种类、关联程度等，确定合同审核会签部门及批准权限，并在合同管理信息系统中配置相应的流程和权限。

（4）合同主办部门进行内部审查后，按照相关流程提交送审。审核会签部门根据职责分工审查相关条款，并提交审核意见。

（5）未经审核、审批不得签订合同。合同主办部门在对外签订任何具有法律效力的合同性质的文件前，应严格履行经济、技术、法律审核程序，并根据合同的关联程度确定其他合同审核会签部门。合同主办部门可采取专题会议进行经济、技术、法律审核。采取专题会议审核形式的，合同主办部门应就各部门提出的意见形成会议纪要。

（五）工程项目设计

设计包括总体设计与施工图设计等。

1. 工程设计与审核

企业依据批准的可行性研究报告、招标投标相关法律及制度，委托有资质的单位进行工程设计。适用《中华人民共和国招标投标法》（简称《招标投标法》）规定必须招标的，应执行工程招标等管理规定。设计过程中或完成后，企业工程项目管理部门组织专业技术人员对工程设计（包括总体设计以及施工图设计等）进行审核，审核后报企业具有相应权限的人员进行审批。

2. 设计变更

项目设计变更应报企业具有相应权限的人员进行审批，其中工程项目设计变更超出原批复范围的，应按权限报企业相关部门审批。

3. 预算编制与审批

无基础设计概算、概算深度不能满足投资控制要求或概算内容不能按合同拆分时，企业工程造价部门可依据施工图，自行或按规定程序委托有资质的中介机构编制施工图预算，施工图预算需报企业具有相应权限的人员进行审批，若施工图预算超出批复基础设计概算总额，则应按变更管理流程报上级部门或主管部门审批。施工图预算变更需按原程序报批。

4. 施工图交底与会审

企业工程项目管理部门应组织设计单位应向施工单位、监理单位进行技术交底。对于技术交底未能解决的问题，工程项目管理部门应组织设计、施工、监理等相关方进行施工图会审，协商解决。施工图交底与会审应形成书面记录，并将会议的组织、时间、地点、议事事项、争议、结果等法定要件记录在案，并存档备查。

（六）进度计划与投资计划

企业工程项目管理部门在基础设计批复后规定时间内编制项目总体进度网络计划。总体进度网络计划须经企业具有相应权限的人员审批。

（七）开工准备

1. 取得行政许可

企业应根据项目的性质和需要，依法取得建设用地、土地规划许可、环境保护、安全设立、职业防护等方面的评价、批复等相关行政许可。企业应取得用地批准，完成征地、拆迁和施工场地"四通一平"（水通、电通、路通、通信通；场地平整），签订有关外部配套生产条件协议，完成节能评估。

2. 质量监督的申请与注册

企业应依法向工程质量监督机构或经其同意的其他专业工程质量监督机构办理建设项目工程质量监督申报手续，并在规定期限取得监督注册通知书。

3. 开工报告的编制与审批

在列入年度固定资产投资计划且具备开工条件后，企业工程项目管理部门依据规定编制建设项目开工报告。工程项目开工报告应由企业具有相应权限的人员进行审批。

（八）工程建设与控制

1. 监理和建设计划的提交与审查

监理单位和施工单位分别按照监理合同、施工合同以及总体计划，编制工程项目监理规划、监理人员派遣计划、单项工程的施工组织设计及工程项目管理实施计划，提交企业具有相应权限的人员进行审批；对于重点项目，企业工程项目管理部门根据批准的总体统筹控制计划，在工程项目信息系统维护进度计划，并根据项目实际完成情况，确认项目进度。

2. 总体统筹控制的分解

对于重点工程项目，企业工程项目管理部门根据批准的总体统筹控制计划，组织编制单项工程的二级进度控制计划，审核单项工程施工、详细设计和物资供应等的进度控制计划。

3. 企业年度项目实施计划的审批与下达

工程项目管理部门根据企业年度固定资产投资计划，编制年度工程实施建议计划，报企业具有相应权限的人员进行审批。

4. 投资项目的中止、销项、重启动

投资项目的中止、销项、重启动须在审批后在工程项目信息系统中维护投资项目相关状态。

5. 工程服务采购

工程项目信息系统中，工程建设费的服务采购订单创建必须依据审批后的合同进行维护。非合同类的工程服务须在审批后进行账务处理。

6. 月度实施计划的编制、实施与检查

企业对下达的年度固定资产投资项目实施计划进行分解，编制月度或季度工程实施计划，组织实施，并按月检查工程进度。

7. 工程合同实际成本的确认

工程项目信息系统中，按月根据工程进度及合同单价确认工程合同实际成本，确认的依据为工程实物量对应的投资完成金额及其他相关业务单据，工程实物量要依据合同提报并明确到最明细一级；根据经核实审定后的施工图料单及施工物料，在系统网络上维护作业和物料组件；系统工程退料必须参照原工程领料单，并且退料数量不大于领料数量。

8. 工程项目监督检查

企业工程项目管理部门、HSE 部门以及质量管理部门应定期对在建工程项目进行检查，检查内容包括但不限于进度、质量、HSE，并向企业具有相应权限的人员提交检查报告，汇报检查发现及跟进处理措施。

9. 工程项目物资采购

工程项目物资采购具体内容参见本章第三节"企业采购业务控制"。

10. 监理控制

工程建设物资、施工机械、检测装备进场前，须经监理工程师检查确认。隐蔽工程、关键部位和重要工序未经监理工程师签字确认，不得进入下一道工序施工。企业工程项目管理部门负责监督监理工作。

11. 变更管理

企业应当严格控制变更并制定变更管理程序，发生变更，必须编制变更申请或变更通知，办理审批手续。项目变更应按项目管理程序，报具有相应权限的人员进行审批。

12. 进度报告监控

企业工程管理部门应按月书面确认工程进度，并交企业财务部门作为财务核算和工程进度款支付的依据。对于重点工程项目，应定期向企业主管领导或主管部门提交工程进度报告。

13. 基本预备费的控制

基本预备费是指在初步设计及概算内难以预料的工程费用。在批准的总体设计和概算范围内，基本预备费用的动用条件如下。

（1）详细设计及施工过程中所增加的工程和费用，如设计变更、局部地基处理变化的费用等。

（2）一般自然灾害造成的损失和自然灾害预防措施的费用。

（3）竣工验收时，为鉴定工程质量对隐蔽工程进行必要开挖与修复的费用。基本预备费的使用需提交书面申请，报企业具有相应权限的人员进行审批。

14. 中间交接

工程项目具备中间交接条件的，企业工程项目管理部门应组织参建各方，在按单元工程、分专业开展中间验收的基础上，共同签署工程中间交接证书及其附件，并由工程质量监督机构签署监督意见。

15. 重大施工方案管理

对于危险性较大的分部、分项工程，企业工程管理部门应在施工前，检查督促相关单位，确认其按法律法规要求完成专项方案论证、审批程序。非常规的大型吊装运输、特种材料焊接等重大施工方案，履行前述程序后，报企业组织专家审查。

16. 重点大修改造项目管理

（1）编制固定资产检维修计划和材料需求计划。企业固定资产使用部门根据固定资产管理档案，结合企业资产实际使用状况，编制固定资产检维修计划和修理费用预算；并依据检维修计划和费用预算，编制材料需求计划。

（2）承修单位资源库管理。企业固定资产管理部门应建立承修单位资源库，分类管理承修单位档案。企业针对外部承修单位建立承修方准入制度，审核其资质、资信并实施动态管理。

（3）确定承修单位。企业针对检维修项目进行分类，明确采取招投标方式的项目，履行招标程序。项目承修单位应优先从承修单位资源库中选择。

（4）签订修理合同。企业与经审批确定的承修单位签订修理合同。

（5）实施项目大修理。根据施工方案，按程序进行项目施工，做好施工现场的 HSE 监督。

（6）大修理项目完结。修理项目完工后，企业固定资产使用部门会同固定资产管理等相关部门，审核确认承修单位出具的交工验收报告。修理合同涉及质量保证金的，由财务部门按照合同约定扣取。

（九）工程项目投产

1. 年度投产计划的编制和审批

企业生产管理部门依据新建、续建项目进度情况编制年度投产计划，并报企业具有相应权限的人员进行审批。需调整年度投产计划的，按原程序履行审批程序。

2. 投产方案的编制与审批

对需要进行投产的项目，企业生产管理部门、工程项目管理部门应组织技术、安全、使用、设计、监理等部门，根据设计文件、总体统筹控制计划以及现场工程进展情况等编制投产方案，并报企业具有相应权限的人员进行审批。

（十）付款与财务核算

1. 项目付款

项目付款的申请、审批、账务处理，详见本章第二节"企业货币资金业务控制"。

2. 施工补偿费

由于工程项目设计或物资采购等，项目进度延后，企业工程项目管理部门需要向施工单位支付施工补偿费时，工程项目管理部门需向相关主管部门提交申请，经批准方可对外支付。

3. 额外劳动补贴

由于工程项目设计或物资采购等，项目进度延后，企业工程项目管理部门需要向员工支付额外劳动补贴时，工程项目管理部门需向相关主管部门提交申请，在批准后予以支付。

4. 减值分析

企业至少每半年进行在建工程减值分析，减值准备数额上报财务部门或相关部门审核，按规定权限审批后，企业按批复及时进行调整及账务处理，记账凭证须经不相容岗位人员稽核。

（十一）竣工验收与财务决算

1. 工程项目和生产的考核、评价与总结

由企业提出考核评价报告，参与考核的各部门签字，企业应将重点工程项目的考核评价报告和生产考核总结报相关部门。工程项目未经生产考核不得进行竣工验收。

2. 工程结算

工程交工后，企业工程结算审查部门应自行或委托有资质的工程审计中介机构，进行工程结算审查，审查结果报企业具有相应权限的人员进行审批。

3. 在建工程确认

财务部门每月根据工程项目管理部门提交的经其负责人审核的工作量或工程进度报告并附相关合同、验收报告以及技术审核结论等，确认在建工程。财务部门月底将项目成本转入在建工程。

4. 工程进度核对

财务部门应定期将财务记录中的工程进度与工程项目管理部门掌握的实际工程进度进行核对，并书面确认核对结果，财务部门根据核对结果进行账务处理。

5. 在建工程转入固定资产

工程项目达到预定可使用状态后，工程管理部门向企业财务部提交达到预定可使用状态证明及实物清单，企业财务部门将工程项目由在建工程转入固定资产。决算审计后，财务部门根据竣工验收证书、财务决算、审计等资料，及时进行固定资产价值确认。

6. 资产报废核销

企业工程部门负责人对报废资产的技术审核结果进行确认，财务部门和法律事务部门共同审核后，按规定权限提报审批。财务部门依据审批结果进行账务处理。

7. 专项验收

企业工程项目管理部门应依照有关法律、法规、行政规章，组织落实消防、环境保护、安全设施、职业病防护设施、工程档案等组织政府主管部门等进行专业验收工作，并取得验收证书。

8. 竣工验收

工程项目达到竣工验收条件后，企业编制竣工验收报告，竣工验收报告需报企业具有相应权限的人员进行审批。工程项目由企业工程项目管理部门牵头组建竣工验收委员会进行验收，验收人员需在验收证书上签署验收意见。

9. 竣工决算

工程竣工后，企业工程项目管理部门应会同财务部门、审计部门自行或委托有资质的工程审计中介机构，进行竣工决算，编制竣工决算报告，并报企业具有相应权限的人员进行

审批。

10. 移交资产

对验收合格的工程项目，企业财务部门牵头移交资产，编制交付使用财产清单，及时办理交付使用手续。

（十二）分析考核

1. 投资计划分析

企业投资管理部门每月会同相关部门根据工程口径和资本支出投资完成额核对情况，编制投资计划分析报告。分析报告至少包括资本支出投资完成情况、投资现金流完成情况等，年度资本支出数据应在审计中介机构确认后，上报企业主管领导。

2. 投资计划执行情况考核

企业发展计划部门对投资计划的执行情况进行综合评定，并将评定结果送交企业绩效考核部门，按照企业内部考核办法进行考核。

3. 投资项目后评价

企业根据需要委托有资质的咨询公司、中介机构或由企业自行开展后评价工作，出具项目后评价报告并对项目达标情况进行考核。

即问即答：

工程竣工及决算主要从哪些方面做好控制？

内部控制管理案例 13

一群蛀虫"吃工程"

一、基本情况

国有企业基建环节中的职务犯罪案件数，一直居其他环节之首。据上海市检察院统计，2000 年查处的国有企业贪污贿赂犯罪案件中，涉及基建环节的案件有 36 件，约占总数的 10%，大部分发生在实力雄厚的国有骨干建筑企业中。宝山区检察院在某工程企业，连续侦破 9 起重大贪污贿赂案，涉案 9 人，总案值 80 余万元。其中，受贿人员从供销科科员到公司副经理，全部是对工程（劳务）分包、结算工程款和材料采购有决定权的"人物"。

2001 年 3 月初，宝山区检察院接到举报：某工程公司供销科科长张某在外购买高档房，与其收入明显不符。调查后发现，张某权力很大，每年公司的供应材料几乎由他一手操办。按内部规定，一次性采购款超过 30 万元的应由上级领导审批，但只要"把好尺度"，所有业务都由科长一人说了算。2000 年 4 月至案发，张某当科长近 10 个月，就受贿达 17 万余元。而追根溯源，拉张某下水的是供应科采购员李某。张某上任之初，李某就授意某商行经理，为了多接业务，在张某的办公室里给张某 1 万元"见面礼"。同样，经李某介绍，张某收了某私营物资公司 1 万元，以购买 450 万元的供应材料作为交换。而在此前后，李某本人也利用采购权，受贿 9.21 万元。随着案件的深入，与工程分包、材料采购有关的高层领导也纷纷落马。

熊某是加工科科长，主管钢结构外发加工业务。"身居要职"的他透露想买家具后，客户立刻开车送其夫妇到外地家具城挑选。1998年起，他先后收受数家加工单位6.6万元。俞某是金属结构厂副厂长，利用负责外发加工项目的职务便利，收受承包人"感谢费"4万元。朱某是金属结构厂厂长，在购买设备等方面"做手脚"，捞进不义之财6.4万元。徐某是副经理，主管公司所有工程项目的施工。在麻将桌上，业务单位的5万元借款不明不白成了"礼金"。同案牵扯出来的，还有公司下属原压力容器厂副厂长陈某和公司机械部部长祝某，两人在2000年7月至2001年3月初，通过截留、套现等方式，贪污数万元。

国企基建环节的职务犯罪案件从建设方的工程发包环节，转而发生在承建方的工程分包和材料采购环节，有以下特点。

其一，基本上发生在具有相当资质、实力雄厚的国有骨干建筑企业中。这些企业能承接到大型的建筑工程项目，都有数目可观的工程（劳务）分包量和材料采购量。据了解，劳务分包金额一般要占承包金额的20%～30%。

其二，劳务和工程分包商，一般都为个人承包、挂靠或规模较小的施工队伍。为了承接到分包项目，在工程结算时得到优惠，个别分包商不惜采用贿赂手法。贿赂数额一般是利润的10%～50%。

其三，行贿"目标"明确，受贿人员集中在对工程（劳务）分包、结算工程款和材料采购有决定权的人员身上。目前，相当部分建筑公司的这部分权力直接掌握在分公司、工程部、项目经理手中。

在发生案件的国有建筑企业中，分包和采购环节都没有建立起有效的监督制约机制，或者建立了也未认真执行。为了保证施工进度，有时认为监督是束缚手脚，管理是自找麻烦。

据此，浦东新区检察院从机制上预防国有建筑企业干部职务犯罪，率先提出，招投标制度不仅要在工程（劳务）发包环节上实行，还要向分包和材料采购领域渗透。目前，浦东新区建设（集团）及各子公司作为全市试点单位，正在推行这一做法。

据统计，实行招投标采购材料后，采购材料平均价格下降了2%～3%，劳务人工费用一般节约了工程造价的2%～4%。同时，分包方和材料供应商也认为，实行招投标后，公关及各项应酬费用明显下降，一般工期缩短10%左右。

二、案例分析

企业发生的固定资产及工程项目一般比较少，属于特殊业务，一般都要经过高层领导的授权审批。虽然工程项目发生贪污舞弊的频率不是很多，但一旦发生舞弊，说明固定资产内部控制一定存在弊端和漏洞，这将使企业发生不可预计的重大损失。上述案例说明，固定资产购建和工程项目环节发生的贪污舞弊，不但在工程（劳务）发包环节上会发生，而且会向分包和材料采购领域渗透。案件的发生使我们反思，内部控制制度的设计和执行，究竟哪些环节、哪些部门出了问题。我们认为，至少应当从以下几个方面入手，加强相关内部控制，以杜绝此类案件。

（1）材料采购业务的职务分离。工程承建企业在接到项目以后，即着手进行材料的采购。由于工程项目标的额一般比较大，所以材料采购这个环节的控制尤为重要。本案中，某工程公司供销科科长张某，每年公司的供应材料几乎由他一手操办，采购的申请和批准没有进行分离，以致张某利用这个控制漏洞大肆收受贿赂，损害了企业的利益。一般而言，在采购业务中须进行关键职务的分离，这些职务分离主要包括：材料采购申请必须由生产部门提出，而具体的采购业务则由采购部门完成；付款审批人和付款执行人不能同时办理寻求供应商和索价业务；付款的审核人应同付款执行人在职务上相分离。如果采购、审批和付款三者分离，就能有效地防止该类损失再度发生。而实际上很多企业在采购业务方面没有完全做到职务分离。

（2）材料采购业务采取招投标方式。材料采购批准后，应由专门的采购部门进行采购。采购时，应货比三家。那些违法犯罪分子就是利用手中的采购权，和供应商串通一气，以损害企业利益为代价受贿。

（3）对材料采购业务审批者的授权和复核。材料请购的提出、审批、执行和付款分离不一定能保证完全得到执行，案例中发生的就属于审批这个环节的漏洞。一般而言，采购业务的审批按照金额大小分级审批，金额较小的采购由部门经理或项目经理审批，而金额比较大的采购需要总经理甚至董事会审批。但由于这种刚性的分级审批，很容易被绕过而钻空子。就案例而言，按企业的内部规定，一次性采购款超过30万元的应由上级领导审批，但只要"把好尺度"不"上线"，所有业务都由科长一人说了算。所以，除了授权以外，必须设置独立的第三者对审批进行复核，对审批的业务进行再监督，防止在审批环节出漏洞造成损失。

（4）工程分包、材料采购业务实行招投标方式。如果采用招投标方式，则可以在选择供应商方面公开、公平、公正，保证材料成本和质量。案例中的"掌权者"在选择供应商和接包方时丝毫没有监督，以至于在价格、质量等方面不能完全最大化企业价值，甚至收取回扣、贿赂。浦东新区的试点效果也证明了这种方式在防止采购、分包、发包方面贪污舞弊的有效性。招投标制度不仅要在工程（劳务）发包环节上实行，还要向分包和材料采购领域渗透。

工程分包、发包和材料采购环节在国有企业里是一个事故高发的"地段"，相关内部控制漏洞给不法分子提供了舞弊贪污的机会。案例中揭露的事实不能不引起我们的深思，反省内部控制的设计和执行是不是真正有效。事实证明，只有在发生一些漏洞之后及时弥补，才能有效地防止类似案件再次发生。

资料来源：https://bbs.esnai.com/thread-1617835-1-1.html。

工程管理混乱　质量堪忧

一、基本情况

2005年5月，某公司开工建设职工活动中心，2006年6月完工，原定总投资3 500万元，决算金额3 950万元。据查，该工程由公司工会提出申请，由工会有关人员进行可行性研究，经公司董事会审批同意并授权工会主席张某具体负责项目的实施和工程款的支付审批。之后，张某私自决定将工程交由某个体施工队承建。在即将完工时，施工队负责人向张某提出职工活动中心应该有配套设施，建议增建保龄球馆；张某认为这一建议可取，指示工会人员提出项目变更申请，在其签字审批后实施。工程完工后，工会有关人员办理了竣工验收手续，由财务部门将交付使用资产等级入账；职工活动中心交付使用后，发现保龄球馆在内的许多工程设施存在严重质量问题。

二、案例分析

工程质量存在严重问题，说明该公司内部控制存在以下薄弱环节。

（1）项目的可行性研究存在缺陷，不应仅由工会人员进行可行性研究，应当组织多种技术、经济、管理和市场分析人员一起完成。

（2）董事会授权工会主席全权负责实施和工程款支付的审批，属于授权批准不当；工会主席私自决定施工单位，表明该公司授权批准程序存在缺陷。企业应当建立在建工程业务的授权批准制度和实行集体决策，不得由同一部门或个人办理在建工程的全过程业务，任何个人不得超越审批权限，不得单独决策或擅自更改集体决策意见，各过程应有完整的书面记录，实行责任追究制度，明确相关部门及人员的责任，定期或不定期地进行检查。

（3）工程变更追加预算应经董事会批准，不能仅由工会主席一人签字审批，企业不得通过设计变更扩大建设规模、增加建设内容、提高建设标准。对于确需变更的项目，应按规定程序和权限经过相关部门或中介机构的审核；重大项目的变更应比照项目决策和概预算控制的有关程序，加以严格控制。因变更等造成价款支付方式及金额发生变动的，应提供完整的书面文件和其他相关资料。

（4）竣工验收控制不应仅由工会人员进行竣工验收，而应会同监理单位、设计单位对施工单位报送的竣工资料的真实性、完整性进行审查，并依据设计与合同的要求组织竣工验收。

资料来源：http://www. 100xuexi. com/question/questiondetail. aspx？pid＝7935169e-638e-4ee6-b609-5827fc0507ff&qid＝24369116-3b41-41d3-8914-25184b0cb126&tid＝2913。

第八节　企业固定资产业务控制

一、固定资产业务简述

（一）固定资产含义

固定资产是指企业为生产产品、提供劳务、出租或者经营管理而持有的、使用寿命超过12个月的，价值达到一定标准的非货币性资产，包括房屋、建筑物、机械设备、运输设备以及其他与生产经营活动有关的设备等。

固定资产是企业的劳动手段，也是企业赖以生产经营的主要资产。从会计的角度划分，固定资产一般分为生产用固定资产、非生产用固定资产、租出固定资产、未使用固定资产、不需用固定资产、融资租赁固定资产、接受捐赠固定资产等。

（二）固定资产的主要特征

（1）固定资产的使用期限长、单位价值高，即价值一般比较大，使用时间比较长，能长期地、重复地参加生产过程。

（2）固定资产在生产过程中虽然发生磨损，但是并不改变其本身的实物形态，而是根据其磨损程度，逐步地将其价值转移到产品中去，其价值转移部分回收后形成折旧基金。

（三）企业固定资产管理的主要内容

（1）根据未来生产能力发展的实际要求和资源条件，对固定资产建设或改造进行可行性研究，编制投资计划。

（2）对企业生产设备、房屋建筑及其他设备扩建、改良、更新及重制拟定投资管理计划。

（3）根据固定资产性质和企业自身能力，采取委托或自营形式，购买、建造、安装固定资产。

（4）根据财务规定，确定固定资产原始价值、类别、使用年限及折旧率等，登记固定资产卡片。

（5）定期计提固定资产折旧。

（6）定期清理报废闲置的固定资产。

（四）企业固定资产业务流程走向

企业固定资产业务流程走向如图4-8所示。

固定资产管理制度的建立──→职责分离──→固定资产投资计划的制订──→固定资产取得──→固定资产保管与维护──→固定资产清查──→固定资产处置──→固定资产评估──→固定资产核算──→固定资产档案管理──→固定资产分析与考核

图4-8　企业固定资产业务流程走向

（五）企业固定资产业务控制目标

（1）提高资产管理水平，充分发挥资产效能，保证实物资产的安全稳定运行。

（2）防止资产流失，确保企业各项资产的规范管理和安全，防止被挪用、转移、侵占、盗窃以及被低价出售。

（3）资产的取得、出售、出租、许可、转让符合《合同法》等国家法律法规及公司内部规章制度。

（4）资产管理遵守国家和公司有关安全、消防、环保和处置等规定。

（5）严格各项审批程序，保证企业资产安全、完整，防止企业资产流失。

（6）如实准确反映资产的价值，合理摊销或计提折旧，保证账面价值的真实、准确和完整。

（7）建立和完善组织架构，明确决策、执行、监督等方面的职责权限，形成科学有效的职责分工和制衡机制，有效防范和化解各种舞弊风险。

二、企业固定资产业务应关注的主要风险点

（一）主要风险点

（1）固定资产购入验收程序不规范等，可能导致资产质量不符合要求，价值贬损或生产中断；固定资产投保制度不健全，资产未投保，可能导致索赔不力，不能有效地规避资产损失。

（2）固定资产更新改造不够、维护不当、产能过剩，可能导致企业资产价值贬损、缺乏竞争力、资源浪费。

（3）固定资产权属不清、技术落后、使用效能低下、存在重大技术安全隐患、安全事故频发，可能导致企业法律纠纷、缺乏可持续发展力。

（二）风险的具体表现

企业固定资产业务应关注的主要风险点具体表现为以下几种。

（1）机构岗位设置风险。内部机构、岗位设计不科学、不健全，部门和岗位设置的职责不清晰，未实现不相容岗位分离，未明确界定涉密岗位范围，未实行关键岗位限制性要求，导致机构重叠或缺失，岗位职责和任职条件不明，固定资产管理工作效率低下。

（2）资产使用风险。资产管理责任不明确、问责不当，不能确保资产安全，资产使用不当、保管不善，造成资产毁损、资产使用效率低下、产品残次率高或资源浪费，甚至发生生产事故、生产停顿。

（3）业务环节处理风险。业务环节处理不当或处理不及时，如合同执行、信用审批、价格政策执行、对账、出入库处理、盘点、原始单据传递和处理等业务环节发生差错或处理不及时，影响财务报告质量。

（4）资产验收风险。新增资产验收程序不规范，导致资产质量不符合要求。

（5）资产权属风险。未持有固定资产和无形资产的权属凭证，或权属证明存在问题，造成企业资产存在权属纠纷，可能导致企业利益受损。

（6）资产投保不当风险。资产投保不当，导致应投保资产未投保或出险后索赔不力，企业利益受损。

（7）提供担保业务风险。担保业务事前调查不充分、风险评估不当，导致担保决策失误，造成企业资产损失。

（8）资产处置风险。资产的质押、抵押、处置（决策、评估、操作、交割等）流程不当，造成财产损失，或者导致企业法律纠纷，或被监管机构处罚。

（9）资产维修改造风险。维修预算安排不充足、维修计划不合理、维修人员欠缺专业维修能力，导致资产维修工作无法正常执行，影响正常生产经营。

（10）资产财务管理风险。资产财务管理风险包括资产核算风险、会计差错处理风险、重大事项会计处理风险。

①资产核算风险。资产账实不符，虚增或虚减资产，账外资产，资产计价方法的变更未经适当审批，摊销和折旧随意变更或计提错误，提前、推迟甚至不确认资产，账证、账账不符等会计差错，导致财务信息质量不高，财务报告有失公允，被监管机构处罚。

②会计差错处理风险。在清查、复核过程中发现的差异或错误，未进行处理，或未按照程序处理，导致财务信息质量不高。

③重大事项会计处理风险。企业各项重大事项，如债务重组、非货币性交易、公允价值的计量、收购兼并、担保事项、或有事项、资产减值、财务核销、金融衍生品交易等的会计处理不合理，影响财务报告的公允性。

（11）资产信息系统管理风险。资产信息系统管理风险包括资产信息维护风险、信息化项目应用与运维管理风险、信息系统权限管理风险、信息系统项目实施风险、信息系统应急管理风险、信息保管风险。

①资产信息维护风险。资产登记内容及变动记录不完整、记录错误，导致资产流失、资产信息失真、账实不符。

②信息化项目应用与运维管理风险。信息化项目运行维护不当、系统功能不能充分利用，造成资源浪费，影响正常生产经营。

③信息系统权限管理风险。信息系统权限管理不当，导致系统及数据未经授权即可访问或不适当访问。

④信息系统项目实施风险。信息系统项目实施不当，导致项目计划无法实现，影响正常生产经营。

⑤信息系统应急管理风险。没有建立完善的应急预案，或没有对员工进行培训和演练，

导致员工不能及时正确处理突发事件或故障，影响生产经营。

⑥信息保管风险。企业内外部信息资料，如市场、法律、经济形势、技术资料、权属证明、工程资料、采购销售订单、修理记录、计量记录、各种台账等保管不当，造成重要资料丢失或泄密，损害企业利益，或导致信息无法及时或有效沟通，甚至影响企业经营目标。

（12）资产清查风险。未按规定进行资产清查，导致盘盈、盘亏、毁损、报废或闲置资产不能被及时发现并计提减值准备，资产信息失真、账实不符，企业利益受损。

（13）外包（分包）商管理风险。未对外包（分包）商进行审定、评级和动态管理，外包（分包）不具备法人主体，缺乏应有的专业资质，从业人员不具备应有的专业技术资格，缺乏从事相关项目的经验，与不具有能力的外包（分包）商签订了合同，损害企业利益。

三、企业固定资产业务主要控制点要求

（一）固定资产管理制度的建立

企业财务部门会同相关部门，根据监管要求和管理实际，适时组织制订、完善固定资产管理制度，明确各类固定资产管理责任，规范和指导所属单位的资产管理、资产评估、资产减值及资产损失处理等行为。督促并检查所属单位建立、健全相关管理制度，落实管理措施。

（二）职责分离

固定资产管理应职责分离。企业在确定职权和岗位分工过程中，应当体现不相容职务相互分离的要求。固定资产管理不相容岗位包括但不限于：固定资产投资预算的编制与审批，审批与执行；固定资产采购、验收与款项支付；固定资产投保的申请与审批；固定资产处置的申请与审批，审批与执行；固定资产取得与处置业务的执行等相关会计记录。

（三）固定资产投资计划的制订

购置固定资产应纳入企业固定资产年度投资计划。企业根据发展计划的要求，结合投资项目前期工作准备、资金平衡情况和生产经营需要，提出下一年度固定资产投资计划建议，在企业分管领导审核后，由相关部门负责实施。

（四）固定资产取得

1. 新增固定资产验收

企业固定资产管理部门依据工程管理等相关部门提供的"固定资产交付清单"或"在建工程完工转资清单"等有关单据，会同财务部门和固定资产使用部门对新增固定资产共同验收并签字确认。

2. 其他方式取得固定资产

对于投资者投入、接受捐赠、债务重组、企业合并、非货币性交换、无偿划拨转入、抵债偿还以及其他方式取得的固定资产，经企业固定资产管理部门组织鉴定或评估得出结果，相关结果按照规定权限审批后，及时提交财务部门。

3. 固定资产卡片管理

财务部门根据"固定资产交付清单"等申请审批文件，指定专人在固定资产管理系统

中建立固定资产数据，未经授权不得修改相关数据。固定资产使用部门指定专人，按照财务部门数据建立相应固定资产卡片；固定资产管理部门根据财务部门数据和使用部门固定资产卡片，建立相应固定资产电子台账。

4. 固定资产权属登记

对需要办理权属登记手续的固定资产，企业相关部门应及时办理权属关系的手续及相关证明材料，对于具有权属证明的资产，取得时必须有合法的权属证书。固定资产管理部门应设立登记簿记录备查，权属管理部门应每年对权属登记情况进行清查。

（五）固定资产保管与维护

1. 固定资产保管与维护基本规范

企业固定资产管理部门应制定固定资产保管安全防范措施，防止丢失、损毁等现象发生，定期对固定资产进行维护保养，切实消除安全隐患生产；安全部门制定安全操作规程，要求操作人员正确使用，防止事故发生。对关键设备、特殊设备或安全性要求较高的资产，生产、安全和设备管理等部门应加强监控，严格操作流程，实行岗前培训和岗位许可制度，并定期负责组织检查，及时消除安全隐患。

2. 固定资产投保

企业财务、安全、资产管理等部门按照财产保险有关规定，拟定资产保险方案，明确投保范围、险种、保险企业及报价等内容，报企业分管领导审批后按规定程序签订保险协议，办理保险手续。发生索赔事项时，相关部门按照保险条款及时向保险公司提出索赔申请，办理索赔事项。

3. 固定资产抵押

企业应当规范固定资产抵押管理，明确固定资产抵押程序和审批权限等。将固定资产用作抵押的，应由相关部门提出申请，按照规定权限批准后，由固定资产管理部门办理抵押手续；接收固定资产抵押的，应根据资产评估有关规定，合理评估接受抵押资产的价值，登记接收抵押资产台账，并按规定办理抵押登记手续。

4. 固定资产维修

企业固定资产使用部门根据固定资产性能及使用现状提出维护修理计划，由固定资产管理部门按照规定权限审批后实施。

5. 固定资产技术更新

企业固定资产使用部门结合企业发展战略及生产经营需要，提出固定资产技术升级和淘汰落后设备的方案，按照规定权限审批后实施。因维修或改造等造成固定资产价值变化的，应由财务部门及时进行账务处理。

6. 固定资产出租

（1）固定资产对外出租时，企业相关部门应提出出租申请，明确拟出租资产名称、出租事由、租赁类型（经营租赁或融资租赁）、出租期限、租金等内容，在具有相应权限的人员审批后，由企业相关部门负责与承租人签订租赁合同。

（2）企业应完善固定资产出租租金管理制度，并严格考核。企业相关部门负责应收款项的催收，按照租赁合同约定的时间向客户催收款项，催收记录应妥善保存，财务部门负责办理资金结算并监督款项回收。

（3）企业相关部门应及时向财务部门报告可回收性、存在不确定因素的应收租金。财务部门据此定期编制应收款项分析报告，对应收账款的可回收性进行分析，报相关管理人员审阅；如需计提坏账准备，应由具有相应权限的人员审批后，及时进行账务处理。

（4）当客户出现恶意拖欠、纠纷时，企业应保留相关证据，在具有相应权限的人员审批后，采取诉讼、仲裁或其他适当措施。

（六）固定资产清查

1. 固定资产清查

企业财务部门会同固定资产管理部门、使用部门每年至少组织一次固定资产清查工作，共同负责固定资产实物清点，填写清查表，并与实物账卡、财务账表核对，包括清查土地、房屋等权属证明，确定资产归属。固定资产使用部门、管理部门、财务部门负责人审核清查结果。经营性租赁资产比照上述要求进行清查。

2. 固定资产盘盈或盘亏处理

对清查过程中发现的固定资产盘盈或盘亏，企业财务部门应会同相关部门分析原因，取得合法证据，提出处理意见，按照规定权限审批后，及时调整固定资产账面价值，确保账实相符。

（七）固定资产处置

1. 固定资产报废

企业对于经过固定资产管理部门、技术部门及使用部门鉴定需报废的固定资产，按规定权限审批后及时处置。企业应当加强固定资产处置的控制，特别关注固定资产处置中的关联交易和处置定价，固定资产的处置应由独立于固定资产管理部门和使用部门的具有相应权限的人员办理，固定资产处置价格应根据评估结果或招标结果，并在具有相应权限的人员审批后确定，以防范资产流失。

2. 闲置固定资产处置

闲置资产对外出租、转让、投资、非货币交换的，由企业相关部门与需求方协商，依据评估或鉴定价值提出处置意见，并按规定权限审批后处置。

3. 固定资产财务核销

企业财务部门对经批准报废和转让的固定资产，在清理完毕后，须将处置情况及财务核销的申请及时上报主管领导，财务部门按照规定审批予以财务核销。

对已财务账面核销、实物尚未变现的资产，做好"账销案存"实物资产的管理工作，对已账务账面核销、实物尚未变现的资产进行造册登记，防止变现前实物资产的流失。

4. 固定资产捐赠

企业对外捐赠固定资产，相关部门提出捐赠申请，按照规定权限审批后，签订捐赠协议。财务部门、固定资产管理部门等根据捐赠协议，对拟捐赠资产进行核实，填写捐赠资产清单，办理捐赠资产移交手续，财务部门据此进行账务处理。

5. 权属纠纷处理

当产生固定资产权属纠纷时，企业应与对方协商解决。无法协商解决的，应向有关部门申请裁决；无法裁决或对裁决不服的，应向更高级相关部门申请确权。争议企业按照最终批复意见确认权利归属。

（八）固定资产评估

1. 固定资产评估事项申请

企业发生以固定资产对外投资、转让、置换、整体资产或者部分资产租赁、偿还债务等事项时，应按照相关规定进行评估。评估前，由固定资产管理部门或相关部门组织对资产评估项目、评估范围、评估基准日等事项提出申请，按照规定权限进行审批后，根据批复意见评估立项。

2. 评估机构的选择

除土地评估按照属地化原则需在属地选聘，以及特殊事项资产评估外，资产评估机构由财务部门在企业的评估机构资源库内选择确定，并按规定权限与评估机构签署业务约定书，之后开展现场评估等工作。

3. 评估报告的审核

资产评估工作结束，企业应对评估机构出具的资产评估报告进行初步审核，出具审核意见，连同企业负责人签字、单位签章的资产评估备案表、资产评估报告（含评估说明书、评估明细表）及按规定权限的审核意见。

（九）固定资产核算

1. 固定资产增减的账务处理

企业财务部门人员根据审核无误的相关单据，如固定资产交付清单、新增生产装置申请审批文件、验收报告等，及时对固定资产增减变动情况进行账务处理。

2. 固定资产折旧管理

企业财务部门按月进行固定资产折旧计提。固定资产根据规定进行折旧，并保证折旧政策的一致性，严禁人为擅自调整折旧。特殊情况需要调整的折旧，应按规定经相关权限审批。

3. 固定资产减值测试

企业财务部门至少每半年会同固定资产管理部门及使用部门根据有关资料进行固定资产减值迹象识别与评估。若出现减值迹象，则进行减值测试并编制固定资产减值测试报告。企业可根据需要，聘请具有相应资质的专业机构出具专项鉴定报告。财务部门据此准备固定资产减值申请，连同减值测试报告、专项鉴定报告等相关文件一并提交分管领导审核后，按相关程序批复结果及时计提减值准备，记账凭证须经不相容岗位人员稽核。财务部门须在固定资产管理系统进行固定资产减值账务处理，复核固定资产管理系统金额与账务系统总账账户金额。

（十）固定资产档案管理

企业财务部门及固定资产管理部门、使用部门应建立、健全相关管理档案，相关管理人员应定期审核有关资料及台账。固定资产档案包括但不限于固定资产权属文件、验收资料、管理过程文件以及资产报废处置等资料。管理档案应分类保管，按照档案管理要求，就查阅、借用、复印、销毁、封存和移交等制定相应的管理办法。

（十一）固定资产分析与考核

企业财务部门会同固定资产管理部门及使用部门定期对固定资产管理情况进行分析考核，针对固定资产管理中存在的问题提出改进建议和措施，并监督实施。同时对固定资产管理情况进行考核。企业固定资产管理分析考核报告经由相关部门负责人审核并上报企业分管领导。

即问即答：

固定资产的处置应注意哪些方面？

内部控制管理案例 15

LY 公司固定资产价值没有得到真实反映

一、基本情况

2009 年 12 月末，LY 公司财务账面反映 A 生产线（7 500 吨/年）、B 装置（10 万吨/年）、C 装置（8 000 吨/年）等三套设备情况如表 4-1 所示。

表 4-1　LY 公司财务报告中 A 生产线、B 装置、C 装置的情况

名称	入账时间	资产原值	2006 年年末净值	2009 年年末净值
A 生产线	2002 年 11 月	5 524.44	3 818.67	2 797.62
B 装置	1989 年 12 月	3 638.13	150.21	110.44
C 装置	1987 年 12 月	3 354.85	676.27	486.43
合计		12 517.42	4 645.15	3 394.49

由于工艺落后，物耗、能耗高，装置效益差等原因，A 生产线于 2006 年 8 月停止运行；B 装置于 1994 年 1 月停止运行；C 装置于 2008 年 2 月停止运行。LY 公司一直未对上述三套设备进行分析及相关处置。

截至审计日，三套设备均未提取固定资产减值准备。至 2009 年年末，应提未提减值 3 018.97 万元（3 394.49-12 517.42×3%）。

二、案例分析

（1）LY 公司没有按照固定资产的管理流程，对停用的固定资产价值贬损没有进行及时清理、分析及相关处置，导致企业的资产不实。

（2）对于未满使用年限且无法创造收益的固定资产，应分析原因，明确责任，避免今后决策失误。

（3）加强固定资产管理人员的专业评判技能，定期与企业相关部门人员沟通，做好企业的资产管理工作。

案例拓展研习：

1. 指出 LY 公司在固定资产管理上存在的主要问题：

（1）资产不实的问题。没有按照固定资产的管理流程，对停用的固定资产价值贬损没有进行及时清理、分析及相关处置，导致企业的资产不实。

（2）投资决策失误的问题。资产的使用部门对于未满使用年限且无法创造收益的固定资产，没有做到分析原因、明确责任，并以此为戒避免今后决策失误。

（3）相关部门职责不落实的问题。企业财务部门没有定期会同固定资产管理部门及使用部门，根据有关资料对固定资产减值迹象进行识别与评估，若出现减值迹象，则进行减值测试并编制固定资产减值测试报告。

（4）部门之间的信息与沟通不对称的问题。企业管理部门之间的信息与沟通有待进一步的通畅，财务部门、资产实物管理部门、资产的使用部门等，要明确沟通的机制，及时传递资产管理中的相关事项，提升企业的资产管理水平。

（5）管理人员的综合素质有待提高的问题。加强固定资产管理人员的专业评判技能，强化财务管理，资产实物的管理，充分发挥好企业资产的效益最优化。

2. 造成固定资产管理不当的主要原因：

一是对企业固定资产全方位的管理意识淡化；二是各部门间的信息与沟通不顺畅；三是没有严格执行固定资产的管理流程。

3. 截至2009年年末确定固定资产应计提的减值准备金额

$$应计提固定资产减值准备金额 = 固定资产净值 - 预计可回收额$$
$$= 3\,394.49\,万元 - 12\,517.42 \times 3\%\,万元$$
$$= 3\,018.97\,万元$$

4. 规范会计核算计提固定资产减值准备：

为了规范财务管理与会计核算，按审计核定的固定资产减值准备计提上述无效装置减值准备，以真实反映企业固定资产资产状况（不考虑相关税费）。

借：资产减值损失——计提固定资产减值准备　　　　　3 018.97 万元
贷：固定资产减值准备——×××设备　　　　　　　　3 018.97 万元

内部控制管理案例 16

利用职务之便骗取国有财产

一、基本情况

身为国有企业工作人员，利用职务上的便利，骗取国有财产64万余元，面对法院的终审判决，被告人归海浩不得不低下头，吞下自己"精心隐藏"7年的苦果，等待他的将是15年的牢狱生活。

50岁的归海浩，是原上海同协技术工程公司（简称同协公司）轻纺工程部经理。1992年11月，山东某公司向同协公司求购精疏机一套，但当时同协公司没有购买此类机械的配额，头脑活络的归海浩想出一个好办法，利用其他公司的配额到上海纺机总厂定购。随后，归海浩将本公司的45万余元划入上海纺机总厂。然而，1993年年初，他代表公司到上海纺机总厂核账时发现，上海纺机总厂财务出错：把已提走的设备，当作其他公司购买，而他划入的45万余元却变为同协公司的预付款。于是，一场偷梁换柱的把戏开始上演。

1993年3月至4月，归海浩派人到上海纺机总厂以同协公司的名义购买混条机等价值60余万元的设备。因为有了45万余元的预付款，归海浩仅向纺机总厂支付了15万元。随后，他找到了亲戚经营的大发纺织器材公司，开出了同协公司以67万元的价格购得这批设备的发票。而同协公司不知内情，向大发纺织器材公司支付了全部购货款，归海浩从中得利52万元。同年7月至10月，归海浩又以相同手段骗得同协公司12万余元，占为已有。1993年年底，归海浩终于梦想成真，开办了自己的公司——中岛纺织机械成套设备公司，并担任法定代表人。

2000年上半年，上海纺机总厂发现45万元被骗，向公安机关报案，归海浩随后被捕。法院认定归海浩贪污公款64万余元，构成贪污罪，判处归海浩有期徒刑15年。

二、案例分析

一个普通的轻纺工程部经理，利用手中的职权和相关内部控制的漏洞，竟采用相同的伎俩，两次贪污公款共64万余元，给企业造成损失的案例，让我们不得不反思，其内部控制究竟出了什么问题，会给犯罪分子有可乘之机。

1. 从同协公司角度来看

（1）同协公司采购业务的相关职务未分离。一般而言，健全的采购业务中，采购员、审批人和执行人、记录人应分离。如果其中关键的职务没有分离，那么极有可能发生舞弊，同协公司就是这样的案例。工程部经理归海浩，利用手中的职权，未经审批程序就私下决定向上海纺机总厂购买价值60万元的设备，这已经暴露了授权审批控制的弱点。本来应该有第三方执行付款，并与上海纺机总厂核账，但令人惊讶的是，核账竟然也是归海浩一人负责。所以，采购、审批、执行和记录的职务分离漏洞给了归海浩可乘之机，使其掩盖了同上海纺机总厂的交易问题，进而上演了后来"偷梁换柱"的把戏。

（2）同协公司的验收和付款也存在漏洞。付款员明明将67万款项划给了大发纺织器材公司，这纯粹是归海浩利用其亲戚关系虚构的交易，如果验收员按照同大发纺织器材公司签订的购货合同上写明的条款以及发货发票来仔细验货，是不难发现归海浩冒用大发纺织器材公司的名义购进上海纺机总厂价值仅60万元设备的把戏。一般而言，会计部门应该在按购货协议划出款项之后，将购货单和购货发票转到验收部门，而验收部门应该在收到会计部门转来的购货单和购货发票副联，仔细查验其发货单位、收到货物的数量和质量后签收。但是同协公司没有做到，验收部门根本就没有仔细查验发货单位，以致归海浩的把戏得以蒙混过关，使同协公司支付了67万元，买进了价值60万元的设备，白白损失的7万元落入了归海浩的腰包。

2. 从上海纺机总厂角度看

（1）从职务分离来看。对于上海纺机总厂来说，这是一笔销货业务。收款、发货和记录应该分离，相互查验和监督，以防止因一人操纵关键职务而发生错误和舞弊。收款部门收到同协公司的45万元，会计部门应该在银行日记账借记"银行存款"，其他的职员应贷记"主营业务收入"。但是，由于销售部门、收款部门和会计部门协调不力，将同协公司的购货款记成了预付款项。

其次，上海纺机总厂销货业务的执行制度存在问题。企业仓储部门的基本职责是：只有得到一定的授权才能发货。这一授权是由销售部门编制和其负责人签字认可的发货通知单。实际发货的品种和数量应记录在有关账册和发货通知单各副联上，并将其中一联交会计部门做账。在整个发货业务中，发货执行者的行为必须受到其他独立职员（通常是门卫）的监督。

（2）从发货通知单的编制和证实制度来看，上海纺机总厂在这方面也存在漏洞。发货通知单的作用首先是将各种不同的客户订单内容，如货物的货号、数量、价格等以完整和规范化的格式反映出来，同时，还能使销售过程中所需的各种授权和批准在发货通知单上得到证明。发货通知单的另一个作用是使与销售环节有关的部门在执行发运业务或记录有关账册时有书面依据，并通过各环节的签字来监督每一环节中的业务处理工作。如果上海纺机总厂建立了健全的发货通知单的编制和证实制度，并得以真正有效执行，就不可能发生"把已提走的设备当作其他公司购买的，而归某划入的 45 万余元却变为同协公司的预付款"这样的事故。如果有完善、健全的内部控制制度并执行，上海纺机总厂损失的 45 万元是完全可以避免的。这个案例再一次告诉我们，每一个环节的内部控制对于企业而言都是至关重要的，丝毫忽视不得。

资料来源：https://wenku.baidu.com/view/ab69cbd1c1c708a1284a4410.html。

第九节　企业合同业务控制

一、合同业务简述

（一）合同的含义

合同是企业与当事人（自然人或法人）关于建立、变更、终止民事法律关系的协议。依法成立的合同，受法律保护。加强合同管理，有利于规范、约束市场主体交易行为，优化资源配置，维护市场秩序。

合同又称为契约、协议，是平等的当事人设立、变更、终止民事权利义务关系的协议。合同作为一种民事法律行为，是当事人协商一致的产物，是两个以上的意思表示相一致的协议。只有当事人所做出的意思表示合法，合同才具有国家法律约束力。依法成立的合同从成立之日起生效，具有国家法律约束力。合同也是市场交易规则的法律，不仅与经营者的经营活动密切相关，也与人们的生活密切相关。因此合同影响着企业及员工的行为。

企业与职工签订的劳动合同，不包含在本章中。

（二）合同的法律特征

（1）合同是双方的法律行为。合同需要两个或两个以上的当事人互为意思表示，意思表示就是将能够发生民事法律效果的意思表现于外部行为。

（2）双方当事人意思表示须达成协议，即意思表示要一致。

（3）合同以发生、变更、终止民事法律关系为目的。

（4）合同是当事人在符合法律规范要求的条件下而达成的协议，故应为合法行为。

合同一经成立即具有法律效力，在双方当事人之间就发生了权利、义务关系；或者使原有的民事法律关系发生变更或终止。当事人一方或双方未按合同履行义务，就要依照合同或法律承担违约责任。

（三）企业合同业务流程走向

企业合同业务流程走向如图 4-9 所示。

资信调查——→合同谈判——→合同文本管理——→合同审核会签——→合同审批——→合同签署——→合同章管理——→合同生效与履行——→合同档案管理——→分析与考核

图 4-9　企业合同业务流程走向

（四）企业合同业务的控制目标

（1）规范企业经营、投资、融资行为，强化合同管理，避免或减少因合同管理不当造成经济损失，主张、实现和维护公司的合法权益。

（2）合同准备、订立、履行符合国家法规、国际惯例、企业内部规章制度。甄别合同潜在风险，减少合同管理过程中的"盲点"，提高合同管理效率。

（3）以合同的效应推动企业规范管理，确保财务报告披露真实、准确、完整。

（4）对企业生产经营中签订的合同情况进行统计，开展分析，实施监督。规范合同的管理过程，确保不同职责相互分离以及分级授权，提高企业管理效率并降低或规避风险。

（5）设定科学合理的合同管理考核目标，有效引导企业高层经营决策的合规行为。

二、企业合同业务应关注的主要风险点

（一）主要风险点

（1）未订立合同，未经授权对外订立合同，合同对方主体资格未达要求，合同内容存在重大疏漏和欺诈，可能导致企业诉讼失败、经济利益受损。

（2）合同未全面履行或监控不当，可能导致企业诉讼失败、经济利益受损。

（3）合同纠纷处理不当，可能损害企业利益、信誉和形象。

（二）风险的具体表现

企业合同业务应关注的主要风险点具体表现为以下几种。

（1）资信调查风险。忽视对合同相对人的主体资格审查，合同相对人不具有相应民事权利能力和民事行为能力，或不具备特定资质，或与无权代理人、无处分权人签订合同，导致合同无效；在合同签订前错误判断合同相对人的经营状况、资格、信誉，或在合同履行过程中没有持续关注对方的资信变化，为对方的履约能力给出不当评价，导致合同相对人不能按约履行合同义务。

（2）尽职调查风险。重大合同未开展法律尽职调查，或开展法律尽职调查不全面、不尽责，未能有效发现潜在法律问题和揭示法律风险，导致缺乏风险防控措施或风险防控措施不到位。

（3）合同谈判风险。参与谈判人员准备不充分，忽视合同重大法律问题或在重大法律问题上做出不恰当让步；谈判方案或信息泄露；谈判过程中往来的传真、邮件等资料未能保存；合同谈判关键成果和分歧未记录，或虽然记录但未让双方确认，导致企业在后续谈判中处于不利地位或利益受损。

（4）合同文本风险。采用标准文本的，选择文本类型不恰当，随意删除、简化标准合同文本条款，或未根据具体情况将未涵盖内容以特殊条款的形式进行补充；在标准文本基础上进行修改的，未将不相关内容清除；采取双方协商文本或对方文本的，未仔细研究合同条款或根据合同具体业务协商条款，造成我方被动或者承担违约责任。

（5）合同审核风险。未经审核、审批签订合同，未能发现并纠正不合法、不合规的合同内容；合同条款和内容不完整，存在严重疏漏或陷阱；合同条款表述不严谨、不准确，导致权责不清或企业利益受损；未能针对尽职调查过程中发现的重大法律问题和风

险，在合同中通过相应的条款和内容约定，对有关问题和风险进行有效防控；因疏忽等原因未能将谈判中明确的权利义务内容反映进合同文本，导致企业处于被动地位或利益受损。

（6）合同审批签署风险。合同审批程序不合理；签署合同未经具有相应权限的审批人审批，导致企业利益受损。我方代理人超越权限签署合同，对方代理人未取得合法授权签署合同，合同文本应经双方法定代表人或授权代理人签字而未签字，导致合同法律效力不确定；合同专用章保管未由专门部门保管，或合同专用章使用程序不合规，盖章后未及时进行盖章登记备案；签署合同中未加盖合同专用章，超过一页未加盖骑缝章；合同未按规定签字盖章或办理批准登记手续，引发合同纠纷。

（7）决策机制风险。在重大决策、重大事项、重要人事任免及大额资金使用方面，由于单独决策或擅自改变集体决策的意见等，损害企业利益。

（8）合同履行风险。合同生效后，未按照规定进行交底，合同执行人对风险点和控制措施不明确，未按合同约定履行义务或行使权利，导致企业利益受损。

（9）合同纠纷处理风险。合同纠纷未得到及时有效的处理，或处理措施不当，导致企业在诉讼或仲裁中处于被动地位，企业利益受损。

（10）合同变更或解除风险。需要变更或解除合同时，未及时按规定程序签订书面协议并行使合同权利，导致合同纠纷。

（11）合同结算及财务核算风险。在投资、融资及经营活动中，资产账实不符，负债账实不符，虚列或隐瞒收入，推迟或提前确认收入，随意改变费用、成本的确认标准、计量方法或分摊原则，虚列、多列、不列或者少列费用、成本等，导致财务信息质量不高，财务报告有失公允，被监管机构处罚。

（12）合同终结风险。合同终结后未及时按规定办理合同终结手续，导致合同状态失真，对合同正常管理造成影响。

（13）合同登记管理风险。合同台账登记、合同统计不及时、信息不准确、内容不完整，导致不能准确掌握合同管理情况，不利于合同管理水平的提高。

（14）合同档案管理风险。未能妥善保管合同及相关法律文件，导致合同档案不全，泄露技术或商业秘密，损害公司利益，发生纠纷时不能保护企业的合法权益。

（15）合同管理分析考核风险。对合同签订、履行情况缺乏情定分析或分析不当，影响公司决策；对合同管理缺乏考核或考核不当，不利于企业合同管理效率的提高，影响企业实现经营目标。

三、企业合同业务主要控制点要求

（一）资信调查

1. 一般合同资信调查

对拟签订的一般合同，合同主办部门应合理选择合同相对人，并认真调查合同相对人的主体资格、资质、资信情况及履约能力等，必要时可组织进行尽职调查。企业已经建立合同相对人市场准入制度的，合同主办部门应当选取获得准入资格的合同相对人。合同经办人或合同管理员应在签订合同前及时将合同相对人的信息录入合同管理信息系统，并定期进行维护更新。

2. 重大合同尽职调查

对拟签订的重大合同，合同主办部门应根据需要牵头组织经济、技术、法律等人员开展尽职调查，尽职调查工作完成后应出具尽职调查报告。

（二）合同谈判

1. 谈判方案

企业需明确合同谈判的适用范围。重大合同谈判前，合同主办部门应根据需要牵头组织由经济、技术、法律、财务等人员组成的合同谈判小组，拟定谈判方案，制定谈判策略，确定全面、明确、具体的合同经济、技术条件与要求，在批准后实施。

2. 谈判纪要

谈判小组应做好谈判记录。对谈判过程达成的重要事项，谈判小组应指定专人及时予以记录，形成谈判纪要，并由谈判双方负责人签字确认。

3. 谈判保密

合同主办部门及谈判小组人员对谈判内容负有保密义务，任何人不得泄露谈判内容及谈判方案，谈判小组应与谈判对方人员签订保密协议。

4. 谈判资料

双方在谈判过程中互致的信件、传真、电传、电子数据交换和电子邮件等资料，是确认双方权利义务的重要凭证，合同主办部门经办人应注意收集、整理、保管和保密。

（三）合同文本管理

1. 合同形式

除下列情形外，订立合同应一律采用书面形式。

（1）一定金额以内的即时清结业务，具体金额范围由各企业根据实际情况在实施细则中另行规定。

（2）根据国际贸易惯例采用其他形式的。

2. 合同文本

签订合同时，合同主办部门应按下列顺序选择使用合同文本。

（1）国家有关部门发布的标准合同示范文本。

（2）国家有关部门批准企业发布的标准合同示范文本。

（3）行业标准合同示范文本。

（4）合同各方共同起草的文本或第三方文本。

（5）合同相对人起草的合同文本。

（四）合同审核会签

1. 一般合同审核会签

未签订合同不得开始实施业务。如发生下列特殊情形的，合同主办部门可在采取紧急措施后，在规定时间内（企业应根据自身的实际做出具体的时间要求，原则上不超过 30 天）按合同管理的要求完成合同审核、审批、签署手续。

（1）特殊情形：发生安全生产事故，需要立即采取抢险抢修措施的；发生自然灾害事故，需要立即采取抢险措施的；发生机械设备故障导致停工停产，需要立即采取抢修措施的；其他生产经营过程中急需采取措施的情形。

（2）未经审核、审批不得签订合同。企业应制定本单位合同审批和签署的相关权限规定，确立各类合同会签审核部门。合同签订前，应进行经济性、技术性和法律性的审核。企业应根据合同的性质、种类、关联程度等确定合同审核会签部门及批准权限，并在合同管理信息系统中配置相应的流程和权限。合同主办部门进行内部审查后，按照相关流程提交送审。审核会签部门根据职责分工审查相关条款，并提交审核意见。

2. 重大合同的审核会签

企业应明确哪些项目为重大合同业务项目，未签订合同不得开始实施业务。未经审核、审批不得签订合同。合同主办部门在对外签订任何具有法律效力的合同性质文件前，应严格履行经济、技术、法律审核程序，并根据合同的关联程度确定其他合同审核会签部门。合同主办部门可采取专题会议进行经济、技术、法律审核。采取专题会议审核形式的，合同主办部门应就各部门提出的意见形成会议纪要。

3. 审核异议处理

审核会签部门有不同意见的，合同主办部门应主动与审核会签部门协商，取得一致意见；无法取得一致意见时，应列出各方理由，按规定权限报批。

（五）合同审批

合同主办部门在履行审核会签程序后，将拟签署合同文本及相关资料分级报批。合同按规定权限审批后，合同主办部门方可对外签订合同。

（六）合同签署

1. 合同签订主体

企业应以本企业名义签订合同，不得以部门的名义对外签订合同。

2. 合同授权

对外签订合同，除法定代表人和符合制度、内部控制权限指引规定的人员外，签约人应办理内部授权手续；合同主办部门应按照授权委托相关制度办理对外签订合同的授权事项，并及时反馈被授权人的行权情况。

3. 合同签署

合同在审批后，合同主办部门应将合同提交企业法定代表人或其授权代理人签署，企业法定代表人或其授权代理人在指定位置签署姓名并注明合同签署日期。

4. 合同盖章

除企业领导签订重大合同，或合同相对人要求对等加盖行政印章的合同，可加盖行政印章外，对外签订合同应一律加盖合同签约主体的合同专用章；禁止用部门印章等其他印章代替合同专用章。合同经主办部门审查、会签部门审核、权限领导审批、法定代表人或授权签约人签订后，方可加盖合同专用章或行政印章；合同主办部门到法律部门加盖合同专用章时，应提交合同会签审批表等资料；合同经双方签字盖章后，合同经办人应及时在合同管理信息系统签署备案页面填写并提交合同签署相关信息。

（七）合同章管理

合同专用章及电子合同专用章由企业法律部门统一管理。合同盖章后，合同管理员或经办人应及时在合同管理信息系统合同盖章备案页面填写并提交合同盖章相关信息，完成盖章备案操作。

（八）合同生效与履行

1. 合同生效

法律法规规定，合同应当办理批准、登记等手续方能生效，合同主办部门应办理相应手续。

2. 合同交底

合同生效后，合同主办部门如果不具体负责合同的履行，则应当组织合同谈判小组向合同履行具体执行人进行合同书面交底，明确合同风险控制点及防范、控制风险措施；尽职调查报告等重大合同资料在合同交底时一并复制移交。

3. 合同履行

合同生效后，合同主办部门与合同执行部门应认真组织履行合同，按照合同约定行使权利、履行义务，并注意行使法定权利；合同履行过程中出现问题时，合同主办部门与合同执行部门应及时通报法律事务部门。

4. 合同纠纷

合同履行过程中发生纠纷的，合同主办部门与合同执行部门应当依据国家相关法律法规，会同法律事务部门，在规定时效内与对方当事人协商并按规定程序及时报告。合同纠纷经协商一致的，双方应当签订书面协议。合同纠纷经协商无法解决的，应当根据约定或法定的方式解决。如需法律诉讼或仲裁，合同主办部门与合同执行部门应按照企业法律纠纷证据等的要求，收集、管理、提供证据。未经法律事务部门同意，任何部门和个人不得对外提供与案件有关的证据材料，不得向对方当事人做出实质性答复或承诺。

5. 合同变更或解除

除合同债务已经按照约定履行的情形外，在合同履行过程中需要变更、转让或终止合同的，双方应签订书面协议；合同主办部门应当在合同管理信息系统上提出申请，按程序办理审核审批手续；不得以口头形式改变合同权利或义务，对因没有书面证据而造成企业经济损失的，责任人应按所造成的后果，承担相应责任。合同相对人违约的，合同主办部门应按合同条款约定或法律规定追究对方违约责任。在不影响企业权益的前提下，应当要求合同相对人继续履行合同义务。合同发生变更、转让后，合同经办人应在合同管理信息系统中填写并提交合同变更、转让信息，上传书面协议。

6. 合同结算

合同主办部门与合同执行部门根据合同约定的付款条件及合同实际执行情况发起付款申请。付款申请、合同执行情况需由部门负责人审核。财务部门应根据合同条款、合同主办部门与合同执行部门负责人审核后的付款申请、合同执行情况办理结算业务。项目付款的申请、审批程序可参见"企业货币资金业务控制"等相关规定。

7. 合同终结

合同按约定履行完毕，按约定条件解除、转让或达到法定终止条件的，合同主办部门应收集、整理合同签订、履行等相关资料，进行合同评价或总结，办理合同终结手续。合同终结后，合同经办人应在合同管理信息系统提交合同相对人后评价、说明合同完毕情况，完成合同履行终结和电子归档操作。合同经办人应当按照档案管理规定将上一年度终结的合同及相关资料、合同归档清单等纸质资料移交档案管理部门。

（九）合同档案管理

1. 合同台账

合同主办部门应建立合同签订与履行登记台账，做到登记及时、记录准确、内容完整。合同签订与履行登记台账应报法律部门备案。

2. 合同统计报表

企业相关部门应将每年度的合同报表在规定时间内报法律部门，便于对合同的订立及履行情况进行统计和管理。

3. 合同归档

合同主办部门应建立、健全合同档案。合同档案应包括合同考察、洽谈、签订、履行、变更、解除及解决纠纷等过程中所形成的所有书面材料及封存样品等实物；合同主办部门应妥善保管合同及有关资料，办理移交归档手续，并交至企业档案管理部门。

（十）分析与考核

合同主办部门及法律部门应定期对合同签订、履行等情况进行分析与考核。每年法律部门应当开展合同管理全面自查。通过分析、检查与考核，促进合同管理效率，降低企业法律风险。

即问即答：

合同谈判时应注意哪几个方面？

内部控制管理案例 17

某工程项目合同索赔案例分析

一、基本情况

某企业主厂房钢结构工程属于高科技产品制造项目，具有全生命周期、生产周期短等特点，故对项目的建设周期提出了较高的要求，因此业主方采用了"快速跟进"的项目管理模式，又称平行发包模式。配合平行发包模式，在合同中包含了支付预付款占合同总价40%～60%的条款。项目初始施工进展神速，达到了预期设想，但随着合同价格问题等风险在实施过程中的逐步体现，整体工程出现了执行难、索赔多的局面。

与此同时，由于国内宏观经济层面出现钢材价格猛涨（根据国家统计数据，半年时间就上涨了40%），工程行业招投标全面推行新的、与国际接轨的工程量清单计价方法等原因，该工程合同索赔矛盾更加突出。该工程合同索赔案例产生的大致情况是：经邀请招标、价格谈判，该工程合同于2003年9月15日签订，单价包死合同，工程量依实计算，工程总量暂定2 500吨，并有下列条款："施工期间政策性调整包死（无论定额和取费标准及材料价格如何变化，工程单项造价均不增减）。"当期钢板材料（主材）市场销售价为 3 700 元/吨，此后伴随着工程的进行，钢板材价格大幅上涨，至 2003 年 12 月底，期间完成工程量 2 500 吨，钢板材料（主材）市场价平均上涨至 4 200 元/吨；2004 年 1 月 1 日至提出索赔之日，期间完成工程量 2 000 吨，钢板材料（主材）市价平均上涨至 4 700 元/吨。2004 年 3 月底，施工承包商以"市场原材料价格猛涨，施工方严重亏损，无力履约"为由，向业主方提出了书面合同变更及索赔：要求变更"工程单项造价均不增减"条款，同时要求 2004 年 1 月 1 日至正式提起索赔期间，工程单项造价补偿价差应为（4 700~3 700）：1 000 元/吨（每吨 1 000元的补差比为 4 700~3 700 元）。与此同时，施工现场全面停工。

（一）各方观点

业主方的高层决策者该如何解决这个严重的问题呢？业主方的高层决策者听取了相关方的意见。

1. 施工方意见

作为具有国际工程承包经验的施工方认为，此次签订的国内工程合同，虽然在很多方面与国际接轨，却存在着以下情况。

（1）即使与国内工程标准合同相比，本合同约定条文亦过于简单，省略了较多有关工程经济方面的详细约定，特别是在经济变更、纠纷方面。

（2）单价包死合同本身就是风险最大的合同，按照国际惯例和工程惯例，一般都需要事先约定风险程度，如工程总价上下浮动 3%~5%（国际工程承包行业平均利润率在 3%~5%），超出部分双方另行约定。在国内，称为包干系数。

（3）在本合同执行过程中，施工方已经为业主方承担了部分风险，但业主方想把所有的风险完全转嫁给施工方，形成类似的"生死"合同，这样既不合理，更不合法，也违背了合同双方权利对等、风险共担的原则。

（4）合同是依据国家相关的法律法规签订的，违背国家相关法律法规的，即使双方签字、盖章，合同也不具有法律效力。根据国家相关的法规，价差是需要调整的。

2. 业主方工程合同主管部门意见

（1）由于宏观经济层面出现钢材价格上涨，且上涨幅度过猛，超出了合同双方预期，是极特殊情况，客观上造成了合同双方共同违约。

（2）由于以往工程工期均较短，大多在一年之内即可完成，并且以往材料价格波动幅度也较小，再加之合同延续了以往工程的合同文本，而以往工程的合同实施过程中并没有出现过问题，因此，以往不是问题的问题，在当前特定的情况下成了大问题。这说明与时俱进是非常必要的。

（3）实行通用、标准合同是非常必要的。

（4）大多数业主有"把所有风险完全转嫁给施工方"的倾向，实践证明，这样做只会引起施工方的敌意，破坏双方合作的诚意，得到的将会是两败俱伤的局面：施工方严重亏损，无力履约；项目全面停工，项目整体失败，业主方血本无归，业主方将承担 100% 的风险。两相比较，业主方损失更大。

3. 业主方工程合同审计部门意见

（1）工程合同管理与国际接轨是必然趋势，根据国际上的经验，业主方是合同双方中的弱者，施工方是合同双方中的强者，合同保护弱者，但绝不是偏袒弱者。对于业主方来说，签订一份严谨、规范的合同是非常重要的，这才是真正"做甲方，不做上帝"的心态。

（2）对于业主方工程合同主管部门来说，由于既要负责合同的签订，又要负责合同的执行，因此在这个过程中与其他相关部门密切合作、充分听取其他部门的意见是非常重要的。合同管理应该是"预防为主、群策群力"，应尽量避免"事后验尸"。业主方工程合同部门作为施工过程审计而没有参与合同谈判、合同起草等事宜，事后弥补往往力所难及。

（3）根据该合同的实际情况，对于合同中甲乙双方均未明确事宜，甲乙双方可以经过友好协商签订补充协议。

（二）受理及决策

业主方的高层决策者在听取了相关几方的意见后，最终同意了受理施工方的索赔。正所谓"索赔事出有因，源于合同，终于合同"。以合同为中心，以工程施工文件、市场价格数据等为证据，双方经过艰苦的价格谈判，最后握手言和，达成一致意见，并签订了补充协议，将工程单项造价补偿价差定为600元/吨。

（三）案例反思

虽然该合同变更、索赔最终尘埃落定，但它却给项目的高级管理者留下了深深的思考：离开了合同，项目就寸步难行，因此合同管理是工程项目管理的核心。提高项目管理的水平，其中非常重要的一个关键点就是提高合同管理的水平。如何提高合同管理的水平呢？以下有三点可行设想。

（1）合同管理是一个从招投标、签订合同到执行合同、监理、决算、审计等的全过程管理，严格的全过程管理应以全面的质量管理思想为中心。从本项目的具体管理来看，前后脱节现象比较严重。因此，在合同管理中引入全面质量管理思想应是企业在未来管理工作中的一个重点，管理者应注重"细节"，更应注重"关节"。

（2）合同执行难，难在何处，难在索赔及执行。因此，应将索赔管理看作合同管理的重要环节。索赔往往是一个非常复杂的解决问题的过程，需运用风险管理、冲突管理、谈判沟通管理等多种管理工具，因此对项目经理的综合管理能力提出了较高的要求。项目经理如何做好索赔管理的理论学习与管理实践，将成为其不得不钻研的一大课题。

（3）万事开头难。索赔管理应该抓住"成本分析"这一管理工具，因为市场经济下任何价格总是在成本的基础上产生的。不管是企业中的管理，还是项目中的管理，做好成本管理这一基础管理工作都是至关重要的，即一切都要用"数字"来说话，一切都要用"数字"来管理。

二、案例分析

产生上述合同纠纷的原因有以下三点。

（1）双方未仔细研究合同条款或根据合同具体业务协商条款，没有深入研究市场的发展趋势，依然按照固定思路和方法行事，造成双方处于被动地位或者承担违约责任。

（2）没有采用通用、标准的合同文本，未根据具体情况将未涵盖内容以特殊条款的形式进行完善补充，以一种绝对的保证来研判市场，造成合同文本细节的针对性不强。

（3）建设单位应严格履行经济、技术、法律审核程序，并根据合同的关联程度确定其他合同审核会签部门。在重大合同的程序履行中，审计部门没有参与合同谈判、合同起草等会产生管理盲点的合同签订过程。

综上所述，建设单位在合同管理中，对合同风险的识别还存在薄弱的环节，应积极做好防范措施。

（1）企业应以工程项目建设中存在的普遍问题为切入点，梳理风险清单，分析风险概率，制定应对措施。

（2）强化合同文本的管理，严格履行合同中经济性、技术性、法律性的审核程序。做好合同关联部门的会审、会签，明确责任。

（3）本次合同的索赔为项目管理起到了警示的效果。在项目施工中，原始合同以及后续的变更协议或者备忘录等都构成了合同的重要组成部分，也是合同最终得以补充完善的证据。因此，在控制中"留有痕迹"是非常重要的。

资料来源：《中国招标》2011年第14期，作者张辉。

内部控制管理案例 18

企业合同管理案例述评

一、基本案情

A公司是一家生产企业。在该公司众多的供应商中，B公司只是一个年供货量不到百万的三类供应商，且和A公司有2年以上的合作经历，账面欠该供应商的货款一直维持在20万元左右。因A公司重点供应商的账面欠款常常维持在1 000万元以上，主要原材料的欠款也都在100万元以上，因此对B公司应付账款的日常管理，A公司相关人员并未引起足够的重视。

然而就是这样的一家小供应商，在2008年经济大萧条形势下，在A公司正遭遇市场淡季，资金周转出现困难时，向其当地的法院提交了要求该公司支付全部货款和违约金的请求，其所在地法院随即冻结了A公司基本账户。本来欠债还钱，天经地义，A公司本着此原则考虑尽快设法支付其全部货款21万元，试图说服其尽快撤诉，并解封被冻结的账户。然而律师在和对方的电话商谈中发现，对方态度十分强硬，坚持要求A公司在支付其全部货款的基础上，必须支付货款违约金3.5万元及相关诉讼费用等共计2.5万元，并称只有货款和相关费用共27万元确认收到B公司账户后，B公司方可办理撤诉。

A公司财务部门按照公司合同惯例计算应付B公司账面欠款的违约金不足1万元，因此对B公司的违约金主张提出了质疑，于是，A公司决定打这场官司。然而，在经过律师论证，调查了解，赴异地出庭，当庭辩解，法官调解等诸多程序之后，这件官司最终的结果是，A公司除了支付账面全部欠款21万元，还向对方支付了6万元的违约金及相关费用，才换回账户的解封和结案，可以说是损失惨重！到底是什么原因导致的败诉呢？

二、导致败诉的原因

（1）在A公司合同档案中未能找到2008年与B公司例行续签的经济合同。

（2）B公司在提供给其当地法院的资料中，有一份该公司盖章的2008年与之签署的合同原件，其中在"其他约定事项"栏中有附加的手写条款为："如果出现争议，由双方协商，协商不成的情况下，由原告方人民法院依法解决，货款延期支付，按银行贷款利率的3倍执行违约责任赔偿。"

（3）B公司在开庭日向法官当庭提供了一份其在当地信用合作社借款借据的原始凭证，标明其年借款利率12%。（彼时银行同期借款利率是5.85%），按照此利率的3倍计算的违约利率为36%。

至此，案情基本明朗，B公司显然是有备而来，而且为自己的胜诉准备了充足的证据，因此胜券在握。因为根据 A 公司负责 B 公司业务的人员讲，A 公司之所以没有找到 2008 年与 B 公司签订的合同，是因为在年初办理合同续签时，业务人员按照以往与 B 公司签合同的惯例将合同版本拟定好经领导审批后，直接先办理加盖了 A 公司合同章的签章，之后向对方寄出并要求对方盖章后回寄，但此后 A 公司业务员却忘记了主动追回，导致未能拿到 B 公司盖章确认的合同。业务人员确信，自己当时寄出的合同原件的"其他约定事项"是空白的，并未添加上述手写条款，B 公司也从未向 A 公司商谈过要添加如上所述的"其他约定"。很明显，B 公司按住了这份合同，表面上不伤和气，继续保持供应业务不中断，私下在合同上添加了所谓的"其他约定事项"，因为有 A 公司事先盖好公章的合同，因此添加的苛刻的违约金条款和对自己有利的管辖地无需经 A 公司确认，便为自己的日后诉讼设好了伏笔。

这场官司 A 公司输了，输在了企业合同管理的细节上，输得让人心痛！

三、合同管理中的风险点

企业在合同管理中常见的风险点主要存在于以下几个方面。

（1）合同签订前的准备工作做得不够。签订合同前如果不注意合同对方的资信审查，会导致企业遭受经济损失，严重时甚至会影响企业的正常运转或引发企业的全面亏损或破产。或者虽然前期注意了资信审查，但在过程中对对方的经营状况、财务状况等缺乏持续关注，不能及时掌握对方的资信变化信息，致使企业蒙受损失。

（2）合同文本的审查不严格。一般说来，合同订立的双方都希望用本企业草拟的文本为合同样本，因为本企业起草的文本、基本用语、条款、格式大多对本单位有利，也较熟悉，谈判起来就方便一些。而用对方单位的文本，往往比较生疏，改动量较大。甚至有的单位故意将文本写得很长，设置了很多文字陷阱，不咬文嚼字就会导致签订不利于本企业的合同。

（3）合同文本中的条款有漏洞。比如上述案例中，虽然 A 公司使用的合同文本是按照公司法律顾问设计的范本来实施的，条款中有"其他约定事项"等项目，但是为了针对不同供应商的不同需要，项目下的内容一般不固定，需要在具体谈判后根据双方的共同意见填列。但是如果没有其他约定就应该在此栏注明"此项空白"或"无其他约定"等字样，A 公司正是忽略了这样的细节，拿着空白的其他约定让欺诈行为有机可乘。另外如对出现纠纷时的仲裁机关所在地的约定等，都缺乏明确的指定，导致风险加大。

（4）合同章管理不严格。从一般意义上讲，与客户签订合同，在把握基本原则的前提下，主要以满足客户的合理要求为导向，具体表现为合同文本的使用，异地的合同谁先盖章等，而在和供应商的合作中，在供大于求的环境下，供应方是处于被动地位的。也就是说，供应商在双方谈判的合同条件下，应该先在合同上盖章后再传递给购买方，因此，上述案例中的合同章盖章程序是有疑点的，即使是需要购买方先盖章确认，也应该作为合同章管理中的一个特例来追索后续进展，如果能做到这一点，损失也是可以避免的。

（5）合同档案管理不健全。上述案例出现时，在 A 公司未能找到经济合同原件，而对方却有 A 公司盖章的合同原件作为证据，这对合同档案管理是一个多大的讽刺！虽然这样的漏洞可以通过加强责任人追究制度予以解决，但是在实际的管理中，业务人员难免按照供应商的重要性来分配自己的管理精力，所以由业务人员直接追索自己负责的供应商的合同档案明显不合理。

（6）企业合同管理的法律意识不强，对应当重视的诉讼证据重视程度不高。合同涉诉讼的，并不是所有书面证据都具有法律效力。有效的证据，应当是原件的、与事实有关的、有盖章或者签名的、有明确内容的、未超过期限的。不具备法律效力的书面证据只是废纸一张。在合同履约过程中应签证确认的没有进行签证确认，当发生纠纷时可能因无法举证而败诉。被拖欠应收款的情况出现后，由于不能及时诉诸法律，当起诉时才发现已超过了2年的诉讼时效。这些法律意识不强导致的直接后果就是企业蒙受经济损失。

四、合同管理中的风险防范

为了更好地防范企业合同管理风险，减少潜在的企业合同管理可能引起的经济损失，结合上述企业合同管理风险点，在企业合同管理中应做好如下几项工作。

（1）建立、健全企业合同管理制度。要使合同管理规范化、科学化、法律化，首先要从完善制度入手，制定切实可行的合同管理制度，使管理工作有章可循。合同管理制度的主要内容应包括：合同的归口管理，合同资信调查、签订、审批、会签、审查、登记、备案，法人授权委托办法，合同示范文本管理，合同专用章管理，合同履行与纠纷处理，合同定期统计与考核检查，合同管理人员培训，合同管理奖惩与挂钩考核等。建立和健全企业的合同管理制度，必须根据我国的《合同法》和相关的法规，以及企业的实际情况。企业通过建立合同管理制度，做到管理层次清楚、职责明确、程序规范，从而使合同的签订、履行、考核、纠纷处理都处于有效的控制状态。

（2）加强企业合同管理人员的培训教育，全面提升企业合同管理人员的素质，包括他们的思想水平、法制水平、文字水平和业务能力。有了健全的合同管理制度，只是为合同管理的风险防范创造了环境，合同管理人员的业务素质的高低以及执行力的强弱，直接影响着合同管理的质量。通过学习培训，使合同管理人员掌握合同法律知识和签约技巧，坚持持证上岗和年检考核制度，不但要增强合同管理人员的责任感，也要提高合同法律意识。一方面，企业领导应通过公开考评和竞争招聘方式选拔优秀的人员上岗，在使用过程中坚持优胜劣汰的原则，坚持把优秀的人才放在这个岗位上。另一方面可根据企业与市场的实际，组织合同管理人员在职学习，加大智力投资。此外，建立起严格的岗位责任制。对合同管理人员明确责、权、利，建立竞争机制，对合同管理人员建立起良性激励机制。

（3）从法律角度对企业合同管理的风险点进行严格审查和控制。企业可根据自身的规模和条件设立法律部门或者聘请法律顾问，此部门或者此岗位对企业合同的签订和履行负有监督、检查和指导的职责。具体包括对标准化合同文本的订立，合同条款的检查，违约责任的合理设定，其他合同法律风险的防范等。法律部门或者法律顾问从合同的项目论证开始，监督、检查并指导当事人资信调查，合同谈判、文本起草、修改、签约、履行或变更解除、纠纷处理等合同管理活动的全过程，预防合同纠纷的发生，减少合同纠纷中企业的损失，有效维护企业合法权益。

（4）加强合同档案管理和合同专用章管理。合同档案管理是企业档案管理的一部分，同时又是企业合同管理工作的一部分，有的企业将合同档案交由企业经办合同的业务人员管理档案，这种做法欠妥，首先是业务人员本身事务繁杂，对于档案管理工作要求的严谨、细致等可能无法兼具；其次是按照内部控制中的牵制原则，由业务经办者负责其经办合同的档案管理并不能有效地控制漏洞。因此建议合同档案应由公司设专人管理，或由合同章管理人员监管，并建立起严格的审核、登记制度和相应的管理制度，凡是经公司加盖了合同专用章的合同或其他文书都必须在公司有备案资料或登记，绝不能再出现上述A公司曾经出现的漏洞。

（5）及时处理违约纠纷。合同关系是一种法律关系，违约行为是一种违法行为，要承担支付违约金、赔偿损失或强制履行等法律后果。企业法律部门或法律顾问审查合同时选择合适的违约条款和纠纷处理条款显得很重要。合同一旦发生违约情形，企业要区别情况，及时采用协商、仲裁或诉讼等方式，积极维护企业的合法权益，减少企业的经济损失。

资料来源：http://www.64365.com/zs/728298.aspx

第十节　企业信息系统业务控制

一、信息系统业务简述

（一）信息系统含义

信息系统是指企业利用计算机和通信技术，对内部控制进行集成、转化和提升所形成的信息化管理平台。

信息系统是由计算机硬件、网络和通信设备、计算机软件、信息资源、信息用户和规章制度组成的以处理信息流为目的的人机一体化系统，是一个由人、计算机及其他外围设备等组成的能进行信息收集、传递、存储、加工、维护和使用的系统。在企业管理中，信息系统主要用于支持企业的发展以及各层级管理决策。

信息系统是一门新兴的科学，其主要任务是最大限度地利用现代计算机及网络通信技术，加强企业的信息管理，通过对企业拥有的人力、物力、财力、设备、技术等资源的调查了解，建立正确的数据，加工处理并编制成各种信息资料，及时提供给管理人员，以便进行正确的决策，不断提高企业的管理水平和经济效益。企业的计算机网络已成为企业技术改造及提高企业管理水平的重要手段。

（二）信息系统业务的内容

一个完整的信息系统应包括辅助决策系统（DSS）、工业控制系统（CCS）、办公自动化系统（OA），数据库、模型库、方法库、知识库，与上级机关及外界交换信息的接口。其中，办公自动化系统（OA）、与上级机关及外界交换信息等都离不开Intranet（企业内部网）的应用。可以这样说，现代企业信息系统不能没有Intranet，但Intranet的建立又必须依赖于信息系统的体系结构和软硬件环境。

（三）信息系统的类型及功能

（1）信息系统从发展历程和系统特点来看，可以分为五种类型，分别为数据处理系统（Data Processing System，DPS）、管理信息系统（Management Information System，MIS）、决策支持系统（Decision Sustainment System，DSS）、专家系统（人工智能的一个子集）和虚拟办公室（Office Automation，OA）五种类型。

（2）信息系统主要有五个基本功能：输入、存储、处理、输出和控制。

输入功能：信息系统的输入功能决定于系统所要达到的目的、系统的能力和信息环境的许可。

存储功能：存储功能指系统存储各种信息资料和数据的能力。

处理功能：基于数据仓库技术的联机分析处理（OLAP）和数据挖掘（DM）技术。

输出功能：信息系统的各种功能都是为了保证最终实现最佳的输出功能。

控制功能：对构成系统的各种信息处理设备进行控制和管理，对整个信息加工、处理、传输、输出等环节通过各种程序进行控制。

（四）信息系统的 COBIT 标准

COBIT（Control Objectives for Information and Related Technology）即信息系统和技术控制目标，于 1996 推出用于"IT 审计"。

"IT 审计"已经成为众多国家的政府部门、企业对 IT 的计划与组织、采购与实施、服务提供与服务支持、监督与控制等进行全面考核与认可的标准。相应地，注册信息系统审计师（CISA）日益成为世界各国发展信息化过程中争相发展的新兴职业和领域。作为 IT 治理的核心模型，COBIT 包含 34 个信息技术过程控制，并归集为四个控制域：IT 规划和组织（Planning and Organization）、系统获得和实施（Acquisition and Implementation）、交付与支持（Delivery and Support）以及信息系统运行性能监控（Monitoring）。COBIT 目前已成为国际上公认的 IT 管理与控制标准。

COBIT 目前已成为国际上公认的 IT 管理与控制框架，已在世界一百多个国家的重要组织与企业中运用，指导这些组织有效地利用信息资源，有效地管理与信息相关的风险。该框架的意义在于，实现了企业目标与 IT 治理目标之间的桥梁作用。

（五）企业信息系统业务流程走向

企业信息系统业务流程走向如图 4-10 所示。

管理体系——规划与计划——标准化管理——风险管理——信息安全——项目管理（可行性研究报告编制与立项、项目设计、项目实施、系统上线、项目竣工验收）——系统权限设置及变更——账号管理——密码管理——管理员管理——第三方人员管理——系统变更——系统运行

图 4-10 企业信息系统业务流程走向

（六）企业信息系统业务控制目标

（1）建立和完善组织架构，明确决策、执行、监督等方面的职责权限，形成科学有效的职责分工和制衡机制，有效防范和化解各种舞弊风险。

（2）根据生产经营需要，及时、合理配置人力资源，员工队伍结构、素质与公司发展目标相适应。

（3）规范经营管理行为，及时纠错、纠偏，推动各项制度的有效实施。

（4）逐步建立、健全企业全面风险管理体系，不断提升企业风险识别、评估、应对和监控风险能力。

（5）在批准的工期和投资限额内，按照设计文件和相关规定的工程内容和质量标准，建成项目并一次运行成功。

（6）建立统一的信息系统物资采购供应管理体制；在一定范围内搜寻资源，追求物资采购性能价格比最优和供应总成本最低；确定合理库存，减少资金占用，防止存货积压、闲置，造成浪费。

（7）合同准备、订立、履行符合相关法律法规和企业内部规章制度。

（8）保证具备合理有效的信息系统项目计划制订和审批机制、信息安全政策和监控机制、信息系统设计方案、信息系统项目实施过程管理机制、信息系统项目阶段验收管理机制、信息系统上线过程管理机制、信息系统日常运行维护管理机制。

（9）保证具备合理有效的信息系统权限设置与审阅机制、信息系统应用业务权限分离管理机制、信息系统用户账号管理机制、信息系统开发和测试与维护的权限分离管理机制、信息系统环境隔离措施管理机制、信息系统日常运行维护管理机制、信息系统测试过程管理机制、数据输入和转换管理机制、信息系统信息备份管理机制。

二、企业信息系统业务应关注的主要风险点

（一）主要风险点

企业利用信息系统实施风险管理控制，至少应关注下列风险。

（1）信息系统缺乏规划，不合理，可能造成信息孤岛或重复建设，导致企业经营管理效率低下。

（2）系统开发不符合内部控制要求，授权管理不当，可能导致无法利用信息技术实施有效控制。

（3）系统运行维护和安全措施不到位，可能导致信息泄密或毁损，系统无法正常运行。

（二）风险的具体表现

信息系统业务应关注的主要风险点具体表现为以下几种。

（1）组织架构与战略不匹配风险。管控模式或组织架构与发展需求不匹配，影响企业战略目标实现。

（2）人员配备和技能不足风险。人员配备不满足 HSE 管理需求，安全、环保、设备专业知识欠缺，相关人员未取得相应资质，不能有效履行岗位职责，不能提供准确、有效信息，制约 HSE 管理水平的提高。

（3）信息化项目计划风险。信息化项目建设缺乏计划或者计划不当，造成业务覆盖不全或重复建设。

（4）信息资源规划风险。未对信息资源进行统一管理、系统设计，导致信息多头收集、标准和口径不一致、信息不能共享。

（5）信息化管理风险。信息化建设规划，信息化项目开发、运行、维护、应用以及安全管控不当，导致风险加大。

（6）信息化项目前期管理风险。信息化项目可行性研究论证不充分、设计方案未能完全响应用户需求，导致项目风险评估缺失、实施路线不合理、系统实现的功能不能完全满足业务处理和控制需求，甚至造成系统开发失败。

（7）信息系统项目开发风险。信息系统项目开发不当，导致项目目标无法实现，造成资源浪费，影响生产经营。

（8）信息化项目应用与运行维护管理风险。信息化项目运行维护不当，系统功能不能充分利用，造成资源浪费，影响正常生产经营。

（9）信息系统权限管理风险。信息系统权限管理不当，导致系统及数据未经授权即可访问或不适当访问。

（10）信息系统密码管理风险。信息系统密码管理不当，导致系统及数据未经授权或不

恰当访问，损害企业利益。

（11）信息系统变更风险。信息系统开发、运维过程中变更管理不当，导致系统功能不能适应业务需求，影响企业正常生产经营。

（12）信息系统备份管理风险。信息系统数据的备份未能及时进行，或备份的数据未定期执行恢复性测试，或缺乏有效的备份介质管理机制，导致业务数据丢失或损坏后无法恢复，从而造成重大损失。

（13）信息系统应急管理风险。没有建立完善的应急预案，或没有对员工进行培训和演练，导致员工不能及时正确处理突发事件或故障，影响生产经营。

三、企业信息系统业务主要控制点要求

（一）管理系统

（1）设立以企业主管领导任组长、各部门负责人为组员的信息化领导小组；每年至少召开一次小组会议，落实信息化工作整体部署和要求，确定企业信息化建设的目标和任务，决策企业信息化重大事项。

（2）企业信息化管理部门作为本企业信息化工作归口管理部门，应落实信息化工作的规划、计划、技术架构、标准、安全等要求。企业信息化管理部门应负责编制企业信息化项目年度计划；负责本企业自建信息系统的建设及上级或外购信息系统的实施组织；负责信息系统应用及安全管理。

（3）企业设置信息化建设、应用、运维、安全等管理岗位，配备专职或兼职管理人员。企业管理系统应配合人力资源部门明确设定各岗位职责，在岗位职责设定中须满足职责分工及职责分离要求。信息系统管理人员须具备足够的专业技能。

（二）规划与计划

企业信息系统管理部门负责编制年度信息化项目计划及经费预算。企业信息系统的规划、计划、预算等须按程序报批。

（三）标准化管理

企业信息化管理部门收集年度信息化标准制修订需求，应定期编报企业信息化标准需求等相关报告或表格，按程序报批。

（四）风险管理

新建信息化项目，要在可行性研究报告中包含信息技术风险评估内容；当业务流程和应用、系统结构及状况、系统运行环境发生重大变化及其他需要时，已投用的信息系统应适时进行信息系统风险评估。

（五）信息安全

1. 信息安全员

企业应在相关部门依据国家等相关规定和不相容原则，配备专职或兼职信息安全管理员，负责信息安全管理制度和要求等的落实。

2. 等级保护定级

新建信息系统须由企业信息系统业务主管部门根据国家、行业、企业的要求，组织有关

部门确定新建信息系统的安全等级，并报主管部门备案。信息系统发生重大变化或调整时，应及时根据管理要求重新确定信息系统等级。

3. 安全检查

（1）信息系统上线前，信息系统需进行安全测试，验证安全功能和措施的有效性。三级以上的信息系统，必须委托有资质的机构进行安全测评，符合或者基本符合要求，方可上线运行。

（2）严格执行信息安全检查制度，按照通常做法，每年至少开展一次信息安全自查工作。

（3）严格执行信息安全通报制度，定期上报主管部门信息安全月报；针对信息安全整改通知书，及时整改并提交整改报告。

（4）企业须开展全员信息安全意识教育培训等活动。

（六）项目管理

1. 可行性研究报告编制与立项

（1）可行性研究报告编制。企业信息系统管理部门会同项目责任部门或单位委托有资格的单位承担项目可行性研究，编制可行性研究报告并报上级或专家组评审。

（2）立项。企业信息化项目须经信息使用部门提出申请，由信息系统管理部门或主管部门按程序统一立项。

2. 项目设计

信息系统项目的初步设计及详细设计的审查，应由企业的归口部门组织进行专家评审。重大项目应履行"三重一大"的要求。

3. 项目实施

（1）管理组对项目进度进行管控，应定期召开项目例会，检查项目进度和建设质量。对于建设过程中遇到的问题，由管理组协调解决，重大问题提交项目领导组决策。

（2）项目变更时，须由工作组提交书面变更申请，说明变更原因、内容、对整个项目的影响以及解决方案等。涉及业务功能、技术方案、实施范围、进度计划、投资等重大变更，需报领导组审批通过后方可执行，工作组根据审定的方案进行变更实施，实施完毕后由管理组进行确认。

（3）项目实施中要进行系统测试，系统测试包括系统单元测试、系统集成测试、性能测试、压力测试、安全测试、用户测试等内容。

（4）工作组负责制定培训计划、培训方案，编写培训手册；管理组负责审核培训计划、培训方案、授课人员资质及培训费用预算，并组织培训。培训完成后，管理组对培训质量和效果进行评估。

（5）按照信息化项目建设管理要求，项目验收通过后，归档性文档统一交付信息化管理部门。

4. 系统上线

（1）系统上线前必须进行应用注册、生产资源申请、信息安全评估、系统及数据初始化、技术架构符合性评估等，确定运行监控方案。系统上线工作须在系统测试通过后进行。

（2）所有信息系统上线运行前需通过安全测试，并出具"信息系统上线安全评估报告"。信息安全等级保护第三级（含）以上的信息系统，须由信息管理部门组织专业机构进行等级保护测评，符合或基本符合要求才能上线运行。在互联网上对外发布的应用系统必须按照等级保护的第三级要求防护。

5. 项目竣工验收

（1）信息化项目竣工验收。依据不同的投资额，应设定项目连续运行6个月或3个月等。信息化项目由项目责任单位提出项目验收申请。企业归口部门应按规定程序组织验收工作。

（2）系统运行维护安排。项目通过验收投入运行后，信息化管理部门应对系统运行维护进行安排。委托外部机构负责系统运行与维护的，信息部门应审查运行维护服务商资质，并签订系统运行维护服务合同以及安全保密协议。

（七）系统权限设置及变更

1. 系统权限的建立或变更

企业各部门或单位原则上不得对企业范围内推广系统的模板权限随意进行修改。根据相关系统要求建立或变更企业权限时，由需求人员提出权限维护申请，经其所在部门及应用系统运行维护部门负责人审批后，由应用管理员或业务顾问在系统中进行维护操作，相关人员进行测试确认并进行反馈。

2. 系统权限矩阵维护及审阅

系统权限矩阵应包括模板权限定义、部门单位权限定义、不相容权限（不相容系统岗位）定义和用户与角色对应清单。关键用户根据企业模板权限变更、部门单位权限及用户权限变更情况实时维护系统权限矩阵，将系统权限矩阵及时交给应用管理员。关键用户每半年对系统权限矩阵进行审核，并会同应用管理员跟进处理。

（八）账号管理

1. 用户账号建立及变更

需求人员提出账号创建或变更申请，须经其所在部门负责人审批。应用管理员通过运行维护平台提报总部或在系统中进行维护操作，为每个操作人员设置独立、唯一的用户账号，禁止设置非查询共享账号。

2. 用户权限设置及变更

需求人员提出权限设置或变更申请，须其所在部门负责人审批。应用管理员确保权限申请满足权限不相容原则后，在系统中进行维护操作。权限需求人员对维护结果进行测试确认。

3. 超级权限管理

超级权限必须严格控制，确因系统升级、紧急故障处理等原因需要创建时，必须阐明使用原因和使用期限，并在应用系统运维部门负责人审批签字后，由应用管理员在系统中进行分配，使用完成后权限须及时收回。

4. 接口账号管理

严格控制接口账号的创建和变更。企业服务器集中管理的系统，禁止创建接口账号。服务器分散管理的系统通过审批创建系统接口时，需求人员须提报系统用户权限申请，明确申请账号的目的、使用期限和登录方式，在接口使用部门及相关系统管理部门负责人审批后，由应用管理员进行维护。

5. 业务支持人员账号管理

业务支持人员支持账号的新建、变更、删除、锁定，经应用系统运行维护部门负责人审批后，由应用管理员在系统中进行维护操作。业务支持人员在生产系统中只能拥有显示、跟踪权限，不得拥有业务操作权限、后台配置权限。

6. 程序诊断账号管理

不允许在企业总服务器集中管理的系统创建程序诊断账号，服务器分散管理的系统（含企业自建系统）上线运行后，须删除生产系统中的开发账号。在生产系统中诊断问题时，须提报系统用户权限申请（只限程序诊断及查询权限，并明确申请账号目的和使用期限），在应用系统运行维护部门负责人审批后，由应用管理员进行维护，问题诊断完成后及时锁定。

7. 数据库层面账号管理

数据库层面账号的新建、变更，须提报数据库用户账号申请，在需求部门及应用系统运行维护部门负责人审批后，由数据库管理员进行维护。

8. 岗位变动人员账号管理

系统用户岗位变动或离开单位，人事部门须于用户离岗或离职前通知应用系统运行维护部门应用管理员。应用管理员在系统中将该用户锁定或删除，并向人事部门反馈处理结果。

9. 账号使用管理

应用系统运行维护部门应用管理员每月在线检查用户账号使用情况，根据业务合理性对180天未登录账号进行锁定。

10. 系统权限审核

应用系统运行维护部门应每半年或当系统有重大变更时，将系统用户账号及权限清单提交相关业务及职能部门，由部门负责人对用户账号及权限进行审核，审核结果反馈运行维护部门，并会同运行维护部门跟进处理。

（九）密码管理

1. 设定密码策略

应用系统运行维护部门须对服务器分散管理系统（含企业自建系统）设置合理的用户密码策略和访问策略，如密码长度在8位以上，采用数字和字符组合方式，不使用弱密码，且不得与前5次密码相同；系统用户密码更新时间应予以明确，如90天必须更新一次等。采用统一身份认证系统推送用户信息的系统，由统一身份认证系统设置密码策略。账号密码重复输入5次错误则暂停登录或系统锁定，系统自动关闭。

2. 用户账号解锁及密码重置

用户账号解锁须由本人提出申请，所在部门相关负责人审批后由应用管理员进行解锁；未采用统一身份认证系统推送用户信息的系统，用户账号密码重置须由本人提出申请，由应用管理员进行系统操作。

（十）管理员管理

（1）应用管理员、安全管理员、服务器分散管理系统数据库管理员等岗位设置和权限的分配，须经系统运行维护部门负责人批准，确保不相容岗位有效分离，且上述管理员不得具有业务操作权限及开发权限。系统运行维护部门负责人至少每半年对上述管理员在职情况进行审查，根据审查结果做出相应的权限调整并记录。

（2）应用系统运行维护部门数据库管理员在应用系统数据库安装好后，对数据库预置账号设置初始密码，并至少 3 个月更换一次，密码以安全方式妥善保存。

（3）应用系统软件安装完成后，应用系统运行维护部门应用管理员须修改系统预置账号默认密码，并至少 3 个月更换一次，密码以安全方式妥善保存。

（十一）第三方人员管理

第三方人员访问系统，须提报第三方人员账号申请并注明使用期限和权限（只限查询权限），签订第三方安全保密协议，在需求部门负责人、运行维护部门负责人审批通过后，由应用管理员通过运行维护平台提报上一级（主管部门）或在系统中进行维护操作。使用完毕后，应用管理员应及时将第三方账号删除或锁定。

（十二）系统变更

1. 变更原则

应用系统运行维护部门负责内企业的系统建立与生产（正式运行）环境隔离的开发、环境测试。系统变更必须在开发系统的进行，并在测试系统测试无误后方可在生产（正式运行）系统中进行正式变更。原则上不允许在测试系统和生产（正式运行）系统中直接进行系统变更，确因需要基础数据才能实现的、不能传输（无法传输的数据、资料等）实现的变更可在相应的系统中完成。需要打开生产（正式运行）系统后台时，须经应用系统运行维护部门负责人审批，完成变更后及时关闭生产（正式运行）系统后台。

2. 变更申请与审批

系统变更包括开发变更和配置变更，须由需求部门或单位提报变更申请，描述变更内容、变更原因，在需求部门、应用系统维护部门负责人审批后，由应用管理员在系统中进行维护操作。

3. 变更实施

组织架构调整、业务流程变化、功能模块新增等重大变更，都会影响企业信息系统相应的变更与调整，在相关审批通过后，由应用系统运行维护部门组织在开发系统（或生产系统）进行变更；涉及业务流程变化的变更，须经业务及职能部门负责人对业务流程设计签字确认，并报企业信息化管理部门备案。

4. 变更测试

变更完成后，相关业务部门必须在测试环境中进行测试。测试通过后形成测试报告，详细记录测试人、测试系统、测试内容、测试结果。由外部厂商承担系统开发的，须由厂商提供书面的测试报告，测试验收结果须由部门或单位负责人确认。

5. 系统升级

企业应做好系统升级预案，应用系统运行维护部门在进行补丁和版本升级之前须制定详细的升级方案和应急预案，报分管领导审批；企业应做好系统升级测试，应用系统运行维护部门根据审批后的软件变更，组织支持人员、相关部门业务人员提出测试流程清单，在应用系统运行维护部门负责人审核同意后，在测试环境进行系统功能的全面测试，测试流程清单和测试验收结果须由相关部门测试人员及负责人签字确认，未通过测试验收的软件补丁和版本变更不得在生产系统进行升级操作；企业应做好系统升级操作，应用系统运行维护部门负责人对测试结果进行检查确认，应用管理员或业务支持人员根据补丁和版本升级方案在生产系统完成补丁安装或者版本升级工作，并在升级过程中详细记录操作步骤，及时将升级结果通知所有用户和支持人员。

6. 紧急变更管理

系统紧急变更须在变更实施前征得需求变更部门及应用系统运行维护部门负责人的同意，先在测试系统进行变更，测试系统测试无误后在生产系统进行正式变更。变更完成后 5 个工作日内提交相关变更手续及测试报告，并注明"紧急变更"字样。

7. 变更记录与资料管理

应用系统运行维护部门对系统变更进行记录及版本管理，并及时更新、归档相关资料，包括客户化功能说明文档、技术说明文档、配置文档、测试文档等。对于重大变更，须为用户提供相应的操作手册。

（十三）系统运行

1. 系统接口管理

企业信息系统建立接口，须经企业业务及职能部门、信息系统主管部门批准，单位自建系统须经单位业务部门及系统运行维护部门批准。

2. 数据模板审核

外部数据导入系统前，业务或职能部门负责人须对数据模板进行审核。

3. 数据导入管理

外部数据导入系统前，业务或职能部门负责人须对外部数据进行审核，业务人员对数据格式进行检查。导入完成后妥善保存数据文档，财务数据保留至年结后（年度结转），业务数据保留至月结后（月度结转）。

4. 数据备份管理

通过应用层进行数据备份的系统，由应用系统运行维护部门应用管理员在系统中定义备份策略，至少每天进行一次数据库的增量备份，每周进行一次数据库的全备份。应用管理员每日检查系统数据备份日志，记录并处理备份异常情况。

5. 问题处理

应用系统运行维护部门对监控中发现的警告和异常情况以及业务人员申报的问题，须按照问题处理流程进行解决、跟踪，并对问题处理过程进行记录。对于不能解决的问题，应用系统运行维护部门应及时上报。

6. 系统日志监控

应用系统运行维护部门应用管理员负责每日监控服务器分散管理系统的运行情况和运行日志，及时处理所发现的问题，并完成工作记录。

7. 应急管理

业务及职能部门及应用系统运行维护部门应建立重要信息系统应急管理机制，编写应急预案。每年进行预案演练，确保应急预案的有效性。

即问即答：

信息系统的含义及其业务流程走向是什么？

内部控制管理案例 19

非法进入网站　获取违法收入

一、基本情况

北京市大兴区的赵某，自 2014 年 3 月 27 日至 2014 年 6 月 4 日，非法使用木马程序获取北京市某汽车驾驶学校有限公司网站管理权限，并在该网站添加赌博网站链接和控制程序，导致网站不能正常运行。经勘验，该赌博网站共有 8 140 次访问记录，赵某违法所得16 280 元。因涉嫌破坏计算机信息系统，赵某于 2014 年 7 月 8 日被羁押，次日被刑事拘留，同年 8 月 15 日被逮捕，判处有期徒刑一年六个月。

二、案例分析

（1）被告人赵某故意传播计算机病毒，影响计算机系统正常运行，后果严重，其行为已构成破坏计算机信息系统罪，依法应予惩处。

（2）北京市大兴区人民检察院依据《中华人民共和国刑法》第二百八十六条第三款、第六十七条第三款的规定，对赵某犯破坏计算机信息系统罪，判处有期徒刑一年六个月。

（3）自 2014 年 3 月 27 日至 2014 年 6 月 4 日在该驾校网站上出现赌博网站链接，说明该驾校信息系统风险防范的具体措施存在缺陷，应会同多方专家构建风险防范体系。

资料来源：http://news. sohu. com/20150510/n412748335. shtml。

内部控制管理案例 20

黑客为何能轻易闯入金融网络

一、基本情况

2003 年 11 月 14 日，甘肃省破获首例利用邮政储蓄专用网络，进行远程金融盗窃的案件。这起发生在定西市一个乡镇的黑客案件，值得多方面关注。

黑客将犯罪的目光瞄准了邮政储蓄，利用网络窃取了 83 万余元，最终难逃法网……

2003 年 10 月 5 日 13 时 12 分，定西市临洮县太石镇邮政储蓄所的营业电脑一阵黑屏，随即死机。营业员不知何故，急忙将刚刚下班尚未走远的所长叫了回来。所长以为电脑出现了故障，向上级报告之后，没太放在心上。10 月 17 日，电脑在修复重新安装之后，工作人员发现打印出的报表储蓄余额与实际不符。经过对账发现，10 月 5 日 13 时发生了 11笔交易、总计金额达 83.5 万元的异地账户系虚存（有交易记录但无实际现金）。当储蓄所几天之后进一步与开户行联系时，发现存款已经分别于 10 月 6 日、10 月 11 日被人从兰州、西安两地取走 37.81 万元。他们意识到了问题的严重性，于 10 月 28 日向临洮县公安局报了案。

临洮县公安局经过初步调查，基本认定这是一起数额巨大的金融盗窃案，随即向定西市公安处汇报。公安处十分重视，立即制订了详细的侦查计划，组成专案组，全力侦查此案，并上报甘肃省公安厅。

面对特殊的侦破任务，专案组兵分两路，一方面在甘肃省、定西市邮政局业务领导和计算机专家的协助下，从技术的角度分析黑客作案的手段以及入侵的路径；另一方面，使用传统的刑侦方法，大范围调查取证。

专案组首先对有异常情况的 8 个活期账户进行了调查，发现都属假身份证储户。此时，技术分析的结果也出来了，经过大量网络数据资料的分析，专案组发现作案人首先以会宁县邮政局的身份登录到永登县邮政局，然后再以永登县邮政局的名义登入临洮县太石镇邮政储蓄所。专案组对会宁县邮政局进行了调查，发现该局系统维护人员张少强最近活动异常。暗查发现，其办公桌上有一条电缆线连接在了不远处的邮政储蓄专用网络上。专案组基本确认，张少强是这起金融盗窃案的主谋。11 月 14 日 22 时，张少强在其住所被专案组抓获。至此，这件远程金融盗窃案告破，83.5 万元完璧归赵。

经过审问，张少强交代了全部犯罪事实：10 月 5 日，张少强在会宁利用笔记本电脑侵入邮政储蓄网络后，非法远程登录访问临洮县太石镇邮政储蓄所的计算机，破译对方密码之后进入操作系统，以营业员身份向自己 8 月末预先在兰州利用假身份证开设的 8 个活期账户存入了 11 笔共计 83.5 万元的现金，并在退出系统前，删除了营业计算机的打印操作系统，造成机器故障。第二天，他在兰州 10 个储蓄网点提取现金 5.5 万元，并将 30.5 万元再次转存到他所开设的虚假账户上。10 月 11 日，张少强乘车到西安，利用 6 张储蓄卡又提取现金 1.8 万元。

二、案例分析

邮政储蓄所管理存在漏洞，没有加强信息系统控制，工作人员安全意识薄弱，才造成了如此严重的局面。一是一直使用原始密码，不仅没有定期更改，工作人员也没有相互保密，说明工作人员没有安全及保密意识；二是张少强已经突破了数道密码关，直接进入操作系统，盗走 83.5 万元，工作人员发现已经出现了问题，还以为是内部系统出了故障，根本没有想到是犯罪分子所为，说明其风险意识薄弱。

资料来源：http://www.doc88.com/p-9485209894384.html。

内容总结 ⟩⟩⟩

目前，国际化企业的控制活动通常是将控制流程体现在具体的业务活动中。本章通过对控制活动中 10 个关键业务控制的学习，将内部控制的流程嵌入业务，将业务活动和控制流程进行了有机融合。掌握了这 10 个关键业务的控制并"举一反三"，便于读者运用到实践中，可以实施自我测试、符合性测试与实质性检查评价并共为通用，有利于问题的查找及制度的遵循。在实际工作中，控制活动往往进一步提升业务流程的科学性，而业务流程也同时优化着业务活动的先进性。

主要相关制度索引 ⟩⟩⟩

国家层面

1. 《公司法》。

2. 《会计法》。

3. 《招标投标法》。

4. 《合同法》。

5. 《安全生产法》。

6. 《互联网信息管理办法》。

7. 《企业内部控制基本规范》及配套文件。

8. 《企业会计准则》。

9. 国家各部委的相关法规。

企业层面

1. 企业内部控制实施手册

2. 企业内部控制业务流程

3. 企业会计核算办法

4. 企业其他相关经营管理制度体系

复习题

1. 10项控制活动的主要风险分别是什么？

2. 10项控制活动的主要控制方法分别有哪些？

思考与应用

1. 如果你是企业的CFO，你如何实施货币资金的管理？你认为哪些环节必须实行不相容岗位分离？

2. 如果发现企业在项目管理中出现了应招标未招标的情况，如何处理？

3. 如何进行客户及供应商的甄别？

第五章

企业信息与沟通

在当今市场经济飞速发展、企业管理不断提升的大环境下，信息与沟通在企业运行中占有重要的位置。因此企业应当建立信息与沟通制度，明确内部控制相关信息的收集、处理和传递程序，确保信息及时沟通，促进内部控制有效运行。

信息与沟通包括辨别取得适当的信息与加以沟通两个部分。企业的信息来源包括内部和外部，不仅包括会计系统、统计系统、生产系统等，也包括为了辨别、分析、分类、记录和报告交易及其他相关事项、活动和环境而收集的资料，还包括为了保持对相关资产和负债的受托责任而建立的方法和记录。良好的信息系统有助于提高内部控制的效率，不仅是内部控制环境建设的重要组成部分，同时也是企业内部控制的一项要素。

信息与沟通的加强是健全法人治理结构、完善内部控制的前提，对企业来讲非常重要，正如美国著名的未来学家奈斯比特所说："未来竞争是管理的竞争，竞争的焦点在每个社会组织内部成员之间及其与外部组织的有效沟通上。"

第一节　信息与沟通简述

一、信息与沟通的含义

（一）含义

信息与沟通是企业及时、准确地收集、传递与内部控制相关的信息，确保信息在企业内部、企业与外部之间进行有效沟通。企业的经营离不开资金流、物流、信息流。为了使人们能够履行各自的职责，相关信息必须能够被识别、捕捉和及时沟通，信息系统产生包括经营、财务、相关法规及其执行情况的报告，由此才使经营和控制企业的业务成为可能。这些信息必须是管理者认为与业务管理有关的，必须以一定形式及时发送给需要它的人，以便更有效地履行职责。

1. 信息

信息是对客观事物运动状态和变化的描述。信息所涉及的客观事物普遍存在且多种多样。在管理中信息主要是指来源于企业内部及外部、与企业经营管理相关的信息，包括各类文本信息、数据库信息、网页信息、图形图像信息、多媒体信息、内部管理报告等。

2. 沟通

沟通是指信息在企业内部各层级、各部门之间，以及企业与客户、供应商、监管者和股东等外部之间的传递。沟通也是依照设定的目标，把相关信息、思想和情感，在个人或群体间传递，并且达成共识的过程。一般而言，有效的信息是沟通的基础。

信息披露所称信息是指可能影响投资者决策或对企业证券及其衍生品种交易的价格产生较大影响的信息（股价敏感信息），以及相关法律法规和企业上市地证券监管规则要求披露的其他信息。

内部报告是相对于外部报告而言的，是指企业在管理控制系统运行中为企业内部各管理层级以定期或非定期形式记载企业内部信息的各种图表、音像和文字资料等。

（二）相关规定中的信息与沟通

1. 《内部控制——整体框架》中信息与沟通的基本情况

美国COSO的《内部控制——整体框架》要求企业以一定的形式、在一定的时间范围内识别、获取和沟通相关信息，以使企业内部各层次员工能够顺利履行其职责。内部控制中的信息与沟通包括信息方面与沟通方面两个内容。信息和沟通相互联系，信息是沟通的对象和内容，而沟通是信息传递的手段。信息与沟通两者结合，才能更好地发挥内部控制的作用。

（1）信息。《内部控制——整体框架》要求通过信息系统识别、获取、处理和报告信息，为管理和控制经营活动提供信息支持。信息系统可以是手工信息系统，也可以是利用现代信息技术的信息系统，还可以是手工和现代信息技术相结合的信息系统；可以是正式的信息系统，也可以是非正式的信息系统。信息系统处理的对象既包括企业经营活动等内部信息，也包括与经营活动相关的外部事项、活动和环境等外部信息。

（2）沟通。沟通是信息系统所固有的功能，信息系统必须将其信息提供给相关人员，以使相关人员能够合理地履行相关的职责。《内部控制——整体框架》要求信息在更为广泛的范围内，自上而下、自下而上地在整个企业内外部进行沟通。沟通包括内部沟通和外部沟通两个方面。

从内部沟通来讲，《内部控制——整体框架》要求建立必需的沟通渠道和机制。一方面，使企业的所有人员从企业管理当局获取明确的信息，明确其职责，了解自身在内部控制体系中应发挥的作用；使企业员工理解自身活动与其他员工活动之间的关系，使其在经营活动中及时发现问题、确定原因并采取纠正措施。另一方面，使员工能够及时向上传递其在企业经营活动中所了解的重要信息。其中，必须建立相应的举报人保护机制，以保护员工报告的积极性；还必须确保管理当局与企业董事会及其委员会之间的沟通，以使董事会有效地行使监督职责，充分发挥董事会的作用。

从外部沟通来讲，《内部控制——整体框架》要求企业加强与客户、审计师等中介机构、监管者、股东以及其他外部相关者之间的信息沟通。通过外部沟通，可以了解和掌握有关内部控制体系运行的重要信息，如企业通过与客户、中介、股东及监管者等的信息沟通，能获取重要的控制信息，了解所面临的风险并积极地规避风险。

2.《企业风险管理框架》中信息与沟通的基本情况

《企业风险管理框架》的信息与沟通侧重于从风险角度来描述。该框架要求企业建立信息系统，对来自企业内部和外部的数据进行处理，以形成可利用的信息并予以报告。《企业风险管理框架》特别强调信息的深度和及时性，要求企业信息系统与信息需求的时机和深度相适应，以信息获取来识别、评估和应对风险；要求信息的及时性与企业内部和外部环境的变化保持一致。

3.《企业内部控制基本规范》中信息与沟通的基本情况

《企业内部控制基本规范》中信息与沟通的含义为：信息与沟通是及时、准确、完整地采集与企业经营管理密切相关的各种信息，并使这些信息以适当的方式在企业有关层级之间、企业与外部之间进行及时传递、有效沟通和正确使用的过程；是实施内部控制的重要条件。《企业内部控制基本规范》要求，企业应建立内部控制相关信息与沟通制度，明确相关信息的收集、处理和传递程序，加强信息的及时沟通，促进内部控制有效运行。

（1）建立信息收集、加工机制。企业应当对收集的各种内部信息和外部信息进行合理筛选、核对、整合，提高信息的有用性。企业应当通过财务会计资料、经营管理资料、调研报告、专项信息、内部刊物、办公网络等渠道获取内部信息；企业可以通过行业协会组织、社会中介机构、业务往来单位、市场调查、来信来访、网络媒体以及有关监管部门等渠道获取外部信息。

（2）完善信息传递机制。企业应当将相关信息在企业内部各管理层级、责任单位、业务环节之间，以及企业与外部投资者、债权人、客户、供应商、中介机构和监管部门等有关方面进行沟通和反馈。信息沟通中发现的问题，应当及时报告并加以解决。重要的信息应当及时传递给企业的管理层。

（3）加强信息技术的应用。企业应当利用信息技术促进信息的集成与共享，充分发挥信息技术在信息与沟通中的作用；企业应当加强对信息系统的开发与维护、访问与变更、数据输入与输出、文件储存与保管、网络安全等方面的控制，保证信息系统安全、稳定地运行。

（4）建立反舞弊机制。企业应当建立反舞弊机制，明确反舞弊工作的重点领域、关键环节和有关机构在反舞弊工作中的职责权限，规范舞弊案件的举报、调查、处理、报告和补救流程。企业应当将下列情形作为反舞弊工作的重点：第一，未经授权或者采取其他不法方式侵占、挪用企业资产，牟取不当利益的行为；第二，在财务会计报告和信息披露等方面存在虚假记载、误导性陈述或者重大遗漏等行为；第三，董事、监事、经理及其他高级管理人员滥用职权的行为；第四，相关机构或人员串通舞弊的行为。

（5）建立投诉和举报人保护制度。企业应当建立举报投诉制度，设置举报专线，明确举报投诉处理程序、办理时限和办结要求，确保举报、投诉成为企业有效掌握信息的重要途径。举报投诉制度和举报人保护制度应当及时传达至全体员工。

二、企业信息与沟通控制目标

（一）有效的信息与沟通

在企业的运行与管理中，信息与沟通始终起着重要作用，因此要做到有效的信息与沟通就要预先设定目标，使信息与沟通在企业的管理过程中通畅、高效地运行，以保证其良好的效果。

有效的信息与沟通应具备必要的条件才能达到目标效果。首先，信息发送者要清晰地表达信息的内涵，以便信息接收者能确切地理解。其次，信息发送者应重视信息接收者的反应并根据其反应及时修正信息的传递，免除不必要的误解。这两者缺一不可。有效的沟通主要指组织内部人员的沟通及管理者与被管理者、内部与外部之间的沟通。

在沟通中，信息的目标程度决定了沟通的程度。信息的目标程度主要取决于以下几方面。

（1）信息的透明程度。当一则信息应该作为公共信息时，不应该让信息不对称，必须公开。公开的信息并不意味着简单的信息传递，而要确保信息接收者能理解信息的内涵。如果以模棱两可、含糊不清的文字传递不清晰的、难以使人理解的信息，则对于信息接收者而言没有任何意义。另外，信息接收者也有权获得与自身利益相关的信息内涵，否则有可能对信息发送者的行为动机产生怀疑。

（2）信息的反馈程度。沟通是一种动态的双向行为，而双向的沟通对信息发送者来说应得到充分反馈。只有沟通的主体、客体都充分表达了对某一问题的看法，才真正视为有效沟通，才能实现预期的信息与沟通目标。

（二）信息与沟通的目标

在实际工作中，通过沟通可以协调行动的步调，形成工作合力；通过沟通实现信息共享，可以有效地提高工作效率；通过良好的沟通，员工能从容应对工作，恰当释放情绪，促进企业文化的建设。因此，企业在信息与沟通中应设定以下控制目标。

（1）及时、准确、完整、真实地收集、传递信息，确保信息在企业内部、企业与外部之间的有效传递与沟通。

在经营管理中，企业的决策层、管理层、执行层都需要信息，这些信息被应用于生产经营中，并实现各个层面的目标，如生产、财务以及合规经营等。及时、准确、完整有效地归集、筛选、处理信息，以及在企业内部有效地传递与沟通，能使企业所有员工特别是承担经营和财务管理等部门的员工，更加明确职责、了解下一步工作部署，掌握市场的运行态势，从而促进工作的有效开展。

企业外部沟通时应确保企业与投资人、政府、监管机构、多种媒体、债权人、客户等各方关于股东利益、国家政策、合规执行、企业营销、相关业务事项等的具体信息通畅，在信息沟通中如发现问题，应积极协调和反馈，并及时报告和解决。

（2）保证信息系统长期、稳定、安全、高效运行，为管理者提供准确的信息，为经营管理决策提供参考。

社会的发展与进步越来越依赖信息系统，无论是出行订票还是智慧旅游，无论是购物还是订餐等，信息系统无时无刻不在影响每一个企业、每一个人，信息系统改变了人们的日常生活，也改变了企业的运营方式。可以说，信息系统是企业赖以工作的工具和手段。

在内部控制的实施中，信息系统必不可少，企业应保证信息系统稳定、安全、高效地运行，有效地利用信息系统，形成信息化管理平台，提升企业的管理水平，充分发挥信息系统在企业经营管理中的最大作用，推动企业规范经营、强化管理、自我监督，为管理者的决策提供有用的信息。

三、企业信息的收集与分类

（一）信息的收集

1. 信息收集

信息收集是指通过各种方式获取所需要的信息。信息收集是信息得以利用的第一步，也是关键的一步。信息收集工作的好坏，直接关系到整个信息管理工作的质量。信息可以分为原始信息和加工信息。原始信息是指在经济活动中直接产生或获取的数据、概念、知识、经验及其总结，是未经加工的信息。加工信息则是对原始信息经过加工、分析、改编和重组而形成的具有新形式、新内容的信息。两类信息都对企业的营销管理活动发挥着不可替代的作用。

2. 信息收集原则

为了保证信息收集的质量，信息收集应坚持以下原则。

（1）准确性原则。准确性原则要求所收集到的信息要真实可靠。当然，准确性原则是信息收集工作最基本的要求。为达到这样的要求，信息收集者必须对收集到的信息反复核实，不断检验，力求把误差降低到最低限度。

（2）全面性原则。全面性原则要求所搜集到的信息要广泛、全面、完整。只有广泛、全面地搜集信息，才能完整地反映管理活动和决策对象的全貌，为决策的科学性提供保障。当然，实际所收集到的信息不可能做到绝对的全面、完整，因此，如何在不完整、不完备的信息下做出科学的决策，就是一个非常值得探讨的问题。

（3）时效性原则。信息的利用价值取决于该信息是否能及时地提供，即信息的时效性。信息只有及时、迅速地提供给它的使用者，才能有效地发挥作用。特别是决策，它对信息的要求是"事前"的消息和情报，而不是"马后炮"。所以，只有是"事前"的信息，对决策才有效。

（二）信息的分类

1. 信息的分类

信息所涉及的客观事物是多种多样的，因此信息的种类也很多。

（1）按信息反映的类别分类。

1）按社会性分为：社会信息（人类信息）和自然信息（非人类信息）。

2）按空间状态分为：宏观信息（如国家的信息）、中观信息（如行业的信息）、微观信息（如企业的信息）。

3）按信源类型分为：内源性信息和外源性信息。

4）按价值分为：有用信息、无害信息和有害信息。

5）按时间性分为：历史信息、现时信息、预测信息。

6）按载体分为：文字信息、声像信息、实物信息。

（2）按信息反映的内容分类。

1）外部信息包括经济形式、政策法规、行业动态、监管要求、客户信用、科技进步、社会文化等信息。

2）内部信息包括客观信息及主观信息。客观信息包括会计、生产经营、资本运作、人员变动、销售信息、技术创新、综合管理等信息。主观信息包括财务分析、生产计划、营销方案、会议总结、人力资源计划等信息。

2. 信息的需求层级

信息的需求与企业的组织结构有关。企业组织结构一般可以分为三个层级：高层（即决策层）、中层（即管理层）、基层（即执行层）。高层是组织的实权机关，一般由组织内部的决策性人物，如董事长、总经理等组成。高层负责确定组织的目标、纲领和实施方案，进行宏观控制。中层是企业政策精神上传下达的管理机构，包括采购、生产、销售、财务、人力资源等管理部门。中层职责就是把决策层制定的方针、政策贯彻到各个职能部门的工作中去，对日常工作进行组织、管理和协调。基层是企业生产经营中各种决策、目标的实施单位，也就是通过各种措施方法，把组织目标转化为具体行动的执行者。

企业组织的不同层级所需要的主要信息类型是不同的，执行层的信息需求以客观信息为主，决策层的信息需求则以主观信息为主。由此可见，在企业中所处的层级越高，其所需信息的筛选、加工处理的程度就越高。信息取得后应进行精选、分析等相关处理，并根据不同的层级进行传递反馈，从而成为决策、管理、执行的依据。

四、企业内部与外部的沟通

企业应当将内部控制相关信息在企业内部各管理层级、责任单位、业务环节之间，以及企业与外部投资者、债权人、客户、供应商、中介机构和监管部门等有关方面之间进行沟通和反馈。信息沟通过程中发现的问题，应当及时报告并加以解决。

重要信息应当及时传递给企业高层或董事会、监事会、经理层。同时加强企业信息与沟通，减少各利益相关人之间的利益冲突，积极做好内部与外部的有效沟通，达到沟通的目的。

（一）内部沟通

1. 内部沟通的含义

内部沟通是指企业内部各管理层级之间通过内部报告形式传递生产经营管理信息的过程。

为了促进企业生产经营管理信息在内部各管理层级之间的有效沟通和充分利用，企业应当加强内部报告的管理，建立科学的内部报告信息传递沟通机制，明确内部信息传递的内容、保密要求、密级分类、传递方式、传递范围以及各管理层级的职责权限等，促进内部报告的有效使用，充分发挥内部报告的作用。

2. 内部沟通的主要内容

（1）会议。会议包括董事会、中高层管理者例会、管理质询会、部门或项目例会、全员年会、跨部门或部门内业务专项讨论会、定期的员工沟通会、演讲会或辩论会等。

（2）报告。报告包括年、季、月、周的工作计划与总结、各项工作报表、各项工作记录、业绩考核等。

（3）调查。调查包括客户满意度调查、市场调查、员工满意度调查等，用于了解需求，分析不足。

（4）培训。培训包括新员工培训、领导者及管理者培训、专业培训、通用技能培训等，多以体验式、课堂式、交流研讨会、读书会等形式，注重培训效果的巩固与应用。

（5）面谈。面谈包括管理者与员工进行的一对一、一对多或多对多的面对面沟通，能有效征求员工意见，反馈绩效信息，激励员工行为。

（6）书面交流。企业通过管理流程制度文件发布、公司及部门文档管理、邮件系统、内部网络、刊物、展板、论坛、纸质文件批复、小纸条、内部共享服务器等多种书面形式，有助于促进信息的内部共享、企业文化宣传，提高制度知悉度，促进知识积累，促进企业管理效率提升。

（7）反舞弊。企业应保证效能监察、举报、投诉、处理、补救等通道畅通，建立反舞弊机制。

（8）其他。如节日庆典等活动，促进员工和谐关系，增加团队凝聚力，提供员工对企业的自豪感和归属感。

3. 内部报告

在企业管理中内部报告是相对于外部报告而言的，是指企业在管理控制系统运行中，为内部的各级管理层以定期或非定期形式提供用于企业沟通、控制、决策以及业绩评价的多种形式的各种图表和文字类等资料，如企业内部管理中的财务类、生产类、销售类、采购类等图表或文字及相关资料等。内部报告在管理与使用中应注意以下方面。

（1）企业应当根据发展战略、风险控制和业绩考核要求，科学规范不同层级内部报告的指标体系，采用经营快报等多种形式，全面反映企业生产经营管理相关的各种内外部信息。应将内部报告指标体系的设计与全面预算管理相结合，并随着环境和业务的变化不断修订和完善。设计内部报告体系时应当关注企业成本费用预算的执行情况。

（2）根据企业实际设定内部报告的相关要求、形式及权限管理，制定严格的内部报告流程。充分利用信息技术，强化内部报告信息集成和共享，将内部报告纳入企业统一信息平台，构建科学的内部报告网络体系。内部报告应当简洁明了、通俗易懂、传递及时，便于各管理层级和全体员工掌握并正确履职。各层级应有指定的内部报告责任人，做好审核、报告工作。

（3）充分利用内部报告管理和指导企业的生产经营等各项活动，及时反映全面预算执行情况，协调企业内部相关部门和各单位的运营进度，严格绩效考核和责任追究，确保设定目标的完成。将风险识别、风险评估、风险应对进行内部报告，做好全方位的风险防控。定期对内部报告的形成与使用进行全面评估，确保内部报告的及时性、安全性和有效性。

上述内部沟通的内容均可通过内部报告进行传递。

（二）外部沟通

1. 外部沟通的含义

外部沟通是指企业为了实现战略与经营目标、传递有效的发展信息、构筑发展网络、拓展发展空间、维护组织形象、为顾客提供服务等而与本身以外的其他个体或组织进行沟通交流的行为。

2. 外部沟通的主要内容

（1）企业与顾客的沟通。企业为向顾客提供产品和服务而与顾客进行直接或者间接的沟通，如打电话、信函往来、广告宣传、企业一体化审计甚至顾客调查等。

（2）企业与股东的沟通。企业与股东的沟通方式有很多，包括股东会议、年度报告、宴会、邮寄新产品样品、信函等。

（3）企业与上下游企业的沟通。为了与上下游企业达成良好的合作关系，正确处理发生的问题，企业与上下游企业的沟通是必需的，如建立电子网络、邀请参与决策、提供各种支持、商务谈判等。

（4）企业与社会的沟通。企业与社会的沟通方式有开放式讨论会、第三方机构、赞助慈善活动、组织志愿者活动等。

（5）企业与新闻媒体的沟通。企业与新闻媒体的沟通包括新闻发布、记者招待会、企业宣传等。

（6）企业与政府的沟通。企业与政府的沟通是指以政府为主导、企业为主体，利用各种信息传播途径和手段与政府进行双向的信息交流。企业应遵纪守法合规经营，以取得政府的信任、支持和合作，从而为企业建立良好的外部政治环境，促进企业的生存和发展。

即问即答：

信息收集的原则有哪些？

第二节　企业信息与沟通主要风险及控制

一、企业信息与沟通主要风险点

信息与沟通的风险，简单地说就是企业管理者以及其他相关各方，为了更好地理解和把握信息与沟通中的相关问题和风险，将风险因素进行识别并相互交流风险信息的过程。企业信息与沟通主要风险点有以下几点。

（1）在共享信息的过程中，由于信息的不对称和严重的信息污染现象，出现了信息不准确、滞后，这可能导致企业相关层面的管理人员决策失误。

随着我国市场经济的不断推进和深化，信息与沟通中存在的信息不对称、信息失真等问题，引起了社会的广泛关注，给企业和社会带来诸多危害。社会分工与知识专业化、信息沟通中主客体地位差异、官僚型的政治组织结构、沟通技术上的障碍与获取信息的成本等是信息与沟通中信息不对称的原因。

（2）信息资源管理不当、评估不当；信息处理或流转不当、信息收集成本过高；内部报告指标体系设定不当、内部报告信息未被充分利用，导致决策失误，相关政策措施难以落实。

1）在信息的收集中，要恰当地把握好信息收集的成本与效率，如果以过高成本而取得信息，就会降低企业的效益。

2）内部报告指标体系级别混乱，有可能影响生产经验、管理信息在企业内部各管理层级之间的有效流通和充分利用。

3）内部报告未能根据各内部使用单位的需求进行编制，内容不完整，编制不及时，就有可能影响企业生产经营活动的有序进行。

（3）政府关系或公共关系协调不当，与监管机构沟通不畅，与国家或地方政府的关系处理不当或存在分歧，影响企业实现目标。

1）与政府及监管机构等协调和沟通不畅，将会导致政策和执行不到位，可能导致企业的合规性不够，对企业的竞争实力产生影响。

2）与企业所在地各方面关系处理不当，可能会导致企业经营活动处于被动地位，对效益产生负面影响，从而影响企业战略目标。

（4）信息分级执行不当、信息授权不规范、信息保管不当，导致重要资料泄密或丢失，损害企业利益。

1）企业应当设立信息分级管理，严格执行信息知情的授权，并通过相应的办公自动化、业务信息等系统加以限制，反之，信息的管理会陷入无序状态。

2）与企业生产经营相关的信息，在一定环境下、一段时期中都是企业的重要资源，如果这些信息资源泄露和丢失，则会给企业带来效益的损失。

（5）危机处理预案建立不当、危机处理不及时或措施不当，应急沟通能力欠缺、公关宣传不力，损害企业声誉。社会责任履行不力，损害企业声誉。

1）企业发生突发事件时，应在第一时间实施应急预案并进入危机处理状态，以专业的方法进行应急沟通、公关应对，将对企业的负面影响降到最低。否则，应对乏力可能使企业的美誉度大打折扣。

2）随着民众对企业的关注度日益提升，企业应当积极履行对社会的责任与义务，提高在社会上的认可度。如果企业对社会责任如慈善、环保等不尽责、不尽力，就会损害声誉，甚至陷入不良循环。

（6）虚假或不当宣传、侵犯其他企业商业机密、恶意中伤竞争对手，导致企业承担法律责任，企业利益和声誉受损。

诚实守信是企业的立足之本，任何虚假的宣传和无良的竞争都会使企业处于失信之列，甚至可能承担法律责任。

二、企业信息与沟通主要控制点要求

（一）信息收集机制

1. 信息资源的内容

（1）信息资源的含义。信息资源一词最早出现于沃罗尔科的《加拿大的信息资源》。信息资源是指人类社会信息活动中积累起来的以信息为核心的各类信息活动要素的集合，如信息技术、设备、设施、信息生产者等，是企业生产及管理过程中所涉及的一切文件、资料、图表和数据等信息的总称。信息资源涉及企业生产和经营活动过程中所产生、获取、处理、存储、传输和使用的一切信息资源，贯穿于企业管理的全过程。

美国哈佛大学的研究小组给出了著名的资源三角形。该研究小组指出：没有物质，什么都不存在；没有能量，什么都不会发生；没有信息，任何事物都没有意义。作为资源，物质提供各种各样的材料，能量提供各种各样的动力，信息提供各种各样的知识。信息资源广泛存在于经济、社会各个领域和部门，是各种事物形态、内在规律和其他事物的联系等各种条件、关系的反映。随着社会的不断发展，信息资源对国家和民族的发展越来越重要，对人们工作、生活也至关重要，成为国民经济和社会发展的重要战略资源。信息资源的开发和利用是整个信息化体系的核心内容。

（2）信息资源的组成。信息是普遍存在的，但并非所有的信息都是信息资源。只有满足一定条件的信息才能构成信息资源。归纳起来，信息资源由信息生产者、信息、信息技术三大要素组成。

1）信息生产者是为了某种目的而生产信息的劳动者，包括原始信息生产者、信息加工者或信息再生产者。

2）信息既是信息生产的原料，也是产品。信息是信息生产者的劳动成果，对社会各种活动直接产生效用，是信息资源的目标要素。

3）信息技术是能够延长或扩展人信息能力的各种技术总称，是对声音、图像、文字等数据和各种传感信号的信息进行收集、加工、存储、传递和利用的技术。信息技术作为生产工具，对信息收集、加工、存储和传递提供支持与保障。

（3）信息资源的特点与特征。

1）信息资源具有以下几个特点。

①信息资源能够重复使用，其价值在使用中得到体现。

②信息资源的利用具有很强的目标导向，不同的信息在不同的用户中体现不同的价值。

③信息资源具有整合性，人们对其的检索和利用，不受时间、空间、语言、地域和行业的制约。

④信息资源是社会财富，任何人无权全部或永久买下信息的使用权；信息资源也是商品，可以被销售、贸易和交换。

⑤信息资源具有流动性。

2）信息资源具有以下几个特征。

①共享性：信息资源可以多人多群体分享。

②时效性：只有时机适宜，信息资源才能发挥效益。

③动态性：信息资源是一种动态资源，呈现不断丰富、不断增长的趋势。

④不可分性：信息的不可分性表现在它在生产过程中的不可分。

⑤不同性：作为资源的信息必是完全不同的。

⑥支配性：支配性是指信息资源具有开发和支配其他资源的能力。

综上所述，企业应准确识别、全面收集源于企业内部及外部、与企业经营相关的信息，为内部控制的有效运行提供信息支持。

2. 信息资源的管理架构

信息资源的管理架构可以按照"一个整体，归口管理，分工负责"的方针建立，形成企业信息资源管理一个整体、信息资源管理部门归口管理、业务部门专业管理的格局，做好部门内的分工负责。有条件的企业应设立信息资源管理部门，对本单位的信息资源进行归口管理，并接受上级的监督和指导。

3. 重大事项和重要信息报告制度

重大事项是指企业机构设立、经营过程中的重大活动、决定、变更事项，业务经营重大事件、突发事件、重大经济案件，以及临时发生的、对企业经营发展具有或可能产生重大影响进而危及区域性或系统性金融稳定和社会稳定的事件。重要信息是指关于企业经营发展状况的重要报告和报表等。

为及时、妥善处理重大金融风险和突发事件，维护企业正常稳健运行，切实防范化解事故风险，企业应根据制定的"重特大事件应急预案"规定，针对重特大事件明确规定报告程序。如根据对外投资、资金管理重大事项报告备案制度，制定本单位重要信息报告制度。重大事项和重要信息报告应遵循真实性、准确性、及时性、全面性、翔实性原则。

4. 对外宣传工作相关的信息收集

配合企业对外宣传工作需要，按日常信息、突发事件等相关信息及专项信息的管理要求，及时收集与本单位有关的信息。

（二）信息沟通机制

1. 内部沟通机制

（1）企业采取信息系统平台、互联网络、电子邮件、电话传真、信息快报、例行会议、专题报告、调查研究、员工手册、教育培训等多种方式，实现所需的内部信息、外部信息在公司内部准确、及时传递和共享，重要信息及时上报至董事会、监事会和经理层，确保董事会、管理层和企业员工之间的有效沟通。

（2）企业信息资源归口管理部门，通过信息平台或其他途径向信息需求部门提供所需信息，并对其他部门的信息沟通机制进行统一管理和监督。

（3）企业应建立规范的日常会议机制，具体会议形式包括但不限于总经理办公会议、总裁办公会、年度工作会议、专业工作会议、部门例会等。

（4）对外宣传工作的内部沟通机制，企业应及时对自身形象塑造及对外宣传工作相关的信息进行整理、处置，研究判断信息的重要程度，通过适当形式进行传递。

（5）企业员工在日常工作中可以通过面谈、电子邮件、电话等方式，随时向其直属上级和单位主要领导汇报工作和讨论问题。企业设立举报信箱、举报电话，员工可以通过书信、电话、走访等形式反映违规违纪问题以及有关建议和要求。企业组织开展合理化建议活动，听取员工对经营管理、薪酬福利等方面的合理化意见和建议，并对合理化建议进行跟进、落实和公布。

（6）企业建立改善经营管理建议机制，鼓励全体员工对企业改革发展、生产经营、企业管理等各项工作提出具有可行性、先进性和效益性的改进完善意见。

（7）企业利用信息技术促进信息集成与共享，充分发挥信息技术在信息与沟通中的作用。通过建立统一的信息平台，实现信息共享。

2. 外部沟通机制

（1）企业应建立适当的外部沟通渠道，以保证与投资者和债权人、客户、供应商、政府、监管机构、外部审计师、律师、新闻媒体等利益相关者的有效沟通，及时传达企业的各种信息及需求，同时对外部的建议、投诉和其他信息予以处理和反馈。

（2）对外宣传工作管理。

1）企业建立对外宣传工作管理制度，规范对外宣传工作程序。企业应指定对外宣传工作牵头单位或牵头人，负责与所在地方政府相关职能部门及当地主流媒体的沟通联络工作。

2）企业实行新闻发言人制度。新闻发言人根据审定的新闻发布内容，代表企业或所属企业对外发布信息。企业建立舆情监测、研判和处置机制，根据舆情事件发生、发展的规律及特点，把握舆情走势，判断舆情风险，收集相关信息，进行分类处置，必要时报主管部门或上一级。

3）企业应制定新闻危机的应急预案和处置流程，以规范新闻危机应对与处置工作。

（3）企业保持与政府、监管机构的适时沟通，及时向政府及监管机构了解法规政策和监管要求及其变化。

（4）企业建立客户座谈会制度和客户走访制度以促进与客户的有效沟通。

（5）根据法定要求和实际需要，企业聘请律师参与有关重大业务、项目和法律纠纷的处理，并随时与律师沟通处理情况。

3. 内部报告

（1）内部报告体系的建立。

1）为满足经营管理和决策需要，企业应针对生产经营、投资、财务、HSE 等方面建立内部报告体系，该体系应明确各类内部报告的编制部门、内容要求、时效要求、方法要求、上报程序、保密规定等。

2）根据自身的发展战略和风险控制的相关要求，以及业绩考核标准，设置内部报告指标体系，系统、科学地规范不同级次内部报告的指标体系，合理设置关键信息指标和辅助信息指标，并与全面预算管理等相结合，同时随着环境和业务的变化不断进行修订和完善。

3）对内部报告应实行分类归口管理，如政务和商务信息由总经理办公室归口管理，生产经营类报告由生产管理部门归口管理，财务类报告由财务部门归口管理，HSE 信息由安全环保部门归口管理等。

4）对内部报告指标进行具体细化、层层分解，以便控制风险并进行业绩考核。其中，报告的具体内容和形式根据经营管理的需求而变化，各归口管理部门负责及时收集各级管理层对内部报告的需求，并及时调整信息收集方式。

5）内外部信息的收集和处理必须与内部报告体系设置的要求一致，根据层层分解后的具体指标，有针对性地收集各种信息资源，避免重复收集信息和遗漏重要信息，同时权衡获取信息的便利性与获取成本，兼顾信息收集和传递的成本效益原则。

6）为深化内部管理，不断提高整体核心竞争力，企业应根据评价对象的功能与定位，按照全方位、多层次对标评价的工作要求，分层构建统一的对标评价指标体系。

7）制定严格的公文（包括电子公文）管理制度，对公文种类、公文格式、行文规则、发文办理、收文办理、公文归档、公文管理等程序进行明确规定，切实做好内部报告的编制与审核工作。

8）建立综合统计机构或指定部门，管理和协调本单位各项统计工作，确保数据归口报出及数据的严谨性。

（2）内部报告的使用。

1）制定内部报告传递制度，根据信息的重要性、内容等特征，确定不同的流转环节，并设定严格的传递流程记录，以便在流转环节出现问题时查找原因并及时解决，同时企业充分利用信息系统，实现内部报告的电子流转。对于重要、紧急的信息，可通过特别渠道直接向管理层汇报。

2）充分利用内部报告进行决策管理，指导公司的日常经营活动。

3）构建统一的对标评价指标体系，形成多层次、全方位的对标评价结果，促使企业及时发现管理短板，持续改善经营管理水平。

4）内部报告的流转和处理过程必须严格执行相关的保密规定，标有国家秘密及以上密级的公文，不允许使用办公综合业务处理系统。

5）建立档案管理办法和档案分类规则，对企业档案包括内部报告的管理机构、管理流程、利用和公布等进行规定。

4. 保密管理

（1）制定企业保密工作管理办法，对企业的综合保密工作进行总体规定。

（2）根据在企业生产、经营和管理中的重要性和保密规定，信息可分为国家秘密信息、商业秘密信息和一般信息三级。其中商业秘密信息根据使用范围，依次分为决策层共享、部门内共享和部门间共享三个共享层次。在信息传递过程中严格遵循关于信息分级的要求，实现信息在规定的范围内分享和使用。

（3）通过成立专门的保密部门或指定部门，具体指导、推动和检查企业的保密工作和规章制度的落实情况。严格执行泄密事件报告制度，依法、依纪查处重大泄密事件。

（4）对外宣传工作严格遵守保密规定，禁止对外发布或泄露涉及国家、企业秘密的信息，未经批准禁止披露敏感信息。

（5）制定员工守则，规定每名员工不可利用企业的知识产权和相关信息谋取私利的同时，也要求员工不非法使用属于他人的知识产权和相关信息，不实施侵犯他人知识产权的行为。

（三）信息系统技术整体控制

信息系统是一个由人、计算机及其他外围设备等组成的能进行信息收集、传递、存储、加工、维护和使用并以处理信息流为目的的人机一体化系统。信息系统由计算机硬件、网络和通信设备、计算机软件、信息资源、信息用户和相关制度等组成。

信息系统是现代社会一门新兴的学科，其主要任务是最大限度地利用现代计算机及网络通信技术，加强企业的信息管理，通过对企业拥有的人力、物力、财力、设备、技术等资源的调查了解，建立正确的数据，将数据加工处理并编制成各种信息资料，及时提供给管理人员，以便进行正确的决策，不断提高企业的管理水平和经济效益。企业的计算机网络已成为企业进行技术改造及提高企业管理水平的重要手段。

1. 信息化管理体系

企业应建立完善的信息化管理体系，设立信息化小组，定期召开会议，听取、总结和指导本单位信息化工作，对重大信息技术发展方向和目标进行决策。信息化工作归口管理部门对信息系统行使管理职责。

2. 信息系统技术组织架构及人员

信息系统管理人员需具备足够的专业技能，以胜任工作。人力资源部门应明确设定各信息系统管理人员的职责，在职责设定时，考虑职责分工及内部控制方面的要求。

3. 信息风险评估

根据风险防范的规定，信息系统归口管理部门负责每年对信息系统进行综合风险评估，识别和记录影响整个企业的信息技术风险，形成风险评估报告，并组织专家组对风险评估报告进行评审。同时，信息系统归口管理部门也可以通过多种形式对本单位信息系统的风险进行评估，包括企业信息系统整体风险、重点系统风险、主要基础设施风险等，形成相关风险评估报告，并将风险评估报告经信息系统管理部门负责人审核签字后，上报企业高层。

4. 信息系统安全管理

（1）信息系统归口管理部门应提出本单位的"信息系统关键岗位名录"，岗位名录上的关键岗位人员要与所在单位签署"信息系统关键岗位安全责任书"。

（2）企业应建立应急预案，预案中应明确信息安全事件和事故的定义，发生不同信息安全事件或事故的问题上报流程，各应用系统和基础架构系统的重要性等级与业务影响程度等内容。应每年安排应急预案演练，并根据演练结果对应急预案进行必要的优化和更新。

5. 信息系统的 COBIT

COBIT 是目前国际上公认的最先进、最权威的安全与信息技术管理和控制标准。COBIT 框架采用的是 COSO 框架关于内部控制的定义，不同的是它重点集中于利用信息技术来达到企业的目标和实施内部控制。

国际信息系统审计与控制协会提出了"信息系统和技术控制目标（COBIT）"，为 IT 的有效治理提出了路径，为企业在实现业务目标的同时平衡 IT 投资和风险方面提供一种机制，在确保企业能够实现业务目标的前提下，达到在风险管理和收益实现间的有效平衡，对指导和管理各类 IT 活动等方面起到了重要的作用。

我国《信息系统内部控制指引》是建立在 COSO 报告、COBIT 框架及《基本规范》的基础上的，它用来管理企业内部控制和 IT 安全等级，指导企业有效利用信息资源，有效管理与信息相关的风险。

即问即答：

内部报告的使用应注意什么？

第三节 企业信息与沟通中的冲突与协调

企业就像一个小社会，在日常的工作中，相当一部分的精力要用于信息与沟通，例如生产与销售、财务与考核、人力资源与人才成长等团队，时常会遇到信息不对等的情况，从而造成沟通不畅，影响工作效率与团队和谐。因此，如何化解信息与沟通中的不对称和不通畅，显得尤为重要。

一、团队冲突及其原因

（一）团队冲突

团队冲突需要三个要素：团队认同、可观察到的团队差别及挫折。首先，员工必须把自己看作一个可以辨别的团队的一部分。其次，团队必须在某种形式上存在可以观察到的区别于其他团队的不同点。团队可能位于大楼的不同楼层，其成员或许来自不同的学校或者在不同的部门工作。员工有能力认清自己是某一团队的一部分，并且能够通过比较观察到自己团队与其他团队的不同。再次，挫折指团队在实现目标的过程中遇到的阻碍。挫折会带来团队之间的冲突。当一个团队试图超越其他相关团队的时候，便出现了团队之间的冲突。团队之间的冲突可以定义为发生在组织的团队之间的一种行为。当参与者认同某一团队，并且认为其他团队会阻碍自己团队实现目标或期望值时，会发生这种行为。冲突意味着组织的直接撞击，甚至意味着它们之间的根本对立。冲突与竞争相似，但更加激烈。竞争指为追逐一个共同的奖励而进行的团队之间的竞赛，而冲突则直接涉及目标的实现。

组织内部团队之间既有横向冲突也有纵向冲突。横向冲突发生在同一层级的团队之间。生产团队可能会因为新的质量程序降低了生产效率而与质量控制团队发生争论，销售团队可能会因为财务团队的信用政策使其难以赢得新客户而与之产生分歧，市场团队和研究开发团队可能会为一项新产品的设计而发生争执。对此，需要某种横向的协调来减少冲突，实现协作。

冲突还会发生在纵向的不同层级之间。纵向冲突产生于控制、权力、目标、工资和福利等方面。一个典型的纵向冲突是管理总部和地方工厂或特许专卖商之间的冲突。

（二）团队冲突的原因

在任何建有不同团队的情况下，都存在团队冲突的潜在因素，团队冲突的原因主要有以下五个。

1. 环境

团队的建立是与外部环境相互作用的结果，随着环境不确定性和复杂性的增加，团队之间的技能、态度、权力及经营目标的差异也在加大。每个团队都力图适应环境，也因此与其他组织的团队产生差别。而且国内国际竞争的加剧导致价格下降、质量提高和服务改善。这些需求在组织内部转化为更加紧迫的目标压力，并由此在团队中产生更大的冲突。

2. 规模

组织规模的扩大带来了团队细分。团队成员开始考虑分离，在自己团队和其他团队之间建立隔离墙。层级的增加也加大了团队之间权力和资源的差别。

3. 技术

技术决定了团队中的任务分配和团队之间的依存性。在完成任务过程中的依存性使团队更经常地相互作用，而且必须共享资源。依存性常常导致冲突。

4. 目标

组织的总目标被分解为每一个团队的经营目标。市场、财务、法律及人力资源所追求的经营目标似乎经常相互排斥，一个团队的经营目标可能会妨碍另一团队的目标，由此而引发冲突。创新目标也经常带来冲突，因为创新需要团队之间的协调。创新目标往往比内部效率目标冲突更大。

5. 结构

组织结构反映了劳动分工和便于协调与控制的系统。组织结构确定了团队的组合和员工对已经确定的团队忠诚度，例如，选择一个事业部意味着总部将事业部置于对资源的竞争之中，总部可能会根据事业部的竞争情况提供报酬上的激励。

二、应对管理团队冲突的方法

一个组织的理想状态是只有适度的团队冲突。管理者不能让冲突过于激烈，否则会带来损失，应当尽可能地鼓励合作，以激励员工提高工作效率、实现组织目标。冲突管理的目标是团队成员的行为或者态度。通过改变行为，公开的冲突会减少或削弱，但是团队的成员可能仍然讨厌其他团队的成员。行为的改变使冲突更不容易看出来，或者使团队相互分离。态度的改变更深入，花费的时间也更长。应对管理团队冲突的方法主要有以下几种。

（一）正式的权力

正式的权力意味着为了重新解决或控制冲突而使规章制度和合法权力生效的高级管理。例如，广告部和销售部可能对广告策略不一致，销售部可能希望以直接邮送作为基本策略，而广告部则更喜欢利用广播和电视。这种冲突可以通过将问题交给负责市场营销的副职来解决，它可以通过合法的权力来解决冲突。采用这种方法的弊端在于，并不能改变对合作的态度，可能只是处理现时的问题。当成员对某种特定冲突的解决方案没能形成一致意见时，正式的权力在短期内具有效用。

（二）限定的沟通

在冲突的团队中鼓励某种沟通，可以避免对其他团队的能力、技术和特点的错误感知。当团队之间处于激烈冲突时，可以利用限定的沟通来解决。在一般情况下，限定的沟通可以集中于团队的共同目标，例如，在某公司研发和生产部门之间经常发生冲突，位于同一城市的事业部高级管理者安排了一个会议，用以解决分歧。在这个会议中，管理者可以提出异议，大家共同讨论和解决，通过这种方式解决有关问题的争议。这种方法可能带来一点态度的转变。

（三）整合方法

企业可以将团队、项目组和超出边界的项目经理进行整合。从解决共同问题的团队中将产生冲突的团队代表结合到一起，是减少冲突的一个有效方法，因为代表们愿意理解彼此的观点。有时需要一个专职整合员，通过与各个团队的成员会面和交流信息来实现合作和协调，该整合员必须了解各团队的问题，能够提出双方都可以接受的解决方法。

（四）对话和谈判

当冲突双方直接接触以解决分歧时，便会有对话，在对话的过程中，双方互讲条件的过程就是谈判。对话和谈判是双方有条不紊地寻找解决问题的办法。对话和谈判都有某种风险，既不能保证讨论集中于某项冲突，也不能保证双方都能够控制住情绪。但是，如果人们能够在面对面讨论的基础上解决冲突，他们就会发现彼此新的一面，进一步的合作也就变得更加容易。比如，企业可以采用让各个部门领导每个月和另外部门的领导面对面会见一次的方法，列出对对方部门的希望，讨论和谈判之后，部门领导在清单上写出对所要履行的服务承诺。

经常接触有助于提高管理者的技能，并使他们渴望通过自己来解决冲突和问题。当管理者施行的是双赢策略时，对话便是成功的方法。双赢即对团队双方都采取肯定态度，并试图通过彼此都能受益的方式解决冲突。如果谈判变成输赢策略，也即每个团队都想击败另一方，对话就难以有效。

（五）第三方机构

当冲突激烈并且持续时间较长时，团队成员就会产生怀疑并且不愿意合作，这时可以由组织引进第三方机构，与双方团队的代表会面。第三方机构可以在很大程度上促进建立合作的态度并且减少冲突，有时这种方法也称为"现场调解"。第三方机构常试图在团队之间重新建立已经断裂的沟通线路，充当解释角色以保证团队之间的消息能够被正确理解，而不受偏见影响。同时对一个团队或另一个团队的固有做法进行挑战并公开化，使固有做法曝光并瓦解。另外，提高对其他团队的积极行动和影响的认识，促使一个团队重新评价另一个团队。最后，确定、集中和解决冲突的特定来源，解决冲突，建立和培养合作态度，以取代以往的冲突。

（六）成员轮换

轮换指在临时或永久的基础上，个人可以从一个团队到另一个团队工作。其好处是个人的价值观、态度、问题和目标可以和其他团体相互渗透。另外，可以将原先团队的问题和目标解释给新同事，使观点和信息的交流坦诚而准确。通过岗位轮换减少冲突的速度很慢，但就改变产生冲突的根本态度和认知而言，这种方法比较有效。

（七）共同的使命和最高目标

管理团队冲突还可以采用提出共同使命、建立需要各团队合作来实现最高目标的策略。在具有强势的、适宜文化的组织内部，员工对企业的发展前景较有信心与抱负时，更加容易拥有团结合作的动力。通常，当不同团队的员工看到他们的目标紧密相连时，会公开地共享资源和信息。当然，管理层提出的最高目标必须很实在，必须可在一定时间内通过合作实现。报酬系统也应该设计成鼓励追求最高目标，比如组织生存目标，当组织将要失败、工作将要丧失时，团队会忘记它们的差别并试图拯救组织。实践表明，在不少面临危机的企业中，生存目标明显改善了团队之间的关系。

（八）团队之间的培训

团队之间的培训是减少冲突的一个有效方法。这种方法成本较高，但能够培养全企业范围内的合作态度。团队培训工作步骤：一是向冲突着的团队设定培训目标，即寻求共同的感知和关系；二是将有冲突的团队分开，让每个团队讨论并列出对自己团队和另一个团队的感知；三是在两个团队都列席时，团队代表公开各自对自己和对方团队的认识，而团队成员有义务保持沉默，以便尽可能准确地向另一团队报告对方在本团队内的印象；四是在交换意见之后，各个团队回到自己的部门消化、分析听到的内容；五是在公共会议中再一次通过代表展开工作，团队之间共同探讨所暴露的分歧和带来分歧的可能原因，集中考虑真实的可观察的行为；六是在相互表白之后，双方可以更加公开地探讨目前共同的目标，确定造成认知歪曲的更多原因；七是综合探讨如何处理双方未来的关系，以促进团队合作。

即问即答：

解决冲突的方法有哪些？

内部控制管理案例 1

深圳市长方集团股份有限公司

——2017 年度内部控制自我评价报告

深圳市长方集团股份有限公司全体股东：

根据《企业内部控制基本规范》及其配套指引的规定和其他内部控制监管要求（简称企业内部控制规范体系），结合深圳市长方集团股份有限公司（简称公司）内部控制制度和评价办法，在内部控制日常监督和专项监督的基础上，我们对公司 2017 年 12 月 31 日（内部控制评价报告基准日）的内部控制有效性进行了评价。

一、重要声明

按照企业内部控制规范体系的规定，建立、健全和有效实施内部控制，评价其有效性，并如实披露内部控制评价报告是公司董事会的责任。监事会对董事会建立和实施内部控制进行监督。管理层负责组织领导企业内部控制的日常运行。公司董事会、监事会及董事、监事、高级管理人员保证本报告内容不存在任何虚假记载、误导性陈述或重大遗漏，并对报告内容的真实性、准确性和完整性承担个别及连带法律责任。

公司内部控制的目标是合理保证经营管理合法合规、资产安全、财务报告及相关信息真实完整，提高经营效率和效果，促进实现发展战略。由于内部控制存在的固有局限性，故仅能为实现上述目标提供合理保证。此外，由于情况的变化，内部控制可能变得不恰当，或对控制政策和程序遵循的程度降低，根据内部控制评价结果推测未来内部控制的有效性具有一定的风险。

二、内部控制评价结论

根据公司财务报告内部控制重大缺陷的认定情况，于内部控制评价报告基准日，不存在财务报告内部控制重大缺陷，董事会认为，公司已按照企业内部控制规范体系和相关规定的要求在所有重大方面保持了有效的财务报告内部控制。

根据公司非财务报告内部控制重大缺陷认定情况，于内部控制评价报告基准日，公司未发现非财务报告内部控制重大缺陷。

自内部控制评价报告基准日至内部控制评价报告发出日，未发生影响内部控制有效性评价结论的因素。

三、公司建立内部控制制度的目标和遵循的原则

（一）建立内部控制制度的目标

（1）严格遵守国家法律、法规及相关规定，贯彻执行公司各项规章制度。

（2）建立和完善符合现代公司管理要求的内部组织结构，形成科学的决策机制、执行机制和监督机制，保证公司经营管理目标的实现。

（3）建立行之有效的风险控制系统，提高企业风险防范能力，强化风险管理，保证公司各项经营活动的正常有序运行。

（4）建立良好的公司内部控制环境，防止并及时发现、纠正各种错误和舞弊行为，保证公司各项资产的安全及有效运转。

（5）规范公司财务会计行为，保证会计信息及时、准确和完整，真实反映公司生产经营活动的实际情况。

（6）保证公司经营管理合法合规，确保公司内部控制制度得以贯彻执行。

（二）建立内部控制制度遵循的原则

（1）合法性原则：内部控制制度符合国家有关法律法规和财政部《企业内部控制基本规范》等相关文件的要求和公司的实际情况。

（2）全面性原则：内部控制应贯穿决策、执行和监督全过程，覆盖公司的各种业务和事项。

（3）重要性原则：内部控制应在全面控制的基础上，关注重要业务事项和高风险领域。

（4）制衡性原则：内部控制应在治理结构、机构设置、权责分配、业务流程等方面相互制约、相互监督，同时兼顾运营效率。

（5）适应性原则：内部控制应与公司经营规模、业务范围、竞争状况和风险水平等相适应，并随着情况的变化及时加以调整。

（6）成本效益原则：内部控制应当权衡实施成本与预期效益，以适当的成本实现有效控制。

四、公司内部控制建立和执行情况

（一）内部环境

1. 内部控制治理与组织架构

公司严格按照《公司法》《证券法》等法律法规的要求，建立规范的治理结构和议事规则，明确了决策、执行、监督等方面的职责权限，形成了科学有效的职责分工和制衡机制，公司法人治理结构合理健全。股东大会是公司的最高权力机构，依法行使公司经营方针、筹资、投资、利润分配等重大事项的表决权。

董事会对股东大会负责，依法行使公司的经营决策权。董事会是公司的决策机构，向股东大会负责，依法行使公司的经营决策权。董事会由七名董事组成，其中包括三名独立董事。董事会负责公司内部控制的建立、健全和有效实施，制订公司经营计划、投资方案和财务预决算方案。董事会分别设立了审计委员会、战略决策委员会、提名委员会、薪酬与考核委员会四个专门委员会，对公司经营活动的重大事项进行审议并做出合理决策。监事会对股东大会负责，监督企业董事、经理层依法履行职责，对董事会建立和实施内部控制进行监督。经理层负责实施股东大会、董事会决议事项，主持公司的生产经营管理工作，制定具体的工作计划，并及时对计划执行情况进行考核，保证公司日常经营活动正常运转。

2. 公司内部控制制度建立、健全情况

2017年，公司进一步完善和健全了公司内部控制制度体系。目前公司主要规章制度包括《公司章程》《股东大会议事规则》《董事议事规则》《独立董事工作细则》《监事会议事规则》《关联交易决策制度》《重大投资、重大生产经营及财务决策程序与规则》《对外担保制度》《内部控制制度》《募集资金管理制度》《会计师事务所选聘制度》《会计政策、会计估计变更及会计差错管理制度》《总经理工作细则》《董事会秘书工作制度》《内部审计管理制度》《财务负责人管理制度》《信息披露管理制度》《内幕信息知情人登记管理制度》《外部信息使用人管理制度》。

3. 机构设置及权责分配

公司根据生产经营和管理的需要，按照相互制衡的原则，合理设置部门和岗位，目前公司设立有财务中心、资材中心、研发中心、光源制造中心、行政人事中心、教育事业部等部门，科学划分职责权限，形成各司其职、各负其责、相互配合、相互制约的组织体系，各个职能部门能够相互制约、相互监督。

公司明确规定了各部门的主要职责，制定了各项业务和管理程序的操作规程，各业务人员在授权范围内进行工作，各项业务和管理程序遵照公司制定的各项操作规程运行，确保了权力与责任落实到位。

4. 公司内部审计部门的设置

公司设有专门的内部审计部门，并配备了专门的审计人员，包括审计部负责人1名及审计专员2名，共计3名，对公司的经济运行质量、效益内部控制制度等进行监督，并提出改善经营管理的建议和意见。公司内部审计部门直接对董事会审计委员会负责，对公司经营情况、财务情况进行审计和监督，独立行使审计监督权。

公司审计部门对监督检查中发现的内部控制缺陷，按照公司审计工作程序执行；对在监督检查中发现的问题，及时提出控制管理建议，并督促相关部门及时整改，确保内部控制制度的有效实施，保障公司的规范运作。

5. 人力资源制度

公司以公开招聘为主，坚持"公平、公正、公开"的用人制度，始终坚持以人为本，充分尊重、理解、关心员工。公司实行全员劳动合同制，制定了系统的人力资源管理制度，对人员录用、员工培训、工资薪酬、福利待遇、绩效考核、内部调动、职务升迁等进行了详细规定。

6. 企业文化

公司始终坚持"对人讲情感，对事讲原则；不要说明问题，要解决问题；理论是说明一切，数据是解决一切"的核心价值观，坚持"打造国内 LED 照明第一品牌，通过资本化运作实现多元化战略"的战略方针，坚持"协同管理、精细化管理、渠道制胜"的经营模式，坚持走可持续发展道路，为进一步打造公司的质量优势、规模优势、品牌优势而努力。

（二）风险评估

公司主要生产、销售半导体照明器件及应用产品，面临的主要风险因素包括市场风险、行业风险、业务经营风险、技术风险、管理风险、财务风险、政策性风险等。公司管理层认识到公司要面临的上述风险。风险是不可避免的，只能加强管理。管理层的主要任务就是要平衡风险和收益，力争在最小的风险条件下获取最大收益。为了促进公司规范运作和可持续发展，公司建立了以内部控制制度为基础的风险评估和风险控制体系，设立了审计委员会，全面系统持续收集各方面的信息，认真组织实施风险管理解决方案，确保各项措施落实到位，将风险降到最低。

（三）控制活动

为了保证内部控制在经营管理中的有效执行，确保控制目标的实现，将风险控制在可承受范围之内，公司实施了一系列内部控制措施，包括以下三种。

1. 不相容职务分离控制

公司在岗位设置前会对各业务流程中所涉及的不相容职务进行分析、梳理，考虑到不相容职务分离的控制要求，实施相应的分离措施，形成各司其职、相互制约的工作机制。

2. 交易授权控制

公司按交易金额及交易性质划分了两种层次的授权：一般授权和特别授权。对于一般性交易，如购销业务、费用报销业务等，采取各职能部门、财务总监、总经理分级审批制度。对于非经常性交易，如投资、发行股票等重大交易，需提交董事会、股东大会审议。

3. 会计系统控制

公司严格执行《企业会计准则》，加强会计基础工作，明确会计凭证、会计账簿和财务会计报告的处理程序，保证会计资料真实、完整。

（1）财务会计制度的建设及规范。公司制定了《深圳市长方集团股份有限公司财务会计管理制度》（简称《财务会计管理制度》），同时还先后出台了有关费用审批权限和开支标准等配套实施方法。公司通过 ERP 系统，对货币资金、采购与付款、销售与收款、固定资产、存货等建立了严格的内部审批程序，规定了相应的审批权限，并实施有效控制管理，确保会计凭证、核算与记录及其数据的准确性、可靠性和安全性。后期公司将进一步强化存货管控的相关制度，加强库存管理，确保存货处于最佳库存状态，并充分利用财务信息系统，根据市场价格的变化情况，合理确定存货的减值情况；逐步完成各项预算制度的建立和执行，依托财务信息系统，提高各项预算的全面性、准确度和可维护性。

（2）会计机构设置及人员配置。公司依法设置会计机构，配备必要的会计从业人员。正式上岗的会计人员均具备从事会计工作所需要的专业能力，主管会计工作负责人已具备会计师专业技术职务资格。

公司设置财务总监一名，且未设置与其职权重叠的副职。财务总监全面负责公司的财务会计工作。同时，公司财务中心设置财务副总一名，设置有现金出纳、银行出纳、销售会计、采购会计、薪资专员、固定资产会计、成本会计、税务会计、管理会计、财务会计、报关会计等会计岗位。公司财务管理和会计核算已经从岗位上做了职责权限划分，并匹配相应的人员，以保证财会工作的顺利进行。

本公司就主要的会计处理程序做了明确而具体的规定，原材料的供应和采购、产品加工与生产、产品的销售与货款的回收、各种费用的发生与归集，以及投资、筹资等特殊业务，都有相应的规定与制度。

通过实行穿行测试、抽查有关凭证等必要的程序，本公司的会计系统能够确认并记录所有真实的交易；能够及时、充分、详细地描述交易，并且计量交易的价值；能够在适当的会计期间记录交易，并且在财务报表中适当进行表达与披露。

4. 资产管理控制

公司建立了资产日常管理制度和定期清查制度，各项实物资产建立台账进行记录、保管，坚持进行定期盘点、账实核对等措施，确保财产安全。同时，公司对货币资金、实物资产的验收入库、领用发出、保管及处置等关键环节进行控制，采取了职责分工、实物定期盘点、财产记录、账实核对等措施，定期对应收款项、对外投资、固定资产、在建工程、无形资产等合理计提资产减值准备，并估计合理损失。

5. 关联交易的内部控制

公司严格按照《公司章程》《股东大会议事规则》《董事会议事规则》《监事会议事规则》以及《关联交易决策制度》等公司治理制度，规范公司关联交易审核、决策程序以及信息披露等相关流程。公司关联交易真实公允、业务行为规范、信息披露及时，切实保护了投资者利益。

6. 对外担保的内部控制

公司在《公司章程》中明确了股东大会、董事会关于对外担保事项的审批权限。公司对外担保的内部控制遵循合法、审慎、安全的原则，严格控制担保风险。

2017年，公司为全资子公司、控股子公司（合并报表范围内）向银行申请授信额度部分提供连带责任担保，财务风险处于可有效控制的范围内，公司对其提供担保不会损害公司及股东的利益。

7. 募集资金使用的内部控制

公司的资金管理严格按照《募集资金管理制度》及有关财务管理制度执行。

《募集资金管理制度》对募集资金的存放、使用、项目实施管理、投资项目变更、使用情况监督、信息披露等做了明确规定，保证了资金使用的规范、公开、透明。

8. 重大投资的内部控制

公司在《公司章程》中明确了股东大会、董事会关于重大投资的审批权限，对重大投资的对象、决策权限及审议程序等做出了具体规定，规范了公司的投资行为。短期投资、长期股权投资等对外投资项目由相关部门根据公司发展计划，经过对投资项目可行性、风险和效益论证、资金筹措等的科学论证后，按照管理流程逐级报批，以确保公司投资决策科学，防范了投资风险。2017 年，公司重大投资项目决策程序符合《公司章程》及上市公司规范运作相关法律法规的规定。

9. 信息披露的内部控制

公司严格按照《创业板股票上市规则》《公司章程》《信息披露制度》的相关规定，依法履行信息披露义务。公司完善了信息披露管理制度，对信息披露的原则、内容、程序、职责分工、信息传递、登记、存档、保密措施及责任追究等做出了明确规定。2017 年 2 月，公司对 2016 年业绩预告进行了修正，公司全体董事、监事和高级管理人员进一步加强对相关证券法规的学习，提高信息披露质量。

10. 投资者关系管理的内部控制

公司制定了《投资者关系管理制度》，严格按照制度实施本年度的投资者接待管理工作。相关接待工作程序规范，相关事项履行登记留痕，资料保存完整。

11. 其他

公司建立起较为完备的内部控制体系，涵盖了生产、采购、销售、财务管理、对外投资、行政人事管理等一系列运营环节，形成了公司高效运行的制度基础。同时，公司根据外部环境的变化及实际运营需要，及时进行控制内容及流程的更新、完善。

五、信息与沟通控制

（一）信息传递

公司建立了完整的信息沟通制度，明确了内部控制相关信息的收集、处理和传递程序、传递范围，确保了对信息的合理筛选、核对、分析、整合，保证了信息的及时、有效。公司积极加强内外部信息保密工作与信息报告的披露机制，保障内部信息传递及时、安全、可靠，防止商业机密外泄，避免未公开信息在对外报送前泄露，在资本市场上给企业造成不良影响；同时保证企业信息报告及时，信息披露合法、真实、准确、完整。公司重视与中介机构、业务往来单位以及相关监管部门等外部单位的信息沟通和反馈，并通过市场调查、网络传媒等渠道，及时获取外部信息。

（二）信息系统控制

公司重视信息系统在内部控制中的作用，确定了专门部门进行公司信息管理，并利用办公自动化系统、内部局域网等现代化信息平台，使各管理层、各部门以及员工与管理层之间信息传递更迅速和顺畅。通过建立、健全信息系统管理制度和机制，对 IT 运行维护、一般系统安全，包括账户 ID、密码认证机制、系统日志审核、系统开发与变更、数据备份等实行有效的管理，通过对各系统的定期巡检确保信息系统的正常运行，增强信息系统的安全性、可靠性。

六、内部监督控制

公司依照法律、法规、规范性文件以及《公司章程》等规定，设立了监事会、董事会审计委员会、审计部等部门，负责公司内部监督工作。

监事会负责对董事会和管理层的履职情况及公司依法运作的情况进行监督，对股东大会负责；审计委员会负责内部、外部审计的沟通、监督和核查工作，确保董事会对经理层的有效监督。

审计部在审计委员会的领导下开展工作，是内部控制日常监督的常设机构，主要负责组织相关部门根据业务发展、经营管理目标等变化情况，对内部控制体系进行维护、更新及优化，并通过自查自纠、自我评价发现问题、解决问题。同时，对公司内部控制体系建立及执行情况进行独立评审，针对发现的问题及时提出整改意见并督促完成。

七、内部控制缺陷认定标准

公司依据企业内部控制规范体系及国家五部委联合下发的《企业内部控制基本规范》《企业内部控制应用指引》等，组织开展内部控制评价工作。公司董事会根据企业内部控制规范体系对重大缺陷、重要缺陷和一般缺陷的认定要求，结合公司规模、行业特征、风险偏好和风险承受度等因素，区分财务报告内部控制和非财务报告内部控制，研究确定了适用于本公司的内部控制缺陷具体认定标准，公司确定的内部控制缺陷认定标准如下。

（一）财务报告内部控制缺陷认定标准

根据缺陷可能导致的财务报告错误的重要程度，公司采用定性和定量相结合的方法，将缺陷划分确定为重大缺陷、重要缺陷和一般缺陷。

重大缺陷是指一个或多个控制缺陷的组合，可能导致严重缺陷，影响企业内部控制的有效性，进而导致企业无法及时防范或发现严重偏离控制目标的情形。

重要缺陷是指一个或多个控制缺陷的组合，其严重程度虽低于重大缺陷，但仍有较大可能导致企业无法及时防范或发现偏离控制目标的情形，须引起企业董事会和管理层的重视和关注。

一般缺陷是指除重大缺陷、重要缺陷之外的其他缺陷。

1. 定量标准

定量标准以利润总额、资产总额为衡量指标。内部控制缺陷可能导致或已导致的损失与利润表相关的，以利润总额指标来衡量。如果该缺陷单独或连同其他缺陷可能导致财务报告错报金额小于利润总额的5%，则认定为一般缺陷；如果超过税前利润5%、小于10%，则认定为重要缺陷；如果超过税前利润10%，则认定为重大缺陷。内部控制缺陷可能导致或已导致的损失与资产管理相关的，以资产总额指标来衡量。如果该缺陷单独或连同其他缺陷可能导致财务报告错报金额小于资产总额的0.5%，则认定为一般缺陷；如果超过资产总额0.5%、小于1%，则认定为重要缺陷；如果超过资产总额1%，则认定为重大缺陷。

2. 定性标准

出现以下情形的（包括但不限于），一般应认定为财务报告内部控制重大缺陷。

（1）公司董事、监事和高级管理人员的舞弊行为。

（2）公司更正已公布的财务报告。

（3）注册会计师发现的却未被公司内部控制识别的当期财务报告中的重大错报。

（4）审计委员会和审计部对公司的对外财务报告和财务报告内部控制监督无效，出现以下情形的（包括但不限于），一般应认定为财务报告内部控制重要缺陷：公司主要会计政策、会计估计变更或会计差错更正事项未按规定披露的；未建立反舞弊程序和控制措施的；关联方及关联交易未按规定披露的；对于期末财务报告过程的控制存在一项或多项缺陷且不能合理保证编制的。

不构成重大缺陷、重要缺陷的其他控制缺陷，认定为一般缺陷。

（二）非财务报告内部控制缺陷的认定标准

公司非财务报告缺陷认定的主要依据是缺陷涉及业务性质的严重程度，直接或潜在负面影响的性质、影响范围等。

1. 定量标准

一般缺陷：直接财产损失小于或等于 100 万元。

重要缺陷：直接财产损失大于 100 万元，小于或等于 1 000 万元。

重大缺陷：直接财产损失大于或等于 1 000 万元。

2. 定性标准

出现以下情形的（包括但不限于），一般应认定为非财务报告内部控制重大缺陷：

（1）重大事项决策未按公司政策执行，导致决策失误，产生重大经济损失。

（2）违反国际法律法规相关规定。

（3）公司重要技术资料、机密等信息泄密，导致公司产生重大损失或不良社会影响。

（4）公司重要业务缺乏控制制度或制度体系失效。

（5）其他对公司影响重大的情形。

认定为非财务报告内部控制重要缺陷的情形为：缺陷不构成重大缺陷，其严重程度低于重大缺陷，且可能导致公司遭受一定程度的损失或影响。

认定为非财务报告内部控制一般缺陷的情形为：不构成重大缺陷、重要缺陷的其他控制缺陷。

八、内部控制缺陷认定及整改情况

（一）内部控制缺陷认定及整改情况

根据上述内部控制缺陷的认定标准，以日常监督和专项监督为基础，我们未发现报告期内存在内部控制重大缺陷、重要缺陷，公司主要风险均得到了较好的控制。针对报告期内发现的一般缺陷，公司均制定了相应的整改措施并推进落实，不断规范公司运作，提高风险防范能力。

（二）公司拟持续改进方面

为了适应公司业务快速、稳定发展的需要，在保证与财务报告相关的内部控制的有效性的基础上，公司管理层高度重视和关注与公司管理相关的内部控制的优化和提升。具体包括以下几个方面。

（1）公司全体董事、监事和高级管理人员将进一步加强对证券法律法规的学习，强化规范运作意识，健全内部控制制度，切实提高公司规范运作水平。

（2）进一步加强公司董事、监事及高级管理人员加强对信息披露相关法律法规的学习，坚决杜绝内幕消息提前泄漏的情况，严格遵守相关制度，做好信息披露工作。

（3）进一步强化存货管控的相关制度，加强库存管理，确保存货处于最佳库存状态，并充分利用财务信息系统，根据市场价格的变化情况，合理确定存货的减值情况。

九、公司董事会对内部控制的完整性、合理性和有效性的自我评估意见

公司已经根据相关法律法规的要求，对公司截至 2017 年 12 月 31 日的内部控制设计与运行的有效性进行了自我评价。

公司董事会认为：报告期内，公司对纳入评价范围的业务与事项均已建立了内部控制，并得以有效执行，达到了公司内部控制的目标，不存在重大缺陷。

自内部控制评价报告基准日至内部控制评价报告发出日未发生对评价结论产生实质性影响的内部控制重大变化。

我们注意到，内部控制应当与公司经营规模、业务范围、竞争状况和风险水平等相适应，并随着情况的变化及时加以调整。在实际工作中，还会存在部分控制环节执行不到位的情况，公司将继续广泛宣传内部控制制度，加强培训力度，提高广大员工的内部控制意识，

促使其在经营管理及日常工作中得到更好的贯彻执行。未来，公司将继续完善内部控制制度，规范内部控制制度执行，强化内部控制监督检查，促进公司健康、可持续发展。

深圳市长方集团股份有限公司董事会

2018 年 2 月 27 日

资源来源：http://news.10jqka.com.cn/20180301/c13424713.shtml。

内部控制管理案例 2

镇海炼化分公司构建智能化、数字化、信息化、协同化能力体系　提升企业竞争力

近年来，镇海炼化分公司围绕"以最少的人管理最大的炼化一体化企业"原则，紧紧抓住中国石化智能工厂建设试点和中华人民共和国工业和信息化部（简称工信部）智能制造试点示范项目的机遇，大力推进"两化"融合和智能工厂建设，努力构建新型能力体系，提升企业竞争力。

一、运行智能化，实现全生产过程优化

（1）建立全流程一体化计划优化模型。模型涵盖 61 套炼油装置和 33 套化工装置，年、季、月生产计划采用工厂计划优化管理系统（PIMS）进行排产，日、旬生产计划采用生产调度决策优化系统（ORION）编制资源配置最优生产方案；利用桌面炼厂和乙烯裂解模型等流程模拟软件，对全厂加工流程进行离线优化，指导装置操作；统筹资源利用，将生产计划与炼油和化工装置机理进行关联，不断完善优化工具，实现装置操作条件、加工流程离线或部分在线优化。

（2）强化生产指令的集成优化。创新建立一体化生产指令体系，使各级生产指令自动分解并转化为岗位流程操作作业单，同时将生产指令集成到制造执行系统物料移动中，与物料实时移动数据同步、业务联动，实现生产指令执行的智能闭环管理。

（3）提升装置操作水平。运用实时数据库技术监控和数据，推广使用在线检测仪表 911 台，在主要生产装置实施先进控制技术（APC），在乙烯裂解装置和 I 套催化装置建成实时在线优化系统（RTO），自主开发投用一键停车系统、紧急停车辅助系统（DCS），实现装置全流程在线协同闭环。在主要生产装置建成动态仿真系统（OTS），实现在线仿真模拟装置操作。

二、工厂数字化，实现全生命周期管控

2015 年，镇海炼化分公司在三维数字工厂试点区域进行精度小于 1 厘米的部件级建模，集成了工艺、质量、设备、安全、环保、视频等各类属性数据和运行参数，实现从设计、施工、试车、交付到运行管理的全生命周期管控。为加强厂际管线的安全管理，镇海炼化分公司将 147 条、共 700 多千米的厂际管线全部纳入系统管理，实现巡检人员实时定位、巡线轨迹追踪回放、事件实时上报等多项功能；采用有线/无线数据自动交换技术、机泵状态监控技术、加热炉和静态设备腐蚀在线检测等技术，对重要机泵运行状态、设备重点部位腐蚀状况进行实时监控，实现预知性检维修。

三、管控信息化，实现全业务领域覆盖

镇海炼化分公司加强过程控制，不断建设完善具有镇海炼化特色的"ERP+BPM"信息管理系统，实现对 37 大类 142 条业务流程的线上审批和移动终端办公。同时，建立大督办管理机制，形成督办、KPI（关键绩效指标）、岗检三大模块的全面管控体系，实现对各项

业务、工作要求的全过程在线跟踪监控和动态预警、考核。

四、创新协同化，实现全方位资源支撑

横向协同方面，镇海炼化分公司主动融入宁波化工智慧园区和宁波智能制造试点城市建设体系，把资源优化、智能应用的触角延伸至周边石化产业园区企业，做好企业之间生产关联互动，逐步建立资源、技术、管理、服务等共享平台，形成上下游产业链协同一体化。

纵向协同方面，镇海炼化分公司不断深化产销研用"四位一体"的产品研发平台建设，创新成立跨企业、跨业务板块的产销研用"四位一体"的聚烯烃新产品研发中心；建成并投用石化行业首家超大型全自动聚烯烃立体仓库，实现产品包装、输送、出入库、盘库和装车发货全过程无人操作；对污水、烟气排放等污染源实施 24 小时在线监测，采用国际上最先进的安装有离子分子反应质谱技术的环境流动监测车，快速准确锁定污染源，做好蒸汽和动力的在线智能监测和优化管理。

下一阶段，镇海炼化分公司将持续完善智能工厂建设方案，不断深入推进"两化"融合，大力构建新型能力体系，确保为企业提质增效和转型发展提供有力支撑。

资料来源：https://www.docin.com/p-2225736042.html。

内容总结

在当今社会中，信息化、经济化已经成为社会发展的主流，随着经济的不断发展，信息化也在逐步深入，与之相应的，社会竞争环境日趋复杂，企业需要面临更复杂的社会环境。企业要想在优胜劣汰的竞争环境中生存下来，就要充分利用信息与沟通对企业运营的积极作用，促进管理更加趋于科学化和合理化。

信息与沟通是企业内部控制的基本方法，也是被控制的对象，是企业在经营管理中及时、准确地收集、传递与内部控制相关的信息，以确保相关信息在企业内外部之间进行有效的沟通。

有效的信息与沟通要设定目标，在明确目标的基础上着手有关信息的收集，明确处理和传递程序，同时注意在信息沟通中的冲突和协调，确保信息的通畅和沟通的顺利。

掌握信息与沟通的含义及主要的控制方法，是企业内部控制有序进行的重要保证，可以主动化解企业在信息中存在的或有风险，让企业在内外部的沟通上更加通畅。

主要相关制度索引

国家层面

1. 《企业内部控制基本规范》及配套指引。

2. 《中华人民共和国网络安全法》。

3. 《全国人民代表大会常务委员会关于加强网络信息保护的决定》。

4. 《中华人民共和国计算机信息网络国际联网管理暂行规定》。

5. 《关于加强政府上网信息保密管理的通知》。

6. 《涉及国家秘密的通信、办公自动化和计算机信息系统审批暂行办法》。

企业层面

1. 信息资源、信息化、信息系统安全管理办法。

2. 企业政务信息工作规则。

3. 重特大事件应急预案。

4. 企业对外宣传工作管理办法。

5. 信息分级与授权规则。

6. 网站信息安全管理规定。

7. 企业商业秘密保护规定。

8. 企业内幕信息知情人登记制度。

9. 企业与信息沟通相关的经营管理制度。

复习题

1. 简述信息与沟通的含义。

2. 信息收集的原则是什么？

3. 信息的分类有哪些？

4. 内部沟通的主要内容有哪些？

5. 信息与沟通中的主要风险是什么？

6. 描述信息与沟通的主要控制要求及其主要作用。

7. 企业在应对突发事件和不良舆情方面应该制定哪些对策和应急措施？

8. 如何防止团队发生冲突？

思考与应用

1. 在现实工作中，将信息与沟通进行拆分是否可行？

2. 请问你与人沟通时，最在意的是什么？

3. 假设企业突发了环境方面的事件，你作为发言人应如何应对？

4. 在团队中，你如果与队友产生冲突，该如何解决？

第六章

企业内部监督

内部监督是对内部控制活动执行情况的监察与督促。内部控制作用的发挥有赖于建立起健全有效的内部控制系统，建立起良好的运行机制，为此，需要对内部控制的建立和实施进行监督。承担这一任务的主要是内部监督部门，企业应当根据国家内部控制的相关规定，制定内部监督制度，明确内部审计机构或经授权的其他监督机构，明确其他内部机构在内部监督中的职责权限，规范内部监督的程序、方法和要求。

企业内部监督是单位内部设立的监督机构所进行的一种监督与评价活动。内部监督离不开内部检查评价，且作为一种经济监督形式，其本身也是内部控制系统的组成部分。这一组成部分对完善内部控制系统有特殊的作用。

第一节 内部监督简述

一、内部监督的含义

内部监督是指企业对内部控制建立与实施情况进行监督检查，评价内部控制设计和运行的有效性，发现内部控制缺陷，提出改进措施并监督整改的过程。内部监督主要包括对建立并执行内部控制的整体情况进行持续性检查评价，对内部控制的某一方面或者某些方面进行专项检查评价，提交相应的检查报告，提出有针对性的改进措施等。

内部检查评价是指企业董事会或类似权力机构对内部控制的有效性进行全面评价、形成评价结论、出具评价报告的过程。由此定义可以看出，一是内部控制评价的主体是组织自身，而不是外部中介机构或监督机构；二是内部控制评价的目的是确认和优化内部控制；三是内部控制评价是一个过程，也是一种监督方法，其性质类似于审计。

二、企业内部监督控制目标

（1）企业通过开展内部监督工作，提高内部控制设计和执行的有效性。

（2）企业通过开展内部监督工作，促进企业内部控制体系的持续优化和完善，提升企业市场形象和公众认可度。

三、企业内部监督内容

内部监督是内部控制发展到一定阶段的必然产物。早在内部牵制阶段，审计人员就开始注意到了内部监督问题。1929年，美国注册会计师协会和联邦储备委员会在《财务会计报表的验证》一文中，最早提出了内部控制评价概念，指出："要对内部控制的有效性做出评价，而抽查的范围将取决于检查内部控制系统的结果。"要做好内部监督，必须关注内部控制的运行过程。

（一）内部控制的运行过程

内部控制不是静态的，而是一个持续的循环过程。这个过程主要包括设计、执行、评价和改进四个环节，如图6-1所示。

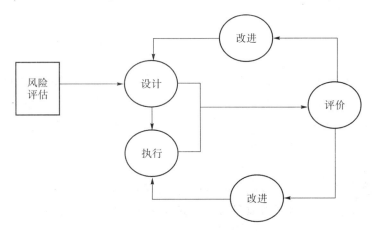

图6-1　内部控制运行过程

1. 内部控制设计

企业需要对自身的任务和目标进行风险评估，并根据风险评估的结果来确定企业内部控制的具体目标，然后根据目标来设计内部控制。内部控制设计主要是由管理层制定各种内部控制制度，是内部控制循环的基础。

2. 内部控制执行

内部控制执行是对内部控制设计的运用。内部控制设计得再完美，若不加以实施，就如同纸上谈兵，毫无意义。

3. 内部控制评价

内部控制评价是对设计与执行两个环节的恰当性和有效性等进行测试、分析，并进行合理的评价。内部控制评价是内部控制过程中非常重要的一个环节，或者说是一个承前启后的环节。内部控制评价既是对已有内部控制的总结，也是未来改进内部控制体系的重要依据。

4. 内部控制改进

企业管理层应根据内部控制评价意见对企业的内部控制系统进行改进。如果只有内部控制评价，而没有改进措施，那么内部控制评价就没有任何价值。改进的内容又构成内部控制系统的组成部分，成为下一次内部控制评价的对象。

内部控制系统运行的四个环节，环环相扣、紧紧相连，构成一个完整的内部控制过程。现实中，并不存在一劳永逸的内部控制系统，内部控制系统必须随着企业内外部环境的变化而不断改进。因此，企业应长期持续地开展内部控制评价，及时对自身的内部控制体系加以改进，以适应新的要求。

（二）内部监督的主要内容

在上述内部控制的运行过程中，均不同层面地嵌入了内部控制环境、风险评估、控制活动、信息与沟通等要素内容。因此，内部监督应在此基础上进行，在监督的同时予以恰当的评价，以利于企业经营管理的优化和完善。

1. 建立、健全内部监督制度

内部监督的内容包括企业应明确监督的组织架构、岗位设置、岗位职责、相关权限、工作方法、信息与沟通的方式以及表格与报告样本等。

2. 内部控制措施的健全性

内部控制措施是否健全，手续是否严密，设计的措施和方法能否真正起到事前控制的作用，均对企业影响甚大。一般来说，健全的内部控制措施，能预防错误和弊端的发生，即使发生了，也容易及时发觉和纠正。内部控制措施是否健全要注意以下因素：各项内部控制措施是否符合内部控制的基本原则，关键控制点是否进行了控制，所有的控制目标是否已达到。

3. 内部控制措施的合理性

内部控制措施的合理性即企业是否依据自身生产经营活动的实际情况设计内部控制措施。盲目照搬其他组织的内部控制措施，或使用落后的内部控制措施，都是不合理的。

4. 内部控制系统的有效性

内部控制是否有效，就要看在具体实施过程中内部控制是否具有有效的执行力。该执行力必须与企业的实际相结合，将内部控制镶嵌到日常的工作中。对于写在纸上、挂在墙上、说在嘴上、就是不做等摆样子的内部控制，企业必须从基础和源头进行强化监督，以防范内部控制的虚设。

5. 分析和报告内部控制缺陷及问题

内部控制缺陷及问题的报告对象至少应包括与存在缺陷和问题直接相关的责任单位、负责执行整改措施的人员、责任单位的上级单位。对于缺陷和问题，内部监督机构有义务直接上报董事会、审计委员会和监事会等相关机构。

6. 对内部控制缺陷和问题的整改

企业应对发现的内部控制建立与实施中存在的问题和缺陷进行整改，促进内部控制发挥更大的作用。尤其要关注屡查屡犯的现象。

四、内部监督与内部控制要素的关系

内部监督与内部控制其他要素相互联系、互为补充。

（一）内部监督以内部环境为基础

公司治理结构、董事会等决定着内部监督的地位和独立性，从而决定内部监督实施的力度和效果。内部监督为优化企业内部环境，实现控制目标提供保证。

（二）内部监督与风险评估、控制活动形成一个局部闭环的控制链

内部控制为企业对内部控制的认知与实践提供了一个螺旋式上升的契机。

（三）内部控制离不开信息与沟通的支持

企业应当充分利用信息与沟通，提高内部监督工作的针对性和时效性，通过实施内部监督，不断提高信息与沟通的质量和效率。

五、内部监督的意义

企业在建立了内部控制系统之后，应对其内部控制设计与执行的完整性、合理性、有效性进行内部监督，并评价内部监督过程中发现的重大控制缺陷、重要控制弱点及存在的问题，然后提出改进建议。

实施内部监督，对完善企业内部控制具有重要的理论和现实意义。

（一）更好地发挥监督的职能

通过内部监督，评价人员能确定合理的监督程序，提高监督效率；能确定监督程序的实施程度，即确定监督的审查方法、抽查重点及审计范围等。

此外，健全的内部控制制度还可以保证检查测试的质量。在检查测试中，无论是符合性测试还是实质性测试，都存在抽样误差。如果被检查单位内部控制制度健全，则抽出样本的代表性就强，评价结论的风险就小；反之，则抽样测试所得出的评价结论可能会有较大的风险。

（二）帮助被检查单位改进内部管理，提高经济效益

随着我国市场经济体系的建立，企业作为自主经营、自负盈亏、自我发展、自我约束的经济实体，面临着改善经营管理、提高经济效益的重要任务。内部监督一方面可以帮助企业发现并堵塞管理漏洞，加强内部管理，提高企业竞争能力；另一方面可以产生威慑效果，促使管理人员和员工改善经营管理，从而在一定程度上降低经营风险。内部控制的改善、经营风险的降低无疑有利于增加企业利益。

（三）更好地为宏观调控服务

通过内部监督，企业可进一步健全内部控制系统，完善自我约束机制，从而更好地贯彻落实国家宏观调控政策和措施。

（四）防止舞弊行为

企业通过定期与不定期的内部监督，可铲除滋生舞弊的土壤，营造成长的健康环境，提高员工的风险防范意识，更好地保护员工。内部监督为职务舞弊设下了一道"防火墙"。

第二节　企业内部监督主要风险和控制

一、企业内部监督主要风险点

（1）内部监督缺失、内部监督无效、运行不力，导致难以对企业内部控制的有效性进

行评价。

（2）内部监督职能被淡化、内部审计职权重视度不够、内部监督考核问责制度不完善，导致内部监督的震慑力不够、内部监督走过场。

（3）内部监控方式有缺陷，导致对发现的重大内部控制缺陷缺少报告与改正措施。

（4）内部监督人员的综合素质不高、自我评估无法提升对内部控制的认知和责任，导致对监督事项定性的偏差、信息不对称，影响企业高层对评价认知的公正性。

二、企业内部监督分类

（1）企业内部监督分为日常监督和专项监督。日常监督是指企业对建立与实施内部控制的情况进行常规、持续监督检查；专项监督是指企业在发展战略、组织结构、经营活动、业务流程、关键岗位等发生较大调整或变化的情况下，对内部控制的某一或者某些方面进行有针对性的监督检查。专项监督的范围和频率根据风险的大小以及控制的有效性而定。

（2）日常监督分为企业各部门（岗位）日常监督和内部审计监督，分别由各部门（岗位）及企业内审实施。

（3）专项监督具体指企业组织或参与针对发展战略、组织结构、经营活动、业务流程、关键岗位等发生较大变化的事项，或根据管理要求开展专项监督评价。企业可根据需要，委托外部中介机构进行专项监督评价，也可以在企业、行业系统、集团系统等层面，通过调集专家或其他措施对相关运营活动中的事项进行专项检查评价。

三、企业内部监督主要控制点要求

（一）企业内部监督架构

1. 监督架构

（1）审计委员会。审计委员会是公司董事会中的专门委员会，主要负责公司有关财务报表披露和内部控制过程的监督，在公司董事会内部对公司的信息披露、会计信息质量、内部审计及外部独立审计等方面，执行控制和监督的职能。

《上市公司治理准则》第三十八条规定：上市公司董事会应当设立审计委员会，并可以根据需要设立战略、提名、薪酬与考核等相关专门委员会。专门委员会对董事会负责，依照公司章程和董事会授权履行职责，专门委员会的提案应当提交董事会审议决定。专门委员会成员全部由董事组成，其中审计委员会、提名委员会、薪酬与考核委员会中独立董事应当占多数并担任召集人，审计委员会的召集人应当为会计专业人士。

（2）监事会。监事会是由股东会或股东大会选举的监事以及由企业职工民主选举的监事组成的，对公司的业务活动进行监督和检查的法定必设和常设机构。监事会也是在股东会或股东大会领导下，与董事会并列设置，对董事和总经理行政管理系统行使监督的内部组织。

（3）内部审计机构。内部审计机构是企业专职经济监督的部门，是内部控制制度的有机组成部分。内部审计机构在企业主要负责人的直接领导下，依照国家的方针政策、财政经济法规和有关规章制度，对企业内部及其所属单位的财务收支及其经济效益，进行内部审计监督，独立行使内部审计职权，业务上受审计委员会的指导。

（4）内部控制机构。一些企业会设立内部控制委员会或风险管理委员会，下设内部控制部门或风险管理部门，主要负责企业内部控制手册的编制、完善、修订，制度体系的归集与清理等工作，并牵头负责内部控制实施的测试与年度内部控制的检查，发现问题及时整改。

2. 监督机制之间的关系

审计委员会制度是在独立董事制度的基础上发展起来的。公司存在的舞弊现象单纯靠注册会计师审计是难以发现的，因此，根据各国审计委员会的实践，我国在上市公司尝试引入了审计委员会制度。

企业从事监督功能的主体名目不少，如监事会、独立董事等。为了更明确地说明审计委员会的定位，有必要阐述审计委员会与独立董事、监事会以及内部审计的关系。

（1）审计委员会与独立董事的关系。独立董事是在完善公司法人治理结构、增强董事会功能的背景下产生的，如今已得到较普遍的应用。根据理论界的研究成果，董事会中应大量引入独立董事，以确保董事会功能的正常发挥，加强对总经理的监督。审计委员会作为董事会的专业委员会之一，由于其工作本质是内部审计，代表董事会行使对总经理的监督，所以独立性非常重要，委员会主席及大部分成员应为独立董事。这在西方已成为一种普遍做法，并有一系列的规定。在美国，1978年纽约证券交易所（NYSE）要求，每一个上市公司都必须建立由独立董事组成的审计委员会。1987年，美国的全国证券交易商协会自动报价表要求所有的纳斯达克（NASDAQ）上市公司，必须设立绝大部分成员为独立董事的审计委员会。1992年3月，美国法律协会（ALI）发布了一份名为《公司治理原则的原则——分析和建议》的"最后提案"，具有很大的代表性，对公司治理的各个方面进行了分析，并指出，所有的大上市公司（权益股票在2 000股以上，总资产超过1亿美元）应建立的审计委员会，同时审计委员会必包括至少3名最近2年在公司工作过的人员，而且大部分成员与公司的高级经理没有重要关系。在加拿大，1988年加拿大特许会计师协会（CICA）发布了《麦克唐纳报告》（*Macdonald Report*）。报告中指出，审计委员会应主要由外部董事组成。1990年10月，加拿大证券管理局（CSA）发布公告指出，审计委员会主席应是独立董事。在英国，1977年的《公司法》，要求所有上市公司必须设立由独立董事组成的审计委员会，就审计和控制的重要问题进行协商。1992年，英国公司治理财务方面委员会（CFACG）提出报告；报告指出审计委员会至少由3人组成，其成员要独立于公司，由独立董事组成。

（2）审计委员会与监事会的关系。从西方审计委员会的发展及其职责的演变过程中可以看出，审计委员会应设在董事会下，向董事会负责并报告工作，代表董事会监督财务报告过程和内部控制，以保证财务报告的可靠性和公司各项活动的合规性。审计委员会本质上是为实现董事会目标，而对企业的财务报告和经营活动进行的独立性评价，是内部控制的一种手段，与公司监事会有很大区别。

监事会是借鉴近代三权分立思想设立的专职监督机构，与股东会或股东大会直接构成委托代理关系，属公司治理范畴，其职责主要侧重于对董事会的监督；而审计委员会则是设在董事会下的专业委员会，以实现董事会的经营目标服务为宗旨，属公司管理范畴，其职责侧重于对总经理的监督。二者在地位和职责上有很大不同。

（3）审计委员会与内部审计的关系。审计委员会的功能从关注注册会计师的独立性拓展到全面治理企业财务呈报体系，既涉及企业经营风险、管理层对法律法规的遵循情况、调查违法舞弊行为等方面，也包括对内部审计进行监督。而内部审计受审计委员会领导，其目的是协助管理人员有效地履行职责。由于审计委员会的成员大部分是独立董事，易造成信息不对称，因此要保持与内部审计的沟通。国际内部审计师协会（IIA）认为，"审计委员会和内部审计师有着共同的目标"，将内部审计划归审计委员会领导，不但有利于审计委员会开展工作，而且有利于内部审计发挥作用，以维护股东的利益。

（二）企业内部监督人员的综合素质

内部监督人员素质是指在其心理和生理条件的基础上，通过学习、培养、实践和锻炼而逐渐形成并在工作中经常起作用的内在要素，是由自身各种素质要素有机结合而形成的整体综合能力，是进行内部监督工作所具备的思想、品德、知识、才能和体格等诸要素在限定时间的状况。

（1）在具备职业操守的基础上，内部监督人员必须具有专业知识和业务水平。内部监督人员应系统掌握财务、审计、法律等相关知识，精通内部控制检查评价标准、程序和方法，并能熟练运用；了解和熟悉企业经营业务及管理制度，通过财务、计算机等各种信息系统了解业务轨迹；具备发现问题、分析问题、解决问题和表达问题的能力。

（2）内部监督人员必须具有较好的沟通与协调能力。内部监督人员应具备良好的交流技巧，选择合适的交流方式，与被审计或被检查单位心平气和地交换意见，融洽彼此之间的关系，以保证内部监督过程中信息的快捷传递和充分交流。

（3）应做好内部控制检查评价前的方案培训工作。实施内部控制评价工作前，应对评价人员进行相关的岗前培训，主要包括企业业务知识、内部控制专业知识、法律法规、评价方案解读、评价底稿要求、缺陷认定方法、内部监督人员的回避原则、需要重点关注的问题等。

（三）企业内部监督中的信息与沟通

信息与沟通涉及企业的方方面面，是内部控制实施中的基础工作。在内部监督过程中，应收集企业的风险识别及相关的应对措施等方面的信息，与相关的业务人员进行良好沟通，选择有效的样本量，保证内部控制信息的真实性、完整性、充分性，以确保对企业经营管理活动定性的准确性。

（四）企业内部检查评价

企业应根据经营业务调整、经营环境变化、业务发展状况、实际风险水平等因素确定内部检查评价的具体方法、范围、程序和频率。

第三节　企业内部检查评价

一、内部检查评价简述

内部检查评价是指企业董事会或类似权力机构对内部控制进行全面评价、形成评价结论、出具评价报告的过程。企业为全面评价内部控制，实现控制目标，应遵循外部监管要求，根据《企业内部控制基本规范》《企业内部控制应用指引》《企业内部控制评价指引》

等有关规定，制定本单位的内部监督评价及考核办法，明确相关机构或岗位的职责权限，落实责任制，按照规定的办法、程序和要求，有序开展内部检查评价工作。企业管理层或董事会应当对内部检查评价报告的真实性负责。

（一）内部检查评价与考核

内部检查评价与考核是指企业管理层领导、内部控制管理部门或内部控制评价部门具体组织实施的，对本单位内部控制设计和运行的有效性进行全面检查，查找内部控制缺陷，形成评价结论，并持续改进内部控制、实施内部控制考核、编制评价报告、依据相关规定或监管要求报告或对外披露的过程。

（二）实施内部检查评价工作的原则

企业实施内部检查评价工作，应当遵循以下原则。

1. 全面性原则

企业内部检查评价包括本单位内部控制的设计与运行，涵盖企业及其所属单位的各项业务和事项。

2. 重要性原则

内部检查评价应当在全面评价的基础上，围绕企业总体经营目标，关注重点单位、重要业务领域和关键业务环节的内部控制，重点关注管理层迫切需要解决和关注的事项。

3. 客观性原则

内部检查评价工作应当准确揭示企业经营管理的风险，如实反映内部控制设计与运行的有效性。

4. 及时性原则

内部检查评价工作应当在规定的时间得出结论，并在规定的整改期内及时整改缺陷，评价结论应当基于评价报告基准日，及时反映内部控制的重大变化。

5. 一致性原则

内部检查评价工作组织、评价程序、方法和缺陷认定标准与内部控制体系保持一致，检查评价工作标准一经确定，应当在不同的评价期间保持相对一致。

6. 以风险为导向的原则

内部检查评价工作应当以风险管理为基础，根据风险危害程度和对企业经营目标的影响，确定评价的标准、方法和程序。

（三）内部检查评价机构和职责权限

1. 企业管理层

企业管理层负责领导企业内部检查评价与考核工作，并对内部检查评价的真实性和完整性负责。企业管理层负责批准企业内部检查评价与考核办法；认定内部检查评价涉及的重大决策、重大缺陷和缺陷整改措施；审阅和批准内部控制自我评价报告，对评价报告的真实性负责。

2. 企业监督部门或审计委员会

企业监督部门或审计委员会，监督企业内部检查评价，负责企业内部控制日常监督和专项监督。企业监督部门或审计委员会依据内部检查评价办法，结合管理要求，制定内部控制年度综合检查评价方案，建立内部检查评价工作组，组织实施现场内部检查评价工作，编制现场评价报告；认定内部检查评价涉及的重大缺陷、重要缺陷和缺陷整改措施；对企业内部检查评价的真实性和完整性负责；修订完善企业内部控制手册及风险识别清单等检查评价体系。

3. 企业各部门

企业各部门应当建立内部监督机制，制定内部检查评价与考核办法，明确评价主体，落实职责权限及评价工作程序和方法，并定期开展内部控制测试和内部检查评价。对发现的内部控制问题和内部控制缺陷进行书面记录，分析原因并制定整改方案，及时上报企业管理层，积极组织整改，实施考核，重大缺陷追究相关责任。

二、企业内部检查评价的内容

（一）依据内部控制手册实施评价

内部检查评价内容应当以组织架构、权责分配、发展战略、人力资源、企业文化、社会责任、内部监督、反舞弊等控制内容为依据，结合本企业的内部控制制度，对内部环境设计和运行的有效性进行评价和认定。

1. 组织架构

企业应重点关注企业组织架构设计，确定组织架构是否设计完善，结构是否科学，企业高层成员分工是否明确、合理，部门和岗位职责是否清晰、相互制衡。企业应按照法律法规和章程规定正确设置组织架构。董事会及其专业委员会、监事会、高层成员职责权限、任职资格和议事规则应设置明确并严格履行，在内部控制建立和实施中分工明确。

2. 权责分配

企业应重点关注内控权限指引，建立自上而下的权责分配体系，部门和岗位权责分配科学合理，部门或岗位设立应遵循不相容分离，形成恰当的制衡和授权机制，权责清晰，授权有度。

3. 发展战略

企业应重点关注企业发展战略管理机构的建立、健全和职责履行情况。企业董事会负责制定和执行企业中长期发展规划，并明确不同阶段的具体目标和实施计划。企业战略委员会对中长期发展规划进行审定并监督执行。企业发展目标应当突出主业，结合企业实际，增强核心竞争力；战略规划的阶段目标、保障措施、方法、战略调整等科学合理，符合公司战略规划。

4. 人力资源

企业应重点关注人力资源在引进、开发、使用、激励约束和退出等方面的制度和运行机制，合理配置和布局。人力资源政策有利于企业可持续发展和内部控制的有效实施。企业可建立高层管理人员的激励和约束机制，避免制度缺陷导致高层管理人员舞弊；建立中层管理人员和一般员工教育培训机制，培养员工业务素质和道德品质。

5. 企业文化

企业应重点关注企业文化在提升企业核心竞争力、为内部控制提供保证方面的作用。企业高层管理人员在企业文化建设和履行社会责任中以身作则，起到表率作用。企业文化建设应当与制度建设有效统一，经营管理行为应当秉承企业的经营理念，有利于发展，有利于社会。

6. 社会责任

企业应重点关注 HSE 三位一体的管理体系。企业的安全生产体系、机制应健全有效；产品质量、服务质量和工程质量控制和检验制度完善并严格执行；环境保护、资源节约措施落实，节能减排目标明确并履行相应职责；在促进就业、员工权益保护、社会公益等方面履行相应的社会责任。

7. 反舞弊

企业应当重点关注建立并健全反舞弊机制，及时发现高层管理人员滥用职权，内部人员渎职或串通侵占、挪用资产，企业商业贿赂等违法违规行为，将举报投诉和举报人保护制度及时、准确地传递给企业全体员工。

8. 内部监督

企业应重点关注内部审计等监督组织机构。内部审计流程设计合理，程序和方法科学，审计处理具备准确性和独立性。内部审计人员具备应有的知识、技能和经验，并遵守内部审计职业道德规范。

（二）风险评估

风险评估应以《企业内部控制基本规范》中有关风险评估的要求以及国家层面的全面风险管理指引等规定为依据。对构建全面风险管理体系的要求、各项应用指引中所列主要风险，以企业风险清单为依据，结合国家、行业、企业风险管理相关制度，重点关注建立持续有效的内部和外部风险信息搜集、风险识别机制，并按照风险评估的程序、方法，评估风险等级并制定应对策略，将控制措施落实责任部门和责任人。

（三）控制活动

控制活动应以《企业内部控制基本规范》和《企业内部控制应用指引》中的控制措施为依据，结合企业各项业务流程、相关管理制度，对各项业务内部控制的设计和执行情况进行认定和评价。重点关注控制措施是否能够涵盖风险清单的全部风险，不存在控制缺失。企业管理层面的控制措施与内部环境相适应，业务层面各项控制措施完整、恰当。内部控制手册针对内部环境、各项风险和关键环节的应对措施贯彻落实，并有效执行。

（四）信息沟通

信息沟通应以《企业内部控制应用指引》中的内部信息传递、财务报告、信息系统等相关应用指引为依据，结合企业信息与沟通的相关管理制度，对信息收集、处理和传递的及时性、反舞弊机制的健全性、财务报告的真实性、信息系统的安全性，以及利用信息系统实施内部控制的有效性等进行认定和评价。重点关注信息归口管理，并建立高效的信息收集、筛选、整理、分析、传递机制；各项信息在企业内部各管理层面传递及时、合规，董事会、监事会和管理层能及时掌握经营管理和内部控制的重要信息；企业应建立信息公开和发言人制度，对外信息披露真实、准确、合规，与外部信息沟通及时、有效，信息公开透明；建立信息保密制度，重要信息建立分级授权管理，防止信息泄露；信息系统建设应与企业经营相适应，系统运行安全、稳定，信息数据备份及时、保存合规。

（五）内部监督

内部监督应以《企业内部控制基本规范》有关内部监督的要求，以及《企业内部控制应用指引》《企业内部控制评价指引》等有关日常管控的规定为依据，结合本企业内部监督相关制度，对内部监督机制的有效性进行认定和评价。重点关注监事会、审计委员会、内部审计机构等是否在内部控制设计和运行中有效发挥监督作用。企业在内部监督中，应当以日常监督和专项监督为基础，结合自身的内部检查评价，由内部检查评价部门进行综合分析，然后提出认定意见，按照规定的权限和程序进行审核后予以最终认定。内部控制缺陷认定信息真实、充分和客观，整改方案措施得当，实际有效。

三、企业内部检查评价的程序和方法

（一）建立内部检查评价机制

建立科学的内部检查评价机制，规定检查评价与考核办法，包括检查与评价的原则、内容、程序、方法和报告形式。

（1）内部检查评价程序一般包括：制定内部检查评价方案，成立内部检查评价工作组，实施现场检查与评价，认定内部控制缺陷，复核确认并出具现场评价结论，汇总分析检查评价结果，编制内部检查评价报告，报告与披露。

（2）内部检查评价方法主要包括个别访谈法、调查问卷法、比较分析法、标杆法、穿行测试法、抽样法、实地查验法、重新执行法、专题讨论法等。内部检查评价应综合运用上述方法，充分利用信息系统技术，实施计算机系统线上线下的检查与监控。

（3）企业可以授权内部审计等监督部门，负责内部检查评价的具体组织实施工作，一般每年至少一次，同时积极开展日常内部流程的岗位人员自我测试工作。

（二）制定内部检查评价方案

内部检查评价方案应遵循外部监管要求，围绕企业内部控制目标、管理层关注重点，充分考虑检查评价的效率和效果。内部检查评价方案应包括检查评价目的、范围、区间、人员组织、方法、检查评价与考核办法，评价重点和进度安排等内容。评价内容应涵盖企业内部控制手册的全部内容。内部检查评价方案报经董事会或其授权机构审批后实施。

（三）建立内部检查评价工作组

企业根据经批准的内部检查评价方案，组成内部检查评价工作组，具体实施内部检查评价工作。评价工作组应由熟悉相关机构及内部业务的骨干人员组成，并明确负责人。评价工作组会同有关部门对检查人员进行检查工作培训。评价工作组成员对本单位内部检查评价工作实施回避制度。

（四）内部检查评价人员权责

检查评价应充分考虑检查评价人员的职业道德和专业胜任能力。职业道德要求检查评价人员能认真履行检查义务，听从检查安排，公允地表达意见。专业胜任能力要求检查评价人员至少在某一类控制活动或内部控制要素方面具备足够的知识和经验，熟练掌握企业内部控制要求，并恰当地表达意见。

1. 检查评价人员的权利

（1）查阅被检查单位与内部控制相关的全部资料。

（2）访谈被检查单位与内部控制相关的各级人员。

（3）对于检查发现的问题有权要求被检查单位提供相关资料。

（4）对于计算机信息系统相关的检查，有权获得最大查询权限。

（5）对于检查事项，有权要求被检查单位给予必要的配合。

2. 检查评价人员的义务

（1）检查前应当充分了解被检查单位的以下信息：基本情况，如生产经营业务范围、组织机构及其职能、领导班子成员及其分工、财务管理核算体制等，以及检查年度变化情况；检查年度生产经营计划和预算完成情况；内部控制实施情况，如风险评估、实施细则及相关制度修订完善、内部控制宣传培训、日常内部控制工作机制、利用信息化技术实施内部控制、单位自查评价及整改；最近一次内部控制及审计或财务稽核查出问题的整改情况等。

（2）遵循客观、公正、公平原则，以提高检查工作质量和效率为中心，结合被检查单位整体情况，按照"内部检查评价工作方案"的内容及要求检查。发现问题应当如实反映，及时沟通，重大问题或缺陷应当及时报告。

（3）按时完成检查工作，包括按要求填写内部检查评价底稿和评价表、汇总内部检查评价结果并与被检查单位交换意见，通报内部检查评价情况。

（4）检查中注意收集内部控制执行中存在的问题，提出对企业内控手册、制度体系和内部控制工作开展的意见和建议。

（5）检查评价人员应当遵守工作纪律，不得接受被检查单位以任何形式赠送的礼金或礼品，工作时间不得到国家明示的风景名胜地区观光、游览。

（五）现场内部控制检查和评价

1. 召开内部检查评价启动会

召开内部检查评价启动会，听取被检查单位内部控制工作汇报、做好检查前期准备，初步确定检查具体范围和检查重点。检查小组内部，通过内控管理信息系统配置相应检查人员。

2. 设计有效性评价

评价内部控制设计的有效性，应从企业内部控制目标出发，在风险被充分识别且控制措施已经存在的基础上，依据下列标准判断。

（1）财务报告目标：所设计的相关内部控制是否能够防止或发现并纠正财务报告的重大错报。

（2）合规目标：所设计的相关内部控制是否能够合理保证遵循适用的法律法规。

（3）资产安全目标：所设计的内部控制是否能够合理保证资产的安全、完整，防止资产流失。

（4）战略目标：所设计的内部控制是否能够合理保证战略目标的实现，并能够合理保证董事会及时了解战略目标的合理性及实现程度并加以适当的调整。

（5）经营目标：所设计的内部控制是否能够合理保证经营目标的实现，并能够合理保证管理层及时了解外部经营环境的变化，从而判断经营目标的合理性并进行适时的调整、改进控制措施。

同时，设计的有效性还体现为内部控制设计是否具有合理性、适当性。合理性表现在内部控制的设计在符合内部控制基本原理的同时，本着客观、公平、公正的原则制定，对董事会、监事会、管理层和员工具有执行的基础和约束力；适当性表现在内部控制的设计结合自身的环境条件、业务范围、经营特点，进行风险识别和评估，确定主要及重大风险控制措施，从而有利于实现控制目标。对于在设计上存在缺陷的内部控制，不再对其运行有效性进行检查评价。

3. 运行有效性评价

在评价内部控制设计有效性的基础上，应对内部控制实际执行情况进行检查和评价，以验证控制措施是否按照控制目标持续有效地执行，有效性评价的内容包括以下几方面。

（1）相关控制是否得到持续一致的运行。

（2）相关控制是否由适当的人员执行，即执行人员具有相应的权限和能力。

（3）相关控制是否在适当的时间被执行，例如，某交易在发生前得到相应的授权和审批，而不是在事后补齐授权审批手续。

（4）执行方式恰当，例如，某项控制按规定应执行管理层审批程序，但实际执行人仅进行审阅，没有批示决策意见，则该控制执行不当。

（5）执行结果进行了适当的记录，重要控制环节需要有签字、邮件、会议纪要等记录。

（6）执行时发现的差异及时得到了跟进，例如，对账最终目的是核对过程中发现的差异，并进行了调查跟进。对于关键控制点、控制失效风险较大的控制点，应当在检查过程中予以重点关注。

4. 抽样规则

（1）检查评价人员应结合被检查单位风险评估和业务实际发生情况，检查是否具有恰当足够的内部控制以覆盖其各类风险。根据内部控制运行实际，确定检查方法及应抽取样本的范围和数量，分析样本，并在内部控制管理信息系统中做好记录。"业务发生频率与抽样数量对应关系（参考）"如表6-1所示。

表6-1　业务发生频率与抽样数量对应关系（参考）

序号	业务发生频率	至少抽样数量建议
1	每年一次	1笔
2	每年一次以上，最多可每季度一次	2笔
3	每季度一次以上，最多可每月一次	2笔
4	每月一次以上，最多可每周一次	4笔
5	每周一次以上，最多可每天一次	20笔
6	每天多次	25笔

对于存在问题或缺陷的控制点，审计人员可以根据审计需要，视现场实际情况，调整抽样数量。

（2）抽取样本应结合被检查单位的管理层级和产（股）权结构情况，覆盖足够的所属控股子公司数量和业务。对于被检查单位所属控股子公司，应重点检查其内部环境、内部控制制度建设情况及重点业务控制。内部检查评价可以根据其控股子公司的内部控制制度检查，对其设计缺陷和运行缺陷，记入被检查单位内部检查评价结果。

（六）现场检查记录

检查评价人员充分运用穿行测试、实地查验、比较分析等方法，检查被检查单位内部控制设计和运行是否有效，初步认定内部控制缺陷。检查记录内容应保证可复核性。对于存在缺陷的控制活动，应详细记录具体原因，并将有关抽查样本及相关证明材料截屏或复印留存。检查评价人员在检查和评价过程中，发现重要问题应及时向评价工作组长汇报，组长及时协调和研究解决现场检查评价中遇到的问题。

（七）复核与确认现场检查评价结果并出具现场评价结论

评价工作组应制定检查评价工作复核制度，汇总现场检查评价结果，整理发现的问题和认定内部控制缺陷。

（八）编制现场检查评价报告

检查评价工作组根据现场检查评价结果统一复核和确认，综合评价被检查单位内部控制有效性，编制现场检查评价报告。现场检查评价报告至少包括的内容有：检查评价整体情况、企业管理层面控制及业务层面控制情况、单位自查测试情况、内部控制缺陷认定，以及对被检查单位提出的意见和建议等。其中，检查评价整体情况应对被检查单位内部控制设计及运行是否有效及其有效程度进行评价，对内部控制缺陷应深入剖析，阐明评价依据。

（九）现场检查评价结果的沟通

检查评价工作组编制完成现场检查评价报告后，应及时召开现场讲评会。向被检查单位讲评发现的问题，分析问题产生的根源；对认定的内部控制缺陷和存在的问题，提出改进措施和整改要求。现场检查评价完成后，检查评价工作组应当整理被检查单位的检查评价资料，如现场检查评价报告、检查评价工作记录、内部控制缺陷认定的相关材料等，按照相关要求及时提交内部控制或监督管理部门。

企业监督部门对现场检查评价发现的内部控制缺陷及问题进行整理分析，提出改进措施和整改要求，督促整改。

四、企业内部控制缺陷的认定

（一）内部控制缺陷定义

内部控制缺陷是指内部控制的设计存在漏洞，不能有效防范错误和舞弊，或者内部控制的运行存在弱点和偏差，不能及时发现、纠正错误，防止舞弊。内部控制缺陷包括设计缺陷和运行缺陷。

1. 设计缺陷

设计缺陷是指企业缺少为实现控制目标所必需的控制，或者现存控制设计不适当，即使正常运行也难以实现控制目标。

2. 运行缺陷

运行缺陷是指企业设计有效（合理且适当）的内部控制由于执行不当（包括控制未被执行、由不恰当的人执行、未按设计的方式执行、执行时间或频率不当、没有得到一贯有效执行等）而形成的内部控制缺陷。

（二）内部控制缺陷分类

1. 按严重程度划分

内部控制缺陷按照严重程度分为重大缺陷、重要缺陷和一般缺陷。

（1）重大缺陷：一个或多个控制缺陷的组合，或关键领域、环节出现严重漏洞，可能严重影响内部整体控制的有效性，进而导致无法及时防范或发现严重偏离整体控制目标的情形。如果发生的缺陷按照企业制定的缺陷认定标准达到重要缺陷标准，但缺陷相关事项属于重大风险业务事项，则应认定为重大缺陷。企业的重大缺陷需要按照偏离企业整体控制目标情形的严重程度予以确定。

（2）重要缺陷：一个或多个控制缺陷的组合，或关键领域、环节出现漏洞，严重程度低于重大缺陷，但仍有较大可能导致无法及时防范或发现偏离整体控制目标的情形。如果发生的缺陷达到一般缺陷标准，但缺陷相关事项属于企业重要风险业务事项，则应认定为重要缺陷。企业的重要缺陷需要按照偏离企业整体控制目标的严重程度予以确定。

（3）一般缺陷：除重大缺陷和重要缺陷之外的其他缺陷，包括但不限于企业管理层成员、职能部门分工不清、职责交叉重叠或遗漏，权限不透明，经营活动中重要原始凭证管理不当，未严格遵守信用及价格政策，合同执行不当、管理不规范，会计基础工作薄弱，未按规定对账，收入、成本费用等核算不准确，未进行减值分析并计提减值准备，采购到货未按规定验收并及时入库，工程项目、修理费项目等未按规定验收并办理竣工决算，计算机信息系统账号及权限管理不当，网络安全及病毒防护不当等。

2. 按具体表现形式划分

内部控制缺陷按照具体表现形式，分为财务报告内部控制缺陷和非财务报告内部控制缺陷。财务报告内部控制缺陷是指不能及时防止或发现并纠正财务报表错报的内部控制缺陷；非财务报告内部控制缺陷是指除财务报告内部控制缺陷外，可能导致内部控制目标难以实现的其他内部控制缺陷。

（三）内部控制缺陷认定的基本原则

（1）是否针对已经识别出来的风险设置了合理的控制目标和控制措施。

（2）相应控制措施是否有效和持续运行。

（3）设计或运行不当，导致企业财产损失或声誉损害。

（四）内部控制缺陷认定标准

内部控制缺陷认定标准设置为定性标准和定量标准，同时达到定性、定量标准的事项，从严认定缺陷。内部控制缺陷认定标准按照财务报告内部控制缺陷和非财务报告内部控制缺陷分别认定。

（五）内部控制缺陷的例外认定

例外，是偏离计划和预期效果的事件。例外原则最早由"科学管理之父"泰勒

（F. W. Taylor）提出，是指单位主要负责人对管理条例、规章制度规定之外的偶发事项进行特殊的管理。而对一般事项即例行性、常规性、流程化的事项，则授权由有关人员按制度常规处理。

政府监管部门、外部审计，内部审计、内部纪检监察部门或其他相关检查认定的企业违纪违规和内部控制管理问题，符合内部控制缺陷认定标准的，应由企业相关部门会同有关部门做出重大缺陷、重要缺陷和一般缺陷的认定，并报告企业管理层。

（六）内部控制缺陷的汇总分析

企业内部控制管理部门依据日常监督、专项监督和内部控制综合检查评价结果，汇总分析发现的内部控制缺陷，编制内部控制缺陷认定汇总表，分析内部控制缺陷的成因、表现形式和影响程度，提出认定意见和持续改进建议。对内部控制缺陷，企业应及时制定整改措施、方案，持续跟进整改情况。重大缺陷，应当追究有关部门和相关人员责任。

五、企业内部检查评价报告的编制

企业内部检查评价报告分为定期内部控制测试报告和年度内部检查评价报告。

（一）定期内部控制测试报告

（1）企业内部控制责任部门或单位应当至少每季度开展内部控制测试，企业内部控制管理部门应根据内部控制测试情况，编制内部控制测试报告。

（2）内部控制测试报告内容包括内部控制测试基本情况、内部控制测试结果、内部控制测试发现问题及整改计划、前期发现问题整改落实情况、对内部控制工作的意见及建议、其他需说明事项等。

（3）内部控制测试报告经本单位内部控制管理部门负责人签字后，将前期问题整改结果等相关附件一并上报董事会或上级部门。

（二）年度内部检查评价报告

企业内部控制管理部门根据内部控制评价部门现场检查评价以及日常监督、专项监督和其他监督检查评价结果等，结合整改情况，编制本企业年度内部检查自我评价报告。企业年度内部检查评价报告以12月31日作为基准日。

（三）企业年度内部检查评价报告内容

1. 董事会或管理层声明

企业年度内部检查评价报告应声明企业管理层及全体成员对报告内容的真实性、准确性、完整性承担个别及连带责任，保证报告内容不存在任何虚假记录、误导性陈述或重大遗漏。

2. 内部控制评价的总体情况

企业年度内部检查评价报告应说明本企业内部控制评价工作组织、领导、实施等情况。

3. 内部控制工作的开展情况

企业年度内部检查评价报告应说明本企业当年内部控制手册更新及落实情况，相关管理制度修订及完善情况，内部控制制度宣传贯彻培训情况，以及定期内部控制测试、年度综合检查评价情况。

4. 内部控制检查评价的依据

企业年度内部检查评价报告应说明企业开展内部控制评价工作所依据的法律法规和规章制度，一般包括《企业内部控制基本规范》及相关指引、企业制定的内部控制手册及相关制度、评价办法等。

5. 内部控制评价的范围

企业年度内部检查评价报告应说明内部控制评价所涵盖的被检查评价单位，以及纳入评价范围的业务事项、重点关注的高风险领域。

6. 内部控制评价的程序和方法

企业年度内部检查评价报告应说明企业内部控制评价工作遵循的基本工作程序，以及评价过程中采用的主要方法。

7. 内部控制缺陷及认定情况

企业年度内部检查评价报告应描述企业使用的内部控制缺陷具体认定标准，并声明与以前年度保持一致或做出的调整及相应原因；根据内部控制缺陷认定标准，确定评价期末存在的重大缺陷、重要缺陷和一般缺陷；充分说明重大缺陷的成因、具体表现及其影响后果。

8. 内部控制问题或缺陷的整改情况

企业年度内部检查评价报告应说明内部控制缺陷认定的重大缺陷、重要缺陷和一般缺陷的整改结果。对于评价期间发现的（含上一期间未完成整改的内部控制缺陷）、期末已完成整改的重大缺陷，展示企业的测试样本，说明与该重大缺陷相关的内部控制设计及运行有效；对于评价期末仍存在的内部控制缺陷，说明企业拟采取的整改措施及预期效果。

9. 内部控制有效性的结论

企业年度内部检查评价报告应对于不存在重大缺陷的情形，出具评价期末内部控制有效结论。如果存在重大缺陷，企业年度内部检查评价报告则应描述该重大缺陷的性质及其对实现控制目标的影响，可能给企业生产经营带来的相关风险。

10. 对企业内部控制工作的意见和建议

企业年度内部检查评价报告应对进一步将要进行的内部控制工作进行说明，确保企业内部控制工作的有效性。

六、企业内部检查评价报告与披露

（1）企业内部检查评价报告应于基准日后规定时间内报出。企业自内部检查评价报告基准日至内部检查评价报告发出日，如发生对评价结论产生实质性影响的内部控制重大缺陷，应由企业内部控制部门进行核实，并依据核实结果，按照企业董事会的要求进行相应调整，并说明拟采取的措施。

（2）企业内部检查自我评价报告，需先经监督或内部控制部门审核，再履行董事会审议程序，经其批准后，依据境内外有关法律法规及监管要求，对外披露或报告。

七、内部控制执行的考核

企业相关部门根据内部控制执行情况、日常监督、项目监督和年度内部控制综合检查评价结果及其整改情况，拟定考核方案。企业应将内部控制（简称内控）执行情况纳入本企业绩效考核体系，制定具体奖惩措施，根据本企业日常监督、专项监督和年度内控检查评价结果，拟定考核方案。

八、内部检查评价资料保管

企业应以书面或其他形式妥善保管内部检查评价资料，确保内部控制建立与实施过程的可验证性。内部检查评价相关资料的保存期限，应当不少于十年，内部检查自我评价报告应永久性保存。对载于内部控制（简称内控）管理信息系统的各类检查评价资料，按照企业信息系统管理有关规定予以备份和保管。

九、企业内部控制缺陷参考认定标准

企业应根据经营管理实际情况，合理设置具有自身特点或行业特点的"潜在错报率对照表"，以便企业内部控制检查评价人员有效地开展工作，本章中的财务报告内部控制缺陷参考认定标准、潜在错报率参考对照表、非财务报告内部控制缺陷参考认定标准仅作为参考。

（一）财务报告内部控制缺陷参考认定标准

企业财务报告内部控制缺陷参考认定标准如表6-2所示。

表6-2 财务报告内部控制缺陷参考认定标准（简表）

项目	重大缺陷	重要缺陷	一般缺陷	控制要素
定性标准	管理层舞弊： 董事、监事和高层管理人员存在任何形式的舞弊，如财务欺诈、滥用职权、贪污、受贿、挪用公款等	财务合规控制失效，如上市公司违规提供担保、进行关联交易，且未依法履行信息披露义务，如披露信息不真实、不准确、不完整，存在虚假记载、误导性陈述或者重大遗漏等情况	会计基础工作薄弱，如缺乏合格的财务人员、财务系统功能不完善、未按规定装订并保管会计凭证，会计凭证丢失等	内部环境
定性标准	内控环境无效： 内部环境无效，如审计委员会或类似机构职责权限、任职资格和议事规则不明确或未得到严格履行，审计委员会或类似机构和内部审计机构对内部控制的监督无效	防止欺诈、舞弊的控制缺陷，如关键业务领域（包括财务、资金、采购、投融资、工程项目等）不相容岗位未实现有效分离，且不存在相应的补偿性控制	虽有补偿性控制，关键业务领域（如财务、资金、采购、投融资、工程项目等）不相容岗位未实现有效分离	内部环境

项目	重大缺陷	重要缺陷	一般缺陷	控制要素
定性标准	财经法规等违规： 财务会计制度选用的控制缺陷，如企业未依照公认会计准则选择和应用会计政策或随意变更会计政策，会计估计或财务报表编制基础不当，导致财务报告出现重大错报	期末财务报表流程的控制缺陷，如未进行资产（含存货、固定资产、现金等）清查、内外部往来核对、按规定计提资产（含存货、固定资产、投资等）减值损失，或相关操作未按规定履行审批程序，导致财务报表出现重大错报	未按制度规定与外部往来单位对账，对账差异1个月以上未处理或未提出处理措施 未按规定编制银行存款余额调节表，或调节表差异1个月以上未处理 成本（费用）列支不真实，虚列、多列、不列或者少列费用 资产不实，往来不清，没有按规定进行清理盘查，计提相关准备 对于尚未办理竣工决算的工程项目，未按照实际工程形象进度暂估工程成本。对已竣工并投入使用的项目，未按规定办理竣工验收手续，或未按规定暂估、转资、入账并计提折旧	控制活动
定性标准	财务报告体系违规： 财务报告相关信息系统一般性控制和应用控制缺陷直接导致财务报表的重大错报或者漏报	财务报告相关信息系统一般性控制和应用控制未按照内部控制要求设计或执行，且不存在相应的补偿性控制	财务报告相关信息系统不相容岗位未有效分离，不相容职责包括： 系统管理员、安全管理员、应用系统管理员系统开发或变更立项、审批、编程与测试账号及权限申请、审批、操作与监控 缺乏网络准入机制或机制不健全，例如第三方接入网络缺乏控制、自动获取IP地址、无线网络未设定接入密码、内外网未有效隔离等 系统安装完成后未对预置账号的（操作系统、数据库、应用系统）初始密码进行修改，未按规定定期对系统账号密码进行修改	控制活动
定性标准	外部监督： 外部审计师在本年度审计中发现的重大错报，且内部控制运行未能发现该错报	对财务报表流程可靠性至关重要的风险评估失效，如针对业务或管理等变化（包括重组并购、境外投资等），缺失风险评估及控制措施，设立"小金库"等	资金安全控制缺陷，一人保管支付款项所需的全部印章 开通网上银行的，没有设置支付节点，只用一套网银卡和密码完成网银付款 由一人保管网银卡和密码，大额现金不及时送银行，未按照规定开立境内、境外银行账户	风险评估 控制活动

续表

项目	重大缺陷	重要缺陷	一般缺陷	控制要素
定量标准	利润指标：$a_1 \geq 2.5\%$，$a_2 \geq 1\%$	$2.5\% > a_1 \geq 1\%$，$1\% > a_2 \geq 0.5\%$	$a_1 < 1\%$，$a_2 < 0.5\%$	控制活动
定量标准	资产指标：$b_1 \geq 0.25\%$，$b_2 \geq 0.1\%$	$2.5\% > b_1 \geq 0.1\%$，$0.1\% > b_2 \geq 0.05\%$	$b_1 < 0.1\%$，$b_2 < 0.05\%$	控制活动
定量标准	收入指标：$c_1 \geq 0.5\%$，$c_2 \geq 0.2\%$	$0.5\% > c_1 \geq 0.25\%$，$0.2\% > c_2 \geq 0.1\%$	$c_1 < 0.25\%$，$c_2 < 0.1\%$	控制活动

定量指标主要计算错报金额。

错报金额计算方法在评价财务报告内部缺陷时有重要作用，其具体计算方法如下。

1. 计算会计科目潜在错报金额

会计科目潜在错报金额=相关内部控制设计缺陷导致的错报金额+相关内部控制运行缺陷导致的错报金额。

如果识别的内部控制缺陷存在有效的替代性控制，则控制缺陷导致的潜在错报金额为替代性控制有效运行后仍无法发现或纠正的错报金额。会计科目潜在错报金额包括利润总额、潜在错报金额、净资产潜在错报金额和营业收入潜在错报金额。

（1）设计缺陷导致的错报金额。设计缺陷导致的错报金额等于设计无效控制点影响交易金额或对应会计科目同向累积发生额。

（2）运行缺陷导致的错报金额。抽样测试后查看"潜在错报率参考对照表"无法得出控制运行有效的区域，如表中未加方框。依据控制点错报样本数量和抽取样本总量查找对应的潜在错报率；根据潜在错报率和控制点相应会计科目同向累计发生额计算潜在错报金额。

潜在错报金额=控制点相应会计科目同向累计发生额×潜在错报率。

2. 指标计算

（1）利润指标。

a_1=利润总额潜在错报金额÷下属单位上年度经审计的利润总额×100%

a_2=利润总额潜在错报金额÷企业（公司、集团）上年度经审计的利润总额×100%

（2）资产指标。

b_1=净资产潜在错报金额÷下属单位上年度经审计的资产总额×100%

b_2=净资产潜在错报金额÷企业（公司、集团）上年度经审计的资产总额×100%

（3）收入指标。

c_1=营业收入潜在错报金额÷下属单位上年度经审计的营业收入总额×100%

c_2=营业收入潜在错报金额÷企业（公司、集团）上年度经审计的营业收入总额×100%

3. 指标使用原则

如果一个控制缺陷或缺陷组合影响的指标数量超过一个，如既影响利润又影响资产等，应分别计算各指标数值，并按照"孰高原则"选择数值较高的指标进行缺陷认定。潜在错报率参考对照表如表 6-3 所示。

表6-3 潜在错报率参考对照表

样本数量	错报数1	错报数2	错报数3	错报数4	错报数5	错报数6	错报数7	错报数8	错报数9	错报数10
20个以下	*	*	*	*	*	*	*	*	*	*
20	18.1	*	*	*	*	*	*	*	*	*
25	14.7	19.9	*	*	*	*	*	*	*	*
30	12.4	16.8	*	*	*	*	*	*	*	*
35	10.7	14.5	18.1	*	*	*	*	*	*	*
40	9.4	12.8	16	19	*	*	*	*	*	*
45	8.4	11.4	14.3	17	19.7	*	*	*	*	*
50	7.6	10.3	12.9	15.4	17.8	*	*	*	*	*
55	6.9	9.4	11.8	14.1	16.3	18.4	*	*	*	*
60	6.4	8.7	10.8	12.9	15	16.9	18.9	*	*	*
70	5.5	7.5	9.3	11.1	12.9	14.6	16.3	17.9	19.6	*
80	4.8	6.6	8.2	9.8	11.3	12.8	14.3	15.8	17.2	18.6
90	4.3	5.9	7.3	8.7	10.1	11.5	12.8	14.1	15.4	16.6
100	3.9	5.3	6.6	7.9	9.1	10.3	11.5	12.7	13.9	15
120	3.3	4.4	5.5	6.6	7.6	8.7	9.7	10.7	11.6	12.6
160	2.5	3.3	4.2	5	5.8	6.5	7.3	8	8.8	9.5
200	2	2.7	3.4	4	4.6	5.3	5.9	6.5	7.1	7.6

注释: 1. 表中数据部分为潜在错报的参考比率。

2. 深色标注部分(偏差率低于10%)表示在90%的置信度下,该控制点运行有效。

(二)非财务报告内部控制缺陷参考认定标准

企业非财务报告内部控制缺陷参考认定标准如表6-4所示。

表6-4 非财务报告内部控制缺陷参考认定标准(简表)

项目	重大缺陷	重要缺陷	一般缺陷	控制要素
定性标准	1. 治理层(董事会及监事会)与管理层职责权限划分不当 2. 人员高度重叠导致治理层缺乏应有独立性 3. 董事会及其专业委员、监事会职责权限、任职资格和议事规则不明确或未得到严格履行	1. 未按照规定的程序向企业派驻股东代表、董事、监事 2. 派出人员缺乏履行职责所需的专业知识和技能 3. 派出人员未按照企业规定的程序和权限履行职责	1. 企业高层成员间分工不清、职责交叉重叠或遗漏、汇报路径不明、权限不透明 2. 出现管理死角或多头领导 3. 企业各职能部门间分工不清、职责交叉重叠或遗漏、汇报路径不明、权限不透明 4. 出现推诿扯皮现象,管理效率低下	内部环境
定性标准	企业重大项目实施之前未进行风险评估并制定控制措施,可能导致企业遭受重大损失	1. 企业重大项目实施前的风险评估不到位、制定的应对措施缺乏可行性或执行不到位 2. 可能导致项目偏离预期目标、企业遭受较大损失	1. 风险管理未涵盖主要经营领域或实体 2. 风险识别不及时 3. 风险应对措施不当,可能导致重大风险未能得到有效管控	风险评估

项目	重大缺陷	重要缺陷	一般缺陷	控制要素
定性标准	重要业务，包括但不限于资金活动（含投融资）、采购业务、资产管理、销售业务、研究与开发、工程项目、担保业务、业务外包缺乏制度控制或控制失效………	关键业务领域控制或业务领域关键控制环节缺失，可能导致公司遭受重大损失。具体类型举例如下： 1. 重要业务管理制度具体规定与国家等规定冲突或缺失 2. 未对客户进行资信调查 3. 未按规定制定信用政策及价格政策或未按规定审批 4. 重大合同不安排尽职调查及相关谈判、涉及商业秘密的保密措施不到位 5. 未按规定及时签署合同，未经审批签署合同或合同未按规定权限审批 6. 应签未签署合同 7. 投资项目未进行可研论证 8. 投资无计划或超计划 9. 应招标未招标 10. 招标程序不符合《招标投标法》及企业有关规定 11. 投标资格和资质审查不当，缺乏资质和资格的投标人参与招标 12. 工程项目建设违反用地，未取得安全环保等国家规定的合法手续 13. 工程项目未按规定进行验收并办理竣工决算 14. 工程存在重大质量事故 15. 由于违规或违章操作造成重大或较大安全事故，或迟报、谎报、瞒报事故………	1. 经营活动中重要原始凭证（包括但不限于合同、订单、验收单、出/入库单、提/发货单、发票）内容不完整、编号不连续 2. 没有针对投资项目编制计划预算，或超计划预算后未及时上报审批 3. 未严格遵守信用及价格政策，出现超信用额度发货、擅自调整销售价格、擅自提供折扣折让等优惠等 4. 物资采购管理未对供应商的准入、选用及综合风险评估 5. 新增资产未按规定程序验收，相关部门未按规定共同验收并签字确认 6. 未能取得固定资产和无形资产的权属凭证，或权属证明丢失………	控制活动

续表

项目	重大缺陷	重要缺陷	一般缺陷	控制要素
定量标准	企业缺乏有效的激励约束机制，导致高级管理人员或核心业务人员大量流失，流失率超过50%	企业缺乏有效的激励约束机制，导致高级管理人员或核心业务人员流失率在30%至50%，中层管理人员或业务骨干流失率超过50%	企业缺乏有效的激励约束机制，导致高级管理人员或核心业务人员流失率不超过30%，中层管理人员或业务骨干流失率不超过50%，其他员工流失率超过30%	控制活动
定量标准	直接财产损失率（直接财产损失/上年度经审计净产）为0.1%及以上	直接财产损失率为0.05%（含）至0.1%	直接财产损失率小于0.05%	控制活动

即问即答：

内部检查评价的内容有哪些？内部检查评价报告包含的内容有哪些？

内部控制管理案例 1

中国石化企业内部控制检查评价报告

——×××公司内部控制审计评价报告

依据国家《企业内部控制基本规范》及其配套指引、中国石化下发的《企业内控手册》和《内控审计评价业务规范指引》相关要求，按照20××年度集团公司内部控制审计评价工作计划安排，于20××年×月××日至××月××日，对×××公司20××年××月××日至20××年××月××日的内部控制有效性进行了审计评价。检查组采用了访谈、现场查看、抽样等方法，对其公司层面及业务层面的××个流程进行了审计评价，重大问题追溯到以前年度或延伸至检查日。审计评价结果如下。

一、内部控制审计评价总体情况

本次审计检查，未发现×××公司存在重大缺陷，公司内部控制总体有效，总体有效执行率99.18%，其中公司层面和业务层面控制有效执行率分别为100%和99.03%。

（一）公司层面控制设计及执行情况

公司层面实际检查控制点78个，设计全部有效；在应执行的78个控制点中，未发生控制点3个，有效执行控制点75个，控制点有效执行率为100%，其中内部环境、风险评估、信息与沟通、内部监督均为100%。

（二）业务层面控制设计及执行情况

×××公司适用业务流程46个，本次实际检查10个，涉及413个控制点，设计均有效。在应执行的413个控制点中，未发生62个，有效执行347个，未执行4个，控制点有效执行率为99.03%。按照各业务流程执行情况统计，7个业务流程有效执行率100%，3个业务流程有效执行率在90%~99%。

（三）内部控制总体评价

×××公司内部控制总体有效。一是注重内控环境建设。×××公司发展目标符合销售企业自身特点，领导班子成员分工明确，能够根据人员变动和业务发展及时调整，"三重一大"决策制度能够得到落实，安全环保制度和措施实施有效，员工合法权益得到保障。二是重视全面风险管理。建立了风险管理制度与体系，通过梳理 27 项重大重要风险确定风险管理责任部门，建立了重大重要风险变化跟踪机制。同时依托 ERP 系统，将业务经营过程中涉及的资金风险关键控制点植入业务流程并加以固化，实现风险管理源头控制。三是控制活动持续强化，执行总体有效。×××公司注重制度标准化和执行力建设，修订完善各类制度 218 项、控制点 86 个，内容覆盖公司各业务领域。结合 ERP 大集中系统，对内控流程、权限指引以及检查评价与考核办法等进行了全面修订，促进了企业内部控制与专业管理的融合，公司内部控制水平逐步提升。四是信息与沟通顺畅、信息化应用持续创新。×××公司信息资源归口管理，部门职责明确，目前有主要信息系统 17 个，基本涵盖了公司主要经营管理业务。×××公司已在 ERP 系统中建立了统一的资金管理平台，实现信用在线管控、智能对账清账和现金电子封包等功能，建立了有效的资金管控、防控体系。通过开发 ERP 发票管理系统、营销管理平台等多个经营管理与信息交流平台，促进了信息的有效传递与使用，信息反映渠道通畅。五是监督体系基本健全有效。×××公司构建了比较合理的内部监督机制，能够按要求定期开展内部控制季度测试和专项检查，对高风险问题督促整改并及时上报。

但×××公司内部控制中仍存在固定资产未按规定计提减值准备、合同签订不规范等问题。

二、内部控制审计评价发现的问题

本次检查发现的未执行控制点构成内部控制缺陷 2 个，不构成内部控制缺陷的其他问题 2 个。

（一）内部控制审计评价发现的缺陷

本次检查发现×××公司存在 2 个内部控制缺陷，按照缺陷类别划分，财务报告内部控制缺陷 1 个、非财务报告内部控制缺陷 1 个。按照缺陷等级划分，均为一般缺陷。

（1）财务报告内部控制缺陷 1 个，为一般缺陷。9 座长期歇业固定资产点未按规定计提减值准备×××万元。

公司"固定资产管理"8.3 规定"销售企业财务部门至少每半年会同固定资产管理部门进行检查与评估。若出现减值迹象，则进行减值测试并编制固定资产减值测试报告。财务部门据此准备固定资产减值申请，连同减值测试报告、专项鉴定报告等相关文件一并提交总会计师或分管领导审核后，上报总部相关部门。企业按照总部批复结果及时计提减值准备。"本次检查抽取 3 个样本，其中，1 个样本未执行，样本差错率 33.33%。检查组检查发现，截至 20××年××月末，×××公司所属的××分公司共有 6 项固定资产，由于政府规划调整、道路扩建等因素影响长期歇业。为保留固定资产相关证照并考虑后续迁建补偿等因素，××分公司未将长期歇业情况及时上报，财务部门也未按规定进行资产减值测试，造成未计提减值准备×××万元。按 20××年缺陷认定标准"固定资产未进行减值分析，未按规定计提减值准备"的规定，此行为构成财务报告一般缺陷。

（2）非财务报告内部控制缺陷1个，为一般缺陷。部分合同签订不规范，未注明合同签署日期。

公司"合同管理"6.3规定"合同经审批后，合同主办部门应将合同提交公司法定代表人或其授权代理人签署，公司法定代表人或其授权代理人在指定位置签署姓名并注明合同签署日期。"本次检查抽取8个样本，其中，2个未执行，样本差错率25%。检查组检查发现，"×××工程施工合同"（合同编号72278174-16-FW0115-0007），合同金额×××万元，"×××形象装修工程合同"（合同编号72004458-16-FW0115-0009），合同金额×××万元，上述两个合同由于×××公司合同经办人员合同管理风险意识不强，规范意识不够，合同签字盖章页均未注明签署日期，合同生效时间无法确定。目前上述合同已分别于20××年××月和××月执行完毕。按照20××年内控手册缺陷认定标准"经营活动中重要原始凭证内容不完整、编号不连续"的规定，此行为构成非财务报告一般缺陷。

（二）不构成内部控制缺陷的其他问题

业务层面控制："专项采购"流程。本流程应执行控制点33个，有效执行25个、未发生6个、未执行2个，控制点有效执行率93.94%。

公司"专项采购"4.6规定"采购调运人员须根据签订的外部采购合同，在ERP系统中创建采购订单；对集成产生的外采订单，需在ERP系统中确认与外部采购合同信息一致"。本次检查抽取5个样本，其中，2个未执行，样本差错率40%。检查组检查发现，×××公司未依据采购合同及时在ERP系统维护采购订单，而是在物资到货后，以入库的实际数量维护采购订单，造成采购订单与采购合同数量不一致。

公司"专项采购"5.1规定"企业应要求供应商提供外采的生产企业、发货地、产品渠道证明、产品出厂质检合格证明等质量追溯信息，上述信息不全的，企业可拒收"。本次检查抽取6个样本，其中，1个未执行，样本差错率16.67%。检查组检查发现，20××年××月至20××年××月，×××公司通过供应商××有限公司采购生产厂家为××××集团股份有限公司的物资共计32万吨，金额13亿元。该生产厂家××××集团股份有限公司不在集团公司下发的"可采物资生产企业目录"的生产商目录中，违反了"三不采原则"中"向上追溯三级，生产企业不在规定目录范围内的不采"的规定。

三、审计评价意见和建议

（1）对于未按规定计提减值准备影响会计信息质量问题，×××公司应按照《企业会计准则》和《集团公司会计手册》等相关规定，规范会计核算与管理，确保会计信息真实、准确。

（2）对于合同管理不规范问题，×××公司要进一步加强合同管理，规范合同的签订及履行程序，确保合同各要素规范完整，要严格按照《集团公司合同管理办法》规范合同管理，同时加强对合同主办部门及合同经办人的培训与考核。

（3）对于采购管理中存在未及时在ERP系统维护采购订单和采购物资企业不在目录范围内等问题，×××公司一要依据合同创建采购订单，启用交货容差，真实反映采购日期等信息；二要严格按照集团公司规定，不得随意从目录外购进资源。

×××内部控制审计评价组

20××年××月××日

内部控制管理案例2

中国石化内部控制审计报告（2017 年度）

——普华永道中天特审字〔2018〕第 0704 号

中国石化化工股份公司全体股东：

按照《企业内部控制审计指引》及中国注册会计师执业准则的相关要求，我们审计了中国石油化工股份有限公司（简称中国石化）2017 年 12 月 31 日的财务报告内部控制的有效性。

一、企业对内部控制的责任

按照《企业内部控制基本规范》《企业内部控制应用指引》《企业内部控制评价指引》的规定，建立、健全和实施内部控制，并评价其有效性是中国石化董事会的责任。

二、注册会计师的责任

我们的责任是在实施审计工作的基础上，对财务报告内部控制的有效性发表审计意见，并对注意到的非财务报告内部控制的重大缺陷进行披露。

三、内部控制的固有局限性

内部控制具有固有局限性，存在不能防止和发现错报的可能性。此外，情况的变化可能导致内部控制变得不恰当，或对控制政策和程序遵循的程度降低，根据内部控制审计结果推测未来内部控制的有效性具有一定风险。

四、财务报告内部控制审计意见

我们认为，中国石化于 2017 年 12 月 31 日按照《企业内部控制基本规范》和相关规定在所有重大方面保持了有效的财务报告内部控制。

注册会计师：×××

注册会计师：×××

2018 年 3 月 23 日

资料来源：http://xinpi. stcn. com/finalpage/2018-03/26/pdf1204514441. shtml。

内容总结 \\\\

监督是对内部控制活动执行情况的监察与督促。内部控制作用的发挥有赖于建立起健全有效的内部控制系统，建立起良好的运行机制，为此，需要对内部控制的建立和实施进行监督。通过监督的目标、内容、监督与内部控制要素的关系等内容的学习，读者应认识到：监督职能的充分发挥，促使内部控制不断优化和提升；监督帮助企业改进内部管理，从而提高经济效益；监督是防止舞弊的"防火墙"。

主要相关制度索引 \\\\

国家层面

1. 《企业内部控制基本规范》。

2. 《企业内部控制应用指引》。

3. 《企业内部控制评价指引》。

企业层面

1. 企业内部控制实施手册。

2. 企业内部控制检查评价办法。

3. 企业会计核算办法。

4. 企业绩效管理办法。

5. 企业其他相关经营管理制度体系等。

复习题

1. 内部监督的分类主要有哪几种？

2. 内部监督的要求体现在哪几方面？内部监督人员的综合素质主要有哪些？

3. 简述内部检查评价的内容。

4. 简述内部检查评价的程序和方法。

5. 在检查评价中，抽样的规则是什么？企业内部现场检查评价报告的主要内容有哪些？

6. 对于银行存款、管理费用等业务事项，应如何抽样？

思考与应用

1. 在内部监督中如何提高企业监督的效果？

2. 为什么说内部监督人员是企业的护航卫士？

3. 在内部控制的专项检查中，检查评价人员应采用哪些检查方法？

附　　录

附录1　中华人民共和国公司法

附录2　中华人民共和国会计法

附录3　企业内部控制基本规范

附录4　企业会计准则——基本准则

附录5　关于加强会计人员诚信建设的指导意见

参 考 文 献

［1］邹惠平，于吉永，闻佳凤．企业内部控制构建［M］．北京：石油工业出版社，2004.

［2］李天，闻佳凤，财务风险防范［M］．长春：吉林人民出版社，2003.

［3］郜进兴，于吉永，闻佳凤，等．企业内部控制评价原理与应用［M］．北京：中国石化出版社，2008.

［4］吴明华，于吉永．企业预算管理与案例分析［M］．长春：吉林人民出版社，2005.

［5］史习民．全面预算管理［M］．上海：立信会计出版社，2003.

［6］杨有红．企业内部控制框架——构建与运行［M］．杭州：浙江人民出版社，2001.

［7］COSO．企业风险管理——整合框架［M］．方红星，王宏，译．大连：东北财经大学出版社，2005.

［8］陈金翠．内部审计：让虚假数字无处藏身［M］．北京：人民邮电出版社，2017.

［9］企业内部控制编审委员会．企业内部控制——主要风险点、关键控制点与案例解析［M］．上海：立信会计出版社，2018.

［10］朱恩荣．内部控制案例［M］．上海：复旦大学出版社，2005.

［11］池国华，樊子君．内部控制学（第3版）［M］．北京：北京大学出版社，2017.

［12］郑石桥，杨婧，赵珊，等．内部控制学［M］．北京：中国时代经济出版社，2014.

［13］熊筱燕，闻佳凤，王殿龙．内部会计控制案例分析［M］．北京：新华出版社，2004.

［14］刘俊永．全面预算管理：战略的观点［M］．北京：中国税务出版社，2006.

［15］美国管理会计师协会（IMA）．财务报告内部控制与风险管理［M］．张先治，袁克利，译．大连：东北财经大学出版社，2008.

［16］王立勇．企业内部控制系统分析［M］．北京：中国经济出版社，2004.

［17］李凤鸣．内部控制学［M］．北京：北京大学出版社，2002.

［18］郑石桥，周永麟，刘华．现代企业内部控制系统［M］．上海：立信会计出版社，2000.

［19］熊筱燕，罗建玉，王殿龙．会计控制论［M］．北京：新华出版社，2002.

［20］罗勇．企业内部控制规范解读及案例精析［M］．上海：立信会计出版社，2017.

［21］宋建波．企业内部控制［M］．北京：中国人民大学出版社，2004.

［22］中国集团公司促进会，国家经贸委企业改革司．中国企业集团制度创新案例精选［M］．北京：中国财政经济出版社，2001.

［23］李凤鸣，韩晓梅.内部控制理论的历史演进与未来展望［J］.审计与经济研究，2001（4）.

［24］内部会计控制制度课题组.内部会计控制制度讲解［M］.北京：北京科学技术出版社，2004.

［25］李心合.企业内部控制基本规范导读［M］.大连：大连出版社，2008.

［26］李连华.内部控制理论结构：控制效率的思想基础与政策建议［M］.厦门：厦门大学出版社，2007.

［27］巴菲特，克拉克.巴菲特教你读财报［M］.李凤，译.北京：中信出版社，2015.

［28］林斌.信息技术内部控制［M］.大连：大连出版社，2010.

［29］张瑞君.财务管理信息化：IT环境下企业集团创新［M］.北京：中信出版社，2005.

［30］胡为民.内部控制与企业风险管理［M］.北京：电子工业出版社，2013.

［31］龚杰.企业内部控制——理论、方法与案例［M］.杭州：浙江大学出版社，2005.

［32］李玉环.内部控制中的信息与沟通［J］.会计之友，2008（12）

［33］闻佳凤.企业内部经济效益审计思考［J］.中国审计，2008（6）.

［34］闻佳凤.内部审计与内部控制评价［J］.财经界，2009（3）.

［35］刘华.中航油新加坡公司内部控制案例分析［J］.上海市经济管理干部学院学报，2008（3）.

［36］耿建新，刘长翠.企业环境保护内部控制制度研究［J］.审计与经济研究，2004（3）.

［37］朱恩荣.建立和完善内部控制的思考［J］.会计研究，2001（1）.

［38］宫武.建立内部会计控制制度 全面提升财务管理水平［J］.石油化工干部管理学院学报，2001（1）.

［39］《关于做好2023年中央企业内部控制体系建设与监督工作有关事项的通知》国资厅监督［2023］8号，《关于加强中央企业内部控制体系建设与监督工作的实施意见》国资发监督规［2019］.